KB092350

Practical Linear Algebra for Data Science

개발자를 위한 실전 선형대수학

| 표지 설명 |

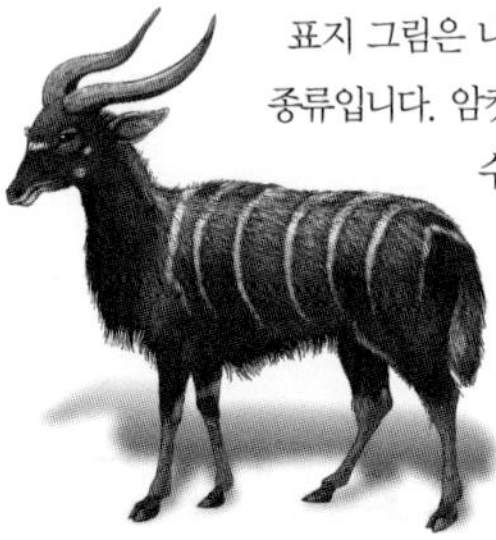

표지 그림은 니알라 영양 혹은 니알라(학명: *Tragelaphus angasii*)로 저지대에서 서식하는 영양의 한 종류입니다. 암컷과 새끼는 연한 적갈색을 띠고, 수컷은 짙은 갈색 혹은 회색빛이 도는 털을 가지고 있습니다. 수컷과 암컷 모두 몸의 흰색 줄무늬가 있고 옆구리에는 흰색 반점이 있습니다. 수컷은 33인치까지 자랄 수 있는 나선형 뿔을 가지고 있고 수컷의 몸무게는 보통 암컷의 몸무게의 두 배 더 나갑니다. 주된 서식지는 아프리카 남동부 삼림지대입니다. 경계심이 많은 동물이라 주로 이른 아침이나 밤에 풀을 뜯습니다. 니알라는 소 방목, 농업, 서식지 손실로 인해 위협을 받고 있습니다.

오라일리 표지에 있는 동물들은 대부분 멸종위기종이며, 이들은 모두 소중한 존재입니다. 표지 그림은 『Histoire Naturelle』의 흑백 판화를 기반으로 캐런 몽고메리Karen Mongomery가 그린 작품입니다.

개발자를 위한 실전 선형대수학

데이터 과학과 머신러닝을 위한 선형대수학의 개념과 응용

초판 1쇄 발행 2023년 9월 25일
초판 2쇄 발행 2024년 3월 11일

지은이 마이크 X 코헨 / **옮긴이** 장정호 / **펴낸이** 전태호
펴낸곳 한빛미디어(주) / **주소** 서울시 서대문구 연희로2길 62 한빛미디어(주) IT출판2부
전화 02-325-5544 / **팩스** 02-336-7124
등록 1999년 6월 24일 제25100-2017-000058호 / ISBN 979-11-6921-145-1 93000

총괄 송경석 / **책임편집** 박민아 / **기획 · 편집** 김종찬
디자인 표지 윤혜원 내지 박정화 / **전산편집** 카리스북
영업 김형진, 장경환, 조유미 / **마케팅** 박상용, 한종진, 이행은, 김선아, 고광일, 성화정, 김한솔 / **제작** 박성우, 김정우

이 책에 대한 의견이나 오탈자 및 잘못된 내용에 대한 수정 정보는 한빛미디어(주)의 홈페이지나 아래 이메일로 알려주십시오. 잘못된 책은 구입하신 서점에서 교환해드립니다. 책값은 뒤표지에 표시되어 있습니다.
한빛미디어 홈페이지 www.hanbit.co.kr / **이메일** ask@hanbit.co.kr

Practical Linear Algebra for Data Science

개발자를 위한 실전 선형대수학

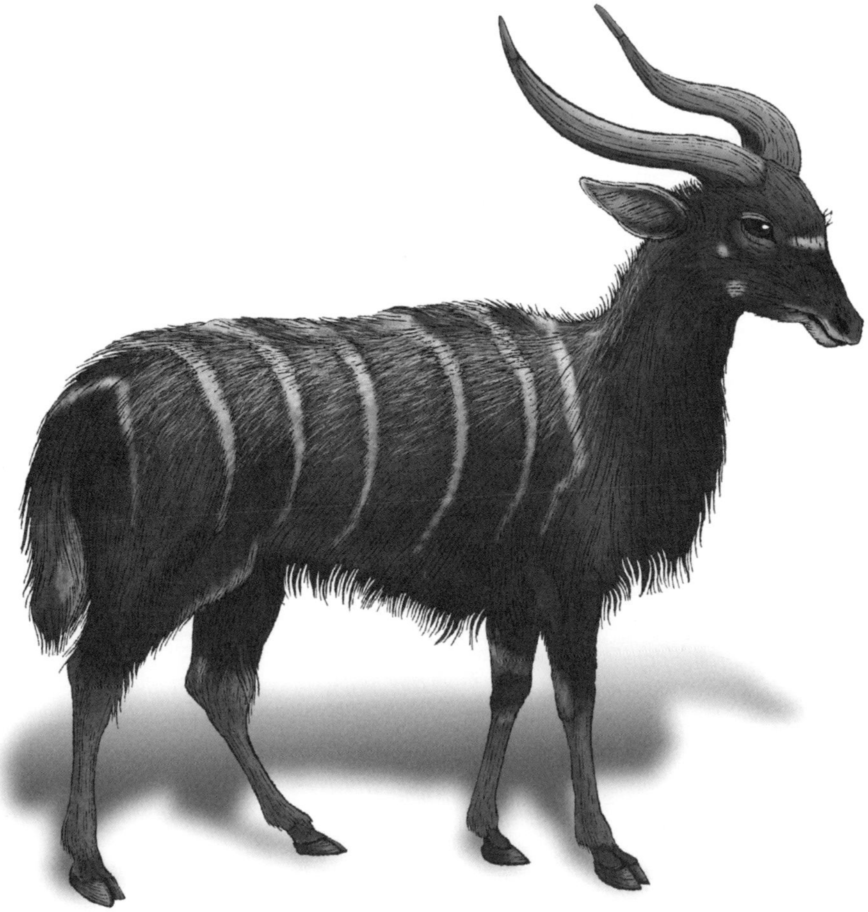

O'REILLY® 한빛미디어 Hanbit Media, Inc.

선형대수학의 이론을 이해하기 쉽게 설명하고 파이썬 코드로 구현하는 방법을 알려주는 실전 맞춤 도서입니다. 개념 설명을 읽고 파이썬 코드를 실행해 본 다음 코드 연습 문제까지 풀면 선형대수학이 응용 분야에서 어떻게 사용되는지 확실하게 이해할 수 있을 거라고 생각합니다. 데이터 과학을 시작하거나 선형대수학 학습이 필요한 분들에게 강력히 추천합니다.

네이버 데이터 엔지니어 이동규

기본적으로 이론서지만 현업종사자에게 아쉽지 않도록 실용성 또한 갖춘 책입니다. 선형대수학 필수 이론들을 적절한 난이도로 소개하며, 다양한 파이썬 라이브러리를 활용한 예제와 연습 문제를 통해 실용적인 도움이 됩니다.

소프트웨어 엔지니어 김준

선형대수학의 기초부터 출발하여 응용 분야에서 중요한 개념들을 깊이 있는 설명과 함께 제공합니다. 수학적인 내용을 친절하게 풀어내고, 응용 분야에 필요한 이론들을 쉽게 이해할 수 있도록 구성되어 있습니다. 이 책은 파이썬을 활용한 '약한 증명'으로 이론을 직관적으로 이해하도록 도와주며, 다양한 파이썬 연습 문제를 통해 여러 응용 분야에 어떻게 적용되는지를 보여줍니다. 이러한 설명 방식 덕분에 수학적인 부담 없이 선형대수학의 본질을 자연스럽게 익힐 수 있습니다.

삼성전자 데이터 엔지니어 이제환

보통 선형대수학은 대학에 처음 입학하고 교양으로 듣는 수업인데, 이때는 선형대수학의 중요성을 모르다가 실제 현업에 와서는 이 주제만큼은 실제 업무와 연관성이 크다는 것을 깨닫곤 합니다. 이 책은 선형대수학에 대한 이론적인 내용과 실제 패키지에 구현되어 있는 함수를 직접 구현해 볼 수 있도록 유도함으로써 선형대수학을 실용적으로 배울 수 있게 도와줍니다. 복습하는 데 많은 시간을 쓰기 힘들거나, 조금씩 구현해 보면서 배움을 느끼고자 할 때 이 책을 활용한다면 좋은 참고가 될 것 같습니다.

LG전자 소프트웨어 엔지니어 강찬석

이 책은 선형대수를 배우고자 했으나 아직은 충분히 경지에 이르지 못했으며, 파이썬에 익숙해지고자 했으나 아직은 손에 익지 않은 이들이 두 마리 토끼를 한번에 잡기에 매우 좋은 서적이라고 생각됩니다. 본인도 그러한 두 가지 배움에 목말라왔던 사람 중 한 명으로서, 이 책을 책상 위 눈에 잘 띄는 곳에 두고 꾸준히 공부해 보려고 합니다. 저자의 표현대로 더 많은 이들이 이 책을 통해 '선형대수'라는 수학 세계의 한 커다란 영토를 파이썬이라는 마법의 양탄자를 타고 빠르게 일주하기를 바라는 마음입니다.

이디야 CIO 김효민

『개발자를 위한 실전 선형대수학』은 핵심 개념부터 파이썬을 활용한 실제 응용까지 이론과 완벽하게 연결해 줍니다. 이 책은 풍부한 예제와 설명으로 선형대수학의 복잡함을 쉽게 이해할 수 있도록 도와주며, 데이터 과학 분야에서 필수적인 지식을 제공합니다. 초보자나 전문가 모두가 깊이 있는 학습 경험을 얻을 수 있는 필독서로, 데이터 과학에 관심 있는 사람들에게 강력히 추천합니다.

메가존클라우드 아키텍트 윤명식

대학 시절 복잡한 행렬식을 손으로 계산하는 중간고사와 여러 가지 행렬 법칙을 증명하는 기말고사에 진땀을 뺐던 기억이 납니다. 다행히 성적은 A+을 받았지만, 과연 앞으로 이걸 활용할 일이 있기나 할까 하는 의구심이 들었던 것 같습니다. 하지만 시간이 흘러 AI가 대세가 되면서 머신러닝을 뒷받침하는 이론인 선형대수학이 각광받는 세상이 되었습니다. 하지만 여러분은 더이상 고생해서 손으로 직접 계산할 필요가 없습니다. 우리에게는 파이썬이 있기 때문입니다. 이 책을 통해 선형대수학의 이론적 토대를 배우고, Numpy로 직접 활용할 수 있는 방법을 배울 수 있습니다.

LG전자 SW공학연구소 선임연구원 박재유

선형대수학은 근래 각광받는 머신러닝과 딥러닝에 활용될 뿐 아니라 이들의 근본이 되는 수학적 최적화 분야에서도 활용될 만큼 중요한 학문으로 자리잡았습니다. 이 책은 수학적 개념을 어렵지 않게 서술하면서 적절한 예시와 도표를 제시하여 이해를 돕는 점이 매력적이었으며, 연습 문제를 통해 본문에서 다루지 않은 개념들에 대해서 생각해 볼 수 있는 기회를 제공한다는 점에서 잘 쓰여진 책이라는 생각이 들었습니다. 특히 합성곱이나 클러스터링 등 추상적으로 익히고 넘어갈 만한 개념들에 대해 가이드를 제공하여 직접 구현할 수 있도록 한 점이 인상적이었습니다. 스터디 교재나 한 학기 강의 교재로 사용해도 손색없을 퀄리티이기에 앞으로 많은 스터디 그룹에서 사용되지 않을까 기대해 봅니다.

고려대학교 박사과정 정윤식

선형대수학의 이론적인 개념부터 파이썬 코드로의 응용까지의 흐름을 완벽하게 갖춘 도서입니다. 개발자를 위한 수학 이론서는 자칫 이론에는 충실하지만 너무 치중한 나머지 개발자에게는 추천할 만하지 않거나, 코드만을 늘어놓아 수학적인 개념을 충분히 학습할 수 없는 경우가 많습니다. 그러나 이 책은 둘 사이의 균형을 적절히 맞추어, 과하지도 부족하지도 않은 깔끔한 설명으로 선형대수학 개념을 명확하게 전달합니다. 머신러닝을 공부하며 선형대수학 이론을 빠르게 학습하고자 하거나, 이미 알고 있더라도 자신의 지식을 점검하고자 하는 사람들에게 추천하는 도서입니다.

성균관대학교 전자전기공학부 강민재

지은이 **마이크 X 코헨** Mike X Cohen

네덜란드 라드바우드 대학 메디컬 센터의 돈더스 연구소 소속 신경과학 부교수. 20년 이상 과학 코딩, 데이터 분석, 통계 및 관련 주제를 가르치며, 여러 온라인 강좌와 교과서를 썼습니다.

옮긴이 **장정호** egnarzhome@gmail.com

네이버 검색 소프트웨어 엔지니어. 2006년에 티맥스에서 애플리케이션/시스템 간 데이터 전송 시스템 개발을 시작으로, 다음커뮤니케이션에서 데이터 마이닝 업무, SAP에서 칼럼 기반의 인메모리 RDBMS인 HANA 개발에 동참했으며, 그 후 빅데이터 저장/분석 시스템 영역에 관한 연구를 통해 네이버에서 데이터 분석 시스템을 개발을 담당하고 있습니다. 한빛미디어에서 『쿠버네티스 모범 사례』(2020), 『하둡 완벽 가이드(4판)』(2017), 『하이브 완벽 가이드』(2013) 등을 번역했습니다.

SK텔레콤의 데이터 플랫폼 엔지니어. 네이버와 SAP에서 데이터 플랫폼과 데이터베이스 개발에 참여했습니다.

2022년 11월에 OpenAI에 의해 발표된 ChatGPT만큼 뜨거운 관심을 받고 있는 모델 혹은 서비스는 없을 것입니다. ChatGPT는 GPT Generative Pre-trained Transformer 아키텍처를 기반으로 하며, 자연어 처리와 자연어 생성 작업에 특화되어 있습니다.

이러한 AI 분야에서 선형대수학은 AI의 핵심 개념과 기술을 이해하고 구현하는 데 중요한 역할을 합니다. 따라서 수학적인 관점에서 선형대수학의 개념, 정리, 정의, 증명, 성질 등을 이해하고 배우는 것은 중요합니다. 선형대수학의 특정 개념이 왜 성립하는지, 어떻게 동작하는지를 깊이 이해할 수 있기 때문입니다. 하지만 이 책의 저자는 파이썬을 이용해서 직접 증명을 경험하는 방식으로 직관과 통찰을 키우는 것을 권장합니다. 이는 선형대수학의 개념을 교과서에서 끄집어내 데이터 과학, 머신러닝, 컴퓨터 그래픽스, 로봇공학 등 다양한 분야에서 활용하는 데 큰 도움을 주기 때문입니다.

저자가 선형대수학을 활용하기 위한 언어로 파이썬을 선택한 것도 중요한 이유가 있습니다. **파이썬은 데이터 과학 및 머신러닝 분야에서 사용할 수 있는 다양한 라이브러리와 프레임워크를 제공하고, 활발한 커뮤니티와 생태계, 간결하고 쉬운 문법 등으로 데이터 과학 분야에서 널리 채택되고 있습니다.**

이 책은 데이터 과학이나 머신러닝, AI를 학습하거나 응용하려는 사람이 시작하기에 굉장히 적합합니다. 또한 다양한 연습 문제와 해답, 해설 영상 등을 제공하고 있어 선형대수학을 이미 잘 알고 있는 사람에게도, 다시 기본을 복습하는 사람에게도 훌륭한 책입니다. 여러 많은 책을 번역해 보았지만, 그 어떤 책보다 더 독자를 배려하며 정성을 들여서 쓴 책이라는 생각이 듭니다. 이러한 기본서는 항상 옆에 두고 여러 번 반복해서 읽어 자기의 것으로 만드시길 바랍니다.

마지막으로 번역하는 과정에서 옆에서 고생하며 큰 힘이 되어준 아내와 딸에게 고마움을 전합니다.

장정호

선형대수학은 무엇이고 왜 배워야 할까요?

선형대수학은 서양에서는 17세기, 중국에서는 그보다 훨씬 이전으로 거슬러 올라가는 흥미로운 역사를 가지고 있습니다. 선형대수학의 핵심인 행렬은 표 형태로 수의 집합을 표기하는 방법이며 데카르트의 기하학적 좌표와 가우스가 개척한 방정식에서 활용되었습니다. 20세기에 들어서는 다변량 수학과 미적분, 미분방정식, 물리학, 경제학 등에 행렬과 벡터가 이용되었습니다.

대부분의 사람은 최근까지도 행렬에 관심을 가질 필요성을 못 느꼈습니다. 하지만 컴퓨터를 이용하면서 행렬을 매우 효율적으로 다룰 수 있게 되었고 그 결과 현대 컴퓨팅은 현대 선형대수학을 탄생시켰습니다. 현대 선형대수학은 전통적인 선형대수학과 몇 가지 차이점이 있습니다. 우선 현대 선형대수학은 컴퓨터를 활용하여 전통적인 선형대수학보다 구체적이고 합리적입니다. 그리고 전통적인 선형대수학은 여러 복잡한 증명과 차원에 대한 고뇌를 통해 배우지만, 현대 선형대수학은 그래픽, 통계, 데이터 과학, AI 등에서 활용되는 코드와 응용을 통해 배울 수 있습니다. 따라서 현대 선형대수학은 컴퓨터를 이용해 현대에서 사용하는 거의 모든 알고리즘을 구조적으로 구현하는 데 활용되고 전통적인 선형대수학은 주로 대학생들에게 고급 수학을 이해하기 위한 지적 수단으로 활용됩니다.

그런데 선형대수학을 꼭 배워야 할까요? 그 목적이 알고리즘과 과정을 이해하려는 것인지 아니면 단지 이미 개발된 기법을 응용하는지에 따라 다릅니다. 후자를 폄하하려는 의도는 전혀 아닙니다. 이해하지 못한 도구를 사용하는 것이 본질적으로 잘못된 건 아닙니다. 필자 또한 이 글을 노트북으로 쓰고 있지만 노트북 자체를 근본적으로 이해하고 있지는 않습니다. 지금 여러분이 이 책을 읽는 목적은 (1) **알고리즘이 어떻게 동작하는지 알고 싶거나** (2) **컴퓨터를 활용한 기법을 개발하고 적용하고 싶은 것**이라고 생각합니다. 그렇다면 선형대수학을 배워야 합니다. 특히 선형대수학의 현대판을 배워야 합니다.

현대 선형대수학의 세계에 오신 것을 환영합니다.

이 책에 대하여

이 책의 목적은 현대 선형대수학을 여러분에게 알려주는 것입니다. 그렇다고 몇몇 주요 방정식을 암기하거나 추상적인 증명을 파고들진 않습니다. **대신 행렬과 벡터 그리고 이와 연관된 연산에 대해 생각하는 방법을 알려드리려고 합니다. 물론 선형대수학의 본질에 대한 기하학적 직관도 발전시킬 수 있습니다. 또한 머신러닝과 데이터 과학의 응용에 초점을 맞춰 선형대수학 개념을 파이썬 코드로 구현**할 수도 있습니다.

많은 전통적인 선형대수학 교재는 일반화를 위해 예제 대신 독자 스스로 어려운 증명을 도출하도록 유도합니다. 그리고 컴퓨터 응용이나 구현과 무관한 수많은 개념을 다룹니다. 필자는 이것을 비판하는 것이 아닙니다. 전통적인 선형대수학은 아름답고 우아합니다. 하지만 기술 분야에서 뛰어난 능력을 갖춘 사람이 데이터, 통계, 딥러닝, 이미지 처리 등을 이해하기 위한 도구로 선형대수학(일반적으로 수학)을 사용하는 것이라면 시간 낭비일 수 있습니다.

이 책은 기본적으로 독학하는 사람을 대상으로 합니다. 아마도 **여러분은 수학, 공학 또는 물리학 학위를 가지고 있지만 선형대수학을 코드로 구현하는 방법을 배우고 싶거나 대학에서 수학을 공부하지 않았지만 학업이나 업무를 하던 중에 선형대수학의 중요성을 깨닫게 되었는지도 모릅니다.** 어느 쪽이든 이 책이면 충분합니다. 수업 과정에서 보충 교재로 사용되어도 좋습니다. 하지만 이 책은 그 이상의 내용을 담고 있습니다.

앞서 세 문단을 읽으면서 고개를 끄덕였다면 이 책은 당신에게 꼭 필요한 책입니다.

더 많은 증명과 연구를 통해 선형대수학에 대해 깊이 연구하고 싶다면 필자가 직접 집필한 『Linear Algebra: Theory, Intuition, Code』(Sincxpress BV, 2021)를 비롯해 훌륭한 교재들이 많습니다.[1]

1 부끄럽게도 제 책을 직접 홍보한 점 사과합니다. 이 책에서 처음이자 마지막이라는 것을 분명히 약속합니다.

이 책을 읽기 위한 준비

필자는 최소한의 배경 지식을 가지고 있는 열정적인 독자를 대상으로 이 책을 썼습니다. 즉 완전 기초부터 시작하는 것은 아닙니다.

수학

고등학교 수학은 이해하고 있어야 합니다. 대수학과 기하학이면 충분합니다. 어렵지 않습니다. 미적분학은 딥러닝과 최적화처럼 선형대수학이 사용되는 응용 분야에서 중요하지만, 이 책에서는 사용하지 않습니다.

중요한 것은 수학적 사고와 방정식과 그래프를 보는 시각, 그리고 수학에 대한 도전 정신입니다.

태도

선형대수학은 수학의 한 분야이므로 따라서 이 책은 수학책입니다. 성인이 되어 수학을 배우는 것은 약간의 인내심, 몰입, 적극적인 자세가 필요합니다. 커피 한 잔을 마시며 심호흡을 하고, 외부 요인을 차단하고 집중해 보세요.

고급 수학을 이해하기에 너무 나이가 많고 늦었다는 생각이 들 수도 있습니다. 이 책을 보면서도 매번 그 생각에 사로잡힐 수 있습니다. 그건 여러분만이 아니라 모두가 같은 생각을 가지고 있습니다. 그 생각을 억누르려 애쓰지 마세요. 의심과 불안감은 당연한 것입니다. 이 책을 통해 그 생각이 틀렸다는 것을 증명할 수 있습니다. 도전하세요!

코딩

이 책은 선형대수학을 코드로 구현하는 것에 초점을 두고 있습니다. 언어는 데이터 과학, 머신러닝, 그 외 관련 분야에서 현재 가장 널리 사용되는 파이썬을 선택했습니다. MATLAB, R, C 또는 Julia와 같은 다른 언어를 선호한다면 이를 파이썬 코드로 쉽게 변환할 수 있는 방법을 찾길 바랍니다.

필자는 이 책의 의도인 응용의 관점에서 최대한 단순하게 파이썬 코드를 작성했습니다. 부록에서는 파이썬 프로그래밍의 기본적인 내용을 다룹니다. 부록의 필요성은 여러분의 파이썬 기술 수준에 따라 결정하면 됩니다.

- **중급 또는 고급(1년 이상 코딩 경험)**: 부록을 완전히 건너뛰거나 이 책에서 어떤 종류의 코드가 사용되는지 감을 잡기 위해 훑어봐도 됩니다.
- **약간의 지식(1년 미만 경력)**: 부록 내용 중에 새롭거나 상기시킬 내용이 있다면 자세히 살펴보세요. 빠르게 내용을 파악할 수 있을 겁니다.
- **완전 초급**: 입문자는 부록을 꼼꼼히 살펴보기 바랍니다. 이 책은 완전한 파이썬 설명서가 아니므로 코드를 보는 데 어려움이 있다면 별도의 전문적인 파이썬 과정을 다룬 책을 먼저 살펴본 다음 이 책을 읽길 바랍니다.

이 책으로 수학을 이해하는 방법

수학을 공부하는 목적은 당연히 수학을 이해하는 것입니다. 여러분은 수학을 어떻게 이해하나요? 몇 가지 방법을 살펴보겠습니다.

- **엄격한 증명**: 수학에서 증명은 여러 가정으로부터 논리적인 결론을 이끌어내는 일련의 진술입니다. 증명이 순수 수학에서 매우 중요하다는 것은 더 말할 필요도 없습니다.
- **시각화와 예제**: 명확하게 쓰여진 설명, 도표, 수치 예제는 선형대수학의 개념과 연산에 대한 직관력을 얻는 데 도움을 줍니다. 대부분의 예제는 눈으로 편히 볼 수 있도록 2차원 또는 3차원으로 되어 있지만 원리는 더 높은 차원에도 적용됩니다.

공식적인 수학 증명은 엄격하지만 직관성은 상당히 떨어집니다. 반면에 시각화와 예제는 직접 경험을 통해 지속적인 직관을 주지만 특정 예제에만 의존하므로 일반화를 보장하지 않아 부정확할 위험이 있습니다.

이 책은 중요한 명제에 관한 증명도 다루지만, 주로 간단한 설명, 시각화, 코드 예제를 통해 직관을 얻는 데 더 중점을 둡니다.

필자는 코딩을 통해 수학적 직관에 도달할 수 있다는 것을 알게 되었습니다(가끔 코딩을 '약한 증명'이라고 부릅니다). 요점은 다음과 같습니다. 파이썬(NumPy및 SciPy와 같은 라이브러리)을 통해 수 처리를 올바르게 구현할 수 있으므로 여러분은 코드를 이용해 많은 수치 예제를 탐구하며 법칙에만 집중할 수 있습니다.

간단한 예로 우리는 지금 $a \times b - b \times a$로 진술된 곱셈의 교환 법칙을 '약하게 증명'할 것입니다.

```
a = np.random.randn()
b = np.random.randn()
a*b - b*a
```

이 코드는 두 개의 난수를 생성하고 곱셈 순서를 바꾸더라도 결과는 동일하다는 가설을 검증합니다. 세 번째 줄은 교환 법칙이 참일 경우 0.0을 출력합니다. 만약 이 코드를 여러 번 실행해도 항상 0.0을 얻는다면 많은 수치 예제를 보면서 교환 법칙에 대한 직관을 얻게 되는 것입니다.

물론 코드에서 얻는 직관이 엄격한 수학적 증명을 대체할 수 없습니다. 핵심은 '약한 증명'을 통해 추상적인 수학적 문법과 명제의 세부적인 내용을 몰라도 수학적 개념을 얼추 이해할 수 있다는 것입니다. 이것은 고급 수학 배경이 부족한 개발자에게 특히 유리합니다.

결론은 **약간의 코딩을 통해서도 수학을 배울 수 있다는 것**입니다.

이 책의 예제 코드와 다운로드 방법

이 책의 코드를 보기 어렵거나, 코딩 실습을 할 수 없어서 당장 이해하지 못하더라도 실망하지 마세요. 단지 글만 읽어도 괜찮습니다. 분명히 배울 내용은 있습니다. 하지만 만약 당신이 선형대수학을 제대로 **이해하고** 싶다면 반드시 책의 코드를 이해해야 합니다. 그래서 이 책은 각 수학적 개념에 대한 코드 구현과 연습 문제를 담고 있습니다.

중요한 코드는 책에 직접 실었습니다. 글과 식을 읽고, 그래프를 보고, 동시에 **코드를 보길** 권합니다. 이를 통해 수학의 개념과 식을 코드와 연결시킬 수 있습니다.

그러나 책에 모든 코드를 넣는 것은 많은 지면을 할애해야 하고 이 코드를 컴퓨터로 옮기는 것 또한 힘듭니다. 따라서 핵심 코드만 책에 담고 부가적인 코드, 주석, 그래픽 표현 등은 온라인에서 볼 수 있습니다. **온라인에는 연습 문제의 정답(코드)도 있습니다.** 책을 공부하면서 반드시 코드를 다운로드하고 살펴보길 권장합니다.

- https://github.com/Sancho-kim/LinAlg4DS[2]

모든 코드는 위 주소에 있습니다. 이 깃허브 저장소를 복제하거나 전체 저장소를 ZIP 파일로 다운로드할 수 있습니다(가입 또는 로그인하지 않고 무료로 다운로드 가능합니다).

구글 코랩Colab 환경에서 주피터Jupyter 노트북으로 코드를 작성했습니다. 주피터가 친근하고 사용하기 편한 환경이어서 주피터를 선택했습니다. 또한 코드 예제는 편의를 위해 원본 .py 파일로도 제공되니 독자가 선호하는 파이썬 IDE를 사용하는 것도 가능합니다.

이 책의 코드 실습 방법

수학은 눈으로만 보는 학문이 아닙니다. 대부분 수학책에서는 손으로 직접 풀며 증명해야 하는 수많은 문제가 있습니다(그렇지만 솔직히 필자도 모든 문제를 풀어 보진 않습니다). 이 책도 **응용** 선형대수학을 다루고 있어서 눈으로 보는 것만으로는 완전히 이해하기는 어려울 것입니다. 단, 이 책은 선형대수학을 손으로 푸는 대신 코드로 구현합니다. (수학 교과서 저자들이 원하는) 손으로 푸는 문제와 지루한 증명은 '여러분에게 실습으로 남겨두고' 대신 이 책은 많은 코드 연습 문제를 담았습니다.

코드 연습 문제 난이도는 다양합니다. 파이썬과 선형대수학을 처음 접하는 독자라면 어떤 연습 문제는 매우 어려울 수 있습니다. 만약 여러분이 문제를 풀다가 막힌다면 한 가지 제안을 하겠습니다. 영감을 얻기 위해 정답을 슬쩍 훑어보고 닫은 다음 코드를 계속 작성해 보세요.

다만 여러분의 답과 정답을 비교할 때 파이썬으로 문제를 해결할 수 있는 방법이 많다는 것을 명심하세요. 코딩 스타일은 개인마다 다양하므로 문제 푸는 방식이 다를 수 있습니다.

2 원서의 깃허브 주소는 https://github.com/mikexcohen/LinAlg4DataScience입니다.

이 책의 활용 방법

다음 세 가지 환경에서 이 책을 활용할 수 있습니다.

- **독학자**: 필자는 이 책을 공식적인 교육 환경이 아닌 스스로 선형대수학을 배우려는 독자들이 활용할 수 있도록 집필했습니다. 도움이 될 다른 책, 웹사이트, 유튜브 영상, 온라인 강좌가 있겠지만, 추가적인 자원이나 온라인 강의 없이 이 책만으로도 충분할 겁니다.
- **데이터 과학 수업의 기본 교과서**: 이 책은 데이터 과학, 머신러닝, AI 등에 필요한 수학 수업에서 기본 교재로 사용될 수 있습니다. 13개의 장이 있으며(파이썬 부록 제외), 학생들은 일주일에 1~2개의 장을 공부하면 됩니다. 학생들은 이 책의 모든 문제 풀이를 볼 수 있기 때문에 실제 강사들은 필요하다면 문제를 더 보충해야 할지도 모릅니다.
- **수학 중점 선형대수학 과정의 보조 교과서**: 이 책은 증명에 중점을 둔 수학 과목의 보조 교과서로 사용될 수 있습니다. 강의는 이론과 엄격한 증명에 초점을 맞추면서 동시에 데이터 과학과 머신러닝 개념을 코드로 변환할 때 참고할 수 있도록 구성했습니다. 앞서 언급했듯이 모든 문제 풀이를 온라인에 제공하고 있으므로 실제 강사들은 문제를 더 보충해야 할지도 모릅니다.

온라인 강의

[https://url.kr/xrney7]에서 연습 문제 해설 강의를 온라인으로 시청할 수 있습니다(번역서와 원서의 장 번호가 다릅니다. 영상의 장 번호는 이 도서의 장 번호 + 1입니다.).

- **온라인 영상 2장 = 이 도서의 1장**

목차

CHAPTER 5 행렬, 파트2: 행렬의 확장 개념

CHAPTER 6 행렬 응용: 데이터 분석에서의 행렬

CHAPTER 7 역행렬: 행렬 방정식의 만능 키

CHAPTER 8 직교 행렬과 QR 분해: 선형대수학의 핵심 분해법 1

CHAPTER 9 행 축소와 LU 분해: 선형대수학의 핵심 분해법 2

CHAPTER 10 일반 선형 모델 및 최소제곱법: 우주를 이해하기 위한 방법

CHAPTER 11 최소제곱법 응용: 실제 데이터를 활용한 최소제곱법

CHAPTER 12 고윳값 분해: 선형대수학의 진주

CHAPTER 13 특잇값 분해: 고윳값 분해의 다음 단계

CHAPTER 14 고윳값 분해와 SVD 응용: 선형대수학의 선물

부록 A 파이썬 튜토리얼

CHAPTER 1

벡터, 파트1: 벡터와 벡터의 기본 연산

벡터는 선형대수학 전체(곧 이 책의 모든 내용)의 초석입니다.

이 장을 마칠 즈음 벡터의 정의와 역할, 벡터를 해석하는 방법, 파이썬으로 벡터를 생성하고 사용하는 방법 등 벡터에 관한 모든 것을 알게 될 겁니다. 또한 벡터 대수학과 내적^dot product^ 등 벡터에 적용되는 매우 중요한 연산을 공부합니다. 마지막으로 선형대수학의 주요 목표인 벡터 분해에 대해서도 배웁니다.

1.1 NumPy로 벡터 생성 및 시각화하기

선형대수학에서 **벡터**vector는 수를 순서대로 나열한 것입니다(전통적인 선형대수학에서 벡터는 함수와 같은 다른 수학적 대상을 가질 수 있지만 이 책은 응용에 초점을 맞추고 있기 때문에 수로 이루어진 벡터만을 고려합니다).

벡터는 몇 가지 중요한 특징을 가집니다. 먼저 두 가지를 보겠습니다.

| 차원 |

벡터의 차원dimensionality은 벡터가 가진 원소의 수입니다.

| 방향 |

벡터의 방향orientation은 벡터가 **열 방향**(높이 세워진)인지 **행 방향**(길고 평평하게 누운)인지를 나타냅니다.

차원은 종종 멋있게 $\mathbb{R}^N$으로 나타내는데, 여기서 $\mathbb{R}$은 실수Real number를(참고로 $\mathbb{C}$는 복

소수Complex number입니다), ^{N}은 차원을 나타냅니다. 예를 들어 두 개의 원소가 있는 벡터는 $\mathbb{R}^2$에 속합니다. 이 특별한 $\mathbb{R}$ 문자는 LaTex 코드를 사용해서 만들지만 R_2이나 R2, R^2로 쓸 수도 있습니다.

[식 1-1]은 벡터의 몇 가지 예입니다. 다음 단락을 읽기 전에 벡터의 차원과 방향을 맞춰 보세요.

식 1-1 열벡터와 행벡터의 예

$$x = \begin{bmatrix} 1 \\ 4 \\ 5 \\ 6 \end{bmatrix}, \quad y = \begin{bmatrix} .3 \\ -7 \end{bmatrix}, \quad z = \begin{bmatrix} 1 & 4 & 5 & 6 \end{bmatrix}$$

정답은 **x**는 4차원 열벡터, **y**는 2차원 열벡터, **z**는 4차원 행벡터입니다. 또는 $x \in \mathbb{R}^4$와 같이 쓸 수도 있습니다. ∈ 기호는 '특정 집합에 포함되어 있다'는 의미입니다.

x와 z는 같은 벡터일까요? 동일한 순서로 동일한 원소를 가지고 있어도 엄밀히 다릅니다. 자세한 내용은 다음에 나오는 노트, '벡터 방향이 중요한가?'를 참고하세요.

여러분은 이 책에서 수학과 코딩을 통합하는 과정을 통해 '칠판' 수학과 '코드' 수학 사이의 차이점을 알게 됩니다. 사소하고 하찮은 차이도 있지만 어떤 것은 혼란을 초래하거나 오류를 발생시킬 수 있습니다. 수학과 코딩의 용어적 차이를 살펴보겠습니다.

앞서 설명한 벡터의 **차원**은 벡터가 가진 원소의 수라고 했습니다. 그러나 파이썬에서 벡터 또는 행렬의 차원은 수 객체를 출력하는 데 사용되는 기하학적 차원의 수입니다. 예를 들어 모든 벡터는 벡터가 가진 원소의 수(수학적 차원)에 상관없이 NumPy에서 '2차원 배열'로 간주됩니다. 특정 방향이 없는 수 나열은 원소 수에 상관없이 파이썬에서 1차원 배열입니다(이 배열은 행으로 출력되지만 나중에 나오는 행벡터와 다릅니다). 수학적 차원, 즉 벡터의 원소 수는 파이썬에서 벡터의 **길이**length 또는 **모양**shape이라고 합니다.

이렇게 일관되지 않고 상충되는 용어 때문에 혼란스러울 수 있습니다. 종종 서로 다른 분야(여기서는 수학과 컴퓨터 과학)가 만날 때 용어를 정리하기는 매우 까다롭습니다. 하지만 걱정하지 마세요. 조금씩 경험이 쌓이면 쉽게 구분할 수 있을 만큼 익숙해집니다.

벡터를 언급할 때 일반적으로 '벡터 v'를 소문자로 진한 로마자인 **v**로 나타냅니다. 일부 책에서는 이탤릭체(v)를 사용하거나 위쪽에 화살표를 붙입니다($\vec{v}$).

선형대수학에서 보통 벡터에 아무런 표시가 없다면 열 방향이라고 가정합니다. 행벡터는 w^T로 씁니다. T는 **전치 연산**transpose operation을 나타내며 나중에 자세히 다룹니다. 일단 전치 연산은 열벡터를 행벡터로 변환한다고 이해하면 됩니다.

> **NOTE 벡터 방향이 중요한가요?**
>
> 벡터가 열 방향인지 행 방향인지 또는 방향이 없는 1차원 배열인지가 정말 중요한가요? 때로는 맞고 때론 틀립니다. 벡터에 데이터를 저장할 때 방향은 보통 중요하지 않습니다. 하지만 파이썬의 어떤 연산에서는 방향이 잘못되면 예기치 않은 결과나 오류가 발생할 수 있습니다. 그러므로 벡터 방향에 따라 결과가 다를 수 있다는 것을 알고 있어야 합니다. 행벡터가 열벡터가 되어야 한다는 것을 알기 위해 코드를 디버깅하는 데만 30분을 소비하는 것은 괴로운 일이기 때문입니다.

파이썬의 벡터는 여러 데이터 타입으로 나타낼 수 있습니다. 리스트 타입은 벡터를 표현하는 가장 간단한 방법이지만 선형대수학 응용 분야에서는 잘 사용하지 않습니다. 많은 선형대수학 연산은 파이썬 리스트에 대해 잘 동작하지 않습니다. 따라서 벡터를 NumPy 배열로 생성하는 것이 가장 좋습니다. 다음 코드는 벡터를 생성하는 네 가지 방법입니다.

```
asList = [1,2,3]
asArray = np.array([1,2,3]) # 1차원 배열
rowVec = np.array([ [1,2,3] ]) # 행
colVec = np.array([ [1],[2],[3] ]) # 열
```

`asArray` 변수는 **방향이 없는 배열**로, 행이나 열벡터가 아니라 NumPy의 숫자 1차원 리스트입니다. NumPy의 방향은 대괄호로 지정합니다. 가장 바깥쪽 대괄호는 모든 숫자를 하나의 객체로 묶습니다. 그리고 추가적인 내부 괄호 집합은 행을 나타냅니다. 행벡터(변수 `rowVec`)는 하나의 행이 모든 숫자를 가지지만 열벡터(변수 `colVec`)는 하나의 숫자를 가진 행이 여러 개가 있습니다.

변수 모양을 살펴보면 이러한 방향을 알 수 있습니다(코딩할 때 변수 모양을 알면 매우 유용합니다).

```
print(f'asList: {np.shape(asList)}')
print(f'asArray: {asArray.shape}')
print(f'rowVec: {rowVec.shape}')
print(f'colVec: {colVec.shape}')
```

출력 결과는 다음과 같습니다.

```
asList:  (3,)
asArray: (3,)
rowVec:  (1, 3)
colVec:  (3, 1)
```

1차원 배열인 asArray는 모양이 (3)이지만 방향이 부여된 벡터는 2차원 배열이며 방향에 따라 모양이 (1,3) 또는 (3,1)입니다. 차수는 항상 (행, 열)로 표현합니다.

1.1.1 벡터의 기하학적 해석

순서대로 나열된 수 목록 ordered list of numbers 은 벡터의 대수학적 해석입니다. 기하학적으로 해석하면 벡터는 특정 길이(또는 **크기** magnitude)와 방향(또는 **각도** angle: 양의 x축을 기준으로 계산됨)을 가진 직선입니다. 벡터의 두 점은 꼬리(시작하는 곳)와 머리(끝나는 곳)라고 부릅니다. 일반적으로 머리는 꼬리와 명확히 구분하기 위해 화살표가 달려 있습니다.

벡터를 기하학적 좌표가 인코딩된 형태로 볼 수도 있지만, 벡터와 좌표는 실제로 다릅니다. 하지만 벡터가 원점에서 시작될 때는 일치합니다. 이를 **기준 위치** standard position 라고 하며 [그림 1-1]에 나타나 있습니다.

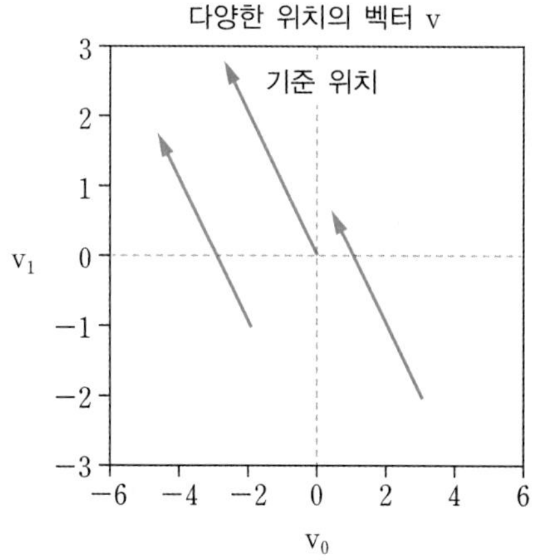

그림 1-1 모든 화살표는 동일한 벡터입니다. 기준 위치의 벡터는 꼬리가 원점에 있고 머리는 기하학적 좌표를 가리킵니다.

벡터를 기하학적 또는 대수학적으로 개념화하는 것은 단순히 같은 것을 해석하는 관점의 차이일 수도 있지만, 서로 다른 응용 분야에서 직관을 얻는 데 도움이 됩니다. 예를 들면 벡터의 기하학적 해석은 물리학과 공학에서 유용하고(예, 물리적 힘) 벡터의 대수학적 해석은 데이터 과학에서 유용합니다(예, 시간별 판매 데이터). 종종 선형대수학 개념은 2차원 그래프에서 기하학적으로 학습한 다음 대수학을 통해 더 높은 차원으로 확장합니다.

1.2 벡터 연산

벡터는 문장의 명사와 비슷합니다. 다시 말해 선형대수학 이야기의 등장 인물입니다. 그러나 선형대수학의 묘미는 동사에서 시작됩니다. 동사는 등장 인물(벡터)에게 생명을 불어넣는 움직임입니다. 이러한 움직임을 **연산**operations이라고 부릅니다.

일부 선형대수학 연산은 단순하고 직관적이며 예상한 방식(예, 덧셈)대로 정확하게 동작하지만, 어떤 선형대수학 연산은 책 전체 내용을 알아야 이해할 수 있습니다(예, 특잇값 분해). 간단한 연산부터 시작해 보겠습니다.

1.2.1 두 벡터의 덧셈

두 벡터의 덧셈은 서로 대응되는 원소끼리 더합니다. [식 1-2]는 예입니다.

식 1-2 두 벡터의 덧셈

$$\begin{bmatrix}4\\5\\6\end{bmatrix}+\begin{bmatrix}10\\20\\30\end{bmatrix}=\begin{bmatrix}14\\25\\36\end{bmatrix}$$

예상한대로 벡터의 덧셈은 동일한 차원을 갖는 벡터끼리만 가능합니다. 즉, $\mathbb{R}^3$의 벡터와 $\mathbb{R}^5$의 벡터를 더하는 것은 불가능합니다.

벡터의 뺄셈도 마찬가지입니다. 두 벡터를 원소별로 뺍니다. [식 1-3]은 예입니다.

식 1-3 두 벡터의 뺄셈

$$\begin{bmatrix}4\\5\\6\end{bmatrix}-\begin{bmatrix}10\\20\\30\end{bmatrix}=\begin{bmatrix}-6\\-15\\-24\end{bmatrix}$$

파이썬에서 두 벡터를 더하는 것은 간단합니다.

```
v = np.array([4,5,6])
w = np.array([10,20,30])
u = np.array([0,3,6,9])
vPlusW = v + w
uPlusW = u + w # 오류! 차원 불일치!
```

덧셈에서 벡터 방향은 중요할까요? [식 1-4]를 봅시다.

식 1-4 열벡터에 행벡터를 더할 수 있나요?

$$\begin{bmatrix}4\\5\\6\end{bmatrix}+\begin{bmatrix}10 & 20 & 30\end{bmatrix}=?$$

두 벡터 모두 세 개의 원소를 가지므로 이전 예제와 차이가 없다고 생각할 수 있습니다. 파이썬에서는 다음과 같습니다(코드의 .T는 전치 연산을 뜻하는 코드입니다).

```
v = np.array([[4,5,6]]) # 행벡터
w = np.array([[10,20,30]]).T # 열벡터
v + w
>> array([[14, 15, 16],
         [24, 25, 26],
         [34, 35, 36]])
```

이전에 정의한 벡터 덧셈의 결과와 달라서 혼란스러울 수 있습니다. 사실 파이썬에는 **브로드캐스팅**broadcasting이라는 연산이 있습니다. 이 장의 뒷부분에서 브로드캐스팅에 대해 더 배우겠지만, 여기서 잠시 행과 열벡터를 추가한 결과가 왜 이렇게 되는지 고민해 보는 시간을 가지길 권합니다. 여하튼 이 예는 방향이 정말 중요하다는 것을 보여 줍니다. **두 벡터의 차원과 방향이 같을 때만 더할 수 있습니다.**

1.2.2 벡터의 덧셈과 뺄셈의 기하학적 해석

두 벡터를 기하학적으로 더할 때 한 벡터의 꼬리와 다른 벡터의 머리를 연결합니다. 더한 결과 벡터는 첫 번째 벡터의 꼬리와 두 번째 벡터의 머리를 이은 선입니다([그림 1-2]의 그래프 A). 이 방식으로 원하는 만큼 벡터를 더할 수 있습니다. 모든 벡터의 꼬리와 머리를 계속 이으면 최종 합은 첫 번째 꼬리에서 마지막 머리까지 이어지는 선이 됩니다.

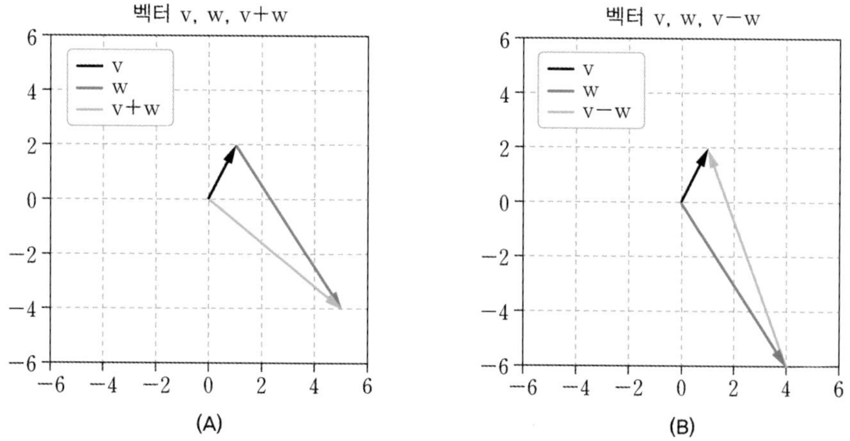

그림 1-2 두 벡터의 덧셈과 뺄셈

기하학적으로 벡터를 빼는 것은 덧셈과 조금 다르지만 마찬가지로 간단합니다. 두 벡터의 꼬리들을 같은 좌표에 둡니다(기준 위치에 두 벡터를 두면 쉽게 됩니다). 뺀 결과의 벡터는 두 번째 벡터의 머리에서 첫 번째 벡터의 머리로 가는 선입니다([그림 1-2]의 그래프 B).

벡터 뺄셈은 기하학적으로 매우 중요한 개념입니다. 직교벡터 분해의 기초이며 이는 곧 선형 최소제곱법의 기초가 되고 선형 최소제곱법은 과학과 공학에서 선형대수학의 가장 중요한 응용입니다.

1.2.3 스칼라-벡터 곱셈

선형대수학에서 **스칼라**scalar는 벡터나 행렬에 포함된 숫자가 아닌 수 그 자체입니다. 스칼라는 일반적으로 α 또는 λ와 같은 그리스어 소문자로 나타냅니다. 예를 들면 스칼라-벡터 곱셈을 $\lambda \mathbf{w}$로 나타낼 수 있습니다.

스칼라-벡터 곱셈은 매우 간단합니다. 각 벡터 원소에 스칼라를 곱합니다. 하나의 수치 예([식 1-5])를 보면 이해가 쉽습니다.

식 1-5 스칼라-벡터 곱셈(또는 벡터-스칼라 곱셈)

$$\lambda = 4, \quad \mathbf{w} = \begin{bmatrix} 9 \\ 4 \\ 1 \end{bmatrix}, \quad \lambda \mathbf{w} = \begin{bmatrix} 36 \\ 16 \\ 4 \end{bmatrix}$$

> 영벡터
>
> **영벡터**zero vector는 모든 원소가 0입니다. 그리고 볼드체 **0**으로 표시하며 선형대수학에서 특수한 벡터입니다. 사실 영벡터를 사용해서 문제를 푸는 것은 **자명한 해**trivial solution(설명하지 않아도 되는 명백한 해)라 제외하곤 합니다. 선형대수학에서는 '…을 풀 수 있는 0이 아닌 벡터를 찾아라' 또는 '…에 대한 자명하지 않은 해를 찾아라'와 같은 명제가 대부분입니다.

앞에서 벡터를 저장하는 변수의 데이터 타입이 중요할 수도 아닐 수도 있다고 언급했습니다. 그러나 스칼라-벡터 곱셈에서는 데이터 타입이 중요합니다.

```
s = 2
a = [3,4,5] # 리스트
b = np.array(a) # np 배열
print(a*s)
print(b*s)
```

```
>> [ 3, 4, 5, 3, 4, 5 ]
>> [ 6 8 10 ]
```

이 코드는 스칼라(변수 s)와 벡터 리스트(변수 a)를 생성하고 a를 NumPy 배열(변수 b)로 변환합니다. 파이썬에서 별표 연산은 변수 타입에 따라 다르게 동작하도록 재정의되어 있습니다. 리스트에 스칼라를 곱하면 리스트를 여러 번(이때는 두 번) 반복하는데, 이 방식은 선형대수학의 스칼라-벡터 곱셈이 **아닙니다**. 하지만 벡터가 NumPy 배열이라면 별표 연산은 원소별로 곱셈을 합니다(여기 간단한 문제가 있습니다. 만약 `s = 2.0`으로 설정하면 어떻게 될까요?)[1] 이 두 가지 연산(리스트 반복과 스칼라-벡터 곱셈)은 실제 코딩에서 자주 사용되므로 조심해서 잘 구분해야 합니다.

1.2.4 스칼라-벡터 덧셈

벡터에 스칼라를 더하는 것은 선형대수학에서 불가능합니다. 벡터와 스칼라는 별도의 수학적 객체이기 때문입니다. 하지만 파이썬과 같은 수치 처리 프로그램에서는 벡터에 스칼라를 더할 수 있으며 이 연산은 스칼라-벡터 곱셈과 유사합니다. 즉 각 벡터 원소에 스칼라를 더합니다. 다음 코드는 이 내용을 보여 줍니다.

```
s = 2
v = np.array([3,6])
s + v
```

```
>> array([5, 8])
```

1 a*s는 오류가 발생합니다. 리스트 반복은 정수로만 수행되기 때문입니다. 리스트를 2.72회 반복할 수는 없습니다!

스칼라-벡터 곱셈의 기하학적 해석

스칼라는 왜 '스칼라'라고 부를까요? 기하학적 해석에 그 이유가 있습니다. 스칼라는 벡터의 방향을 바꾸지 않고 크기만 조정합니다. 스칼라-벡터 곱셈의 결과는 스칼라가 1보다 큰지, 0과 1 사이인지, 정확히 0인지, 음수인지에 따라 다릅니다. [그림 1-3]은 이 개념을 보여 줍니다.

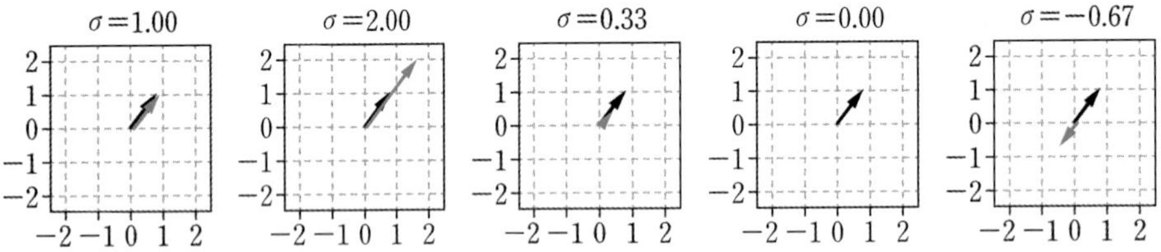

그림 1-3 동일한 벡터(검은색)에 다양한 스칼라 σ (구분을 위해 강조색 선을 살짝 이동)를 곱합니다.

앞서 스칼라는 벡터의 방향을 변경하지 않는다고 했습니다. 하지만 그림에서 스칼라가 음수일 때 벡터 방향이 뒤집혔습니다(즉 180도 회전합니다). 모순 같지만, 벡터는 원점을 통과해서 양방향의 무한대로 가는 무한히 긴 선을 가리킨다는 해석도 있습니다(다음 장에서는 이것을 '1차원 부분공간'이라고 정의합니다). 그런 의미에서 '회전된' 벡터는 여전히 동일한 무한한 선을 가리키므로 음의 스칼라가 방향을 바꾼 것이 아닙니다. 이 해석은 행렬 공간과 고유벡터, 특이벡터에서 중요하며 다음 여러 장에서 관련된 내용을 소개합니다.

벡터 덧셈과 스칼라-벡터 곱셈을 이용해 **벡터의 평균**vector average을 구할 수 있습니다. 벡터의 평균을 구하는 것은 숫자의 평균을 구하는 것과 동일합니다. 모두 합하고 숫자의 개수로 나눕니다. 그래서 두 벡터의 평균을 구하려면 먼저 두 벡터를 더하고 스칼라 1/2를 곱하면 됩니다. 일반적으로 N개 벡터의 평균을 구하려면 모두 더하고 스칼라 $1/N$을 곱합니다.

1.2.5 전치

앞에서 전치transpose 연산에 대해 살짝 배웠습니다. 전치 연산은 열벡터를 행벡터로 또는 반대로 변환합니다. 공식을 통해 전치 행렬을 일반화해서 정의해 보겠습니다(4장).

행렬에는 행과 열이 있으므로 각 행렬 원소는 (**행, 열**) 인덱스를 가집니다. 전치 연산은 단순히 이러한 인덱스를 맞바꾸는 겁니다. [식 1-6]은 이를 공식화한 것입니다.

식 1-6 전치 연산

$$\mathbf{m}_{i,j}^{\mathrm{T}} = \mathbf{m}_{j,i}$$

벡터는 방향에 따라 하나의 행 또는 하나의 열입니다. 예를 들어 6차원 행벡터에서 i 인덱스는 1로 고정이고 j는 1에서 6까지 존재합니다. 6차원 열벡터는 i 인덱스가 1에서 6까지 존재하고 j는 1로 고정입니다. 따라서 i와 j 인덱스를 맞바꾸면 행과 열이 뒤바뀝니다.

중요한 규칙 하나가 있습니다. 벡터를 두 번 전치하면 벡터는 원래 방향이 됩니다. 다시 말해 $\mathbf{v}^{\mathrm{TT}} = \mathbf{v}$ 입니다. 이는 당연해 보이지만 데이터 과학과 머신러닝 등 여러 중요한 증명에서 핵심 근거가 됩니다. 예를 들어 데이터 행렬에 자신의 전치를 곱하면 대칭 공분산 행렬이 만들어집니다(이것이 주성분 분석이 데이터 공간의 직교 회전인 이유입니다. 잘 모르겠어도 걱정하지 마세요. 이 내용은 책의 후반부를 읽으면 이해가 될 겁니다).

1.2.6 파이썬에서 벡터 브로드캐스팅

브로드캐스팅 연산은 현대 컴퓨터 기반 선형대수학에서만 존재합니다. 이것은 전통적인 선형대수학 교과서에는 없는 내용입니다.

브로드캐스팅은 본질적으로 한 벡터를 다른 벡터의 각 원소로 연산을 여러 번 반복하는 것입니다. 다음 일련의 식을 살펴봅시다.

$$\begin{matrix} [1 \;\; 1] + [10 \;\; 20] \\ [2 \;\; 2] + [10 \;\; 20] \\ [3 \;\; 3] + [10 \;\; 20] \end{matrix}$$

벡터의 패턴을 주의 깊게 보세요. 벡터 [1 2 3]의 전치와 [10 20]의 패턴을 모은 다음 덧셈을 브로드캐스팅하면 이 식들을 하나의 식으로 간결하게 구현할 수 있습니다. 다음은 파이썬으로 구현한 것입니다.

```
v = np.array([[1,2,3]]).T # 열벡터
w = np.array([[10,20]]) # 행벡터
v + w # 브로드캐스팅 덧셈
```

```
>> array([[11, 21],
          [12, 22],
          [13, 23]])
```

여기서 다시 한 번 선형대수학 연산에서 방향의 중요성을 알 수 있습니다. 위 코드에서 v를 행벡터로, w를 열벡터로 변경해서 실행해 보세요.[2]

브로드캐스팅으로 효율적이고 간결하게 계산할 수 있기 때문에 수치를 다루는 코딩에서 자주 사용됩니다. 이 책의 k-평균 클러스터링 절(3장) 등에서 브로드캐스팅 예제들을 볼 수 있습니다.

1.3 벡터 크기와 단위벡터

벡터의 **크기**(**기하학적 길이** 또는 **노름**norm)는 벡터의 꼬리부터 머리까지의 거리이며 표준 유클리드Euclidean 거리 공식(벡터 원소들의 제곱합에 제곱근을 취함, [식 1-7] 참고)으로 구합니다. 벡터 크기(노름)는 벡터 양 옆에 이중 수직 막대로 표시합니다($\|\mathbf{v}\|$).

식 1-7 벡터 크기(노름)

$$\|\mathbf{v}\| = \sqrt{\sum_{i=1}^{n} v_i^2}$$

일부 응용에서는 제곱 크기($\|\mathbf{v}\|^2$)를 사용하는데 이때는 오른편에 있는 제곱근 항을 제거합니다.

파이썬 코드를 보기 전에 '칠판' 선형대수학과 '코드' 선형대수학 사이의 몇 가지 용어 불일치 예를 봅시다. 수학에서 벡터의 차원은 벡터의 원소 수이고 길이는 기하학적 거리입니다. 파이썬에서는 함수 `len()`(여기서 `len`은 **length**의 약자입니다)은 배열의 **차원**을 반

2 파이썬은 여전히 브로드캐스팅합니다. 하지만 결과는 3×2이 아닌 2×3 행렬입니다.

환하고 np.norm()은 기하학적 길이(크기)를 반환합니다. 이 책에서 혼란을 피하기 위해 **길이** 대신 **크기**(또는 **기하학적 길이**, **노름**)라는 용어를 계속 사용하겠습니다.

```
v = np.array([1,2,3,7,8,9])
v_dim = len(v) # 수학의 차원
v_mag = np.linalg.norm(v) # 수학적 크기, 길이, 또는 노름
```

여러 응용 분야에서는 기하학적인 길이가 1인 벡터를 사용하는데 이를 **단위벡터**unit vector 라고 합니다. 응용의 예로는 직교 행렬과 회전 행렬, 고유벡터, 특이벡터가 있습니다.

단위벡터는 $\| v \| = 1$로 정의합니다.

당연히 단위벡터가 아닌 벡터가 더 많습니다('대부분의 벡터는 단위벡터가 아닙니다.'라고도 쓰고 싶었습니다. 그러나 비단위벡터로 이루어진 무한 집합이 단위벡터의 무한 집합보다 아무리 크다고 해도 무한 단위벡터의 수와 비단위벡터의 수는 모두 똑같이 무한합니다). 다행히도 모든 비단위벡터는 하나의 단위벡터와 연관되어 있습니다. 즉 비단위벡터와 같은 방향의 단위벡터를 만들 수 있습니다. 연관된 단위벡터를 만드는 건 간단합니다. 벡터 노름의 역수를 스칼라 곱셈하면 됩니다(식 1-8).

식 1-8 단위벡터 생성

$$\hat{v} = \frac{1}{\| v \|} v$$

부모 벡터(v)와 같은 방향의 단위벡터($\hat{v}$)를 표시하는 일반적인 규약을 볼 수 있습니다. [그림 1-4]는 이를 묘사한 것입니다.

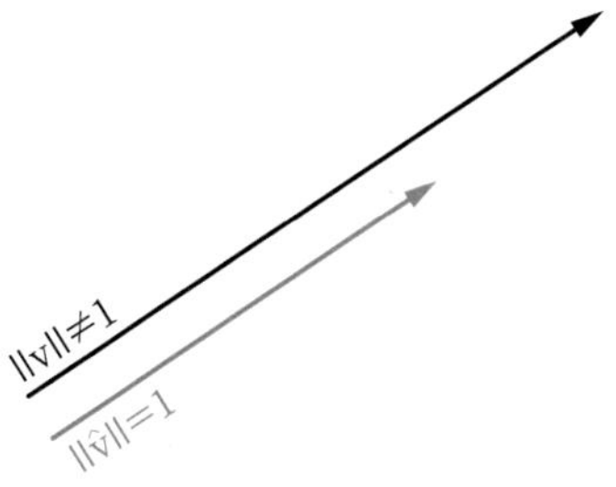

그림 1-4 단위벡터(강조색 화살표)는 비단위벡터(검은색 화살표)를 가공해서 만듭니다. 두 벡터의 각도는 동일하지만 크기는 다릅니다.

사실 '**모든** 비단위벡터는 연관된 단위벡터를 가진다'는 주장이 완벽하게 맞는 것은 아닙니다. 비단위 길이지만 연관된 단위벡터가 없는 벡터가 있습니다. 어떤 벡터인지 예상이 되나요?[3]

여기서 단위벡터를 만드는 파이썬 코드를 보여 주지 않습니다. 그 코드는 이 장 마지막에 연습 문제로 남겨뒀습니다.

1.4 벡터-내적

내적dot product(또는 **점곱, 스칼라곱**)은 선형대수학 전체에서 가장 중요한 연산입니다. 내적은 합성곱convolution, 상관관계correlation, 푸리에 변환Fourier transform, 행렬 곱셈, 선형 특징 추출, 신호 필터링 등의 많은 연산과 알고리즘의 기본이 됩니다.

두 벡터 사이의 내적을 표기하는 여러 가지 방법이 있습니다. 이 책에서는 행렬 곱셈을 학습하며 익숙해진 일반적인 표기법 $\mathrm{a}^{\mathrm{T}}\mathrm{a}$를 사용할 것입니다. 다른 문맥에서는 $\mathrm{a} \cdot \mathrm{b}$ 또는 $\langle \mathrm{a}, \mathrm{b} \rangle$로도 나타냅니다.

내적은 하나의 숫자로 두 벡터 사이의 관계를 나타냅니다. 먼저 내적을 계산하는 알고리즘을 살펴보고 해석하는 방법에 대해 논의하겠습니다.

내적을 계산하려면 두 벡터에서 대응되는 원소끼리 곱한 다음 모든 결과를 더합니다. 다시 말해 원소별로 곱하고 합하는 것입니다. [식 1-9]에서 a와 b는 벡터이며 a_i는 a의 i번째 원소입니다.

식 1-9 내적 공식

$$\delta = \sum_{i=1}^{n} \mathrm{a}_i \mathrm{b}_i$$

공식을 보면 내적이 동일한 차원의 두 벡터 사이에서만 성립함을 알 수 있습니다. [식 1-10]은 수치 예입니다.

---

3 영벡터 길이는 0이지만 연관된 단위벡터가 없습니다. 영벡터는 방향이 없고 0이 아닌 길이로 늘릴 수 없기 때문입니다.

식 1-10 내적 계산의 예

$$\begin{aligned}[1\ 2\ 3\ 4] \cdot [5\ 6\ 7\ 8] &= 1\times5+2\times6+3\times7+4\times8 \\ &= 5+12+21+32 \\ &= 70\end{aligned}$$

> **NOTE 인덱싱의 까다로움**
>
> 표준 수학 표기법과 MATLAB, Julia 같은 수치 처리 프로그램은 인덱싱을 1부터 시작해서 N으로 끝내지만 파이썬, 자바와 같은 프로그래밍 언어는 0으로 시작해서 $N-1$로 끝납니다. 이 두 가지 규약의 장점과 한계에 대해서 지금 논쟁할 필요는 없습니다(가끔 이러한 불일치가 역사에 얼마나 많은 버그를 가져왔는지 궁금하긴 합니다). 하지만 공식을 파이썬 코드로 변환할 때는 이러한 차이를 염두에 둬야 합니다.

파이썬에서 내적을 구현하는 여러 가지 방법이 있습니다. 그중에서 `np.dot()` 함수가 가장 간단합니다.

```
v = np.array([1,2,3,4])
w = np.array([5,6,7,8])
np.dot(v,w)
```

> **Caution np.dot()에 관한 참고사항**
>
> `np.dot()` 함수는 실제로 벡터-내적을 구현하지 않았습니다. 여러 내적으로 이루어진 행렬 곱셈을 구현했습니다. 이는 행렬 곱셈의 규칙과 메커니즘에 대해 학습한 후에 더 확실히 이해가 될 것입니다(4장). 당장 알고 싶다면 이전 코드에서 두 벡터 모두에 방향(행 대 열)을 부여해 보세요. 첫 번째 입력이 행벡터고 두 번째 입력이 열벡터일 때만 내적이 출력되는 것을 알 수 있습니다.

내적은 흥미로운 특성이 있습니다. 벡터에 스칼라를 곱하면 내적도 그만큼 커집니다. 이전 코드를 확장해서 이를 확인해 볼 수 있습니다.

```
s = 10
np.dot(s*v,w)
```

`v`와 `w`의 내적은 70이고, `s*v`(수학 표기법으로 $\sigma \mathbf{v}^T \mathbf{w}$)와 $\mathbf{w}$의 내적은 700입니다. 이제 음수 스칼라, 예를 들어 `s = -1`을 시도해 보세요. 내적 크기는 그대로지만 기호는 반대가

됩니다. 물론 `s = 0`이면 내적도 0입니다.

이제 내적을 계산하는 방법을 알았습니다. 그렇다면 내적은 무엇을 의미하고 어떻게 해석해야 할까요?

내적은 두 벡터 사이의 **유사성**similarity 또는 **매핑**mapping의 척도로 해석할 수 있습니다. 20명의 키와 몸무게 데이터를 수집하고 그 데이터를 두 개의 벡터에 저장했다고 가정해 봅시다. 당연히 이 두 변수들은 서로 관련이 있다고 예상할 수 있습니다(키가 큰 사람이 더 무거운 경향을 보입니다). 따라서 두 벡터의 내적은 클 것입니다. 또한 내적의 크기는 데이터의 단위에 따라 달라집니다. 예를 들어 그램과 센티미터로 측정된 데이터의 내적이 미터로 측정된 내적보다 더 큽니다. 그러나 이러한 단위의 차이는 정규화 계수로 제거할 수 있습니다. 실제로 두 변수 사이의 정규화된 내적을 **피어슨 상관계수**Pearson correlation coefficient라고 하며 이는 데이터 과학에서 가장 중요한 분석입니다. 자세한 내용은 3장에서 다루겠습니다!

1.4.1 내적의 분배 법칙

수학의 분배 법칙은 $a(b+c)=ab+ac$입니다. 이를 벡터-내적에 적용하면 다음과 같습니다.

$$\mathrm{a}^{\mathrm{T}}(\mathrm{b}+\mathrm{c})=\mathrm{a}^{\mathrm{T}}\mathrm{b}+\mathrm{a}^{\mathrm{T}}\mathrm{c}$$

즉 벡터 덧셈의 내적은 벡터-내적의 덧셈과 같습니다.

다음은 분배 법칙을 파이썬 코드로 구현한 것입니다.

```
a = np.array([ 0,1,2 ])
b = np.array([ 3,5,8 ])
c = np.array([ 13,21,34 ])

# 내적 분배 법칙
res1 = np.dot( a, b+c )
res2 = np.dot( a,b ) + np.dot( a,c )
```

두 결과인 res1과 res2는 동일합니다(정답은 110). 이는 내적의 분배 법칙이 성립함을 보여 줍니다. 수학 공식을 파이썬 코드로 변환하는 것은 수학 중심의 코딩에서 매우 중요한 기술입니다.

1.4.2 내적의 기하학적 해석

다음은 내적의 기하학적 정의입니다. 두 벡터의 크기(노름)를 곱하고 두 벡터 사이의 각도에서 코사인값만큼 크기를 늘리는 것입니다(식 1-11).

식 1-11 벡터-내적의 기하학적 정의

$$\alpha = \cos(\theta_{\mathbf{v},\mathbf{w}}) \| \mathbf{v} \| \| \mathbf{w} \|$$

[식 1-9]와 [식 1-11]은 수학적으로 동일하지만 다르게 표현된 형태입니다. 이 둘이 동등한지 증명하는 것은 수학적 분석에서는 흥미로운 실습이지만 코사인 법칙 등 다른 원리를 먼저 증명해야 해서 분량이 약 한 페이지 정도 필요합니다. 그래서 이 증명은 이 책과 특별히 관련이 없으므로 생략하겠습니다.

벡터 크기는 엄격하게 양수(0 벡터는 $\| \mathbf{0} \| = 0$으로 제외)지만 각의 코사인값은 −1과 +1 사이입니다. 이는 내적의 부호가 전적으로 두 벡터 사이의 기하학적 관계로 결정된다는 것을 뜻합니다. [그림 1-5]는 두 벡터 사이의 각에 따른 내적 부호 다섯 가지 사례를 보여 줍니다(2차원으로 시각화했지만 법칙은 더 높은 차원에서도 성립합니다).

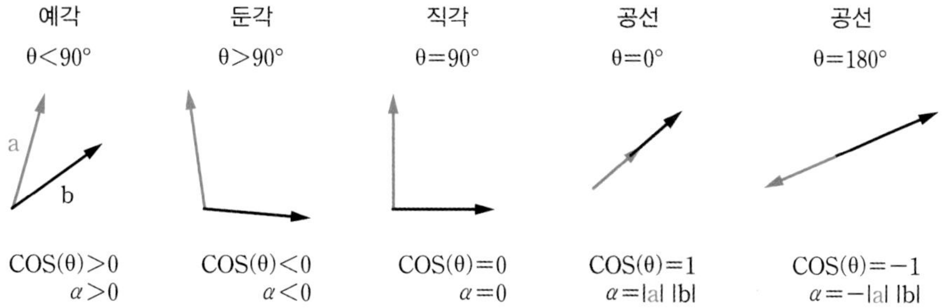

그림 1-5 두 벡터의 내적의 부호는 벡터 사이의 기하학적 관계를 나타냅니다.

> **NOTE** 암기하세요. 직교벡터의 내적은 0입니다.
>
> 일부 수학 강사들은 공식과 용어를 외우지 말고 대신 과정과 증명을 이해해야 한다고 주장합니다. 하지만 솔직히 말해서 수학을 배우는 데 암기도 똑같이 중요하고 반드시 필요한 부분입니다. 다행히도 선형대수학에는 암기할 내용이 과도하게 많진 않지만 어떤 것은 단순하게 암기하는 것이 더 도움이 됩니다.
>
> 그중에 하나가 '직교벡터의 내적은 0'입니다(이것은 양방향으로 성립합니다. 두 벡터의 내적이 0이라면 두 벡터는 직교합니다). 따라서 다음 명제들은 동치입니다. 1) 두 벡터가 직교합니다. 2) 두 벡터는 내적이 0입니다. 3) 두 벡터 사이의 각은 90°입니다. 이 내용을 반복해서 읽고 꼭 암기하세요.

1.5 그 외 벡터 곱셈

내적은 아마도 벡터들을 곱하는 가장 중요하고 자주 사용되는 방법입니다. 하지만 벡터를 곱하는 다른 여러 방법이 있습니다.

1.5.1 아다마르곱

원소별로 곱하는 것을 뜻하는 멋진 용어입니다. 아다마르곱$^{\text{Hardamard product}}$을 구현하려면 두 벡터의 대응되는 각 원소를 곱하면 됩니다. 곱의 결과는 두 벡터와 같은 차원의 벡터입니다. 예를 들어 다음과 같습니다.

$$\begin{bmatrix} 5 \\ 4 \\ 8 \\ 2 \end{bmatrix} \odot \begin{bmatrix} 1 \\ 0 \\ .5 \\ -1 \end{bmatrix} = \begin{bmatrix} 5 \\ 0 \\ 4 \\ -2 \end{bmatrix}$$

파이썬에서 별표는 두 벡터나 행렬에서 원소 사이의 곱을 나타냅니다.

```
a = np.array([5,4,8,2])
b = np.array([1,0,.5])
a * b
```

파이썬에서 이 코드를 실행해 보세요. 앗! 파이썬에서 오류가 발생합니다. 당황하지 말고 버그를 찾아 수정해 보세요. 이 오류를 통해 아다마르곱에 관한 무엇을 배웠나요? 정답은 각주에서 확인하세요.[4]

아다마르곱은 여러 스칼라를 곱할 때 편리합니다. 예를 들어 다양한 가게에서 판매되는 소형 장치의 수와 각 가게의 장치당 가격 데이터가 있다고 가정합시다. 각 변수를 벡터로 나타내고 아다마르곱을 통해 가게별로 장치 매출을 계산할 수 있습니다(이것은 모든 가게의 전체 매출과 다릅니다. 전체 매출은 내적으로 계산할 수 있습니다).

1.5.2 외적

외적은 열벡터와 행벡터를 이용해 행렬을 만듭니다. 외적 행렬의 각 행은 행벡터 스칼라에 대응되는 열벡터 원소를 곱한 것입니다. 그리고 외적 행렬의 각 열은 열벡터 스칼라에 대응되는 행벡터 원소를 곱한 것입니다. 5장에서는 이것을 '계수rank-1 행렬'이라고 부릅니다. 일단 용어는 무시하고 다음 예제에서 나타낸 패턴에 초점을 맞추세요.

$$\begin{bmatrix} a \\ b \\ c \end{bmatrix} \begin{bmatrix} d & e \end{bmatrix} = \begin{bmatrix} ad & ae \\ bd & be \\ cd & ce \end{bmatrix}$$

> 선형대수학에서 문자 사용
>
> 중학교 대수학에서는 숫자 대신 문자를 자리 표시자placeholder로 사용해 산술보다 더 깊은 수준으로 수학을 이해할 수 있었습니다. 선형대수학도 같은 개념입니다. 선생님들은 가끔 행렬 안에 숫자 대신 문자를 사용합니다. 그 문자들을 일종의 변수로 생각하면 됩니다.

외적은 내적과 많은 차이가 있습니다. 외적은 스칼라 대신 행렬을 생성합니다. 외적의 두 벡터는 차원이 달라도 되지만 내적의 두 벡터는 차원이 같아야 합니다.

외적은 $\mathbf{v}\mathbf{w}^{\mathrm{T}}$로 나타냅니다(벡터가 열 방향이라고 가정한 것을 떠올려 보면 외적은 열에 행을 곱하는 것입니다). 내적 표기법($\mathbf{v}^{\mathrm{T}}\mathbf{w}$)과 외적($\mathbf{v}\mathbf{w}^{\mathrm{T}}$) 표기법 사이의 중요한 차이

4 두 벡터의 차원이 서로 다르다는 오류입니다. 이것은 아다마르곱이 차원이 같은 두 벡터에 대해서만 동작한다는 것을 말합니다. a에서 원소 하나를 제거하거나 b에 원소 하나를 추가해서 해결할 수 있습니다.

점을 이해해야 합니다. 지금은 이상하고 혼란스러울 수 있지만 4장에서 행렬 곱셈을 배우고 나면 완벽하게 이해할 수 있습니다.

외적은 브로드캐스팅과 비슷하지만 다릅니다. **브로드캐스팅**은 덧셈, 곱셈, 나눗셈과 같은 산술 연산을 벡터로 확장한 일반적인 코딩 연산입니다. 하지만 **외적**은 두 벡터를 곱하는 특수한 수학적 기법입니다.

NumPy를 이용해 각각 열과 행 방향인 두 벡터를 `np.outer()` 또는 `np.dot()` 함수에 입력해서 외적을 계산할 수 있습니다.

1.5.3 교차곱과 삼중곱

교차곱 또는 삼중곱같이 벡터를 곱하는 또 다른 방법이 있습니다. 이 방법은 기하학과 물리학에서 사용되지만 기술 관련 응용 분야에서 자주 등장하지 않아서 이 책에서 다루지 않습니다. 여러분에게 단지 이 이름이 낯설지 않도록 여기에서는 언급만 하고 넘어가겠습니다.

1.6 직교벡터 분해

벡터 또는 행렬을 '분해'하면 여러 간단한 조각으로 나뉘어집니다. 분해를 통해 행렬에 '숨겨진' 정보를 밝혀내거나 행렬을 사용하기 쉬운 형태로 만들기도 하고 또는 데이터를 압축하기도 합니다. 전통과 응용 선형대수학의 거의 대부분이 행렬 분해와 연관되어 있다고 해도 과언이 아닐 정도로 행렬 분해는 대단히 중요합니다.

두 가지 간단한 스칼라 관련 예를 이용해 분해 개념을 소개해 보겠습니다.

- 숫자 42.01을 42와 0.01 두 조각으로 나눌 수 있습니다. 아마도 0.01이 오차라서 제거하거나 아니면 데이터를 압축하려는 목적일 수 있습니다(정수 42는 부동 소수점 42.01보다 메모리 사용량이 적습니다). 어떤 의도일지라도 분해는 하나의 수학적 대상을 더 단순한 대상의 합(42 = 42 + 0.01)으로 표현하는 것입니다.

- 숫자 42를 소수 2, 3, 7의 곱으로 분해할 수 있습니다. 이러한 분해를 **소인수 분해**prime factorization라고 하며 수치 처리 및 암호학에서 많이 응용됩니다. 이 예는 합이 아닌 곱에 관한 것이지만 하나의 수학적 대상을 더 작고 간단한 조각으로 분해한다는 점은 같습니다.

이 절에서는 간단하면서 중요한 분해를 살펴봅니다. 하나의 벡터를 두 개의 벡터로 분해하는데, 하나는 기준벡터와 직교하고 다른 하나는 기준벡터와 평행합니다. 직교벡터 분해는 통계에서 그람-슈미트 과정Gram-Schmidt Process과 QR 분해에 직접적인 연관이 있습니다. 이는 통계에서 역문제를 해결할 때 자주 사용됩니다.

먼저 그림으로 분해의 목적을 시각화해 봅시다. [그림 1-6]에서 이것을 보여 줍니다. 표준 위치에 두 개의 벡터 **a**와 **b**가 있습니다. 우리는 **a**에서 **b**의 머리와 최대한 가까운 점을 찾아야 합니다. 이것을 최적화 문제로도 나타낼 수 있습니다. 즉 투영 거리가 최소가 되도록 벡터 **b**를 벡터 **a**에 투영합니다. 그 점은 **a**의 크기를 줄인 즉 β**a**가 됩니다. 그러면 이제 스칼라 β를 찾으면 됩니다(직교벡터 분해와 곧 명확히 연결됩니다).

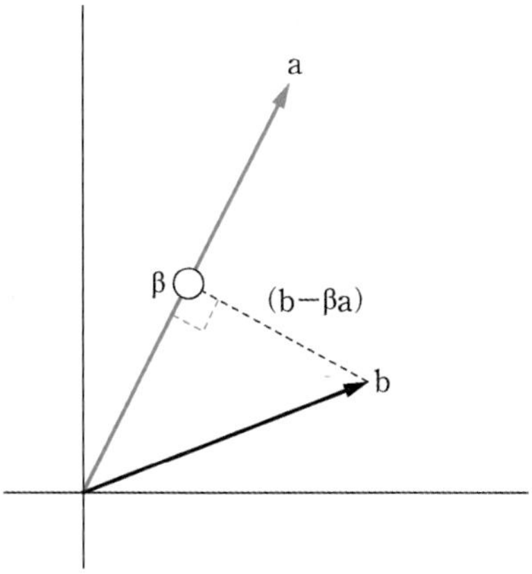

그림 1-6 b의 머리와 가장 가까운 벡터 a 위의 점을 찾으려면 투영 벡터 b − βa의 길이가 최소가 되는 β를 구하는 공식이 필요합니다.

중요한 것은 벡터 뺄셈으로 **b**에서 β**a**까지의 선을 정의할 수 있다는 것입니다. 이 선에 문자(벡터 **c**)를 부여할 수도 있지만 먼저 답을 찾기 위해 뺄셈으로 표현하겠습니다.

이 문제를 해결하는 데 필요한 핵심 통찰은 **b**의 머리와 **a**가 직각으로 만나도록 그리면

b와 가장 가까운 a 위의 점을 찾을 수 있다는 것입니다. 원점, b의 머리, βa로 이루어진 삼각형을 직관적으로 상상해 봅시다. b에서 βa까지의 선의 길이는 각 $\measuredangle \beta$a가 90°보다 작거나 90°보다 클수록 길어집니다.

종합해 보면 b $-\beta$a가 βa와 직교한다는 것을 추론할 수 있는데, 즉 이 벡터들은 수직입니다. 그러면 둘 사이의 내적이 0이 되어야 합니다. 이 내용을 식으로 변환해 봅시다.

$$a^T(b-\beta a)=0$$

이제 β를 구하기 위해 약간의 대수학을 적용해 봅시다(내적 분배 법칙의 응용을 참고하세요). [식 1-12]에서 보여 줍니다.

식 1-12 직교 투영 문제를 풉니다.

$$\begin{aligned} a^Tb-\beta a^Ta &= 0 \\ \beta a^Ta &= a^Tb \\ \beta &= \frac{a^Tb}{a^Ta} \end{aligned}$$

매우 아름답네요. 간단한 기하학적 그림으로 시작해서 기하학의 함의를 탐구했고, 그 함의를 공식으로 표현했고, 그리고 약간의 대수학까지 적용했습니다. 그 결과 점을 최소거리로 선에 투영하는 공식을 발견했습니다. 이를 **직교 투영법**orthogonal projection이라고 하며 이는 선형 모델을 푸는 데 잘 알려진 최소제곱식, 통계학, 머신러닝 등의 많은 응용 분야에서 기초가 됩니다(8장, 9장, 10장에서 직교 투영법을 다룹니다).

파이썬 코드로 이 공식을 구현하려면 어떻게 해야 하는지 매우 궁금할 것입니다. 이 장의 마지막에 있는 [연습 문제 1-8]에서 코드를 직접 작성해 보세요. 당장 해 보고 싶다면, 지금 먼저 연습 문제를 풀고 돌아와 직교 분해에 대해 더 학습하세요.

이것이 직교벡터 분해, 즉 이 절의 제목과 어떤 연관이 있는지 궁금할 것입니다. 최소거리 투영은 벡터 분해를 배우기 위해 꼭 필요한 기초 내용입니다. 이제 분해를 배워 봅시다.

항상 그렇듯 설정과 목적으로 시작합니다. '목표벡터'와 '기준벡터'라는 두 개의 벡터를 설정해 봅시다. 목적은 목표벡터를 두 개의 다른 벡터로 분해하는 것입니다. (1) 그 두 벡터의 합은 목표벡터가 되고, (2) 하나의 벡터는 기준벡터와 직교하지만 다른 벡터는 기준벡터와 평행합니다. 이를 [그림 1-7]에서 표현했습니다.

수학 계산을 시작하기 전에 용어를 분명히 합시다. 목표벡터를 $\mathbf{t}$, 기준벡터를 $\mathbf{r}$ 이라고 부릅니다. 그리고 목표벡터로부터 만들어진 두 벡터는 **수직 성분** $\mathbf{t}_{\perp \mathbf{r}}$ 과 **평행 성분** $\mathbf{t}_{\parallel \mathbf{r}}$ 로 각각 표시합니다.

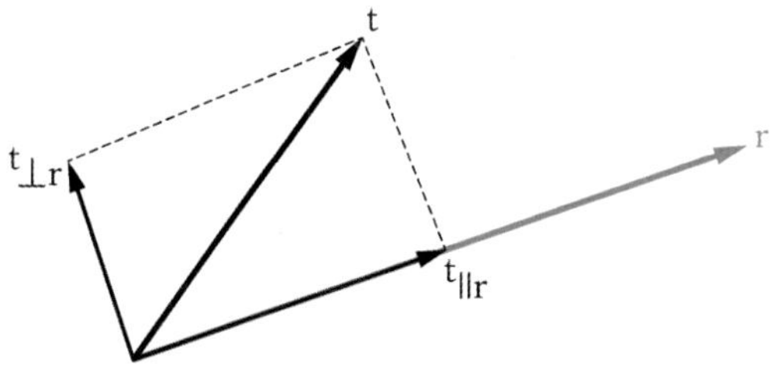

그림 1-7 직교벡터 분해 그림: 벡터 t를 벡터 r과 직교하는 벡터와 평행한 벡터로 분해합니다.

먼저 평행 성분을 정의합니다. $\mathbf{r}$ 과 평행한 벡터는 무엇인가요? $\mathbf{r}$ 의 크기를 조정한 벡터는 분명히 $\mathbf{r}$ 과 평행합니다. 따라서 우리는 [식 1-12]에서 구한 직교 투영 공식을 적용하기만 하면 $\mathbf{t}_{\parallel \mathbf{r}}$ 을 찾을 수 있습니다.

식 1-13 r에 대해 t의 평행 성분 계산

$$\mathbf{t}_{\parallel \mathbf{r}} = \mathbf{r}\frac{\mathbf{t}^{\mathrm{T}}\mathbf{r}}{\mathbf{r}^{\mathrm{T}}\mathbf{r}}$$

[식 1-12]와의 차이를 확인하세요. [식 1-12]에서는 스칼라 β만 계산했습니다. 여기서는 크기를 조절한 벡터 $\beta\mathbf{r}$ 을 계산합니다.

이것이 평행 성분입니다. 수직 성분은 어떻게 찾을 수 있을까요? 두 벡터 성분의 합이 목표벡터가 된다는 것을 이미 알고 있기 때문에 이 방법이 더 간단합니다.

$$\mathbf{t} = \mathbf{t}_{\perp \mathbf{r}} + \mathbf{t}_{\parallel \mathbf{r}}$$
$$\mathbf{t}_{\perp \mathbf{r}} = \mathbf{t} - \mathbf{t}_{\parallel \mathbf{r}}$$

다시 말해 목표벡터에서 평행 성분을 빼고 남은 것이 수직 성분입니다.

하지만 수직 성분이 **정말로** 기준벡터와 직교할까요? 네, 그렇습니다! 이를 증명하려면 수직 성분과 기준벡터 사이의 내적이 0인지 계산해 보면 됩니다.

$$(\mathbf{t}_{\perp \mathbf{r}})^{\mathrm{T}}\mathbf{r} = 0$$
$$\left(\mathbf{t} - \mathbf{r}\frac{\mathbf{t}^{\mathrm{T}}\mathbf{r}}{\mathbf{r}^{\mathrm{T}}\mathbf{r}}\right)^{\mathrm{T}}\mathbf{r} = 0$$

이 증명에 대한 대수학은 비교적 간단하지만 지루하기 때문에 생략했습니다. 대신 여러분은 연습 문제에서 파이썬 코드를 사용해 직관을 얻을 수 있습니다.

직교벡터 분해에 관한 재미있는 시간이 되었길 바랍니다. 다시 한 번 배운 분해 원리의 중요성을 강조하겠습니다. 하나의 수학적 대상을 다른 수학적 대상들로 분해합니다. 분해의 세부적인 내용은 제약 조건(여기서는 기준벡터와 직교 그리고 평행)에 따라 달라집니다. 다른 제약 조건이라면(즉 분석의 목표가 다르다면) 동일한 벡터라도 다른 방식으로 분해할 수 있습니다.

1.7 정리

선형대수학의 매력은 굉장히 복잡하고 계산량이 많은 행렬 연산이라도 결국 간단한 연산으로 이루어져 있으며, 대부분은 기하학적 직관으로 이해할 수 있다는 것입니다. 벡터에 대한 기본 연산을 공부하는 것이 얼마나 중요한지 아무리 강조해도 지나치지 않습니다. 왜냐하면 이 장에서 배운 내용이 책의 나머지 부분과 **응용 선형대수학자**로서 앞으로의 여러분 경력에 기반이 될 겁니다(데이터 과학, 머신러닝, 딥러닝, 이미지 처리, 컴퓨터 비전, 통계학 등의 일을 하고 있다면 여러분은 이미 선형대수학자입니다).

다음은 이 장에서 배운 잊어서는 안 되는 내용입니다.

요점정리

- 벡터는 열 또는 행에 숫자를 나열한 것입니다. 벡터의 원소 수를 차원이라고 하며, 벡터는 차원과 동일한 수의 축을 가진 기하학적 공간에서 하나의 선으로 나타낼 수 있습니다.
- 덧셈, 뺄셈, 아다마르곱과 같은 벡터 산술 연산은 원소별로 계산합니다.
- 내적은 차원이 같은 두 벡터 간의 관계를 인코딩한 단일 숫자로, 원소별로 곱하고 합해서 구합니다.
- 두 벡터가 직교하면 내적은 0이며 기하학적으로 벡터가 직각으로 만나는 것을 의미합니다.
- 직교벡터 분해는 하나의 벡터를 기준벡터와 직교하는 벡터, 평행한 벡터로 나누는 것입니다. 분해 공식은 기하학적으로 도출될 수 있지만, 공식이 내포한 개념인 '크기에 대한 매핑'이라는 문구를 기억해야 합니다.

연습 문제

필자는 정말 여러분이 연습 문제 푸는 일을 지루하게 생각하지 않길 바랍니다. 이 도서의 연습 문제는 수학과 코딩 기술을 연마하고 이 장의 내용을 확실히 이해할 수 있는 기회가 될 것입니다.

또한 실습 과정이 파이썬을 사용해 선형대수학을 계속 탐구하는 발판이 되었으면 합니다. 코드에서 숫자, 차원, 방향 등을 최대한 많이 변경해 보세요. 또한 이 장에서 언급된 다양한 개념을 검증하는 코드를 스스로도 작성해 보세요. 무엇보다 가장 중요한 것은 이러한 학습 경험을 즐기고 받아들이는 것입니다.

다시 말하지만, 모든 실습에 대한 정답은 `https://github.com/Sancho-kim/LinAlg4DS`[5]에서 보거나 다운로드할 수 있습니다.

| 연습 문제 1-1 |

예제 코드에 [그림 1-2]를 만들 때 '누락된' 부분이 있습니다(실제로 **누락**된 것은 아닙니다. 이 연습 문제의 정답으로 옮겨 두었습니다). 따라서 이 문제의 목표는 [그림 1-2]를 생성하는 코드를 스스로 작성해 보는 것입니다.

| 연습 문제 1-2 |

[식 1-7]을 코드로 변환해서 벡터 노름을 계산하는 알고리즘을 작성합니다. 차원과 방향이 다른 난수 벡터를 사용해서 `np.linalg.norm()`과 동일한 결과를 얻는지 확인합니다. 이 실습을 통해 NumPy 배열 인덱싱과 수식을 코드로 변환하는 경험을 더 쌓게 될 것입니다. 실제로는 `np.linalg.norm()`을 사용하는 것이 더 간단합니다.

---

5 원서의 깃허브는 https://github.com/mikexcohen/LinAlg4DataScience 입니다.

| 연습 문제 1-3 |

벡터를 입력으로 받아 동일한 방향의 단위벡터를 출력하는 파이썬 함수를 구현합니다. 영벡터를 입력하면 어떻게 될까요?

| 연습 문제 1-4 |

이 장에서 **단위벡터**를 만드는 방법을 배웠습니다. 임의의 크기의 벡터를 만들고 싶다면 어떻게 해야 할까요? 벡터와 원하는 크기를 입력 받고 벡터와 동일한 방향이지만 두 번째 입력에 해당하는 크기를 가진 벡터를 반환하는 파이썬 함수를 작성해 보세요.

| 연습 문제 1-5 |

`np.transpose(v)` 또는 `v.T`와 같은 내장 함수 또는 메서드를 사용하지 않고 행벡터를 열벡터로 전치하는 `for` 루프를 작성합니다. 이 실습을 통해 방향을 가진 벡터를 생성하고 인덱싱하는 법을 배울 수 있습니다.

| 연습 문제 1-6 |

흥미로운 사실이 있습니다. 벡터의 제곱 노름을 그 벡터 자체의 내적으로 계산할 수 있습니다. [식 1-7]을 떠올려 보면 이것이 같다는 것을 알 수 있습니다. 파이썬을 사용해서 확인해 보세요.

| 연습 문제 1-7 |

내적의 **교환 법칙**을 입증하는 코드를 작성합니다. 교환 법칙은 $a \times b = b \times a$를 의미하며, 벡터-내적에서는 $\mathbf{a}^T\mathbf{b} = \mathbf{b}^T\mathbf{a}$ 입니다. 코드를 통해 구현한 다음 [식 1-9]를 사용해 내적이 교환 가능한 이유를 이해해 봅시다.

| 연습 문제 1-8 |

코드로 [그림 1-6]을 만듭니다(핵심 원소만 존재한다면 답은 그림과 **완벽히** 똑같지 않아도 됩니다).

| 연습 문제 1-9 |

직교벡터 분해를 구현합니다. 두 난수 벡터 $\mathbf{t}$와 $\mathbf{r}$로 시작해서 [그림 1-8]을 재현합니다(난수 때문에 그림이 다소 다르게 보일 수 있습니다). 그런 다음 두 성분의 합이 $\mathbf{t}$이고 $\mathbf{t}_{\perp \mathbf{r}}$과 $\mathbf{t}_{\parallel \mathbf{r}}$이 직교하는지 확인합니다.

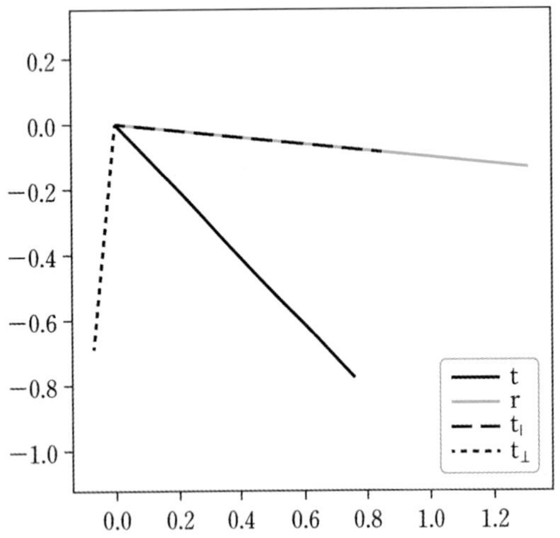

그림 1-8 [연습 문제 1-9]의 결과

| 연습 문제 1-10 |

코딩에서 버그를 찾아내는 기술은 매우 중요합니다. 코드 버그로 인해 [식 1-13]의 투영 스칼라의 분모가 $\mathbf{r}^T\mathbf{r}$이 아닌 $\mathbf{t}^T\mathbf{t}$이 되었다고 가정해 봅시다(이 장을 쓰는 동안 직접 경험한 발생하기 쉬운 실수입니다). 이 버그를 구현해서 정확한 코드와 얼마나 차이가 있는지 확인해 보세요. 결과가 올바른지 파악하려면 무엇을 해야 할지 생각해 보세요(코딩에서는 알려진 결과를 통해 코드를 점검하는 것을 **온전성 검사**sanity-checking라고 합니다).

CHAPTER 2 벡터, 파트 2: 벡터의 확장 개념

이전 장에서는 벡터와 벡터의 기본 연산에 대한 이해를 돕는 기초적인 내용을 다뤘습니다. 이제 선형대수학 지식의 범위를 넓히기 위해 선형 독립성, 부분공간subspace, 기저basis 등 상호 연관된 개념들에 대해 학습해 보겠습니다. 여기서 다루는 내용은 행렬에 대한 연산을 이해하는 데 대단히 중요합니다.

여기서 일부 내용은 추상적이어서 응용 선형대수학과는 관련 없는 것처럼 보일 수 있지만, 실제로는 벡터 부분공간과 통계 모델의 데이터 적합fit 사이의 관계처럼 매우 가깝습니다. 데이터 과학 응용은 나중에 다루므로 지금은 어려운 내용들을 쉽게 이해할 수 있도록 기초적인 내용에 좀 더 집중하길 바랍니다.

2.1 벡터 집합

먼저 쉬운 내용으로 시작해 봅시다. 벡터들의 모음을 **집합**set이라고 합니다. 벡터 한 뭉치를 가방 안에 넣고 다닌다고 상상해 보세요. 벡터 집합은 S 또는 V와 같이 대문자 이탤릭체로 표시합니다. 수학적으로는 집합을 다음과 같이 나타낼 수 있습니다.

$$V = \{\mathbf{v}_1, \ldots, \mathbf{v}_n\}$$

예를 들어 100개국의 COVID-19 양성 환자, 입원 및 사망자 수에 대한 데이터 집합이 있다고 상상해 봅시다. 각 국가의 데이터를 세 개의 원소를 가진 벡터에 저장하고 100개의 벡터가 포함된 벡터 집합을 생성할 수 있습니다.

벡터 집합은 유한 또는 무한한 수의 벡터를 가질 수 있습니다. 무한한 수의 벡터를 가진 벡터 집합은 너무 추상적으로 느껴지기도 하지만, 벡터 부분공간이 무한한 벡터 집합이고 이는 통계 모델을 데이터에 적합시킬 때 큰 영향을 미칩니다.

벡터 집합이 비어 있다면 $V=\{\ \}$로 나타냅니다. 이후 행렬 공간에 대해 배울 때 빈 벡터 집합을 다룹니다.

2.2 선형 가중 결합

선형 가중 결합linear weighted combination은 여러 변수마다 가중치를 다르게 주어 정보를 혼합하는 방법입니다. 이 기초 연산을 **선형 혼합**linear mixture 또는 **가중 결합**weighted combination이라고도 합니다(**선형**이라고 가정). 때로는 **가중** 대신 **계수**coefficient라는 용어를 사용하기도 합니다.

선형 가중 결합은 단순하게 말하면 스칼라-벡터 곱셈을 한 다음 합하는 것입니다. 벡터 집합에서 각 벡터에 스칼라를 곱한 다음 이들을 더해 하나의 벡터를 만듭니다(식 2-1).

식 2-1 선형 가중 결합

$$\mathbf{w}=\lambda_1\mathbf{v}_1+\lambda_2\mathbf{v}_2+\ldots+\lambda_n\mathbf{v}_n$$

여기서 모든 벡터 $\mathbf{v}_i$의 차원은 같다고 가정합니다. 그렇지 않다면 애초에 더할 수 없습니다. λ는 0을 포함한 임의의 실수가 될 수 있습니다.

벡터의 뺄셈 연산을 위해 [식 2-1]을 다시 작성할 수도 있지만, λ_i를 음수로 두면 빼는 것과 같기 때문에 기본적으로 선형 가중 결합을 합으로 다루는 것이 더 편리합니다.

[식 2-2]는 이 내용에 대해 도움이 되는 구체적인 예입니다.

식 2-2 선형 가중 결합

$$\lambda_1 = 1,\ \lambda_2 = 2,\ \lambda_3 = -3,\quad \mathbf{v}_1 = \begin{bmatrix} 4 \\ 5 \\ 1 \end{bmatrix},\ \mathbf{v}_2 = \begin{bmatrix} -4 \\ 0 \\ -4 \end{bmatrix},\ \mathbf{v}_3 = \begin{bmatrix} 1 \\ 3 \\ 2 \end{bmatrix}$$

$$\mathbf{w} = \lambda_1 \mathbf{v}_1 + \lambda_2 \mathbf{v}_2 + \lambda_3 \mathbf{v}_3 = \begin{bmatrix} -7 \\ -4 \\ -13 \end{bmatrix}$$

선형 가중 결합은 다음 코드처럼 구현하기 쉽습니다. 파이썬에서는 이전에도 강조했듯이 데이터 타입이 중요합니다. 벡터 타입이 NumPy 배열이 아닌 벡터 리스트라면 어떻게 되는지 테스트해 보세요.[1]

```
l1 = 1
l2 = 2
l3 = -3
v1 = np.array([4,5,1])
v2 = np.array([-4,0,-4])
v3 = np.array([1,3,2])
l1*v1 + l2*v2 + l3*v3
```

각 벡터와 계수를 별도의 변수에 저장하는 방법은 번거롭고 더 어려운 문제를 풀 때 확장성이 떨어집니다. 그래서 데이터 과학 분야에서는 4장에서 배우게 될 간결하고 확장 가능한 행렬-벡터 곱셈 방법을 통해 선형 가중 결합을 구현합니다. 그러니 지금은 개념과 코딩 구현에 중점을 두겠습니다.

선형 가중 결합은 여러 방면에서 응용될 수 있습니다. 그중 세 가지는 다음과 같습니다.

- 통계 모델로부터 예측된 데이터는 최소제곱 알고리즘을 통해 계산되는 회귀변수regressor(독립변수)와 계수(스칼라)의 선형 가중 결합으로 생성됩니다. 이는 10장과 11장에서 배웁니다.
- 주성분 분석과 같은 차원 축소 과정에서 각 성분(인자 또는 모드라고도 합니다)은 성분의 분산을 최대화하는 가중치(계수)와 데이터 채널의 선형 가중 결합으로 도출됩니다(14장에서 배울 다른 제약 조건도 있습니다).

1 1장과 부록에서처럼 리스트와 정수의 곱셈은 스칼라 곱셈이 아니라 리스트를 반복합니다.

- 인공 신경망(딥러닝의 기반 아키텍처 및 알고리즘)에는 두 가지 연산, 즉 입력 데이터의 선형 가중 결합과 비선형 변환이 있습니다. 가중치는 비용 함수를 최소화하도록 학습됩니다. 비용 함수는 일반적으로 모델 예측과 실제 목표 변수 사이의 차이입니다.

선형 가중 결합 개념은 벡터 부분공간과 행렬 공간을 생성하는 메커니즘이며 선형 독립성의 핵심입니다. 특히 선형 가중 결합과 내적은 여러 응용 선형대수 계산에서 가장 중요한 기본 구성 요소입니다.

2.3 선형 독립성

벡터 집합에서 적어도 하나의 벡터를 집합의 다른 벡터들의 선형 가중 결합으로 나타낼 수 있을 때 벡터 집합을 **선형 종속적**linearly dependent이라고 합니다. 반대로 집합에 있는 벡터들의 선형 가중 결합으로 집합의 아무런 벡터도 나타낼 수 없다면 해당 벡터 집합은 **선형 독립적**linearly independent입니다.

다음은 두 벡터 집합입니다. 내용을 읽기 전에 각 집합이 종속적인지 독립적인지 생각해 보세요(선형 부분이 이미 내포되어 있다면 **선형 독립성**이라는 용어는 **독립성**independence으로 줄여서 부르기도 합니다).

$$V = \left\{ \begin{bmatrix} 1 \\ 3 \end{bmatrix}, \begin{bmatrix} 2 \\ 7 \end{bmatrix} \right\} \quad S = \left\{ \begin{bmatrix} 1 \\ 3 \end{bmatrix}, \begin{bmatrix} 2 \\ 6 \end{bmatrix} \right\}$$

벡터 집합 V는 선형 독립적입니다. 집합의 한 벡터를 집합의 다른 벡터의 선형 배수로 나타낼 수 없습니다. 다시 말해 집합 내의 벡터들을 v_1과 v_2라고 했을 때 $\mathrm{v}_1 = \lambda \mathrm{v}_2$인 스칼라 λ가 존재하지 않습니다.

S 집합은 어떨까요? 이 집합은 선형 종속적입니다. 왜냐하면 집합의 벡터를 선형 가중 결합해서 집합의 다른 벡터를 만들 수 있기 때문입니다. 이러한 결합은 무한히 존재하며 그중 두 가지는 $\mathrm{s}_1 = .5 * \mathrm{s}_2$와 $\mathrm{s}_2 = 2 * \mathrm{s}_1$입니다.

다른 예를 봅시다. 다시 말하지만 중요한 것은 집합 T가 선형적으로 독립적인지 아니면 종속적인지입니다.

$$T = \left\{ \begin{bmatrix} 8 \\ -4 \\ 14 \\ 6 \end{bmatrix}, \begin{bmatrix} 4 \\ 6 \\ 0 \\ 3 \end{bmatrix}, \begin{bmatrix} 14 \\ 2 \\ 4 \\ 7 \end{bmatrix}, \begin{bmatrix} 13 \\ 2 \\ 9 \\ 8 \end{bmatrix} \right\}$$

와우! 이건 앞의 두 가지 예보다 훨씬 복잡합니다. 그래도 결과적으로는 선형 종속적 집합입니다(예를 들면 처음 세 벡터의 합은 네 번째 벡터의 두 배와 같습니다). 혹시 알아차리지 못했다고 실망하지 마세요. 필자도 이것을 여러분이 눈으로만 계산해서 알아낼 수 있다곤 생각하지 않았습니다.

그렇다면 데이터 과학 분야에서는 선형 독립성을 어떻게 알 수 있을까요? 선형 독립성을 결정하는 방법은 벡터 집합으로 행렬을 만들고 행렬의 계수를 계산한 다음 행의 수와 열의 수 중에서 더 작은 값과 비교하는 것입니다. 행렬 계수에 대해 아직 배우지 않았기 때문에 그 내용이 지금은 이해되지 않을 수 있습니다. 따라서 지금은 적어도 하나의 벡터가 집합 내의 다른 벡터들의 선형 가중 결합으로 나타낼 수 있을 때 벡터 집합은 선형 종속적이며 하나의 벡터를 다른 벡터들의 조합으로 나타낼 수 없다면 그 벡터 집합은 선형 독립적인 것으로 기억하면 됩니다.

> 독립적 집합
>
> 독립성은 벡터 **집합**의 속성입니다. 즉 벡터 집합은 선형 독립적이거나 선형 종속적일 수 있습니다. 집합 내의 개별 벡터의 속성이 아닙니다.

2.3.1 수학에서의 선형 독립성

이제 개념을 배웠으니 [식 2-3]에 표현된 선형 종속의 공식적인 수학적 정의를 이해해 볼 차례입니다.

식 2-3 선형 종속성[2]

$$0 = \lambda_1 \mathbf{v}_1 + \lambda_2 \mathbf{v}_2 + \ldots + \lambda_n \mathbf{v}_n, \quad \lambda \in \mathbb{R}$$

이 식의 의미는 선형 종속적이라면 집합의 벡터들의 선형 가중 결합으로 영벡터를 만들 수 있다는 것입니다. 식을 참으로 만드는 λ를 찾을 수 있다면 벡터 집합은 선형 종속적입니다. 반대로 벡터를 선형적으로 결합해서 영벡터를 생성할 수 있는 방법이 없다면 벡터 집합은 선형 독립적입니다.

이 내용이 처음에는 직관적으로 와닿지 않을 수 있습니다. 원래 질문은 집합에서 적어도 하나의 벡터를 집합의 다른 벡터들의 가중 결합으로 나타낼 수 있는지를 물어보는 것인데 왜 갑자기 영벡터가 나왔을까요? 차라리 다음과 같이 선형 종속성을 재정의하는 것이 낫다고 생각할지도 모릅니다.

$$\lambda_1 \mathbf{v}_1 = \lambda_2 \mathbf{v}_2 + \ldots + \lambda_n \mathbf{v}_n, \quad \lambda \in \mathbb{R}$$

왜 좌변을 영벡터로 둘까요? 식을 **0**과 같다고 설정하면 **전체 집합**이 종속적 또는 독립적이라는 원리를 강조할 수 있습니다. 그러면 어떤 개별 벡터도 '종속 벡터'라는 특권을 가지지 않게 됩니다(2.3 '선형 독립성'의 '독립적 집합' 박스 참고). 다시 말해 독립에 관해서 평등한 벡터 집합이 됩니다.

하지만 잠깐만요. [식 2-3]을 주의 깊게 살펴보면 간단한 답을 발견할 수 있습니다. 모든 λ를 0으로 설정하면 식은 집합의 어떤 벡터라도 상관없이 $\mathbf{0} = \mathbf{0}$이 됩니다. 그러나 1장에서 언급했듯이 선형대수학에서는 0과 같이 단순한 해는 좋은 답이 아닙니다. 그래서 대부분 적어도 하나의 $\lambda \neq 0$이라는 제약 조건을 답니다.

이 제약 조건은 스칼라 중 하나로 나누는 방법으로 식에 녹아낼 수 있습니다. $\mathbf{v}_1$과 λ_1은 집합의 어떠한 벡터/스칼라 쌍도 될 수 있습니다.

$$0 = \mathbf{v}_1 + \ldots + \frac{\lambda_n}{\lambda_1} \mathbf{v}_n, \quad \lambda \in \mathbb{R}, \ \lambda_1 \neq 0$$

2 이 식은 선형 가중 결합을 응용한 것입니다!

2.3.2 독립성과 영벡터

간단히 생각하면 영벡터가 포함된 모든 벡터 집합은 당연히 선형 종속적인 집합입니다. 이유는 다음과 같습니다. 영벡터에 스칼라를 곱하면 여전히 영벡터입니다. 따라서 선형 종속성 정의를 항상 만족합니다. 이것은 다음 식에서 확인할 수 있습니다.

$$\lambda_0 0 = 0\mathbf{v}_1 + 0\mathbf{v}_2 + 0\mathbf{v}_n$$

따라서 $\lambda_1 \neq 0$ 이며 자명하지 않은 해nontrivial solution가 존재한다면 그 집합은 선형 종속성 정의에 부합합니다.

> **NOTE 비선형 독립성은 어떨까요?**
>
> "하지만 생명과 우주 그리고 모든 것이 **비**선형적이지 않나요?"라고 여러분이 의문을 제시할 수도 있습니다. 실제로 우주에서 선형 상호작용과 비선형 상호작용 각각의 전체 수를 세고 어떤 것이 더 큰지 비교해 보는 것은 흥미롭다고 생각합니다. 하지만 선형대수학은 기본적으로 **선형** 연산에 관한 것입니다. 한 벡터를 다른 벡터들의 비선형(선형이 아님) 조합으로 표현할 수 있다면 해당 벡터들은 당연히 선형 독립적 집합입니다. 선형적 제약을 두는 이유는 선형 연산인 행렬 곱셈으로 변환하기 위한 것이지 비선형 연산을 감추려는 것이 아닙니다. 여러분과의 대화를 뒤집어 보면 순전히 선형적인 우주가 다소 지루하고 예측 가능하다는 것을 설득력 있게 표현했습니다. 하지만 우리는 선형대수학을 사용해서 전체 우주를 설명할 필요가 없습니다. 선형대수학은 선형 부분에만 필요합니다(물론 선형함수로 많은 비선형 시스템을 잘 근사할 수 있다는 것 또한 중요한 사실입니다).

2.4 부분공간과 생성

선형 가중 결합을 소개할 때 특정 가중치(예: $\lambda_1 = 1$, $\lambda_3 = -3$)를 사용한 예제를 보여줬습니다. **부분공간**subspace도 비슷합니다. 하지만 집합 안에서 벡터들을 선형 결합할 수 있는 무한한 방법을 다룹니다.

다시 말해, (유한한) 벡터 집합의 동일한 벡터들을 사용하지만 다른 가중치 숫자를 사용해서 무한히 선형 결합하는 방식으로 **벡터 부분공간**을 만듭니다. 그리고 가능한 모든 선형 가중 결합을 구성하는 메커니즘을 벡터 집합의 **생성**span이라고 합니다. 몇 가지 예를 살펴보겠습니다. 간단하게 하나의 벡터를 가진 벡터 집합을 예로 들어 시작해 봅시다.

$$V = \left\{ \begin{bmatrix} 1 \\ 3 \end{bmatrix} \right\}$$

이 벡터 집합의 생성은 집합의 벡터들의 선형 결합으로 만들 수 있는 무한한 벡터들입니다. 하나의 벡터만 있는 집합이라면 단순히 그 벡터의 가능한 모든 크기의 벡터가 됩니다. [그림 2-1]은 하나의 벡터와 그 벡터가 생성하는 부분공간을 보여 줍니다. 강조색 점선은 해당 벡터의 모든 크기를 표시합니다.

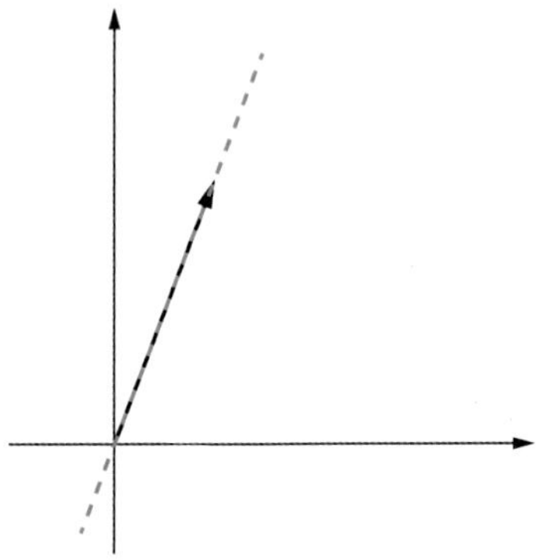

그림 2-1 벡터(검은색)와 벡터가 생성하는 부분공간(강조색)

다음 예는 $\mathbb{R}^3$의 두 벡터를 가진 집합입니다.

$$V = \left\{ \begin{bmatrix} 1 \\ 0 \\ 2 \end{bmatrix}, \begin{bmatrix} -1 \\ 1 \\ 2 \end{bmatrix} \right\}$$

벡터는 $\mathbb{R}^3$에 존재하므로 3차원 축에 그래픽으로 나타낼 수 있습니다. 그러나 생성되는 부분공간은 3차원 공간에서 2차원 평면입니다(그림 2-2). 두 벡터를 0으로 크기 조절하면 영벡터가 되기 때문에 이 평면은 원점을 통과하게 됩니다.

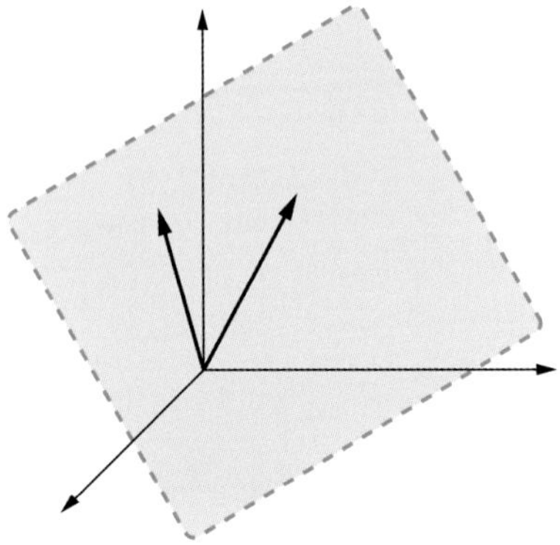

그림 2-2 두 벡터(검은색)와 이들이 생성하는 부분공간(강조색)

첫 번째 예에서는 하나의 벡터가 있고 생성은 1차원 부분공간이었으며 두 번째 예에서는 두 개의 벡터가 있고 생성은 2차원 부분공간이었습니다. 이것을 보면 벡터의 수와 차원에 대한 규칙이 존재하는 것 같지만 속으면 안 됩니다. 다음 예를 봅시다.

$$V = \left\{ \begin{bmatrix} 1 \\ 1 \\ 1 \end{bmatrix}, \begin{bmatrix} 2 \\ 2 \\ 2 \end{bmatrix} \right\}$$

$\mathbb{R}^3$에 두 개의 벡터가 존재하지만, 이 벡터들이 생성하는 부분공간은 여전히 1차원, 즉 선입니다(그림 2-3). 왜 그럴까요? 집합의 한 벡터가 이미 다른 벡터의 생성 안에 존재하기 때문입니다. 따라서 생성 측면에서 두 벡터 중 하나는 중복입니다.

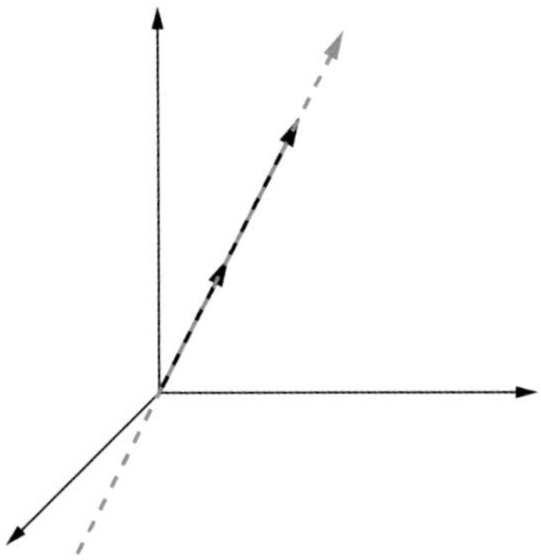

그림 2-3 2개의 벡터(검은색)로 생성된 1차원 부분공간(강조색)

그렇다면 생성 부분공간의 차원과 집합의 벡터 수 사이에 어떤 관계가 있을까요?

벡터 집합에서 생성되는 부분공간의 차원은 선형 독립 집합을 형성하는 데 필요한 최소한의 벡터 수입니다. 벡터 집합이 선형 독립적이면 해당 집합의 벡터들로 생성된 부분공간의 차원은 집합의 벡터 수와 동일합니다. 반대로 종속적이라면 해당 벡터들로 생성된 부분공간의 차원은 반드시 해당 집합의 벡터 수보다 작습니다. 정확히 얼마나 작은지는 또 다른 문제입니다. 집합의 벡터 수와 그로부터 생성되는 부분공간의 차원 사이의 관계를 알기 위해서는 5장에서 배우는 행렬 계수를 알아야 합니다.

벡터 부분공간의 공식적인 정의는 덧셈과 스칼라 곱셈으로 닫혀 있는 부분집합으로 공간의 원점을 포함합니다. 즉 부분공간에 존재하는 벡터들의 선형 가중 결합 또한 동일한 부분공간에 반드시 존재합니다. 모든 가중치를 0으로 설정해서 만들어진 공간의 원점인 영벡터도 마찬가지입니다.

'**덧셈과 스칼라 곱셈으로 닫힌다**'는 것이 대체 무엇인지 고민하지 마세요. 지금은 벡터 집합의 모든 가능한 선형 결합을 통해서 벡터 부분공간이 생성된다는 것만 기억하면 됩니다.

생성과 부분공간의 차이점은 무엇일까요?

많은 학생이 **생성**과 **부분공간**의 차이를 혼란스러워 합니다. 충분히 이해할 수 있습니다. 왜냐하면 서로 밀접한 관련이 있고 종종 동일한 것을 가리키기 때문입니다. 차이점에 대해서는 설명하겠지만, 애매한 점 때문에 스트레스 받을 필요는 없습니다. 생성과 부분공간은 흔히 동일한 수학적 객체를 가리키기 때문에 용어를 섞어서 사용해도 보통 틀리지는 않습니다.

우선 **생성**을 동사로 **부분공간**을 명사로 생각하면 구분하는 데 도움이 됩니다. 벡터 집합으로 생성된 결과는 부분공간입니다. 앞서 [그림 2-3]과 같이 **부분공간**은 더 큰 공간의 작은 부분이라고 생각하면 됩니다. 이 모든 내용을 종합하면 생성은 부분공간을 만드는 일종의 메커니즘입니다(반면 생성을 명사로 사용하면 생성과 부분공간은 동일한 무한 벡터 집합을 가리키게 됩니다).

2.5 기저

암스테르담(네덜란드)과 테네리페(스페인) 사이의 거리는 얼마인가요? 대략 2,000 정도입니다. 여기서 '2,000'은 무슨 뜻일까요? 이 숫자는 기저basis 단위를 부여해야 의미가 있습니다. 기저는 일종의 공간을 측정하기 위한 자와 같습니다.

이 예에서 단위는 **마일**입니다. 그래서 네덜란드-스페인 간 거리의 기저 측정치는 1마일입니다. 물론 나노미터나 광년 같은 다른 측정 단위를 사용할 수 있지만 마일이 이 예에서는 규모 측면에서 가장 좋은 기준이라는 것에 모두 동의하실 겁니다. 그러나 손톱이 하루에 자라는 길이라면 어떨까요? 여전히 마일을 사용해야 하나요? 엄밀하게는 가능하지만 **밀리미터**가 더 편리한 기저 단위라는 것을 누구나 동의할 겁니다. 정확하게는 지난 24시간 동안 손톱이 자란 양은 나노미터나 마일, 광년 중 무엇으로 측정해도 동일합니다. 그러나 상황마다 사용하기 편리한 단위가 있습니다.

다시 선형대수학으로 돌아가서 **기저**basis는 행렬의 정보(예, 데이터)를 설명하는 데 사용하는 자ruler의 집합입니다. 예와 마찬가지로 동일한 데이터를 다양한 자로 설명할 수 있지만 일부 자는 특정 문제를 푸는 데 다른 자보다 편리합니다.

가장 일반적인 기저 집합은 데카르트 좌표계Cartesian Coordinate System입니다. 데카르트 좌표계는 초등학교 때부터 이미 사용했던 익숙한 XY 평면입니다. 다음은 2차원과 3차원 데카르트 그래프의 기저 집합입니다.

$$S_2 = \left\{ \begin{bmatrix} 1 \\ 0 \end{bmatrix}, \begin{bmatrix} 0 \\ 1 \end{bmatrix} \right\} \quad S_3 = \left\{ \begin{bmatrix} 1 \\ 0 \\ 0 \end{bmatrix}, \begin{bmatrix} 0 \\ 1 \\ 0 \end{bmatrix}, \begin{bmatrix} 0 \\ 0 \\ 1 \end{bmatrix} \right\}$$

데카르트 기저 집합은 서로 직교하며 단위 길이인 벡터로 이루어져 있습니다. 이는 엄청난 특성으로 데카르트 기준 집합이 어느 곳에서든 존재하는 이유입니다(실제로 **표준 기저 집합**standard basis set이라고 합니다).

그러나 이것이 유일한 기저 집합이 아닙니다. 다음 집합은 $\mathbb{R}^2$의 또 다른 기저 집합입니다.

$$T = \left\{ \begin{bmatrix} 3 \\ 1 \end{bmatrix}, \begin{bmatrix} -3 \\ 1 \end{bmatrix} \right\}$$

기저 집합 S_2와 T는 모두 동일한 부분공간을 생성합니다($\mathbb{R}^2$ 전체). 그런데 왜 S보다 T를 선호할까요? [그림 2-4]에서 데이터 점 p와 q를 설명한다고 가정해 봅시다. 기저 S 또는 기저 T를 사용해서 원점과의 관계 즉, 좌표로 설명할 수 있습니다.

기저 S에서 이 두 좌표는 $p = (3, 1)$와 $q = (-6, 2)$입니다. 선형대수학에서 점은 기저벡터의 선형 결합으로 표현됩니다. 여기서 점 p는 $3\mathrm{s}_1 + 1\mathrm{s}_2$ 결합이고 점 q는 $-6\mathrm{s}_1 + 2\mathrm{s}_2$ 결합입니다.

이제 이 점들을 기저 T로 기술해 보겠습니다. 좌표로 $p = (1, 0)$와 $q = (0, 2)$가 됩니다. 그리고 기저벡터의 관점에서 점 p는 $1\mathrm{t}_1 + 0\mathrm{t}_2$, 점 q는 $0\mathrm{t}_1 + 2\mathrm{t}_2$가 됩니다(즉 $p = \mathrm{t}_1$, $q = 2\mathrm{t}_2$). 다시 말하지만 데이터 점 p와 q는 기저 집합에 관계없이 동일하지만 T는 간결하고 직관적입니다.

기저는 데이터 과학과 머신러닝에서 매우 중요합니다. 사실 응용 선형대수학의 많은 문제는 어떤 부분공간에 대한 최적의 기저벡터 집합을 찾는 것으로 개념화할 수 있습니다. 여러분은 차원 축소, 특징 추출, 주성분 분석, 독립성분 분석, 요인 분석, 특잇값 분해, 선형판별분석, 이미지 근사, 데이터 압축과 같은 용어를 들어봤을 것입니다. 믿지 못할 수 있겠지만 이러한 모든 분석은 본질적으로 특정 문제에 대한 최적의 기저벡터를 찾는 것이 목적입니다.

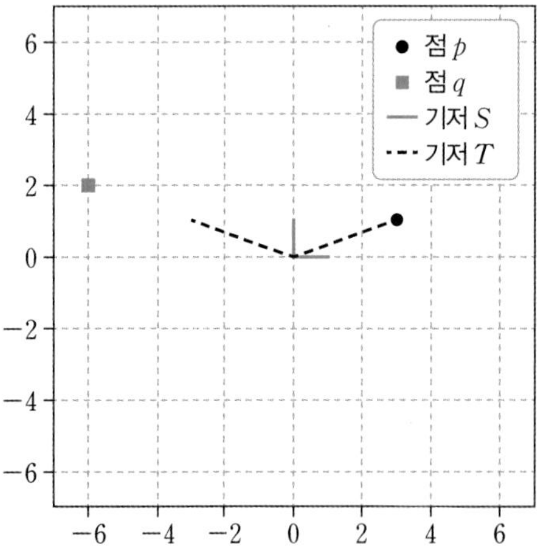

그림 2-4 동일한 점(p와 q)을 기저 집합 S(강조색 실선) 또는 T(검은색 점선)로 기술

[그림 2-5]를 봅시다. 이것은 두 변수를 가진 데이터 집합입니다(각 점은 데이터입니다). 이 그림에서는 사실상 세 개의 다른 기저를 보여 줍니다. 즉 $x=0$과 $y=0$ 줄에 해당하는 '표준 기저 집합'과 주성분 분석(PCA, 왼쪽 도표), 독립성분 분석(ICA, 오른쪽 도표)을 통해 정의된 기저 집합입니다. 이 중에서 데이터를 기술하는 '최적'의 기저 집합은 무엇일까요? ICA로 계산된 기저벡터가 가장 좋다고 말할 수도 있겠지만, 어떤 기저 집합이 최적인지를 찾는 것은 실제로 굉장히 어렵습니다(흔히 있는 일이지만). 어떤 기저 집합도 본질적으로 더 낫거나 나쁘다고 할 수 없습니다. 분석의 목표, 데이터의 특성, 분석의 제약 조건 등에 따라 특정 기저 집합이 해당 문제에 도움이 되거나 되지 않을 수 있기 때문입니다.

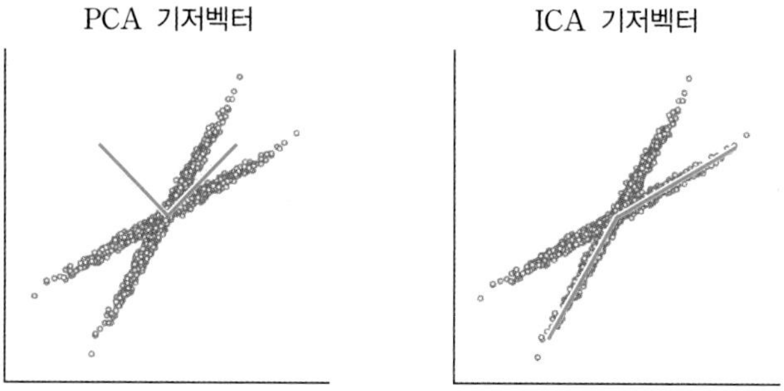

그림 2-5 다른 기저벡터(강조색 선)를 사용한 2차원 데이터 집합

2.5.1 기저 정의

기저와 기저 집합의 개념을 이해하고 나면 공식적인 정의는 이제 어렵지 않습니다. 사실 기저는 단순히 생성과 독립성을 결합한 것입니다. 즉 벡터 집합이 (1) 특정 부분공간을 생성하고 (2) 독립적인 벡터 집합이라면 해당 부분공간의 기저입니다.

보통 측정할 수 없는 것은 설명할 방법이 없기 때문에[3] 기저가 어떤 부분공간의 기저가 되려면 해당 부분공간을 생성할 수 있어야 합니다. [그림 2-6]은 1차원 부분공간 밖의 점을 보여 줍니다. 이 부분공간의 기저벡터는 점 r을 측정할 수 없습니다. 강조색 벡터는 자신이 생성하는 부분공간에 대해서는 당연히 유효한 기저벡터이지만 생성하지 못하는 부분공간에 대해서는 기저벡터가 아닙니다.

3 과학에서 일반적으로 자명한 사실

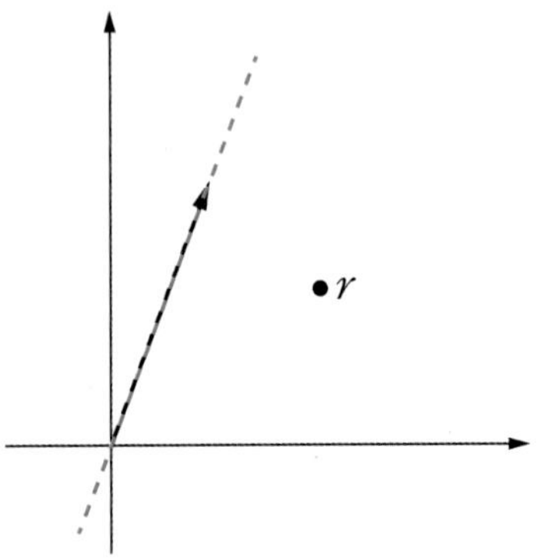

그림 2-6 기저 집합은 생성 내에 포함된 것만 측정할 수 있습니다.

따라서 기저는 자신만 사용해서 공간을 생성합니다. 하지만 왜 기저 집합은 선형 독립이어야 할까요? 그 이유는 부분공간에 있는 모든 벡터는 그 기저를 이용한 고유한 좌표를 가져야 하기 때문입니다. 다음 벡터 집합을 사용하여 [그림 2-4]의 점 p를 기술해 보겠습니다.

$$U = \left\{ \begin{bmatrix} 1 \\ 0 \end{bmatrix}, \begin{bmatrix} 2 \\ 0 \end{bmatrix}, \begin{bmatrix} 0 \\ 1 \end{bmatrix} \right\}$$

U는 완벽하게 유효한 벡터 집합이지만 기저 집합은 절대 **아닙니다**. 왜 아닐까요?[4]

집합 U에서 어떻게 선형 가중 결합해야 점 p를 기술할 수 있을까요? U에 있는 세 벡터의 선형 가중 결합 계수로 될 수 있는 것은 (3, 0, 1), (0, 1.5, 1) 등등 엄청나게 많이 존재합니다. 이게 너무 혼란스럽기 때문에 수학자들은 모든 벡터가 기저 집합 내에서 **고유한** 좌표를 가져야 한다고 결론을 내렸습니다. 따라서 고유성을 보장하려면 선형 독립적이어야 합니다.

분명히 점 p(또는 다른 점)를 무한한 수의 기저 집합을 사용해서 설명할 수 있습니다. 따라서 가능한 기저 집합의 수가 많기 때문에 측정값은 고유하지 않습니다. 그러나 하나의 기저 집합 **내에서** 하나의 점은 정확히 하나의 선형 가중 결합으로 정의됩니다. 이 절의 도입 부분에서 예로 든 거리 비유도 마찬가지입니다. 암스테르담에서 테네리페까지의 거

4 선형 종속 집합이기 때문입니다.

리를 측정할 때 다양한 단위를 사용할 수 있지만 측정 단위마다 하나의 값만 존재합니다. 3,200마일과 2,000마일이 동시에 가능한 것이 아니라 3,200 **킬로미터**와 2,000 **마일**이 동시에 가능한 것입니다.

2.6 정리

또 하나의 장을 마친 것을 축하합니다(사실 완전히 끝난 것은 아닙니다. 코딩 연습 문제가 남았습니다. 이 장의 목표는 벡터에 대한 기본 지식을 한 단계 더 끌어올리는 것이었습니다. 아래는 요점 목록인데, 모든 요점들에 내재된 것은 단지 몇 개의 기본 원리입니다. 그중에서 **벡터들의 선형 가중 결합**이 핵심이라는 것을 기억하세요.

요점정리

- 벡터 집합은 벡터들의 모음입니다. 집합에는 유한하거나 무한한 수의 벡터가 존재합니다.
- 선형 가중 결합은 집합의 벡터들에 스칼라를 곱하고 합하는 것입니다. 선형 가중 결합은 선형대수학에서 가장 중요한 개념입니다.
- 집합에서 하나의 벡터가 집합의 다른 벡터들의 선형 가중 결합으로 기술될 수 있으면 해당 벡터 집합은 선형 종속적입니다. 만약 이러한 선형 가중 결합이 없다면 집합은 선형 독립적입니다.
- 부분공간은 벡터 집합의 가능한 모든 선형 가중 결합으로 만들어진 무한 집합입니다.
- 기저는 공간을 측정하기 위한 일종의 자입니다. 벡터 집합이 (1) 어떤 부분공간을 생성하고 (2) 선형 독립적이라면 해당 부분공간에 대한 기저가 됩니다. 데이터 과학의 주요 목표는 데이터 집합을 설명하거나 문제를 해결하기 위한 최상의 기저 집합을 찾는 것입니다.

연습 문제

| 연습 문제 2-1 |

선형 가중 결합에 대한 코드를 다시 구현합니다. 이번에는 각 리스트 안에 스칼라와 벡터를 원소로 넣습니다(따라서 스칼라 리스트와 NumPy 배열 리스트가 두 개가 만들어집니다). 그 다음 `for` 루프를 사용해 선형 가중 결합 연산을 구현합니다. `np.zeros()`를 사용해 출력 벡터를 초기화합니다. 이전 코드와 같은 결과가 나오는지 확인하세요.

| 연습 문제 2-2 |

이전 실습에서 리스트를 반복하는 방법은 행렬-벡터 곱셈만큼 효율적이지 않지만, `for` 루프가 없는 것보다 더 확장성이 좋습니다. 이는 리스트의 원소로 스칼라와 벡터를 추가해 보면서 확인해 볼 수 있습니다. 새로 추가된 벡터가 $\mathbb{R}^3$이 아니라 $\mathbb{R}^4$라면 어떻게 될까요? 벡터보다 스칼라가 더 많으면 어떻게 될까요?

| 연습 문제 2-3 |

이 문제에서는 부분공간에 무작위로 여러 점을 찍습니다. 이를 통해 부분공간이 벡터들이 생성하는 **모든** 선형 가중 결합으로 만들어졌다는 주장을 확인할 수 있습니다. [1, 3] 벡터 하나를 가진 벡터 집합을 정의합니다. 그리고 −4와 +4 사이의 균일한 분포로 100개의 숫자를 무작위로 만듭니다. 이것은 여러분만의 무작위 스칼라입니다. 기저벡터에 이 무작위 스칼라를 곱해서 부분공간에 점 100개를 만듭니다. 그 점들을 그려 보세요.

다음으로 $\mathbb{R}^3$의 [3, 5, 1]과 [0, 2, 2] 두 벡터를 사용해 똑같이 이 과정을 반복합니다. 100개의 점을 만들려면 100 × 2의 무작위 스칼라와 두 개의 벡터가 필요한 것을 명심하세요. 생성된 무작위 점은 평면에 표시됩니다. [그림 2-7]은 생성 결과를 보여 줍니다(그림에서 점이 평면에 있다는 것이 명확하지 않지만 화면에서 그림을 드래그하면 잘 보입니다).

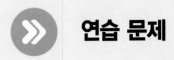

`plotly` 라이브러리를 사용해서 점을 그리길 추천합니다. 3차원 축을 클릭해서 끄는 기능이 있습니다. 아래는 구현할 때 도움이 될 힌트입니다.

```
import plotly.graph_objects as go
fig = go.Figure( data=[go.Scatter3d(
                    x=points[:,0], y=points[:,1], z=points[:,2],
                    mode='markers' )])
fig.show()
```

마지막으로 $\mathbb{R}^3$에서 두 번째 벡터에 1/2을 곱해서 똑같이 진행합니다.

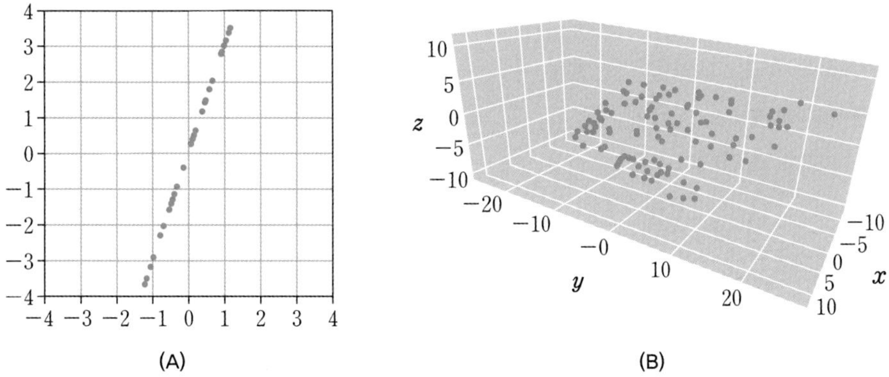

그림 2-7 [연습 문제 2-3]의 결과

CHAPTER 3 벡터 응용: 데이터 분석에서의 벡터

앞의 두 장을 공부하면서 일부 내용은 심오하고 추상적이라고 느꼈을지도 모릅니다. 선형대수학을 배우려는 노력이 실제 데이터 과학과 머신러닝 응용을 이해하는 데 도움이 되지 않을 것 같다는 생각이 들었을 수도 있습니다.

이제 이 장을 통해 그런 생각을 떨쳐 버릴 수 있을 겁니다. 이 장에서는 벡터와 벡터 연산이 데이터 과학에서 어떻게 사용되는지 배웁니다. 그리고 연습 문제를 통해 이 지식을 확장해 나가게 될 겁니다.

3.1 상관관계와 코사인 유사도

상관관계는 통계와 머신러닝에서 가장 근본적이면서 중요한 분석 방법입니다. **상관계수** correlation coefficient는 두 변수 사이의 선형 관계를 정량화한 하나의 숫자입니다. 상관계수의 범위는 −1부터 +1까지입니다. −1은 완벽한 음의 관계, +1은 완벽한 양의 관계, 0은 선형 관계가 없음을 나타냅니다. [그림 3-1]은 변수 쌍과 그들 사이의 상관계수에 대한 몇 가지 예제입니다.

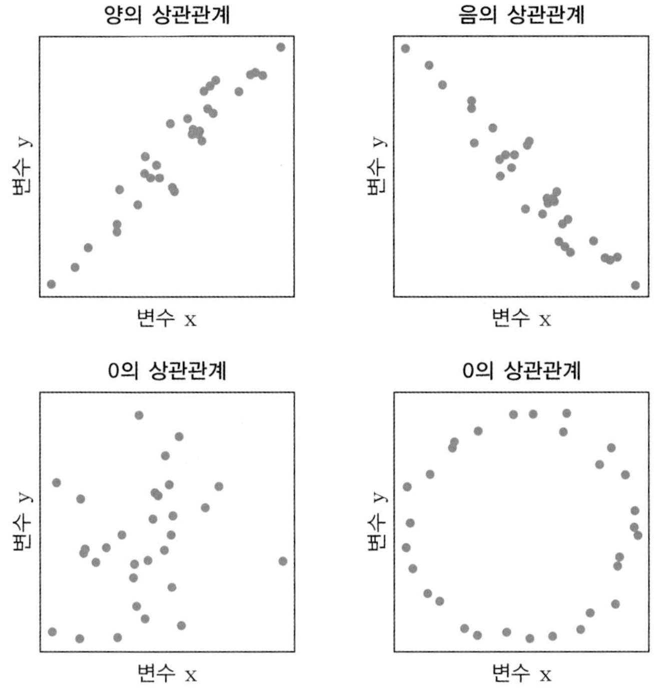

그림 3-1 양의 상관관계, 음의 상관관계, 0의 상관관계를 나타낸 데이터의 예제. 오른쪽 아래 그림은 상관관계가 선형적 척도라는 것을 나타냅니다(상관계수가 0이라도 변수 간의 비선형 관계는 존재할 수 있습니다).

1장에서 내적이 상관계수와 관련이 있고 내적의 크기는 데이터 내의 수칫값의 크기와 관련이 있다고 언급했었습니다(무게를 측정할 때 그램 또는 파운드를 사용하는 것에 대해 논의한 내용을 떠올려 보세요). 따라서 상관계수가 기대하는 범위 −1과 +1 사이에 존재하려면 정규화가 필요합니다.

| 각 변수의 평균중심화 |

평균중심화는 각 데이터값에서 평균값을 빼는 것입니다.

| 벡터 노름 곱으로 내적을 나누기 |

이 분할^divisive^ 정규화는 측정 단위를 제거하고 상관계수 최대 크기를 |1|로 조정합니다.

[식 3-1]은 피어슨 상관계수의 전체 공식입니다.

식 3-1 피어슨 상관계수 수학적 공식

$$\rho = \frac{\sum_{i=1}^{n}(x_i - \bar{x})(y_i - \bar{y})}{\sqrt{\sum_{i=1}^{n}(x_i - \bar{x})^2}\sqrt{\sum_{i=1}^{n}(y_i - \bar{y})^2}}$$

피어슨 상관계수가 단순히 세 개의 내적으로 이루어져 있다는 것이 한번에 이해되지 않을 수도 있습니다. [식 3-2]는 선형대수학의 내적 표기법을 사용해서 같은 공식을 다시 작성한 것입니다. 여기서 $\tilde{\mathrm{x}}$는 x를 평균중심화한 것입니다(변수 x에 첫 번째 정규화 적용).

식 3-2 선형대수학 용어로 나타낸 피어슨 상관계수

$$\rho = \frac{\tilde{\mathbf{x}}^{\mathrm{T}}\tilde{\mathbf{y}}}{\|\tilde{\mathbf{x}}\|\ \|\tilde{\mathbf{y}}\|}$$

보다시피 이미 잘 알려지고 널리 사용되는 피어슨 상관계수는 단지 변수의 크기로 정규화된 두 변수 사이의 내적입니다. 참고로 이 공식에서 변수들이 $\|\mathbf{x}\| = \|\mathbf{y}\| = 1$이 되도록 단위 정규화가 되어 있다면 상관관계는 두 변수의 내적과 같습니다([연습 문제 1-6]에서 $\|\mathbf{x}\| = \sqrt{(\mathbf{x}^{\mathrm{T}}\mathbf{x})}$라는 것을 떠올려 보세요).

상관관계만이 두 변수 간의 유사성을 평가하는 유일한 방법은 아닙니다. 다른 방법으로 **코사인 유사도**cosine similarity가 있습니다. 코사인 유사도에 대한 공식은 단순히 내적의 기하학적 공식([식 1-11])으로 코사인 항을 구한 것입니다.

$$\cos(\theta_{x,y}) = \frac{\alpha}{\|\mathbf{x}\|\ \|\mathbf{y}\|}$$

여기서 α는 $\mathbf{x}$와 $\mathbf{y}$의 내적입니다.

피어슨 상관계수와 코사인 유사도가 완전히 같은 공식처럼 보일 수 있습니다. 그러나 피어슨 상관계수의 전체 공식은 [식 3-1]입니다. [식 3-2]는 변수를 평균중심화된 것으로 가정하고 단순화한 것임을 명심하세요. 즉 코사인 유사도에는 첫 번째 정규화가 적용되어 있지 않습니다.

상관관계와 코사인 유사도 차이

두 변수가 '연관'되어 있다는 것은 무슨 의미일까요? 피어슨 상관관계와 코사인 유사도는 서로 다른 가정으로부터 출발하기 때문에 동일한 데이터에 대한 결과 또한 다릅니다. 피어슨의 관점에서 변수 [0, 1, 2, 3]과 [100, 101, 102, 103]은 완벽한 상관관계를 가집니다($\rho = 1$). 한 쪽 변수가 변하는 그대로 다른 변수도 똑같이 변하기 때문입니다. 한 변수가 더 큰 숫자라는 것은 중요하지 않습니다. 하지만 두 변수 사이의 코사인 유사도는 0.808입니다. 동일한 숫자 척도가 아니어서 완벽한 상관관계는 아닙니다. 어떤 측정값이 부정확하다거나 더 낫다는 것을 말하려는 것이 아닙니다. 단순히 다양한 통계적 방법들이 데이터에 대해 서로 다른 가정을 하고 그러한 가정들이 결과와 해석에 영향을 미치는 것입니다. [연습 문제 3-2]에서 이 내용을 살펴봅니다.

이 절을 통해 여러분은 피어슨 상관관계와 코사인 유사도가 왜 두 변수 사이의 **선형** 관계를 반영하는지 이해하게 되었습니다. 이들은 내적 기반이고 내적은 선형 연산이기 때문입니다.

이 장의 끝에 이 절과 관련된 네 가지 코딩 연습 문제가 있습니다. 다음 절을 읽기 전에 이 먼저 연습 문제를 풀어도 되고 아니면 이 장을 끝까지 읽고 나서 풀어도 됩니다(개인적으로는 전자를 추천하지만 여러분이 원하는 방향으로 선형대수학을 배워 나가세요).

3.2 시계열 필터링과 특징 탐지

내적은 시계열 필터링에도 사용됩니다. 필터링은 본질적으로 특징 탐지 기법입니다. 필터링은 본질적으로 템플릿(필터링 세계의 용어로는 커널Kernel)이 시계열 신호의 일부와 일치하는 특징을 찾습니다. 이렇게 필터링된 결과는 또 다른 시계열이 되며 이를 통해 신호의 특성이 커널의 특성과 얼마나 일치하는지 알 수 있습니다. 매끄러운 변동, 날카로운 에지edge, 특정 파형 모양 등과 같은 특정 기준에 최적화되도록 커널을 신중하게 구성합니다.

커널과 시계열 신호 사이의 내적을 계산하는 것이 필터링 메커니즘입니다. 하지만 필터링할 때 일반적으로 **지역**local 특징 탐지를 해야 하고 커널은 일반적으로 전체 시계열보다 훨씬 짧습니다. 따라서 우리는 커널과 동일한 길이의 짧은 데이터 조각과 커널 사이의 내적을 계산합니다. 이 과정으로 필터링된 신호([그림 3-2]) 구간에서 한 점이 생성되고 커널을 오른쪽으로 한 구간씩 이동시키면서 다른(또는 겹쳐진) 신호 조각과 내적을 계산해 나갑니다. 공식적으로 이 과정을 **합성곱**convolution이라고 합니다. 그리고 여기서는 내적 응용에만 초점을 맞췄기 때문에 신호 처리에서의 몇 가지 추가적인 단계는 생략했습니다.

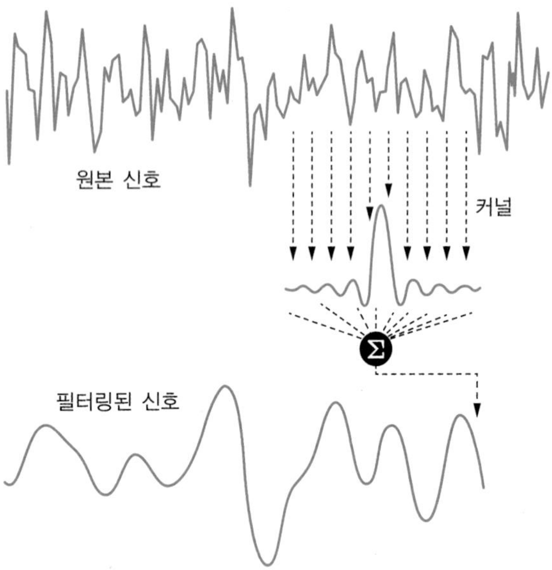

그림 3-2 시계열 필터링 도식화

시계열 필터링은 과학과 공학에서 중요한 주제입니다. 사실 시계열 필터링이 없다면 음악, 라디오, 통신, 위성 등도 존재할 수 없을 겁니다. 여러분이 음악을 들을 수 있게 하는 수학적인 심장은 벡터-내적입니다.

이 장의 끝에 있는 연습 문제에서는 에지를 탐지하고 시계열 데이터를 평활화equalization할 때 내적을 어떻게 활용하는지 알아봅니다.

3.3 k-평균 클러스터링

k-평균 클러스터링 k-means clustering은 그룹 중심까지의 거리를 최소화하도록 다변량 데이터를 상대적으로 적은 수(k)의 그룹 또는 범주로 분류하는 비지도 기법입니다.

k-평균 클러스터링은 머신러닝에서 중요한 분석 방법이며 이를 정교하게 변형한 형태도 존재합니다. 여기서는 간단한 형태의 k-평균 클러스터링을 구현합니다. 이를 통해 벡터(특히 벡터, 벡터 노름, 브로드캐스팅)에 대한 개념이 k-평균 알고리즘에서 어떻게 사용되는지 알아봅니다.

다음은 작성할 알고리즘에 대한 간략한 설명입니다.

1. 데이터 공간에서 임의의 k개 중심점을 초기화합니다. 여기서 중심은 **클래스** 또는 범주이며, 다음 단계에서는 각 데이터 관측치를 각 클래스에 할당합니다 (**중심**은 임의의 차원의 수로 일반화된 형태입니다).
2. 각 데이터 관측치와 각 중심 사이의 유클리드 거리를 계산합니다.[1]
3. 각 데이터 관측치를 가장 가까운 중심의 그룹에 할당합니다.
4. 각 중심을 해당 중심에 할당된 모든 데이터 관측치의 평균으로 갱신합니다.
5. 수렴 기준을 만족할 때까지 또는 N회까지 2~4단계를 반복합니다.

만약 여러분이 파이썬 코딩에 익숙하고 이 알고리즘을 구현하고 싶다면 다음을 진행하기 전에 먼저 구현해 보는 것을 권장합니다. 다음 과정은 각 단계별로 수학과 코드를 살펴봅니다. 특히 NumPy에서 벡터와 브로드캐스팅을 사용하는 것에 초점을 맞춥니다. 또한 무작위로 2차원 데이터를 생성해서 알고리즘을 테스트해 보고 코드가 올바른지 확인해 봅니다.

1단계를 시작해 봅시다. 무작위로 클러스터 중심 k개를 초기화합니다. k는 k-평균 클러스터링의 매개변수입니다. 데이터 과학 분야의 데이터에서 최적 k를 결정하는 것은 어려우므로 일단 여기서는 $k = 3$으로 고정하겠습니다. 무작위 클러스터 중심을 초기화하는 여러 가지 방법이 있지만 간단하게 k개의 데이터 샘플을 무작위로 선택합니다. 데이터는 `data` 변수(150개의 관측치와 2개의 특징으로 150×2 모양)에 저장되며 절 마지

1 복습: 유클리드 거리는 데이터 관측치에서 중심까지의 거리의 제곱합의 제곱근한 것입니다.

막에 있는 [그림 3-3]의 왼쪽 상단 그림에 시각화되어 있습니다(예제 코드는 이 데이터를 생성하는 방법을 보여 줍니다).

```
k = 3
ridx = np.random.choice(range(len(data)),k,replace=False)
centroids = data[ridx,:] # data 행렬은 특징별 샘플입니다.
```

2단계에서는 각 데이터 관측치와 각 클러스터 중심 사이의 거리를 계산합니다. 여기서 이전 장에서 배운 선형대수학 개념을 사용합니다. 하나의 데이터 관측치와 중심 사이의 유클리드 거리는 다음과 같이 계산할 수 있습니다.

$$\delta_{i,j} = \sqrt{(\mathrm{d}_i^x - \mathrm{c}_j^x)^2 + (\mathrm{d}_i^y - \mathrm{c}_j^y)^2}$$

여기서 $\delta_{i,j}$는 데이터 관측치 i에서 중심 j까지의 거리를 나타내며 d_i^x는 데이터 관측치 i의 특징 x이고 c_j^x는 중심 j의 x축 좌표를 나타냅니다.

여러분은 이 단계를 이중 for 루프를 사용해서 구현해야 한다고 생각할 것입니다. 첫 번째 루프는 k 중심으로, 두 번째 루프는 N 데이터 관측치로 말입니다(추가로 데이터 특징에 대한 for 루프를 세 번째로 생각할 수도 있습니다). 그러나 벡터와 브로드캐스팅을 사용하면 이 작업을 간결하고 효율적으로 만들 수 있습니다. 다음은 선형대수학 식을 코드와 비교했을 때 어떻게 다른지를 보여 주는 예제입니다.

```
dists = np.zeros((data.shape[0],k))
for ci in range(k):
  dists[:,ci] = np.sum((data-centroids[ci,:])**2,axis=1)
```

여기서 변수의 모양에 대해 생각해 봅시다. data는 150×2(특징별 관측치)이고 centroids[ci,:]는 1×2(특징별 군집 ci)입니다. 형식상으로 이 두 벡터는 뺄 수 없습니다. 그러나 파이썬의 브로드캐스팅은 클러스터 중심을 150회 반복해서 각 데이터 관측치마다 중심을 뺍니다. 지수 연산 **은 원소별로 적용되며 axis=1은 파이썬이 열에 걸쳐서(행마다 분리해서) 합을 구하도록 명령을 내립니다. 따라서 np.sum()의 출력은 중심 ci에 대한 각 점의 유클리드 거리를 인코딩하는 150×1 배열이 됩니다.

잠시 유클리드 거리 공식과 코드를 비교해 봅시다. 정말로 똑같을까요? 사실 그렇지 않습니다. 유클리드 거리 공식에서 제곱근이 코드에는 빠졌습니다. 그러면 코드가 잘못된 것일까요? 잠시 고민해 보세요. 정답은 나중에 논의하겠습니다.

3단계에서는 각 데이터 관측치를 가장 가까운 거리의 그룹에 할당합니다. 이 단계는 파이썬에서 매우 간단하며 다음과 같이 하나의 함수로 구현할 수 있습니다.

```
groupidx = np.argmin(dists,axis=1)
```

최솟값을 반환하는 np.min과 최솟값의 **인덱스**를 반환하는 np.argmin의 차이를 기억하세요.

이제 거리 공식과 코드 구현 간의 불일치로 다시 돌아가봅시다. k-평균 알고리즘은 거리를 사용해서 각 데이터 관측치를 가장 가까운 중심에 할당합니다. 거리와 거리 제곱은 단조로운 관계이므로 두 메트릭의 결과는 같습니다. 따라서 제곱근 연산을 추가하면 결과에 아무런 영향을 미치지 않으면서 코드 복잡성과 계산 시간만 증가시키므로 코드에서는 되도록 생략하는 것이 좋습니다.

4단계에서는 클래스 내의 모든 데이터 점의 평균을 계산해서 중심을 다시 설정합니다. 여기서 k개의 클러스터에 루프를 쓰면서 파이썬 인덱싱을 사용하여 각 클러스터에 할당된 모든 데이터 포인트를 찾을 수 있습니다.

```
for ki in range(k):
centroids[ki,:] = [ np.mean(data[groupidx==ki,0]),
                    np.mean(data[groupidx==ki,1]) ]
```

마지막으로 5단계는 좋은 답을 얻을 때까지 이전 단계들을 반복하는 것입니다. 운영 수준의 k-평균 알고리즘에서는 종료 기준에 도달할 때까지 계속 반복합니다. 예를 들면 클러스터 중심이 더 이상 이동하지 않는 것이 종료 기준이 될 수 있습니다. 여기서는 시각적으로 균형 있는 차트를 그리기 위해 간단히 세 번 반복합니다.

[그림 3-3]의 4개 그림은 초기 무작위 클러스터 중심(반복 0)과 3회 반복 후 갱신된 위치를 각각 보여 줍니다.

여러분이 클러스터링 알고리즘을 좀 더 연구하게 되면, 중심 초기화와 종료 기준에 대한 정교한 방법과 적절한 k 매개변수를 선택하는 정량적 기법을 배울 수 있습니다. 그럼에도 모든 k-평균 기법은 본질적으로 여기서 배운 알고리즘을 확장한 형태이며 선형대수학은 그 구현의 중심에 존재합니다.

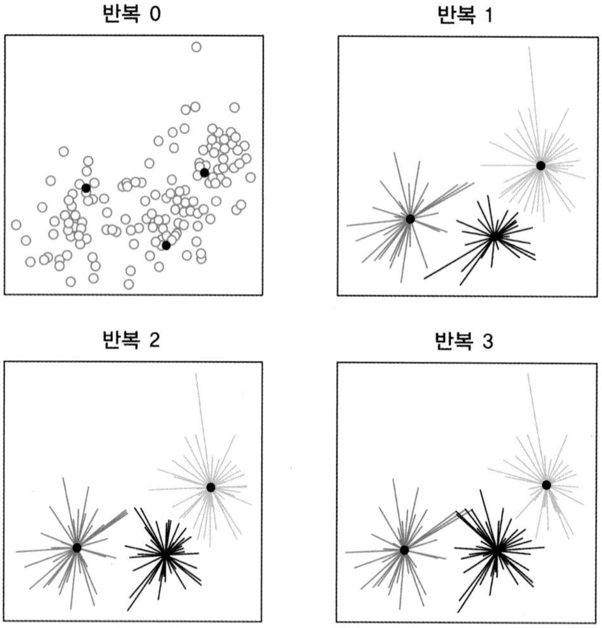

그림 3-3 k-평균

연습 문제

상관관계 연습 문제

| 연습 문제 3-1 |

두 벡터를 입력으로 받아 두 개의 수를 출력하는 파이썬 함수를 작성합니다. 두 개의 수는 피어슨 상관계수와 코사인 유사도입니다. 이 장에 제시한 공식을 따라서 코드를 작성하세요. 단순히 `np.corrcoef`와 `spatial.distance.cosine`을 호출하지 마세요. 변수들이 이미 평균중심화되어 있다면 두 출력 결과가 동일하고 그렇지 않다면 결과가 서로 다른지 확인합니다.

| 연습 문제 3-2 |

상관관계와 코사인 유사도 사이의 차이를 계속해서 살펴보겠습니다. 0에서 3까지의 정수를 가진 변수와 이 변수에 특정 오프셋을 더한 두 번째 변수를 만듭니다. 시스템적으로 오프셋을 −50에서 +50까지 변경하는 시뮬레이션을 만듭니다. 즉 시뮬레이션의 첫 번째 반복에서는 두 번째 변수가 [−50, −49, −48, −47]이 됩니다. `for` 루프에서 두 변수 간의 상관관계와 코사인 유사도를 계산하고 결과를 저장합니다. 그리고 평균 오프셋이 상관관계와 코사인 유사성에 어떻게 영향을 주는지 보여 주는 선 그래프를 그립니다. [그림 3-4]처럼 결과가 나와야 합니다.

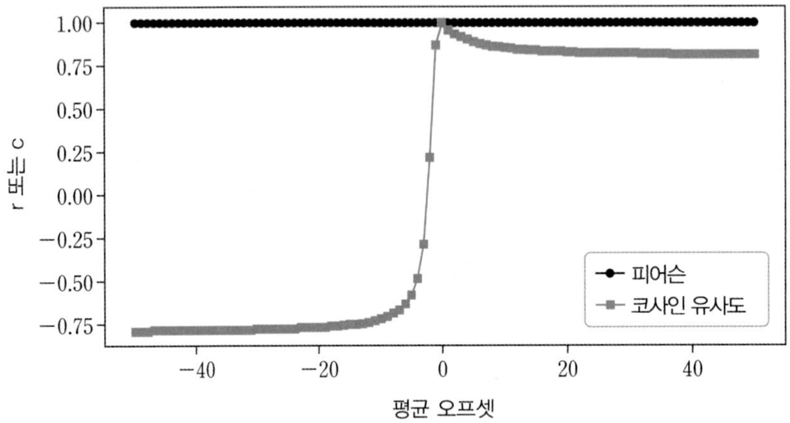

그림 3-4 [연습 문제 3-2]의 결과

| 연습 문제 3-3 |

피어슨 상관계수를 계산하는 여러 가지 파이썬 함수가 있습니다. 이 중 하나는 `pearsonr`이고 SciPy 라이브러리의 `stats` 모듈에 존재합니다. 이 파일의 소스 코드(힌트: `??functionname`)를 열어서 파이썬 구현이 이 장에서 소개한 공식과 어떻게 일치하는지 확실히 이해해 보세요.

| 연습 문제 3-4 |

파이썬에 이미 존재하는 함수를 직접 코드로 구현하는 이유는 무엇일까요? 한 가지 이유는 여러분 스스로 함수를 작성하면 엄청난 교육적 효과가 있기 때문입니다. 여러분은 (이 사례에서) 상관관계가 컴퓨터 과학 박사만이 이해할 수 있는 엄청나게 정교한 블랙박스 알고리즘이 아니라 단순한 계산이라는 것을 알 수 있게 됩니다. 또 다른 이유는 내장 함수가 수많은 입력 검사, 추가 입력 옵션 처리, 데이터 타입 변환 등으로 인해 때론 느려질 수 있기 때문입니다. 이로 인해 사용성은 향상되지만 계산 시간은 늘어납니다.

이 연습 문제의 목표는 자신의 상관관계 함수가 NumPy의 `corrcoef` 함수보다 빠른지 확인하는 것입니다. [연습 문제 3-2]의 함수를 수정해서 오로지 상관계수만 계산합니다. 그리고 1,000회 이상 `for` 루프 안에서 500개의 무작위 숫자를 가진 변수 두 개를 생성하고 이들 사이의 상관관계를 계산하고 `for` 루프 시간을 측정합니다. 그 다음 `np.corrcoef`를 사용해서 똑같이 수행합니다. 필자가 직접 테스트를 실행했을 때는 사용자 정의 함수가 np.corrcoef보다 약 33% 더 빨랐습니다. 이러한 간단한 예제에서는 밀리 초 정도 차이가 나지만 만약 여러분이 큰 데이터 집합에 대해 상관관계 계산을 수십억 번 실행한다면, 밀리 초의 차이의 총합은 굉장히 커집니다! (참고: 입력 검사가 없는 함수를 작성하는 것은 np.corrcoef에서는 잡힐 수 있는 입력 오류를 놓칠 위험이 있다는 것을 명심하세요. 또한 속도 이점은 벡터가 커지면 사라질 수도 있습니다. 시도해 보세요!)

필터링과 특징 탐지 연습 문제

| 연습 문제 3-5 |

에지 검출기를 만들어 봅시다. 에지 검출기의 커널은 [-1 +1]로 매우 간단합니다. 일정한 시계열 신호 조각(예를 들어 [10, 10])과 커널의 내적은 0입니다. 그러나 신호가 급격히 변화하면 내적이 커집니다(예를 들어 [1 10]와의 내적은 9입니다). 여기서 작업할 신호는 평평한 함수입니다. [그림 3-5]의 그래프 A와 B는 각각 커널과 신호를 보여 줍니다. 이 문제에서 첫 번째 단계는 이 두 시계열을 생성하는 코드를 구현하는 것입니다.

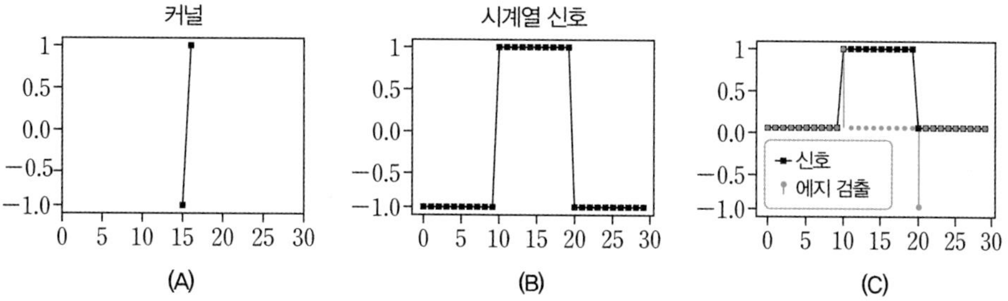

그림 3-5 [연습 문제 3-5]의 결과

다음으로 신호의 시점에 대해 for 루프를 작성합니다. 각 시점에서 커널과 길이가 같은 시계열 데이터 조각과 커널 사이의 내적을 계산합니다. 결과는 [그림 3-5]의 그래프 C와 유사해야 합니다(예쁘게 만들려고 노력하는 것보다 결과 자체에 더 집중하세요). 에지 검출기는 신호가 평평할 때 0, 신호가 상승할 때 +1, 신호가 하강할 때 -1을 반환하는 것을 확인해 보세요.

이 코드를 계속 살펴보세요. 예를 들어 커널을 ([0 -1 1 0])와 같이 앞뒤에 0을 추가하면 어떤 영향을 줄까요? 커널을 [−1 1]로 뒤집으면 어떻게 될까요? 커널이 비대칭([−1 2])이라면 어떻게 될까요?

| 연습 문제 3-6 |

이제 다른 신호와 커널을 사용해서 동일하게 과정을 수행합니다. 목표는 울퉁불퉁한 시계열을 매끄럽게 만드는 것입니다. 시계열은 가우스 분포(정규 분포라고도 함)에서 생성된 100개의 난수입니다. 커널은 가우스 함수에 근사하는 종 모양의 함수로 숫자 [0, .1, .3, .8, 1, .8, .3, .1, 0]로 정의되며 커널 합이 1이 되도록 조정되어야 합니다. 여러분의 커널은 [그림 3-6]의 그래프 A와 동일해야 하지만 신호는 난수 때문에 그래프 B와 정확히 일치하진 않을 것입니다.

이전 연습 문제의 코드를 복사하고 수정해서 시계열을 따라가면서 내적을 계산합니다. 이는 가우스 커널로 필터링된 신호가 됩니다. 여기서 `for` 루프의 인덱싱에 주의하세요. [그림 3-6]의 그래프 C는 결과의 예제입니다. 필터링된 신호가 원래 신호의 매끄러운 형태라는 것을 알 수 있습니다. 이를 저주파low-pass 필터링이라고도 합니다.

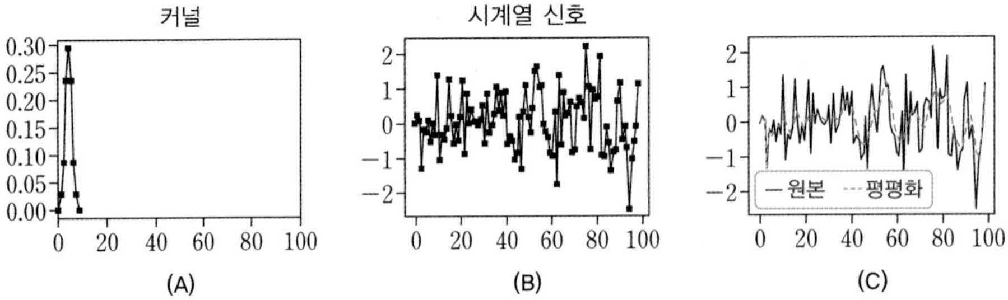

그림 3-6 [연습 문제 3-6]의 결과

| 연습 문제 3-7 |

커널 중앙의 1을 −1로 바꾸고 커널을 중앙 평균화합니다. 그런 다음 다시 필터링하고 그래프를 그립니다. 결과는 어떻게 되나요? 더욱 날카로운 신호가 됩니다. 사실 이 커널은 부드러운(낮은 주파수) 특징을 감쇄하고 빠르게 변화하는(높은 주파수) 특징을 강조하는 고주파high-pass 필터입니다.

k-평균 연습 문제

| 연습 문제 3-8 |

최적의 k를 결정하는 한 가지 방법은 무작위로 클러스터 중심을 초기화하고 클러스터링하는 것을 여러 번 반복한 다음 최종 클러스터가 결과를 비교 평가하는 것입니다. 새로운 데이터를 생성하지 않고 $k = 3$을 사용하여 k-평균 코드를 여러 번 실행하고 클러스터 결과가 유사한지 확인합니다(이는 직접 눈으로 검사하는 정성적 평가입니다). 최종 클러스터 할당 결과는 중심이 무작위로 선택되더라도 일반적으로 유사한 것 같나요?

| 연습 문제 3-9 |

$k = 2$와 $k = 4$로 두고 여러 번 클러스터링을 실행해 보고 결과를 확인합니다. 이 결과에 대해 어떻게 생각하나요?

CHAPTER 4

행렬, 파트 1: 행렬과 행렬의 기본 연산

행렬은 벡터를 한 차원 더 끌어올린 것입니다. 행렬은 매우 다채로운 수학적 객체입니다. 일련의 방정식, 기하학적 변형, 시간에 따른 입자의 위치, 재무 기록 등 무수히 다양한 것들을 행렬에 저장할 수 있습니다. 데이터 과학에서는 행렬을 관측치(예를 들어 고객) 행과 특징(예를 들어 구매) 열을 가진 데이터 테이블로 간주하곤 합니다.

이 장과 다음 두 장에서는 여러분의 선형대수학에 대한 지식을 한 단계 끌어올립니다. 커피 한 잔 마시면서 집중할 준비를 하세요. 이 장이 끝날 때쯤 여러분의 지식은 분명 더 풍부해질 것입니다.

4.1 NumPy에서 행렬 생성과 시각화

문맥에 따라 행렬은 다르게 정의될 수 있습니다. 옆으로 늘어놓은 열벡터 집합(예를 들어 특징별 관측치 테이블), 위로 쌓아 놓은 행벡터 집합(예를 들어 각 행이 서로 다른 채널의 시계열인 다중 센서 데이터) 또는 개별 행렬 원소가 정렬된 집합입니다(예를 들어 각 행렬 원소가 단일 이미지의 픽셀 강도의 값을 인코딩한 값).

4.1.1 행렬 시각화와 인덱싱, 슬라이싱

다음 예제와 같이 작은 행렬은 간단하게 전체를 출력할 수 있습니다.

$$\begin{bmatrix} 1 & 2 \\ \pi & 4 \\ 6 & 7 \end{bmatrix}, \quad \begin{bmatrix} -6 & 1/3 \\ e^{4.3} & -1.4 \\ 6/5 & 0 \end{bmatrix}$$

하지만 이는 확장성이 떨어지며 데이터 과학 분야에서 작업하는 행렬은 수십억 개의 원소를 가질 만큼 대규모일 수 있습니다. 그래서 큰 행렬은 이미지로 시각화하곤 합니다. 행렬의 각 원소의 수치는 이미지의 색상에 대응됩니다. 일반적으로 임의로 수치를 색상에 대응하기 때문에 색은 중요하지 않습니다. [그림 4-1]은 파이썬 라이브러리 `matplotlib`를 사용해서 이미지로 시각화된 행렬의 예제입니다.

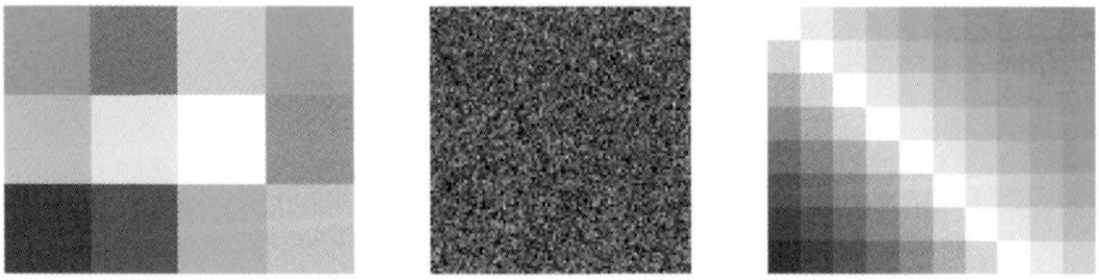

그림 4-1 이미지로 시각화된 세 개의 행렬

행렬은 $\mathbf{A}$ 또는 $\mathbf{M}$ 과 같이 굵은 대문자로 표시합니다. 행렬의 크기는 (행, 열) 규칙으로 나타냅니다. 예를 들어 다음 행렬은 행이 3개이고 열이 5개이므로 3×5입니다.

$$\begin{bmatrix} 1 & 3 & 5 & 7 & 9 \\ 0 & 2 & 4 & 6 & 8 \\ 1 & 4 & 7 & 8 & 9 \end{bmatrix}$$

행과 열 위치를 인덱싱해서 행렬의 특정 원소를 참조할 수 있습니다. 행렬 $\mathbf{A}$ 의 세 번째 행과 네 번째 열에 있는 원소는 $a_{3,4}$로 나타냅니다(예제 행렬에서는 $a_{3,4} = 8$). **중요한 복습**: 수학은 1 기반 인덱싱을 사용하지만 파이썬은 0 기반 인덱싱을 사용합니다. 따라서 원소 $a_{3,4}$는 파이썬에서 `A[2,3]`으로 인덱싱됩니다.

슬라이싱을 통해 행렬의 행 또는 열의 부분 집합을 추출합니다. 파이썬을 처음 사용한다면 부록에서 리스트와 NumPy 배열 슬라이싱 관련 내용을 찾아보세요. 행렬에서 일부 구간을 추출하려면, 시작 행과 마지막 행, 시작 열과 마지막 열을 지정하고 1칸씩 진행하면서 슬라이싱을 하도록 지정합니다. 예제 코드에서 이 과정을 단계별로 보여 줍니다. 다음 코드는 하나의 큰 행렬에서 행 2~4와 열 1~5의 부분 행렬을 추출하는 예제입니다.

```
A = np.arange(60).reshape(6,10)
sub = A[1:4:1, 0:5:1]
```

다음은 전체 행렬과 부분 행렬입니다.

```
원본 행렬:
[[ 0 1 2 3 4 5 6 7 8 9]
 [10 11 12 13 14 15 16 17 18 19]
 [20 21 22 23 24 25 26 27 28 29]
 [30 31 32 33 34 35 36 37 38 39]
 [40 41 42 43 44 45 46 47 48 49]
 [50 51 52 53 54 55 56 57 58 59]]
부분 행렬:
[[10 11 12 13 14]
 [20 21 22 23 24]
 [30 31 32 33 34]]
```

4.1.2 특수 행렬

행렬의 수는 무한합니다. 행렬의 숫자를 구성하는 무한한 방법이 있기 때문입니다. 그러나 다소 적은 특성만으로 행렬을 설명할 수 있으며 이 특성으로 행렬은 어떠한 '군' 또는 범주에 속하게 됩니다. 특정 연산에서 등장하는 범주도 있고 범주마다 유용한 속성을 가지고 있기 때문에 꼭 알아야 합니다.

어떤 범주의 행렬은 너무 자주 사용되어서 이러한 행렬을 만드는 전용 NumPy 함수가 있을 정도입니다. 다음은 자주 사용되는 특수 행렬 목록과 이를 생성하는 파이썬 코드입니다.[1] [그림 4-2]에서 이들이 어떻게 생겼는지 확인할 수 있습니다.

| 난수 행렬 |

난수 행렬random numbers matrix은 일반적으로 가우스(정규)와 같은 분포로부터 무작위로 추출된 숫자를 가진 행렬입니다. 선형대수학을 코드로 공부할 때 유용합니다. 왜냐하면 임

1 이 책의 뒷부분에서 더 많은 특수 행렬에 대해 배웁니다. 지금은 이 정도면 충분합니다.

의의 크기와 계수rank로 쉽고 빠르게 생성할 수 있기 때문입니다(행렬 계수는 부록에서 배울 개념입니다).

숫자를 추출하려는 분포에 따라 여러 가지 방식으로 NumPy에서 난수 행렬을 만들 수 있습니다. 이 책에서는 주로 가우스 분포 숫자를 사용합니다.

```
Mrows = 4 # shape 0
Ncols = 6 # shape 1
A = np.random.randn(Mrows,Ncols)
```

| 정방 행렬과 비정방 행렬 |

정방 행렬square matrix의 행 수는 열 수와 같습니다. 즉 $\mathbb{R}^{N\times N}$ 행렬입니다. 여기서 비정방 행렬nonsquare matrix은 행 수와 열 수는 다른 것을 가리킵니다. 이전 코드에서 모양 파라미터를 변경해서 난수의 정방과 비정방 행렬을 만들 수 있습니다.

비정방 행렬의 행 수가 열 수보다 많으면 **높다**고 하고 열 수가 행 수보다 많으면 **넓다**고 합니다.

| 대각 행렬 |

행렬의 **대각**diagonal은 왼쪽 위에서 시작하여 오른쪽 아래로 내려가는 원소들입니다. **대각 행렬**diagonal matrix은 모든 비대각 원소가 0이며, 대각 원소는 0일 수도 있지만 0이 아닌 값을 가질 수 있는 유일한 원소입니다.

NumPy 함수 `np.diag()`는 입력에 따라 두 가지 방식으로 동작합니다. `np.diag`에 행렬을 입력하면 대각 원소를 벡터로 반환합니다. `np.diag`에 벡터를 입력하면 대각선에 해당 벡터 원소가 있는 행렬을 반환합니다(참고로 행렬의 대각 요소를 추출하는 것을 '행렬의 대각화'라고 **부르지 않습니다.** 행렬의 대각화 연산은 12장에서 별도로 소개합니다).

| 삼각 행렬 |

삼각 행렬triangular matrix은 주 대각선의 위 또는 아래가 모두 0입니다. 0이 아닌 원소가 대각선 위에 있으면 행렬을 **상삼각 행렬**이라고 하고 0이 아닌 원소가 대각선 아래에 있으면 **하삼각 행렬**이라고 합니다.

NumPy에는 행렬의 위(np.triu()) 또는 아래(np.tril()) 삼각형을 추출하는 전용 함수가 있습니다.

| 단위 행렬 |

특수 행렬 중 가장 중요한 행렬은 단위 행렬identity matrix입니다. 행렬 또는 벡터에 단위 행렬을 곱하면 동일한 행렬 또는 벡터가 된다는 점에서 숫자 1과 동등합니다. 단위 행렬은 모든 대각 원소가 1인 정방 대각 행렬입니다. 단위 행렬은 문자 $\mathbf{I}$ 로 나타냅니다. 행렬의 크기는 아래 첨자로 표시합니다(예를 들어 $\mathbf{I}_5$는 5×5 단위 행렬). 숫자가 표시되어 있지 않다면 문맥상으로 크기를 추론할 수 있습니다(예를 들어 방정식이 성립하도록).
파이썬에서는 np.eye()를 사용해서 단위 행렬을 만들 수 있습니다.

| 영 행렬 |

영 행렬zeros matrix은 영벡터와 유사합니다. 모든 원소가 0인 행렬입니다. 영벡터와 마찬가지로 **0**으로 굵은 체로 나타냅니다. 벡터와 행렬을 모두 같은 기호로 나타내는 것이 약간 혼란스러울 수 있습니다. 하지만 이러한 종류의 중의적 표현은 수학과 과학 표기법에서 흔히 볼 수 있으므로 지금은 넘어갑시다.
파이썬에서 영 행렬은 np.zeros() 함수를 사용해서 생성합니다.

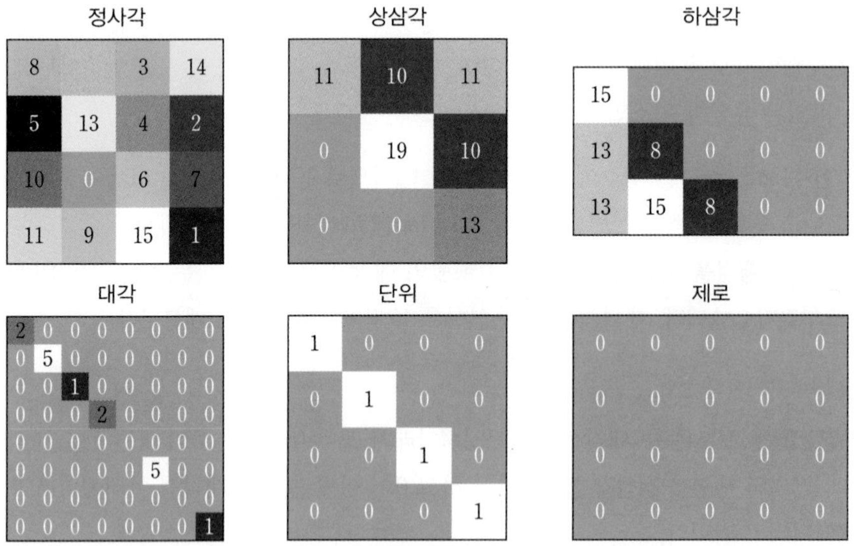

그림 4-2 여러 가지 특수 행렬. 숫자와 그레이스케일값은 각 원소의 행렬값을 나타냅니다.

4.2 행렬 수학: 덧셈, 스칼라 곱셈, 아다마르곱

행렬에 대한 수학적 연산은 직관적인 것과 비직관적인 것의 두 가지 범주로 나뉩니다. 일반적으로 직관적인 연산은 원소별 처리로 표현되어 이해하기 쉽지만, 비직관적인 연산은 설명이 복잡하고 이해하는 데 약간의 훈련이 필요합니다. 우선 직관적인 연산부터 시작하겠습니다.

4.2.1 덧셈과 뺄셈

두 행렬을 더할 때는 대응되는 원소끼리 더합니다. 다음은 예제입니다.

$$\begin{bmatrix} 2 & 3 & 4 \\ 1 & 2 & 4 \end{bmatrix} + \begin{bmatrix} 0 & 3 & 1 \\ -1 & -4 & 2 \end{bmatrix} = \begin{bmatrix} (2+0) & (3+3) & (4+1) \\ (1-1) & (2-4) & (4+2) \end{bmatrix} = \begin{bmatrix} 2 & 6 & 5 \\ 0 & -2 & 6 \end{bmatrix}$$

예제에서 알 수 있듯이 행렬 덧셈은 크기가 같은 두 행렬 사이에서만 성립됩니다.

4.2.2 행렬 '이동'

벡터와 마찬가지로 행렬에서도 $\lambda + A$ 처럼 스칼라를 더할 수 없습니다. 그러나 파이썬에서는 행렬의 요소에 스칼라를 추가하는 브로드캐스팅 연산(예를 들어 `3+np.eye(2)`)이 가능합니다. 편리한 계산이지만, 선형대수학 연산은 아닙니다.

선형대수학에서는 정방 행렬에 스칼라를 더하는 방식이 있는데 이것을 **행렬 이동**shifting a matrix이라고 합니다. 대각에 상숫값을 더하는 것과 같이 단위 행렬에 스칼라를 곱해서 더하는 방식으로 구현됩니다.

$$A + \lambda I$$

다음은 수치 예제입니다.

$$\begin{bmatrix} 4 & 5 & 1 \\ 0 & 1 & 11 \\ 4 & 9 & 7 \end{bmatrix} + 6\begin{bmatrix} 1 & 0 & 0 \\ 0 & 1 & 0 \\ 0 & 0 & 1 \end{bmatrix} = \begin{bmatrix} 10 & 5 & 1 \\ 0 & 7 & 11 \\ 4 & 9 & 13 \end{bmatrix}$$

파이썬에서 이동은 간단합니다.

```
A = np.array([ [4,5,1],[0,1,11],[4,9,7] ])
s = 6
A + s # 이동이 아님!
A + s*np.eye(len(A)) # 이동
```

행렬을 이동하면 대각 원소만 변경되고 나머지는 그대로입니다. 데이터 과학 분야에서는 행렬의 수치적 안정성을 높이고 이동의 효과를 보면서 행렬의 가능한 많은 정보를 보존하기 위해 상대적으로 적은 양을 이동합니다(그 이유는 나중에 이후의 장에서 알게 될 것입니다).

정확하게 얼마나 이동해야 하는지는 머신러닝, 통계, 딥러닝, 제어 공학 등 여러 분야에서 연구 중인 중요한 부분입니다. 예를 들어 $\lambda = 6$ 이동은 적당할까요? $\lambda = .001$은 어떤가요? 분명히 이 숫자들은 행렬 안의 숫자에 비해 '크거나' 또는 '작은' 것입니다. 따라서 일반적으로 노름 또는 고윳값의 평균과 같은 행렬 자체로 정의될 수 있는 값의 일부로 λ를 설정합니다. 이와 관련해서 나중에 살펴보겠습니다.

행렬의 '이동'은 두 가지 주요(매우 중요한!) 응용이 있습니다. 행렬의 고윳값을 찾는 메커니즘과 모델을 데이터에 적합시킬 때 행렬을 정규화하는 메커니즘입니다.

4.2.3 스칼라 곱셈과 아다마르곱

이 두 가지 유형의 곱셈은 벡터와 마찬가지로 행렬에서도 원소별로 작동합니다.

스칼라-행렬 곱셈은 행렬의 각 원소에 동일한 스칼라를 곱합니다. 다음은 숫자 대신 문자로 이루어진 행렬을 사용한 예제입니다.

$$\gamma \begin{bmatrix} a & b \\ c & d \end{bmatrix} = \begin{bmatrix} \gamma a & \gamma b \\ \gamma c & \gamma d \end{bmatrix}$$

마찬가지로 아다마르곱도 두 행렬을 요소별로 곱합니다(**원소별 곱셈**). 예를 들어봅니다.

$$\begin{bmatrix} 2 & 3 \\ 4 & 5 \end{bmatrix} \odot \begin{bmatrix} a & b \\ c & d \end{bmatrix} = \begin{bmatrix} 2a & 3b \\ 4c & 5d \end{bmatrix}$$

NumPy에서 아다마르곱은 `np.multiply()` 함수를 사용해서 구현할 수 있습니다. 더 간단하게 두 행렬 사이에 별표를 사용해서 `A*B`로 구현할 수도 있습니다. 표준 행렬 곱셈(다음 절)은 `@` 기호로 나타내기 때문에 약간의 혼란을 초래할 수 있습니다. 이것은 매우 중요한 차이입니다! 꼭 기억하세요(MATLAB에서 파이썬으로 넘어온 독자들은 특히 혼란스러울 것입니다. MATLAB에서 *는 행렬 곱셈을 나타냅니다).

```
A = np.random.randn(3,4)
B = np.random.randn(3,4)

A*B # 아다마르곱
np.multiply(A,B) # 마찬가지로 아다마르
A@B # 아다마르가 아님!
```

선형대수학에서 아다마르곱은 여러 주제에서 응용되고 있습니다. 예를 들면 역행렬 계산입니다. 하지만 많은 개별 곱셈을 저장하는 측면에서 편리하기 때문에 더 자주 응용됩니다. 이는 1장에서 설명한 벡터의 아다마르곱이 자주 사용되는 이유와 비슷합니다.

4.3 표준 행렬 곱셈

이제 직관적이지 않은 행렬 곱셈을 알아봅시다. 그렇다고 표준 행렬 곱셈이 특별히 어려운 것은 아닙니다. 단지 여러분이 예상하는 것과 다를 뿐입니다. 표준 행렬 곱셈은 원소별이 아닌 행과 열 단위로 동작합니다. 사실 표준 행렬 곱셈은 한 행렬의 행과 다른 행렬의 열 사이 스칼라 곱셈의 조직적 집합으로 말할 수 있습니다(이러한 형태의 곱셈을 공식적으로 간단히 **행렬 곱셈**matrix multiplication이라고 부릅니다. **표준**이라는 용어를 추가한 이유는 아다마르곱, 스칼라 곱셈과 명확하게 구별하기 위해서 입니다).

두 행렬을 곱하는 방법을 자세히 보기 전에 먼저 두 행렬을 곱하는 것이 가능한지 여부를 확인하는 방법을 설명하겠습니다. 곧 배우겠지만, 미리 말하자면 두 행렬의 크기가 서로 짝이 맞을 때 두 행렬을 곱할 수 있습니다.

4.3.1 행렬 곱셈 유효성에 관한 규칙

행렬 크기는 $M \times N$과 같이 행과 열로 나타낸다는 것을 이미 알고 있습니다. 서로 곱하는 두 행렬은 서로 크기가 다를 수 있으므로 두 번째 행렬의 크기는 $N \times K$로 표기합시다. 아래 쪽에 크기와 함께 두 곱셈 행렬을 표기하면 우리는 '내부' 차원의 수 N, '외부' 차원의 수 M과 K가 있다는 것을 참고할 수 있습니다.

여기서 중요한 점이 있습니다. **행렬 곱셈은 '내부' 차원의 수가 일치할 때만 유효하고 곱셈 행렬의 크기는 '외부' 차원의 수로 정의됩니다.** [그림 4-3]을 참고하세요.

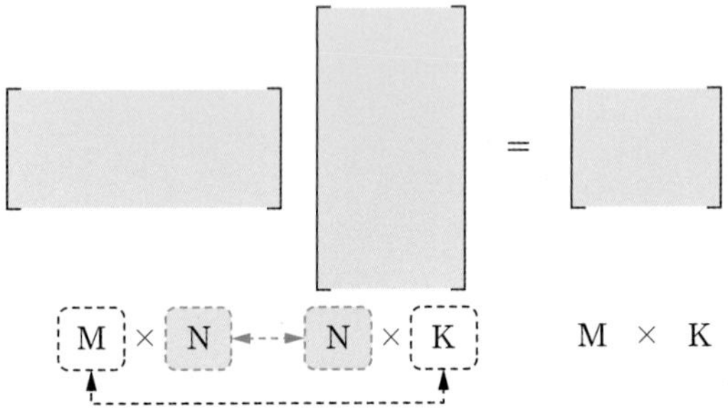

그림 4-3 행렬 곱셈 유효성과 시각화

공식적으로 행렬 곱셈은 왼쪽 행렬의 열 수가 오른쪽 행렬의 행 수와 같을 때 유효합니다. 그리고 곱셈 행렬의 크기는 왼쪽 행렬의 행 수와 오른쪽 행렬의 열 수로 정의됩니다. 차라리 '내부/외부' 표현으로 기억하는 것이 더 쉽습니다.

여기까지만 봐도 행렬 곱셈이 일반적인 교환 법칙을 따르지 않는다는 것은 쉽게 알 수 있습니다. $\mathbf{AB}$는 유효하지만 $\mathbf{BA}$는 유효하지 않을 수 있습니다. 또한 두 곱셈이 모두 유효하더라도(예를 들어 두 행렬이 모두 정방) 결과는 서로 다를 수 있습니다. 즉 $\mathbf{C} = \mathbf{AB}$ 및 $\mathbf{D} = \mathbf{BA}$라면 일반적으로는 $\mathbf{C} \neq \mathbf{D}$입니다(일부 특수한 경우에는 같지만 일반적으로 같다고 볼 수 없습니다).

표기법에 유의하세요. 아다마르곱은 점 원($\mathbf{A} \odot \mathbf{B}$)으로 표시하지만 행렬 곱셈은 아무런 기호 없이($\mathbf{AB}$) 두 행렬을 나란히 적습니다.

이제 행렬 곱셈의 메커니즘과 해석에 대해 배울 차례입니다.

4.3.2 행렬 곱셈

왼쪽 행렬의 열 수가 오른쪽 행렬의 행 수와 일치하는 경우에만 행렬 곱셈이 유효한 이유는 곱셈 행렬의 (i, j)번째 원소가 왼쪽 행렬의 i번째 행과 오른쪽 행렬의 j번째 열 사이의 내적이기 때문입니다.

[식 4-1]은 이전에 아다마르곱에서 사용된 두 개의 행렬에 대한 행렬 곱셈 예제입니다. 곱셈 행렬의 각 원소가 왼쪽 편 행렬에서 대응되는 행과 열의 내적으로 어떻게 계산되는지 식을 보면 알 수 있습니다.

식 4-1 행렬 곱셈 예제

$$\begin{bmatrix} 2 & 3 \\ 4 & 5 \end{bmatrix}\begin{bmatrix} a & b \\ c & d \end{bmatrix} = \begin{bmatrix} (2a+3c) & (2b+3d) \\ (4a+5c) & (4b+5d) \end{bmatrix}$$

행렬 곱셈이 어떻게 동작하는지 기억하는 데 도움이 되도록 [그림 4-4]는 손가락으로 곱셈을 그려서 기억하는 요령을 보여 줍니다.

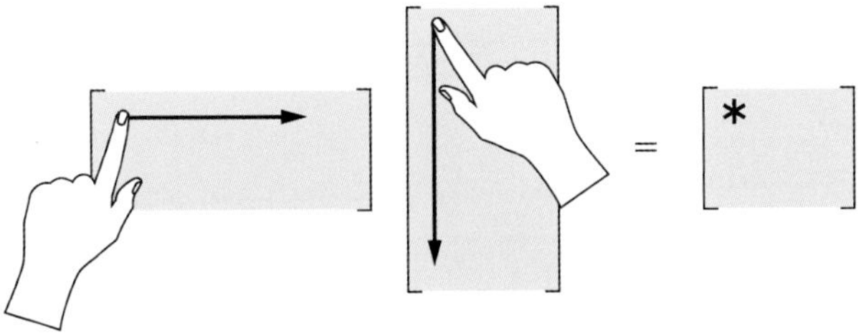

그림 4-4 행렬 곱셈을 나타낸 손가락 움직임

행렬 곱셈을 어떻게 해석해야 할까요? 우선 내적은 두 벡터 사이의 관계를 인코딩한 숫자임을 기억하세요. 그렇다면 행렬 곱셈의 결과는 왼쪽 행렬의 행과 오른쪽 행렬의 열 사이의 모든 쌍에 대한 선형 관계를 저장하는 행렬이 됩니다. 필자는 이것을 정말 아름답다고 표현하고 싶습니다. 그리고 공분산, 상관 행렬, 일반 선형 모델(분산 분석과 회귀 분석 등의 통계 분석에 사용됨), 특잇값 분해 등 수많은 응용의 기초이기도 합니다.

4.3.3 행렬-벡터 곱셈

순수하게 메커니즘 관점에서 행렬-벡터 곱셈이 특별한 것이 아니며 굳이 별도의 절로 다룰 정도의 내용은 더더욱 아닙니다. 행렬과 벡터를 곱하는 것은 단순히 행렬 하나가 벡터인 행렬 곱셈일 뿐입니다.

그러나 행렬-벡터 곱셈은 데이터 과학, 머신러닝, 컴퓨터 그래픽 등 많은 곳에서 응용되므로 시간을 투자해 볼 가치가 있습니다. 기본적인 것부터 시작해 봅시다.

- 행벡터가 아닌 열벡터만 행렬의 오른쪽에 곱할 수 있습니다. 그리고 열벡터가 아닌 행벡터만 행렬의 왼쪽에 곱할 수 있습니다. 즉 $\mathbf{Av}$ 및 $\mathbf{v}^{\mathrm{T}}\mathbf{A}$ 는 유효하지만 $\mathbf{Av}^{\mathrm{T}}$ 및 $\mathbf{vA}$ 는 유효하지 않습니다.
  행렬 크기를 살펴보면 명확합니다. $M \times N$ 행렬의 왼쪽에 $1 \times M$ 행렬(행벡터)을 곱하거나 오른쪽에 $N \times 1$ 행렬(열벡터)을 곱할 수 있습니다.
- 행렬-벡터 곱셈의 결과는 항상 벡터입니다. 그리고 결과 벡터의 방향은 곱하는 벡터의 방향에 따라 결정됩니다. 행렬에 행벡터를 앞에서 곱하면 다른 행벡터가 생성되지만 행렬에 열벡터를 뒤에서 곱하면 다른 열벡터가 생성됩니다. 행렬의 크기를 생각하면 이것은 명백할 수 있지만, 한 번 더 강조할 필요가 있을 정도로 중요합니다.

행렬-벡터 곱셈은 여러 곳에서 응용됩니다. 통계에서 모델 예측 데이터값은 설계 행렬에 회귀 계수를 곱해서 구하며 이는 $\mathbf{X}\boldsymbol{\beta}$ 로 표시합니다. 주성분 분석에서는 데이터 집합 Y 의 분산을 최대화하도록 '특징 중요도' 가중치의 벡터를 얻을 수 있고 $(\mathbf{Y}^{\mathrm{T}}\mathbf{Y})\mathbf{v}$ (특징 중요도 벡터 $\mathbf{v}$ 를 고유벡터라고 합니다)로 나타냅니다. 다변량 신호 처리에서 공간 필터를 다채널 시계열 데이터 $\mathbf{S}$ 에 적용하여 축소된 차원 성분을 얻을 수 있습니다($\mathbf{w}^{\mathrm{T}}\mathbf{S}$ 로 나타냅니다). 기하학적 구조와 컴퓨터 그래픽에서 이미지 좌표 집합은 수학적 변환 행렬을 사용하여 변환될 수 있으며 $\mathbf{Tp}$ 로 나타냅니다. 여기서 $\mathbf{T}$ 는 변환 행렬이고 $\mathbf{p}$ 는 기하학적 좌표 집합입니다.

이외에도 응용 선형대수학에서 행렬-벡터 곱셈이 어떻게 사용되는지에 대한 더 많은 예제가 있으며 책의 뒷부분에서 이러한 예제 몇 가지를 보게 될 것입니다. 또한 행렬-벡터 곱셈은 행렬 공간의 기저이며 행렬 공간은 중요한 주제로 다음 장 후반부에 배웁니다.

지금은 일단 행렬-벡터 곱셈의 두 가지 구체적인 해석에 초점을 맞추겠습니다. 벡터의 선형 가중 결합을 구현하는 수단과 기하학적 변환을 구현하는 메커니즘으로써 말입니다.

선형 가중 결합

이전 장에서는 별도의 스칼라와 벡터를 가지고 개별적으로 곱해서 선형 가중 결합을 계산했습니다. 하지만 여러분은 이제 이전 장을 시작할 때보다 더 많은 지식을 얻은 상태입니다. 따라서 이제 선형 가중 결합을 계산할 때 더 낫고, 간결하면서, 확장성이 좋은 방법을 배울 준비가 되었습니다. 즉 각 벡터를 행렬에 넣고 가중치를 벡터의 원소로 넣는 것입니다. 그리고 곱해 보세요. 다음은 수치 예제입니다.

$$4\begin{bmatrix}3\\0\\6\end{bmatrix} + 3\begin{bmatrix}1\\2\\5\end{bmatrix} \Rightarrow \begin{bmatrix}3 & 1\\0 & 2\\6 & 5\end{bmatrix}\begin{bmatrix}4\\3\end{bmatrix}$$

잠시 시간을 내어 곱셈을 살펴보면서 두 벡터의 선형 가중 결합을 어떻게 행렬-벡터 곱셈으로 구현하는지 천천히 생각해 보세요. 핵심은 스칼라-벡터의 각 원소를 행렬의 해당 열에 곱한 다음 가중된 열벡터를 합하여 곱을 구하는 것입니다.

이 예제에는 열벡터를 선형 가중 결합합니다. 행벡터를 선형 가중 결합하는 방법은 무엇일까요?[2]

기하학적 변환

벡터를 기하학적 선으로 생각하면 행렬-벡터 곱셈으로 해당 벡터를 회전하고 크기를 조정할 수 있습니다(스칼라-벡터 곱셈은 크기를 조정할 수 있지만 회전시키진 않는다는 것을 기억하세요).

쉽게 시각화하기 위해 2차원 예제로 시작해 보겠습니다. 다음 행렬과 벡터가 있습니다.

```
M = np.array([ [2,3],[2,1] ])
x = np.array([ [1,1.5] ]).T
Mx = M@x
```

2 계수를 행벡터에 넣고 앞에서 곱합니다.

대괄호의 수를 줄이기 위해 x를 먼저 행벡터로 만든 다음 열벡터로 변환한 것을 참고하세요.

[그림 4-5]에서 그래프 A는 이 두 벡터를 시각화한 것입니다. 행렬 M이 원본 벡터를 회전하고 늘린 것을 확인할 수 있습니다. 다른 벡터에 대해 동일한 행렬을 적용해 보겠습니다. 재미를 위해 동일한 벡터 원소를 사용하되 위치를 뒤바꿔(벡터 `v = [1.5,1]`) 보겠습니다.

그래프 B를 보면 조금 이상합니다(그림 4-5). 행렬-벡터 곱이 더 이상 다른 방향으로 회전되지 않습니다. 여전히 행렬은 벡터의 크기는 조정됐지만 방향은 유지되었습니다. 즉 행렬-벡터 곱이 마치 스칼라-벡터 곱셈인 것처럼 동작했습니다. 이것은 우연이 아닙니다. 사실 벡터 v는 행렬 M의 고유벡터이며, M이 v의 크기를 키운 양은 행렬의 고윳값입니다. 이것은 굉장히 중요한 현상이기 때문에 별도의 장(12장)에서 다룹니다.

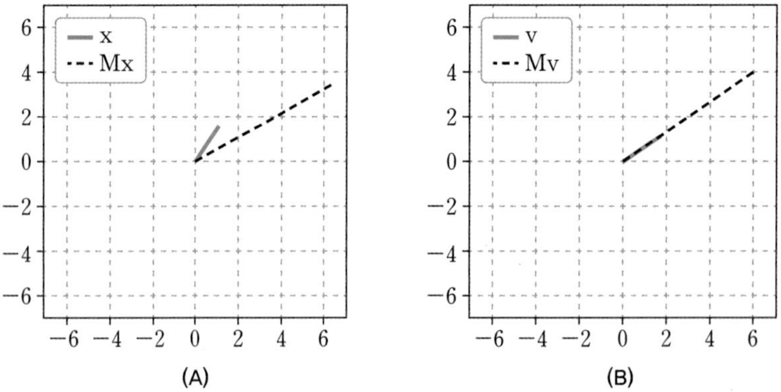

그림 4-5 행렬-벡터 곱셈 예제

고급 주제로 넘어가기 전에 이러한 맛보기를 통해 말하고자 하는 것은 다음과 같습니다. 행렬-벡터 곱셈이 해당 벡터를 회전하고 확장할 수 있는 역할을 한다는 것이고 행렬은 이러한 변환을 담는 그릇이라는 것입니다.

4.4 행렬 연산: 전치

벡터에 대한 전치 연산은 1장에서 배웠습니다. 행렬도 원리는 마찬가지입니다. 단순히 행과 열을 바꾸는 것입니다. 벡터와 마찬가지로 전치는 위 첨자 $[\ ]^{\mathrm{T}}$ 로 표시합니다(따라서 C^{T} 는 C 의 전치입니다). 그리고 행렬을 이중 전치하면 원래 행렬($\mathrm{C}^{\mathrm{TT}} = \mathrm{C}$)이 됩니다.

전치 연산의 공식적인 수학적 정의는 [식 4-2](이전 장과 동일합니다)에 적혀 있지만 전치 연산은 단순히 행과 열을 교환한다고 기억하는 것이 쉽습니다.

식 4-2 전치 연산의 정의

$$a_{i,j}^{\mathrm{T}} = a_{j,i}$$

다음은 예제입니다.

$$\begin{bmatrix} 3 & 0 & 4 \\ 9 & 8 & 3 \end{bmatrix}^{\mathrm{T}} = \begin{bmatrix} 3 & 9 \\ 0 & 8 \\ 4 & 3 \end{bmatrix}$$

파이썬에서 NumPy 배열에 대해 함수와 메서드를 사용해서 전치하는 몇 가지 방법이 있습니다.

```
A = np.array([ [3,4,5],[1,2,3] ])
A_T1 = A.T # 메서드
A_T2 = np.transpose(A) # 함수
```

이 예제의 행렬은 2차원 NumPy 배열을 사용합니다. 1차원 배열로 인코딩된 벡터에 전치 메서드를 적용하면 어떻게 될까요? 직접 적용해 보고 파악해 보세요.[3]

3 아무런 일도 일어나지 않습니다. Numpy는 벡터를 변경하지 않고 경고나 오류 없이 동일한 1차원 배열을 반환합니다.

4.4.1 내적과 외적 표기법

전치 연산과 행렬 곱셈 유효성에 대한 규칙에 대해 배웠습니다. 다시 벡터-내적의 표기법으로 돌아가 봅시다. 크기가 $M \times 1$인 두 열벡터에서 첫 번째 벡터만 전치하면 크기가 $1 \times M$이고 $M \times 1$인 두 개의 '행렬'이 존재하게 됩니다. '내부' 차원은 일치하고 '외부' 차원을 통해 곱셈의 결과가 1×1, 즉 스칼라가 된다는 것을 알 수 있습니다. 이것이 내적을 $\mathbf{a}^{\mathrm{T}}\mathbf{b}$ 로 표시하는 이유입니다.

외적에 대해서 동일하게 추론할 수 있습니다. 각각 크기가 $M \times 1$과 $1 \times N$인 열벡터와 행벡터를 곱하면 '내부' 차원은 일치하고 결과의 크기는 $M \times N$이 됩니다.

4.5 행렬 연산: LIVE EVIL(연산 순서)

LIVE EVIL은 팰린드롬palindrome(팰린드롬은 뒤집어도 철자가 동일한 단어 또는 구)이면서 여러 행렬의 곱셈을 전치할 때 순서가 어떻게 되는지 기억하기 위한 귀여운 연상법입니다. 기본적으로 여러 행렬의 곱셈을 전치하면 개별 행렬을 전치하고 곱한 것과 동일하지만 순서는 뒤바뀝니다. [식 4-3]에서 $\mathbf{L}$, $\mathbf{I}$, $\mathbf{V}$, $\mathbf{E}$는 모두 행렬이며 곱셈이 가능하도록 행렬의 크기는 서로 짝이 맞다고 가정합니다.

식 4-3 LIVE EVIL 규칙 예제

$$(\mathbf{LIVE})^{\mathrm{T}} = \mathbf{E}^{\mathrm{T}}\mathbf{V}^{\mathrm{T}}\mathbf{I}^{\mathrm{T}}\mathbf{L}^{\mathrm{T}}$$

말할 필요도 없이 이 규칙은 단지 4개의 행렬뿐만 아니고, 또한 이렇게 '임의로 선택된' 문자에 대해서만 적용되는 것이 아니라 임의의 개수의 행렬의 곱셈에 대해서도 적용됩니다.

이상한 규칙처럼 보이지만 여러 행렬의 곱을 전치하는 유일무이한 방법입니다. 이 장의 끝 부분에 있는 [연습 문제 4-7]에서 직접 테스트할 기회가 있습니다. 여러분이 원한다면 계속하기 진행하기 전에 그 문제를 먼저 풀어 보셔도 됩니다.

4.6 대칭 행렬

대칭 행렬symmetric matrix은 여러 작업에 편리한 특성이 많습니다. 또한 수치적으로 안정적인 경향이 있어서 특히 컴퓨터 알고리즘을 처리할 때 편리합니다. 여러분은 이 책 전반에서 대칭 행렬의 특별한 속성에 대해 배우게 될 겁니다. 여기서는 대칭 행렬이 무엇이고 비대칭 행렬로부터 대칭 행렬을 만드는 방법에 초점을 맞추겠습니다.

행렬이 대칭이라는 것은 무슨 의미일까요? 이는 대응되는 행과 열이 같다는 것을 의미합니다. 즉 행과 열을 바꿔도 행렬에는 아무 변화가 없습니다. 이는 결국 **대칭 행렬은 자신의 전치 행렬과 같다**는 것을 의미합니다. 수학 용어로 $A^T = A$ 이면 행렬 A 는 대칭입니다.

[식 4-4]에서 대칭 행렬을 확인해 보세요.

식 4-4 대칭 행렬의 각 행은 대응되는 열과 일치합니다.

$$\begin{bmatrix} a & e & f & g \\ e & b & h & i \\ f & h & c & j \\ g & i & j & d \end{bmatrix}$$

행의 수와 열의 수가 다른 비정방 행렬은 대칭이 될 수 있나요? 아니요! 왜냐하면 행렬의 크기가 $M \times N$ 이면 전치는 $N \times M$ 크기이기 때문입니다. $M = N$ 이 아니면 즉 행렬이 정방이 아니라면 대칭일 수 없습니다.

4.6.1 비대칭 행렬로부터 대칭 행렬 생성하기

처음이라면 이 사실이 신기할 수 있습니다. **어떤** 행렬이든(비정방 또는 비대칭 행렬이라도) 자신의 전치를 곱하면 정방 대칭 행렬이 생성됩니다. 즉 A^TA 와 AA^T 모두 정방 대칭 행렬입니다(위 첨자 $[\ ]^T$ 를 입력하기 번거롭다면 AtA와 AAt 또는 A′A와 AA′로 작성해도 됩니다).

예제를 보기 전에 이 주장을 증명해 봅시다. 사실 A^TA 가 정방이고 **그리고** 대칭이라는 것을 각각 증명할 필요가 없습니다. 정방의 대칭이면 당연히 정방이기 때문입니다. 그리고 정방이라는 것은 비교적 간단하게 증명할 수 있으며 선형대수학 증명을 연습하기에 좋습니다(예를 들어 미적분 증명보다 짧고 쉬운 경향이 있습니다).

증명은 간단하게 행렬 크기만 고려해 봐도 알 수 있습니다. 만약 A 가 $M \times N$ 이라면 A^TA 는 $(N \times M)(M \times N)$ 입니다. 따라서 곱셈 행렬의 크기는 $N \times N$ 입니다. AA^T 에 대해서도 동일한 논리를 적용할 수 있습니다.

이제 대칭성을 증명해 봅시다. 대칭 행렬의 정의는 한 행렬과 전치 행렬이 동일하다는 것을 떠올려 보세요. 그럼 A^TA 를 전치하고 대수학을 사용하면 어떤 일이 일어나는지 봅시다. 여기서 각 단계를 확실히 이해해야 합니다. 증명은 LIVE EVIL 규칙을 이용합니다.

$$(A^TA)^T = A^TA^{TT} = A^TA$$

첫 번째와 마지막 항목을 보면 $(A^TA)^T = (A^TA)$ 이 됩니다. 결국 이 행렬은 전치 행렬과 같으므로 대칭이 됩니다.

이제 AA^T 에 대해 여러분이 똑같이 증명해 보세요. 결국 같은 결론에 도달하겠지만, 직접 증명해 보는 것이 개념을 기억하는 데 도움이 되므로 똑같이 진행해 보길 권합니다.

따라서 AA^T 와 A^TA 는 모두 정방 대칭입니다. 하지만 서로 같은 행렬은 아닙니다! 실제로 A 가 정방이 아니라면 이 두 행렬 곱셈의 결과는 서로 크기가 다릅니다.

A^TA 로 대칭 행렬을 만드는 것을 **곱셈 기법**multiplicative method이라고 합니다. 행렬이 정방이면서 비대칭일 때 유효한 **덧셈 기법**도 있습니다. 이 기법은 흥미로운 특성이 있지만 응용할 가치가 크지 않기 때문에 다루지 않겠습니다. [연습 문제 4-9]에서 이 알고리즘을 살펴봅니다. 만약 여러분 스스로 도전해 보고 싶다면, 연습 문제를 보기 전에 스스로 알고리즘을 찾아보는 것도 좋습니다.

4.7 정리

이 장은 행렬에 대한 세 개의 장 중에서 첫 번째 장입니다. 여기서는 모든 행렬 연산의 기초를 닦았습니다. 요약하면 다음과 같습니다.

요점정리

- 행렬은 숫자의 표입니다. 다양한 응용 분야에서 행렬을 열벡터 집합, 행벡터 집합 또는 개별값의 배열로 개념화하면 유용하게 쓸 수 있습니다. 또한 행렬을 이미지로 시각화하면 종종 행렬에 대한 통찰력을 얻을 수 있으며 적어도 눈으로 보기에 훨씬 편해집니다.
- 특수 행렬에는 여러 범주가 있습니다. 행렬 유형에 따른 특성을 잘 알게 되면 행렬식과 응용 분야를 이해하는 데 도움이 됩니다.
- 행렬의 덧셈, 스칼라 곱셈, 아다마르곱과 같은 산술 연산은 원소별로 동작합니다.
- 행렬 '이동'은 대각 원소에 상수를 더하는 것입니다(대각이 아닌 요소는 변경하지 않습니다). 이동은 주로 고윳값을 찾거나 통계 모델의 정규화 같이 다양한 머신러닝에 응용됩니다.
- 행렬 곱셈은 왼쪽 행렬의 행들과 오른쪽 행렬의 열들 사이의 내적입니다. 곱셈 행렬은 행–열 쌍 간의 매핑으로 이루어진 집합입니다. 행렬 곱셈 유효성의 규칙을 기억하세요. $(M \times N)(N \times K) = (M \times K)$입니다.
- LIVE EVIL[4] 여러 행렬의 곱의 전치는 각 행렬을 전치하고 역순으로 곱한 것과 같습니다.
- 대칭 행렬은 대각을 거울로 보고 반사된 형태로 각 행은 대응되는 열과 같으며 $\mathrm{A} = \mathrm{A}^{\mathrm{T}}$로 정의됩니다. 대칭 행렬은 응용하기 좋은 흥미로운 속성이 많아 아주 유용합니다.
- 모든 행렬에 자신의 전치 행렬을 곱하면 대칭 행렬을 만들 수 있습니다. 결과 행렬인 $\mathrm{A}^{\mathrm{T}}\mathrm{A}$는 통계 모델과 특잇값 분해의 핵심입니다.

4 LIVE EVIL은 단지 귀여운 기억법이지, 사회에서 이렇게 행동하도록 권장하지 않습니다!

연습 문제

| 연습 문제 4-1 |

이 연습 문제를 통해 행렬 원소의 인덱싱에 익숙해질 수 있습니다. np.arange(12).reshape(3,4)를 사용해 3×4 행렬을 생성합니다. 그런 다음 파이썬 코드를 작성해 두 번째 행, 네 번째 열의 원소를 추출합니다. 다른 행과 열 인덱스를 선택할 수 있도록 소프트 코딩하고 다음과 같은 메시지를 출력해 봅니다.

```
The matrix element at index (2,4) is 7.
```

| 연습 문제 4-2 |

이 문제와 다음 문제는 행렬을 잘라서 부분 행렬을 얻는 내용입니다. 먼저 [그림 4-6]의 왼쪽 행렬 C를 만들고 파이썬의 슬라이싱을 사용해 처음 5개의 행과 5개의 열로 이루어진 하위 행렬을 추출합니다. 이 행렬을 C_1이라고 부릅니다. [그림 4-6]을 재현해 보는데 만약 파이썬 시각화 코딩이 어렵다면 부분 행렬을 올바르게 추출하는 데에만 초점을 맞추세요.

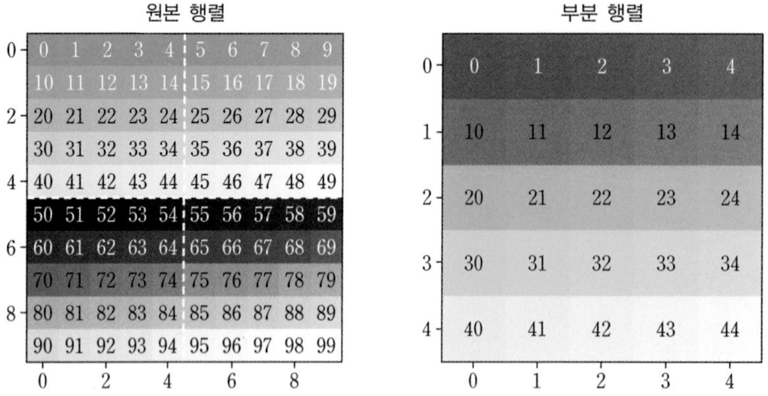

그림 4-6 [연습 문제 4-2] 시각화

| 연습 문제 4-3 |

코드를 확장해 다른 4개의 5×5 블록을 추출합니다. 다음으로 [그림 4-7]처럼 블록들을 재구성해서 새로운 행렬을 만듭니다.

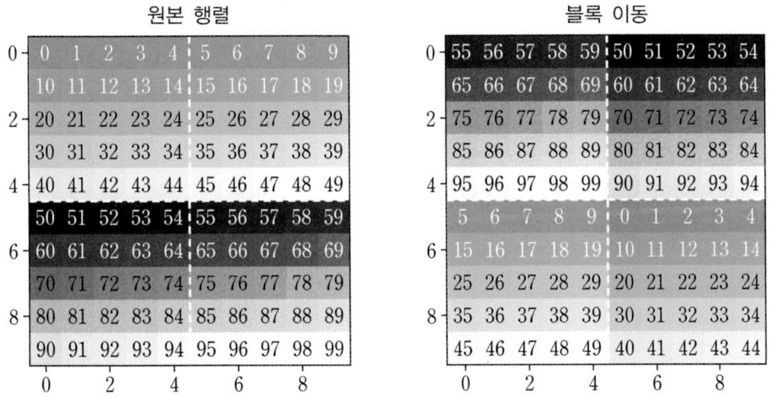

그림 4-7 [연습 문제 4-3] 시각화

| 연습 문제 4-4 |

행과 열에 대해 `for` 루프를 사용해서 원소별 행렬 덧셈을 구현합니다. 크기가 일치하지 않는 두 행렬을 더하면 어떻게 될까요? 이 연습 문제는 행렬을 행, 열 및 개별 원소로 나누는 것에 대해 생각하는 데 도움이 될 겁니다.

| 연습 문제 4-5 |

행렬 덧셈과 스칼라 곱셈은 교환 법칙과 분배 법칙을 따릅니다. 즉 다음 식은 결과가 동일합니다(행렬 A와 B는 동일한 크기이고 σ는 어떠한 스칼라라고 가정).

$$\sigma(\mathrm{A}+\mathrm{B}) = \sigma\mathrm{A} + \sigma\mathrm{B} = \mathrm{A}\sigma + \mathrm{B}\sigma$$

여러분은 이것을 수학적으로 증명하기보다는 코딩으로 구현할 것입니다. 파이썬에서 크기가 3×4인 두 개의 난수 행렬과 난수 스칼라를 생성합니다. 다음으로 식의 세 가지 표현을 구현합니다. 세 가지 결과가 동일한지 확인할 방법도 생각해야 합니다. 10^{-15} 범위의 작은 컴퓨터 정밀성 오류는 무시해도 되는 것을 명심하세요.

| 연습 문제 4-6 |

for 루프를 사용해 행렬 곱셈을 코딩합니다. 그후 NumPy @ 연산자를 사용해 결과를 비교합니다. 이 연습 문제는 행렬 곱셈에 대한 이해를 강화하는 데 도움이 되지만 데이터 과학 분야에서는 이중으로 루프를 쓰는 대신 @를 사용하는 것이 좋습니다.

| 연습 문제 4-7 |

다음의 5단계를 사용하여 LIVE EVIL 규칙을 확인합니다. (1) 네 개의 난수 행렬, $L \in \mathbb{R}^{2\times6}$, $I \in \mathbb{R}^{6\times3}$, $V \in \mathbb{R}^{3\times5}$, $E \in \mathbb{R}^{5\times2}$을 생성합니다. (2) 이 네 개의 행렬을 곱한 다음 전치합니다. (3) 각 행렬을 전치합니다. 그리고 이들의 **순서를 바꾸지 않고** 모두 곱합니다. (4) 각 행렬 전치합니다. 그리고 **LIVE EVIL 규칙에 따라** 역순으로 모두 곱합니다. 2단계의 결과가 3단계, 4단계의 결과와 일치하는지 확인합니다. (5) 이번엔 정방 행렬만 사용해서 이전 단계를 다시 실행합니다.

| 연습 문제 4-8 |

이 문제에서 여러분은 행렬의 대칭 여부를 확인하는 파이썬 함수를 작성합니다. 행렬을 입력으로 받고 그 행렬이 대칭이면 True, 행렬이 비대칭이면 False 불리언을 출력해야 합니다. 작은 크기의 컴퓨팅 반올림이나 정밀도 오류로 인해 '동일한' 행렬이 그렇지 않다고 나올 수 있다는 것을 명심하세요.
따라서 적절한 허용 오차를 사용하여 동일성을 테스트해야 합니다. 대칭 행렬과 비대칭 행렬에 대해서 함수를 테스트해 보세요.

| 연습 문제 4-9 |

앞서 비대칭 사각 행렬로부터 대칭 행렬을 만드는 덧셈 방법이 있다고 언급했습니다. 방법은 매우 간단합니다. 행렬을 자신의 전치로 평균화합니다. 파이썬에서 이 알고리즘을 구현하고 결과가 실제로 대칭인지 확인합니다(힌트: 이전 연습 문제에서 작성한 함수를 사용해 보세요).

| 연습 문제 4-10 |

[연습 문제 2-3]의 두 번째 부분($\mathbb{R}^3$의 두 벡터)을 다시 구현하는데 이번에는 스칼라-벡터 곱셈 대신 행렬-벡터 곱셈을 사용합니다. 즉 $\sigma_1 \mathbf{v}_1 + \sigma_2 \mathbf{v}_2$ 대신 $\mathbf{A}$를 계산합니다.

| 연습 문제 4-11 |

대각 행렬에는 작업할 때 여러 가지 유용한 속성이 있습니다. 이 문제에서는 이러한 속성 중 두 가지에 대해 배우게 됩니다.

- 대각 행렬을 왼쪽에서 곱하면 오른쪽 행렬의 행이 해당 대각 원소 크기만큼 조정됩니다.
- 대각 행렬을 오른쪽에서 곱하면 왼쪽 행렬의 열이 해당 대각 원소 크기만큼 조정됩니다.

이 사실은 상관 행렬 계산(6장)과 행렬의 대각화(12장과 13장) 등 여러 곳에서 응용됩니다.

이 속성의 의미를 살펴보겠습니다. 먼저 세 개의 4×4 행렬을 만듭니다. 모든 원소가 1인 행렬(힌트: `np.ones()`), 대각 원소가 1, 4, 9, 16인 대각 행렬, 이전 대각 행렬의 원소의 제곱근으로 이루어진 대각 행렬입니다.

그리고 첫 번째 대각 행렬을 모든 원소가 1인 행렬의 앞과 뒤에서 각각 곱한 행렬을 출력합니다. 그러면 다음과 같은 결과를 얻을 수 있습니다.

```
# 대각 행렬을 왼쪽에서 곱함
[[ 1.  1.  1.  1.]
 [ 4.  4.  4.  4.]
 [ 9.  9.  9.  9.]
 [16. 16. 16. 16.]]

# 대각 행렬을 오른쪽에서 곱함
[[ 1. 4. 9. 16.]
 [ 1. 4. 9. 16.]
 [ 1. 4. 9. 16.]
 [ 1. 4. 9. 16.]]
```

마지막으로 제곱근한 대각 행렬을 모든 원소가 1인 행렬의 **앞**과 **뒤**에서 곱합니다. 그러면 다음과 같은 결과를 얻을 수 있습니다.

```
# 제곱근한 대각 행렬을 앞과 뒤에서 곱함
[[ 1. 2. 3. 4.]
 [ 2. 4. 6. 8.]
 [ 3. 6. 9. 12.]
 [ 4. 8. 12. 16.]]
```

결과 행렬의 (i,j) 번째 원소가 대각 행렬의 i 번째와 j 번째 원소의 곱만큼 증가하도록 **행**과 **열**의 크기가 조정됩니다(사실 곱셈표가 만들어졌습니다!).

| 연습 문제 4-12 |

또 다른 재미있는 사실은 대각 행렬 곱셈은 아다마르곱과 같다는 것입니다. 두 개의 3 × 3 대각 행렬에 대해서 종이와 연필을 사용해 알아보세요. 그리고 파이썬 코드로 작성해 보세요.

CHAPTER 5 행렬, 파트2: 행렬의 확장 개념

행렬 곱셈은 수학자들이 우리에게 준 가장 멋진 선물입니다. 하지만 기본 선형대수학을 넘어 응용 선형대수학의 데이터 과학 알고리즘을 이해하고 개발하려면 행렬 곱셈만으로는 여전히 부족합니다.

이 장에서는 먼저 행렬 노름과 행렬 공간에 대해 설명합니다. 근본적으로 행렬 노름은 벡터 노름의 확장이고 행렬 공간은 벡터 부분공간의 확장입니다(결국 선형 가중 결합입니다). 따라서 여러분은 이미 이 장에서 필요한 배경 지식을 갖추고 있습니다.

전치와 곱셈과 같은 기본 개념을 넘어 선형 독립성, 계수rank, 행렬식determinant과 같은 개념을 이해하면 역inverse, 고윳값eigenvalue, 특잇값singular value과 같은 고급 주제를 이해할 수 있습니다. 이러한 고급 주제는 데이터 과학 응용에 꼭 필요한 선형대수학의 핵심입니다. 따라서 이 장을 통해 여러분은 선형대수학 초보자에서 선형대수학 전문가knowbie로 탈바꿈하게 될 겁니다.

여전히 행렬은 단순히 숫자의 표처럼 보이기도 합니다. 하지만 여러분은 이미 앞의 장에서 행렬에는 그보다 더 많은 의미가 있다는 것을 알게 되었습니다. 이제 마음을 가다듬고 바로 들어가 봅시다.

5.1 행렬 노름

1장에서 벡터 노름에 대해 배웠습니다. 벡터 노름은 유클리드 기하학적 길이로 벡터 원소의 제곱합의 제곱근으로 계산됩니다.

행렬 노름은 조금 더 복잡합니다. 우선 '**단 하나의** 행렬 노름'은 없습니다. 행렬은 여러 개의 서로 다른 노름을 가집니다. 각 행렬 노름은 행렬을 특징짓는 하나의 숫자라는 점에서 벡터 노름과 유사합니다. 행렬 **A**의 노름은 ‖A‖와 같이 이중 수직선을 사용해서 나타냅니다.

각 행렬 노름은 서로 다른 의미를 가집니다. 수많은 행렬 노름은 크게 원소별(또는 항목별) 계열과 유도induced 계열로 나뉘어집니다. 원소별 노름은 행렬의 개별 원소를 기반으로 계산되므로 이러한 노름은 행렬의 원소의 크기를 반영해서 해석될 것입니다.

유도별 노름은 다음과 같은 방식으로 해석될 수 있습니다. 행렬은 벡터를 변환하는 기능이 있습니다. 여기서 행렬의 유도별 노름은 이 변환으로 인해 벡터의 크기(노름)가 얼마나 조정되는지에(늘리거나 줄이거나) 대한 측정치입니다. 이 해석은 6장에서 기하학적 변환에 행렬을 사용하는 방법과 13장에서 특잇값 분해에 대해 배울 때 더 잘 이해가 될 것입니다.

이번 장에서는 원소별 노름을 소개합니다. 먼저 유클리드 노름으로 시작하겠습니다. 이것은 실제로 벡터 노름을 그대로 행렬에 확장한 것입니다. 유클리드 노름은 **프로베니우스 노름**Frobenius Norm이라고도 하며 모든 행렬 원소의 제곱합의 제곱근으로 계산됩니다(식 5-1).

식 5-1 프로베니우스 노름

$$\| \mathrm{A} \|_{\mathrm{F}} = \sqrt{\sum_{i=1}^{M} \sum_{j=1}^{N} \mathrm{a}_{ij}^{2}}$$

인덱스 i 와 j는 각각 M 행과 N 열에 해당됩니다. 또한 프로베니우스 노름을 나타내는 아래 첨자 $_{\mathrm{F}}$도 참고하세요.

프로베니우스 노름은 $l2$ 노름이라고도 합니다(l 은 L을 멋지게 적은 문자입니다). 그리고 $l2$ 노름은 원소별 $p-$노름에 대한 일반 공식($p = 2$일 때 프로베니우스 노름)에서 이름을 딴 것입니다.

$$\| \mathrm{A} \|_{p} = \left(\sum_{i=1}^{M} \sum_{j=1}^{N} |\mathrm{a}_{ij}|^{p} \right)^{1/p}$$

행렬 노름은 머신러닝과 통계 분석의 여러 곳에서 응용되고 있습니다. 그중에서 정규화 regularization는 중요한 응용입니다. 정규화의 목표는 모델 적합성을 개선하고 발견되지 않은 데이터에 대한 모델의 일반화 성능을 높이는 것입니다(예제는 책의 뒷부분에서 볼 수 있습니다). 정규화의 기본 생각은 행렬 노름을 최소화 알고리즘에 비용 함수로 추가하는 것입니다. 노름은 모델 매개변수가 너무 커지거나(L2 정규화, **릿지 회귀** ridge regression라고도 합니다) 희소 결과가 나오는 것을 방지합니다(L1 정규화, **라쏘 회귀** lasso regression라고도 합니다). 실제로 현대의 딥러닝 아키텍처는 컴퓨터 비전 문제를 해결할 때 훌륭한 성능을 얻기 위해 행렬 노름을 활용합니다.

프로베니우스 노름은 '행렬 거리'를 계산할 때도 응용됩니다. 동일한 행렬 사이의 거리는 0이며 서로 다른 행렬 사이의 거리는 행렬 안의 숫자의 차이가 클수록 증가합니다. 프로베니우스 행렬 거리 계산은 [식 5-1]에서 간단히 행렬 $\mathbf{A}$를 행렬 $\mathbf{C} = \mathbf{A} - \mathbf{B}$로 바꾸기만 하면 됩니다.

이 거리는 머신러닝 알고리즘에서 최적화 기준으로 사용될 수 있습니다. 예를 들어 축소된 행렬과 원래 행렬 사이의 프로베니우스 거리를 최소화하면서 이미지의 데이터 저장 크기를 줄이는 것입니다. 이후 [연습 문제 5-2]에서 최소화 예제를 실습해 봅니다.

5.1.1 행렬의 대각합과 프로베니우스 노름

행렬의 **대각합** trace은 대각 원소의 합이며 $tr(\mathbf{A})$로 나타냅니다. 그리고 정방 행렬에 대해서만 존재합니다. 다음 행렬은 모두 대각합이 14로 동일합니다.

$$\begin{bmatrix} 4 & 5 & 6 \\ 0 & 1 & 4 \\ 9 & 9 & 9 \end{bmatrix}, \begin{bmatrix} 0 & 0 & 0 \\ 0 & 8 & 0 \\ 1 & 2 & 6 \end{bmatrix}$$

대각합에는 몇 가지 흥미로운 특성이 있습니다. 예를 들어 행렬의 대각합은 행렬의 고윳값의 합과 같고 결국 행렬의 고유공간 eigenspace의 '부피'에 대한 측정치가 됩니다. 대각합의 많은 속성은 데이터 과학 응용과 관련이 적지만 다음과 같은 한 가지 흥미로운 점이 있습니다.

$$\| \mathrm{A} \|_{\mathrm{F}} = \sqrt{\sum_{i=1}^{M} \sum_{j=1}^{N} \mathrm{a}_{ij}^2} = \sqrt{tr(\mathrm{A}^{\mathrm{T}}\mathrm{A})}$$

즉 프로베니우스 노름은 어떤 행렬의 전치와 그 행렬을 곱한 결과의 대각합의 제곱근으로 계산할 수 있습니다. 이것이 성립하는 이유는 행렬 $\mathrm{A}^{\mathrm{T}}\mathrm{A}$ 의 각 대각 원소는 동일한 행에 대한 내적이기 때문입니다.

대각합으로 프로베니우스 노름을 계산하는 방법은 [연습 문제 5-3]에서 직접 해 보겠습니다.

5.2 행렬 공간(열, 행, 영)

행렬 공간matrix space은 전통 및 응용 선형대수학의 많은 주제에서 핵심적인 개념입니다. 다행스럽게도 행렬 공간의 개념은 어렵지 않습니다. 근본적으로 행렬의 서로 다른 특징들 사이의 선형 가중 결합입니다.

5.2.1 열공간

벡터에서 선형 가중 결합은 벡터 집합에 스칼라를 곱하고 합하는 것이었습니다. 이 개념에서 두 가지를 수정하면 행렬의 열공간으로 선형 가중 결합을 확장할 수 있습니다. 먼저 개념적으로 행렬을 열벡터의 집합으로 간주합니다. 그리고 하나의 특정 스칼라 집합으로 연산하는 대신 무한한 실수 스칼라를 적용합니다. 무한 개의 스칼라로 벡터 집합을 무한히 결합할 수 있습니다. 이 결과로 생성된 무한 벡터 집합을 **행렬의 열공간**이라고 합니다.

몇 가지 수치적인 예를 들어 구체적으로 설명해 보겠습니다. 열이 하나만 있는 행렬(열벡터와 동일)로 단순하게 시작하겠습니다. 해당 열의 모든 가능한 선형 가중 결합인 열공간은 다음과 같이 표현할 수 있습니다.

$$C\left(\begin{bmatrix} 1 \\ 3 \end{bmatrix}\right) = \lambda \begin{bmatrix} 1 \\ 3 \end{bmatrix}, \quad \lambda \in \mathbb{R}$$

C(A)는 행렬 A의 열공간을 나타내며, $\in$ 기호는 '의 구성원' 또는 '에 포함됨'을 의미합니다. 이 문맥에서 λ는 가능한 모든 실숫값을 의미합니다.

이 수학적 표현은 무엇을 의미할까요? 열공간은 열벡터 [1 3]의 크기를 변경해서 만들 수 있는 모든 벡터들의 집합이라는 뜻입니다. 몇 가지 구체적인 예를 보겠습니다. 벡터 [1 3]은 이 열공간에 존재하나요? 맞습니다. 행렬에 $\lambda = 1$을 곱해서 해당 벡터를 표현할 수 있기 때문입니다. [−2 −6]은 어떤가요? 마찬가지로 행렬에 $\lambda = -2$을 곱해서 표현할 수 있기 때문에 맞습니다. [1 4]는 어떤가요? 정답은 아니오입니다. 벡터 [1 4]는 행렬의 열공간에 없습니다. [1 3]에 곱해서 이 벡터를 생성할 수 있는 스칼라가 없기 때문입니다.

이 열공간은 어떻게 생겼을까요? 하나의 열을 가진 행렬의 열공간은 열벡터 방향으로 원점을 통과하는 선이 양방향으로 무한히 뻗어나가는 형태입니다(엄밀하게 선은 문자 그대로 무한대로 확장되지 않습니다. 왜냐하면 무한대는 실수가 아니기 때문입니다. 하지만 그 선은 어떠한 목적이나 의도에 대해서 무한이나 다름 없이 충분히 깁니다(제한된 인간의 지식으로 헤아릴 수 있는 것보다 훨씬 더 깁니다). 그래서 우리는 그 선이 무한히 길다고 말할 수 있습니다). [그림 5-1]은 이 행렬의 열공간입니다.

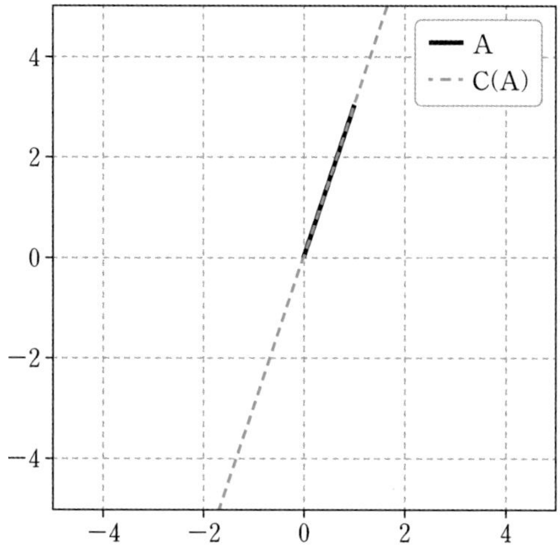

그림 5-1 하나의 열을 가진 행렬의 열공간을 시각화. 이 열공간은 1차원 부분공간입니다.

이제 더 많은 열을 가진 행렬을 살펴보겠습니다. 2차원 그래프로 시각화할 수 있도록 열 차원의 수를 2로 고정하겠습니다. 이 행렬과 열공간은 다음과 같습니다.

$$C\left(\begin{bmatrix}1 & 1\\3 & 2\end{bmatrix}\right) = \lambda_1\begin{bmatrix}1\\3\end{bmatrix} + \lambda_2\begin{bmatrix}1\\2\end{bmatrix}, \quad \lambda \in \mathbb{R}$$

두 개의 열이 있으므로 두 개의 다른 λ를 사용합니다(둘 다 실수지만 값은 서로 다를 수 있습니다). 이제 문제는 이 두 열벡터의 선형 결합으로 생성할 수 있는 모든 벡터들의 집합은 무엇이냐는 것입니다.

정답은 $\mathbb{R}^2$의 모든 벡터입니다. 예를 들어 벡터 [−4 3]은 두 열의 크기를 각각 11과 −15로 조정해서 얻을 수 있습니다. 어떻게 그 스칼라값들을 알아냈을까요? 10장에서 배울 최소제곱법을 사용하면 얻을 수 있습니다. 하지만 여기서는 이 두 열에 적절한 가중치를 부여해서 $\mathbb{R}^2$의 모든 점에 도달할 수 있다는 개념에만 초점을 맞춥시다.

[그림 5-2]의 그래프는 행렬의 두 열을 보여 줍니다. 행렬의 열공간은 축 전체이기 때문에 따로 그리지 않았습니다.

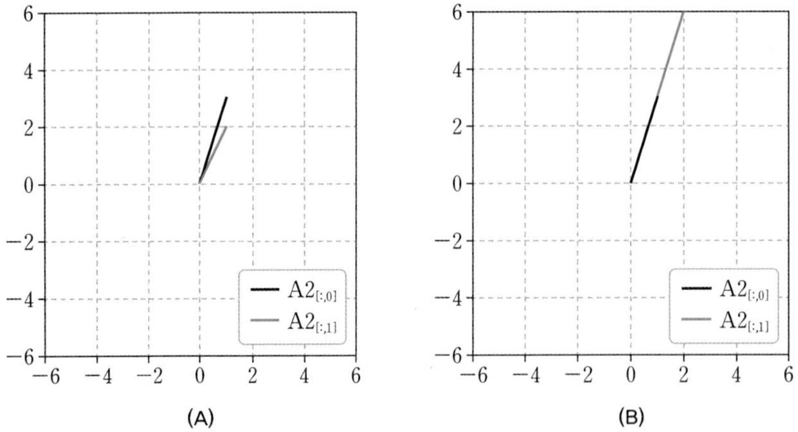

그림 5-2 열공간의 다른 예제

$\mathbb{R}^2$의 또 다른 예가 있습니다. 다음은 고민해 볼만한 새로운 행렬입니다.

$$C\left(\begin{bmatrix} 1 & 2 \\ 3 & 6 \end{bmatrix}\right) = \lambda_1 \begin{bmatrix} 1 \\ 3 \end{bmatrix} + \lambda_2 \begin{bmatrix} 2 \\ 6 \end{bmatrix}, \quad \lambda \in \mathbb{R}$$

열공간의 차원의 수는 얼마입니까? 두 열의 선형 가중 결합으로 $\mathbb{R}^2$의 아무 점이나 도달할 수 있나요?

두 번째 질문에 대한 대답은 '아니오'입니다. 직접 확인하려면 벡터 [3 5]를 생성하는 두 열의 선형 가중 결합을 찾아보세요. 불가능하다는 것을 바로 알 수 있습니다. 사실 두 개의 열은 같은 직선상에 존재합니다([그림 5-2]의 그래프 B). 하나의 열은 다른 열과 크기만 다를 뿐입니다. 즉 이 2×2 행렬의 열공간은 여전히 선(1차원 부분공간)입니다.

여기서 중요한 점은 행렬에 N개의 열이 있다고 해서 열공간이 N차원이 무조건 되지는 않는다는 것입니다. 열공간의 차원 수는 열들이 선형 독립 집합을 형성하는 경우에만 열 수와 같습니다(2장에서 집합 내의 어떤 벡터도 해당 집합의 다른 벡터들의 선형 가중 결합으로 표현될 수 없을 때 선형 독립성을 가진다는 것을 기억하세요).

열공간의 마지막 예제로 3차원에서 어떤 일이 일어나는지 봅시다. 다음과 같은 행렬과 열공간이 있습니다.

$$C\left(\begin{bmatrix} 3 & 0 \\ 5 & 2 \\ 1 & 2 \end{bmatrix}\right) = \lambda_1 \begin{bmatrix} 3 \\ 5 \\ 1 \end{bmatrix} + \lambda_2 \begin{bmatrix} 0 \\ 2 \\ 2 \end{bmatrix}, \quad \lambda \in \mathbb{R}$$

$\mathbb{R}^3$에 두 개의 열이 있습니다. 이 두 열은 선형적으로 독립입니다. 즉 하나의 열을 다른 열의 크기를 변경해서 표현할 수 없습니다. 따라서 이 행렬의 열공간은 2차원이지만, $\mathbb{R}^3$에 포함된 2차원 평면입니다(그림 5-3).

이 행렬의 열공간은 무한한 2차원 평면이지만, 3차원에서는 지극히 작은 조각에 불과합니다. 마치 우주를 무한히 가로지르는 얇은 종이라고 생각하세요.

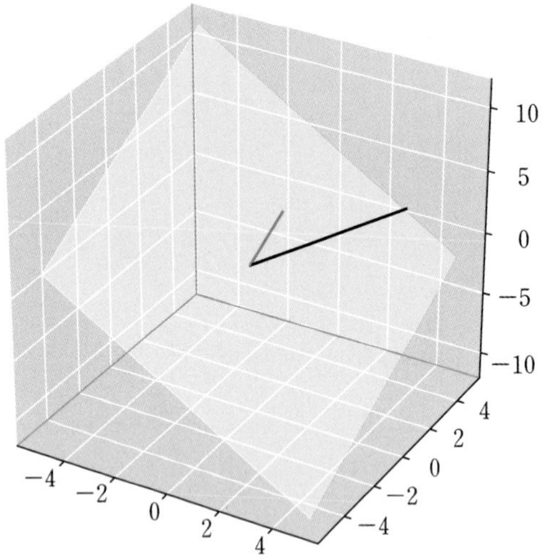

그림 5-3 3차원에 포함된 행렬의 2차원 열공간. 두 개의 두꺼운 선은 행렬의 두 열을 나타냅니다.

이 평면에는 많은 벡터(즉 두 열벡터의 선형 결합으로 얻을 수 있는 벡터)가 있지만 평면 밖에 **더** 많은 벡터가 있습니다. 즉 행렬의 열공간에 벡터가 있고 행렬의 열공간 밖에 벡터가 있습니다.

벡터가 행렬의 열공간에 있는지 어떻게 알 수 있을까요? 사실 이 질문이 선형 최소제곱법의 시작입니다. 그리고 응용 수학과 공학에서 최소제곱법의 중요성은 아무리 강조해도 지나치지 않습니다. 그렇다면 **다시** 질문으로 돌아가서, 벡터가 열공간에 있는지 어떻게 알 수 있을까요? 지금까지의 예제에서는 추측, 산술, 시각화를 사용했습니다. 이러한 접근법의 요점은 직관을 얻기 위한 것이지만 분명히 더 높은 차원과 더 복잡한 문제를 해결할 수 있는 방법은 아닙니다.

행렬의 열공간에 벡터가 있는지 여부를 확인하는 정량적 방법에서는 행렬 계수 개념을 활용합니다. 이에 대해서는 이 장의 뒷부분에서 자세히 설명합니다. 그전에는 행렬의 열이 벡터 부분공간을 구성한다는 직관에 초점을 맞추세요. 이 부분공간은 전체 M차원 공간이 되거나 아니면 더 작은 차원의 부분공간이 될 수 있습니다. 그리고 중요한 부분은 어떤 다른 벡터가 그 부분공간 안에 있는지 여부입니다(행렬의 열들의 선형 가중 결합해서 표현될 수 있는지를 의미).

5.2.2 행공간

행렬의 열공간을 이해하면 행공간은 정말 쉽게 이해할 수 있습니다. 사실 행렬의 행공간은 열공간과 완전히 동일한 개념이고 단지 열 대신 행으로 가능한 모든 가중 결합을 다룹니다.

행공간은 $R(\mathrm{A})$로 나타냅니다. 그리고 전치 연산은 행과 열을 바꾸는 것이므로 행렬의 행공간은 전치된 행렬의 열공간, 즉 $R(\mathrm{A}) = C(\mathrm{A}^{\mathrm{T}})$로 쓸 수도 있습니다. 행렬의 열공간과 행공간 사이에는 몇 가지 차이점이 있습니다. 예를 들어 행공간(열공간은 아님)은 행 축소 연산의 변형입니다. 하지만 이 내용을 여기서 다루지는 않겠습니다.

행공간이 전치된 행렬의 열공간과 같기 때문에 이 두 행렬 공간은 대칭 행렬일 때 동일합니다.

5.2.3 영공간

영공간은 열공간과 중요한 차이점이 있습니다. 열공간은 다음 식으로 간결하게 요약할 수 있습니다.

$$\mathrm{A}\mathbf{x} = \mathbf{b}$$

이것은 'A의 열의 가중 결합으로 벡터 b를 생성하는 어떤 가중치의 집합 x를 찾을 수 있습니까?'라는 의미입니다. 답이 '예'라면 $\mathbf{b} \in C(\mathrm{A})$와 벡터 x는 결국 A의 열에 가중치를 어떻게 부여하면 b에 도달할 수 있는지를 의미합니다.

반대로 영공간은 다음 식으로 간결하게 요약될 수 있습니다.

$$\mathrm{A}\mathbf{y} = \mathbf{0}$$

이것은 'A의 열의 가중 결합이 영벡터가 되는 어떤 가중치의 집합 y를 찾을 수 있습니까?'라는 의미입니다.

식을 보면 직관적으로 모든 행렬 A에 대해 성립하는 정답을 알 수 있습니다. 바로 $\mathbf{y} = \mathbf{0}$

입니다! 모든 열에 0을 곱하면 $\mathbf{0}$ 벡터가 됩니다. 하지만 그것은 뻔한 답이고 의미가 없습니다. 따라서 질문은 "모든 값이 0이 아닌 가중치 집합을 찾을 수 있나요?"가 됩니다. 이 식을 만족시킬 수 있는 벡터 $\mathbf{y}$는 $\mathbf{A}$의 영공간에 존재합니다. 이것을 우리는 $N(\mathbf{A})$로 나타냅니다.

간단한 예로 시작해 봅시다. 우선 예를 보고 스스로 벡터 $\mathbf{y}$를 찾아보세요.

$$\begin{bmatrix} 1 & -1 \\ -2 & 2 \end{bmatrix}$$

벡터 $N(\mathbf{A})$를 찾았나요? 필자는 [7.34, 7.34]를 찾았습니다. 여러분이 찾은 벡터와 많이 다를 수 있습니다. 여러분은 [1, 1] 또는 [−1, −1]을 생각해 냈을 수도 있습니다. 아니면 [2, 2]?

이런 결과가 결국 무엇을 뜻하는지 이미 눈치채셨을 거로 생각합니다. 특정 행렬 $\mathbf{A}$에 대해 $\mathbf{Ay} = \mathbf{0}$을 만족하는 벡터 $\mathbf{y}$는 무한히 존재합니다. 그리고 이 모든 벡터는 선택한 벡터의 크기를 조정한 어떠한 형태로 표현할 수 있습니다. 즉 이 행렬의 영공간은 다음과 같이 표현될 수 있습니다.

$$N(\mathbf{A}) = \lambda \begin{bmatrix} 1 \\ 1 \end{bmatrix}, \quad \lambda \in \mathbb{R}$$

또 다른 행렬의 예제가 있습니다. 마찬가지로 열의 가중 합이 영벡터가 되도록 하는 가중치 집합을 찾습니다(즉 $\mathbf{Ay} = \mathbf{0}$인 $\mathbf{y}$를 찾습니다).

$$\begin{bmatrix} 1 & -1 \\ -2 & 3 \end{bmatrix}$$

분명 이 예에서는 벡터를 찾지 못했을 겁니다. 여러분을 믿지 않아서가 아닙니다(필자는 여러분을 매우 높게 평가합니다!). 그것보다는 애초에 이 행렬에 영공간이 없기 때문입니다. 공식적으로 이런 행렬의 영공간을 빈 집합이라고 말합니다. 즉 $N(\mathbf{A}) = \{ \}$입니다.

두 예제 행렬을 다시 살펴봅시다. 첫 번째 행렬에는 하나의 열과 그 열에 크기를 조정한 다른 열이 포함되어 있는 반면 두 번째 행렬의 열들은 독립 집합입니다. 이것은 우연이 아닙니다. 즉 영공간의 차원의 수와 행렬의 열의 선형 독립성 사이에는 밀접한 관계가 있습니다. 그 관계의 정확한 본질은 다음 장에서 배울 계수-영공간의 차원nullity 정리입니다. 일단 여기서의 핵심은 행렬의 열이 선형 독립 집합이라면 영공간이 비어 있다는 것입니다.

매우 중요한 개념이므로 다시 강조하겠습니다. 최대계수와 최대열계수 행렬은 빈 영공간을 가지지만 축소계수 행렬의 영공간은 비어 있지 않습니다.

파이썬 SciPy 라이브러리에는 행렬의 영공간을 계산하는 함수가 포함되어 있습니다. 코드를 사용해서 결과를 확인해 보겠습니다.

```
A = np.array([ [1,-1],[-2,2] ])
B = np.array([ [1,-1],[-2,3] ])

print( scipy.linalg.null_space(A) )
print( scipy.linalg.null_space(B) )
```

다음은 결과입니다.

```
[[0.70710678]
 [0.70710678]]

[]
```

두 번째 출력([])은 빈 집합입니다. 파이썬이 `A`의 영공간에 대한 수치로 `0.70710678`을 선택한 이유는 무엇일까요? 파이썬이 1을 선택했다면 읽기가 더 쉽지 않았을까요? 사실 무한히 가능한 벡터들 중에서 파이썬은 **단위 벡터**를 반환한 것입니다. 만약 여러분이 $\sqrt{(1/2)} \approx .70711$ 이라는 것을 알고 있다면 벡터 노름을 머리 속으로 쉽게 계산할 수 있습니다. 단위벡터는 사용하기에 편리하고 수치적 안정성을 포함한 몇 가지 좋은 특성을 가지고 있습니다. 그래서 컴퓨터 알고리즘은 종종 단위벡터를 부분공간의 기저로 반환합니다. 뒤에서 고유벡터와 특이벡터를 다룰 때 이 특성을 다시 이용하겠습니다.

영공간은 어떻게 생겼을까요? [그림 5-4]는 행렬 A 의 행벡터와 영공간을 보여 줍니다.

열벡터 대신 행벡터를 그린 이유는 무엇일까요? 행공간은 영공간과 직교하기 때문입니다. 이것은 영공간의 정의 $\mathbf{A}\mathbf{y} = \mathbf{0}$를 보면 간단히 알 수 있습니다. 행렬의 각 행(a_i)에 대해 식을 다시 쓰면 $a_i\mathbf{y} = \mathbf{0}$이 됩니다. 즉 영공간 벡터와 각 행 사이의 내적은 0입니다.

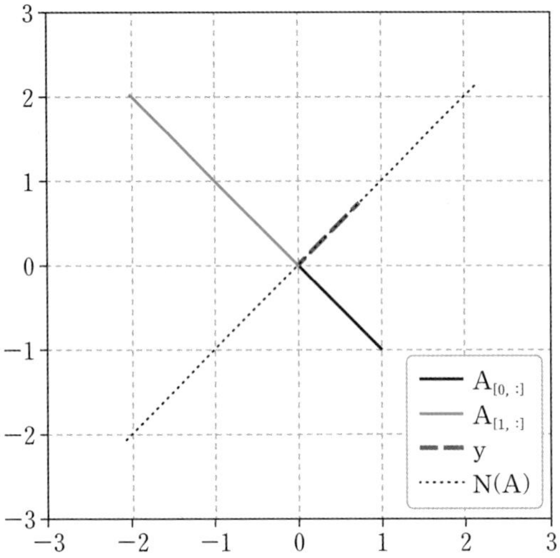

그림 5-4 행렬의 영공간 시각화

왜 모두가 영공간에 대해 그렇게 관심을 가질까요? 단순히 행렬에 곱해서 영벡터를 생성할 수 있는 벡터에 관심을 갖는 것은 이상해 보일 수 있습니다. 하지만 영공간은 12장에서 배우게 될 고유벡터와 특이벡터를 찾는 데 핵심적인 역할을 합니다.

이 절에서 마지막으로 다룰 내용이 있습니다. 모든 행렬에는 4개의 연관된 부분공간이 있습니다. 앞서 세 개(열, 행, 영)에 대해서는 배웠습니다. 네 번째 부분공간은 **왼쪽 영공간**이라고 하며 행의 영공간입니다. 흔히 행렬 전치의 영공간으로 부릅니다. 즉 $N(\boldsymbol{A}^{\mathrm{T}})$입니다. 전통적인 수학 교과과정에서 4개의 부분공간에 관한 복잡성과 관계를 배우는 데는 많은 시간이 걸립니다. 물론 행렬 부분공간의 매혹적인 아름다움과 완벽함에 대해 연구할 가치가 있지만, 지금은 넘어가겠습니다.

5.3 계수

계수rank는 하나의 행렬과 연관된 고유한 숫자입니다. 행렬 부분공간의 차원의 수와 관련이 있으며 역행렬이나 방정식의 정답의 수를 결정하는 등의 행렬 연산에서 중요한 의미를 가집니다.

이 책의 다른 주제와 마찬가지로 행렬 계수도 풍부하고 상세한 이론이 있지만 여기서는 데이터 과학과 관련된 응용을 위해 알아야 할 내용만 다룰 것입니다.

우선 계수의 몇 가지 속성을 나열하겠습니다. 순서에 특별한 의미는 없습니다.

- 계수는 음이 아닌 정수이므로 0, 1, 2, ⋯, 이 될 수 있지만 −2 또는 3.14는 될 수 없습니다.
- 모든 행렬은 하나의 고유한 계수를 가집니다. 즉 여러 개의 서로 다른 계수를 가질 수 없습니다(이는 계수가 행이나 열의 특징이 아닌 행렬의 특징임을 나타냅니다).
- 행렬의 계수는 $r(\mathrm{A})$ 또는 $rank(\mathrm{A})$로 나타냅니다. 그리고 'A는 계수-r 행렬입니다.'로 읽습니다.
- 행렬의 최대로 가능한 계수는 행 또는 열의 개수 중에서 더 작은 값입니다. 즉 $r = \min\{M, N\}$이 되는 행렬입니다.
- 최대로 가능한 계수를 갖는 행렬을 '최대계수full rank'라고 합니다(혹은 전계수로도 불립니다). 계수가 $r < \min\{M, N\}$인 행렬은 '축소계수', '계수부족' 또는 '특이' 등 다양하게 불립니다.
- 스칼라 곱셈은 행렬 계수에 영향을 미치지 않습니다(0은 예외입니다. 0은 행렬을 계수가 0인 영 행렬로 변환합니다).

행렬 계수에 대한 다음과 같은 몇 가지 동일한 해석과 정의가 있습니다.

- 선형 독립 집합을 형성하는 최대 열(또는 행)의 수
- 열공간의 차원의 수(행공간의 차원의 수와 동일)
- 행렬 안의 정보를 포함하는 차원 수. 선형 종속적일 가능성이 있으므로 행렬의 전체 열 또는 행 수와 같지 않습니다.
- 행렬에서 0이 아닌 특잇값의 수

계수의 정의가 열과 행에 대해서 동일하다는 것이 신기해 보일 수 있습니다. 정말로 열공간과 행공간의 차원의 수가 동일할까요? 심지어 정방이 아닌 행렬의 경우에도 동일할까요? 그렇습니다. 이에 대한 다양한 증명이 있으며 그중 많은 것이 특잇값 분해와 상당한 연관성이 있고 의존되어 있기 때문에 이 장에서 공식적인 증명을 다루지는 않을 것입니다(13장에서 자세히 다루겠습니다).[1] 대신 정방이 아닌 행렬의 행공간과 열공간의 예를 보여드리겠습니다.

다음 행렬이 있습니다.

$$\begin{bmatrix} 1 & 1 & -4 \\ 2 & -2 & 2 \end{bmatrix}$$

행렬의 열공간은 $\mathbb{R}^2$이고 행공간은 $\mathbb{R}^3$이므로 이 두 공간은 서로 다른 그래프로 그려야 합니다(그림 5-5). 세 열의 집합은 선형 독립은 아니지만(한 열을 다른 두 열의 선형 결합으로 나타낼 수 있습니다) $\mathbb{R}^2$ 전체를 생성합니다. 따라서 행렬의 열공간은 2차원입니다. 두 행은 선형적으로 독립이며 생성되는 부분공간은 $\mathbb{R}^2$의 2차원 평면입니다.

여기서 분명히 알아야 할 점은 행렬의 열공간과 행공간이 **다르지만** 행렬 공간의 **차원의 수**는 동일하다는 것입니다. 그리고 그 차원의 수는 행렬의 계수입니다. 즉 이 행렬의 계수는 2입니다.

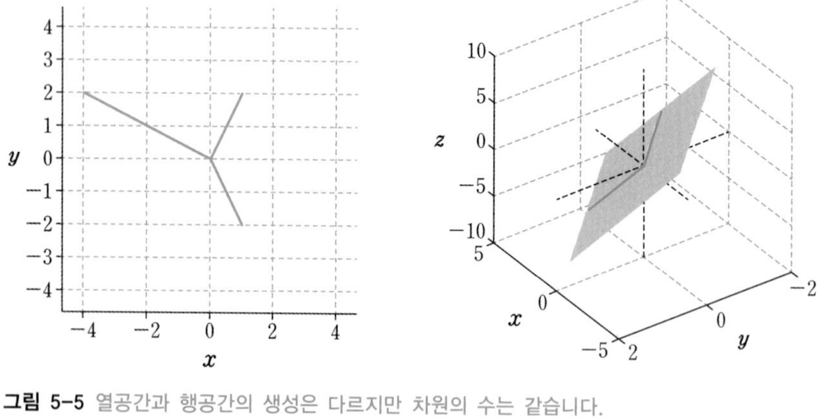

그림 5-5 열공간과 행공간의 생성은 다르지만 차원의 수는 같습니다.

[1] 여러분이 SVD에 익숙하다면 간단히 설명하겠습니다. A 와 A^T의 SVD는 행공간과 열공간이 뒤바뀌지만 0이 아닌 특잇값의 수는 동일하게 유지됩니다.

다음과 같은 행렬이 있습니다. 아직 계수를 계산하는 방법은 배우지 않았지만, 이전에 설명한대로 각 행렬의 계수를 추정해 보세요. 아래 각주에 정답이 있습니다.[2]

$$A = \begin{bmatrix} 1 \\ 2 \\ 4 \end{bmatrix}, \quad B \begin{bmatrix} 1 & 3 \\ 2 & 6 \\ 4 & 12 \end{bmatrix}, \quad C \begin{bmatrix} 1 & 3.1 \\ 2 & 6 \\ 4 & 12 \end{bmatrix}, \quad D \begin{bmatrix} 1 & 3 & 2 \\ 6 & 6 & 1 \\ 4 & 2 & 0 \end{bmatrix}, \quad E \begin{bmatrix} 1 & 1 & 1 \\ 1 & 1 & 1 \\ 1 & 1 & 1 \end{bmatrix}, \quad F \begin{bmatrix} 0 & 0 & 0 \\ 0 & 0 & 0 \\ 0 & 0 & 0 \end{bmatrix}$$

여러분 스스로 계수를 알아냈기를 바랍니다. 아니면 적어도 각주의 답을 보고 당황하지 않았기를 바랍니다.

당연히 눈과 직관만으로 계산하는 것은 데이터 과학 분야에서 사용할 수 있는 방법이 아닙니다. 계수를 계산하는 방법에는 여러 가지가 있습니다. 예를 들어 9장에서 나오는 계산 방법은 행렬을 사다리꼴[echelon]로 행을 축소하거나 피봇 수를 세어 계수를 계산합니다. 또한, 파이썬과 같은 컴퓨터 프로그램은 행렬의 0이 아닌 특잇값의 수를 세어 계수를 계산합니다. 이 내용은 13장에서 다룹니다.

여기서는 계수가 선형 독립 집합을 형성할 수 있는 최대 열의 수이며 이는 행렬의 열공간의 차원의 수에도 해당한다는 것에 초점을 맞추길 바랍니다(이 문장에서 '열'을 '행'으로 대체해도 성립합니다).

5.3.1 특수 행렬의 계수

다음 설명하는 일부 특수 행렬의 계수는 알아두는 것이 여러모로 좋습니다.

| 벡터 |

모든 벡터의 계수는 1입니다. 정의상으로 벡터는 정보의 열(또는 행)이 단 하나밖에 없기 때문입니다. 벡터가 생성하는 부분공간은 1차원입니다. 유일한 예외는 영벡터입니다.

| 영 행렬 |

어떤 크기든 영 행렬(영벡터 포함)의 계수는 0입니다.

---

2 $r(A) = 1, r(B) = 1, r(C) = 2, r(D) = 3, r(E) = 1, r(F) = 0$

| 단위 행렬 |

단위 행렬의 계수는 행의 수(열의 수)와 같습니다. 즉 $r(\mathrm{I}_{\mathrm{N}}) = N$ 입니다. 사실 단위 행렬은 단순하게 대각 행렬의 특수한 예입니다.

| 대각 행렬 |

대각 행렬의 계수는 0이 아닌 대각 원소의 수와 같습니다. 왜냐하면 각 행은 0이 아닌 원소를 하나만 가지며 0의 가중 결합을 통해 0이 아닌 숫자를 만들 수 없기 때문입니다. 이 속성은 방정식을 풀거나 특잇값 분해를 해석할 때 유용하게 사용됩니다.

| 삼각 행렬 |

삼각 행렬은 모든 대각선 원소에 0이 아닌 값이 있는 경우에만 최대계수입니다. 대각선에 0이 하나 이상 있는 삼각 행렬은 축소계수입니다(정확한 계수는 행렬의 숫잣값에 따라 달라집니다).

| 무작위 행렬 |

무작위 행렬의 계수는 선험적으로 알 수 없습니다. 왜냐하면 행렬의 원소를 도출한 수의 분포와 각 숫자의 도출 확률에 따라 달라지기 때문입니다. 예를 들어 0 또는 1로 채워진 2×2 행렬의 계수는 개별 원소가 모두 0일 때 0이 됩니다. 또는 무작위로 선택된 결과가 단위 행렬이라면 계수는 2가 됩니다.

그러나 최대로 가능한 계수가 보장되도록 무작위 행렬을 만드는 방법이 있습니다. 가우스 또는 균일한 분포 등에서 임의로 부동 소수점을 도출하는 것입니다. 64비트 컴퓨터는 2^{64}개의 숫자를 나타낼 수 있습니다. 이 수의 집합에서 수십 개 또는 수백 개의 수를 도출해서 행렬에 넣었을 때 행렬의 열에 선형 의존성이 있을 가능성은 천문학적으로 낮습니다. 사실 **금의 심장**에서 무한 불가능 확률 추진기[3]에 동력을 공급할 수 있을 정도로 매우 낮습니다.

예를 들어 `np.random.randn()`을 통해 생성된 행렬은 최대로 가능한 계수를 갖습니다. 이것은 임의의 계수(앞에서 설명한 제약 조건에 따라)를 가진 행렬을 만들 수 있기 때문에

---

3 무한 불가능 확률 추진기는 **금의 심장** 우주선이 우주에서 불가능한 거리를 횡단할 수 있도록 해주는 기술입니다. 필자가 무슨 말을 하는지 모르신다면 더글러스 애덤스가 쓴 **『은하수를 여행하는 히치하이커를 위한 안내서』**(책세상, 2005)를 읽지 않으신 겁니다. 그리고 만약 여러분이 그 책을 읽지 않았다면 20세기의 가장 위대하고, 시사점이 많고, 가장 재미있는 지적 성취 중 하나를 놓치고 있는 것입니다.

파이썬을 사용해서 선형대수학을 학습하는 데 도움이 됩니다. [연습 문제 5-5]에서 이 내용을 다룹니다.

| 계수-1 행렬 |

계수-1 행렬의 계수는 당연히 1입니다. 즉 행렬에는 실제로 한 열만 의미 있는 정보를 가지고(또는 한 행의 정보만) 다른 모든 열(또는 행)은 단순히 이 열의 선형 배수입니다. 이 장의 앞부분에서 계수-1 행렬의 몇 가지 예를 보았습니다. 여기서 몇 가지를 더 소개합니다.

$$\begin{bmatrix} -2 & -4 & -4 \\ -1 & -2 & -2 \\ 0 & 0 & 0 \end{bmatrix}, \quad \begin{bmatrix} 2 & 1 \\ 0 & 0 \\ 2 & 1 \\ 4 & 2 \end{bmatrix}, \quad \begin{bmatrix} 12 & 4 & 4 & 12 & 4 \\ 6 & 2 & 2 & 6 & 2 \\ 9 & 3 & 3 & 9 & 3 \end{bmatrix}$$

계수-1 행렬은 정방이거나 높거나 넓을 수 있습니다. 크기에 상관없이 각 열은 첫 번째 열의 크기를 조정한 것입니다(또는 각 행은 첫 번째 행의 크기를 조정한 것입니다).

어떻게 계수-1 행렬을 만들 수 있나요? 사실 여러분은 이미 1장에서 그 방법을 배웠습니다. 바로 0이 아닌 두 벡터 사이에서 외적을 취하는 것입니다. 예를 들어 세 번째 행렬은 $[4\,2\,3]^T$ 와 $[3\,1\,1\,3\,1]$ 의 외적입니다.

계수-1 행렬은 고윳값 분해eigendecomposition와 특잇값 분해에서 중요합니다. 이 책의 후반부와 응용 선형대수학을 탐험하는 과정에서 많은 계수-1 행렬을 만나게 될 것입니다.

5.3.2 덧셈 및 곱셈 행렬의 계수

행렬 A 와 B 의 계수를 알면 자동으로 A + B 또는 AB 의 계수를 알 수 있을까요?

대답은 '아니오'입니다. 하지만 두 개별 행렬의 계수로 A + B 또는 AB가 가질 수 있는 최대로 가능한 계수를 구할 수 있습니다. 규칙은 다음과 같습니다.

$$rank(\mathrm{A}+\mathrm{B}) \le rank(\mathrm{A}) + rank(\mathrm{B})$$
$$rank(\mathrm{AB}) \le \min\{rank(\mathrm{A}),\ rank(\mathrm{B})\}$$

이 규칙들을 꼭 외워야 하는 것은 아니지만 다음은 기억하길 권합니다.

- 개별 행렬의 계수를 알고 있다고 해서 덧셈 행렬 또는 곱 행렬의 정확한 계수를 알 수는 없습니다(영 행렬은 예외). 대신 개별 행렬의 계수로 원하는 행렬의 가질 수 있는 최대로 가능한 계수를 구할 수 있습니다.
- 덧셈 행렬의 계수는 개별 행렬의 계수보다 클 수 있습니다.
- 곱셈 행렬의 계수는 개별 행렬의 가장 큰 계수보다 클 수 없습니다.[4]

[연습 문제 5-6]에서 다양한 계수의 무작위 행렬을 사용해 이 규칙들을 확인할 수 있습니다.

5.3.3 이동된 행렬의 계수

간단히 말해서 행렬을 이동시키면 보통 최대계수가 됩니다. 사실 정방 행렬을 이동하는 주된 목표는 $r < M$에서 $r = M$으로 계수를 늘리는 것입니다.

확인할 수 있는 예로는 영 행렬을 단위 행렬로 이동하는 것입니다. $0 + \mathrm{I}$ 는 최대계수 행렬입니다.

다음은 다른 예제입니다.

$$\begin{bmatrix} 1 & 3 & 2 \\ 5 & 7 & 2 \\ 2 & 2 & 0 \end{bmatrix} + .01 \begin{bmatrix} 1 & 0 & 0 \\ 0 & 1 & 0 \\ 0 & 0 & 1 \end{bmatrix} = \begin{bmatrix} 1.01 & 3 & 2 \\ 5 & 7.01 & 2 \\ 2 & 2 & .01 \end{bmatrix}$$

가장 왼쪽 행렬의 계수는 2입니다. 세 번째 열은 두 번째 열에서 첫 번째 열을 뺀 값입니다. 그러나 단위 행렬을 더한 결과 행렬의 계수는 3입니다. 이제 세 번째 열은 처음 두 열의 선형 결합으로 생성할 수 없습니다. 그러나 행렬이 가진 정보는 거의 변하지 않았습니다. 실제로 원래 행렬과 이동 행렬의 원소 사이의 피어슨 상관계수는 $\rho = 0.999972233796$ 입니다. 하지만 이것은 중요한 의미를 가집니다. 기존 계수-2 행렬은 가역이 아니었지만 이동된 행렬은 가역입니다(그 이유는 7장에서 배울 것입니다).

4 외적이 항상 계수-1 행렬을 생성하는 이유입니다.

5.3.4 이론과 실제

> **Caution 특잇값을 완전히 이해하기 전에 특잇값을 대략적으로 이해하기**
>
> 수학을 단조로운 방식으로 배우는 것은 불가능합니다. 단조로운 방식이란 개념 b 등에 대해 완전히 배우기 전에 개념 a를 완전히 이해하는 것을 뜻합니다. 행렬 계수를 완전히 이해하려면 특잇값 분해 singular value decomposition(SVD)에 대해 알아야 하지만 SVD는 계수를 알기 전에는 이해할 수 없습니다. 딜레마죠. 이것이 수학이 어려운 이유입니다. 그래도 좋은 소식은 지금 완전히 이해하지 못하고 넘어가더라도 언제든 다시 돌아와 공부할 수 있다는 것입니다. 만약 다음의 설명이 완전히 이해가 되지 않는다면 SVD에 대해 배운 후에 다시 돌아오세요.
>
> 간략히 정리하자면 모든 $M \times N$ 행렬은 $\min\{M,N\}$개의 음이 아닌 특잇값 집합을 가집니다. 이 특잇값은 행렬의 열공간과 행공간에서 서로 다른 방향의 '중요성' 또는 '광활함'을 인코딩한 것입니다. 특잇값이 0인 방향은 영공간들 중 한 곳에 존재합니다.

전통적인 선형대수학에서 계수는 바위처럼 견고한 개념입니다. 각 행렬은 정확히 하나의 계수를 가지고 있고 그것이 전부입니다.

그러나 실제로 행렬 계수를 계산할 때는 약간의 불확실성이 따릅니다. 논쟁의 여지가 있지만 컴퓨터는 계수를 **계산**하지도 않습니다. 합리적인 정도의 정확도 수준으로 **추정**할 뿐입니다. 앞서 계수가 0이 아닌 특잇값의 수로 계산될 수 있다고 언급했었습니다. 그러나 파이썬에서는 성립하지 않습니다. 다음은 `np.linalg.matrix_rank()` 함수에서 발췌한 두 개의 핵심 줄입니다(요점에 집중하기 위해 몇 가지 매개변수를 삭제했습니다).

```
S = svd(M)
return count_nonzero(S > tol)
```

`M`은 행렬이고 `S`는 특잇값 벡터이며 `tol`은 허용 임곗값입니다. 이 코드는 실제로 NumPy가 **0이 아닌** 특잇값을 세지 않는다는 것을 의미합니다. 대신 어떤 임곗값보다 큰 특잇값을 셉니다. 정확한 임곗값은 행렬의 숫잣값에 따라 다르지만 일반적으로 행렬 원소보다 크기가 약 10^{-12}만큼 작습니다.

이것은 NumPy가 어떤 수가 '0'만큼 충분히 작은지에 대해 판단을 한다는 것을 뜻합니다. 그렇다고 NumPy가 정확하지 않은 것은 확실히 아닙니다. 이것은 컴퓨팅에서 올바른 동작입니다(MATLAB과 Julia 컴퓨팅과 같은 다른 수치 처리 프로그램도 같은 방식으로 계수를 계산합니다).

하지만 왜 이렇게 할까요? 왜 간단하게 0이 아닌 특잇값을 세지 않을까요? 그 이유는 허용 오차를 이용해서 컴퓨터의 반올림 오류로 인해 발생할 수 있는 작은 수치로 인한 부정확성을 피하기 위해서 입니다. 예를 들어 이런 방식을 이용하면 허용 오차가 있을 때 데이터 수집 감지기의 품질을 떨어뜨리는 소량의 잡음도 피할 수 있습니다. 이 방식은 데이터 정제, 압축 및 차원 축소에서도 활용됩니다. [그림 5-6]에서 이 개념을 보여 줍니다.

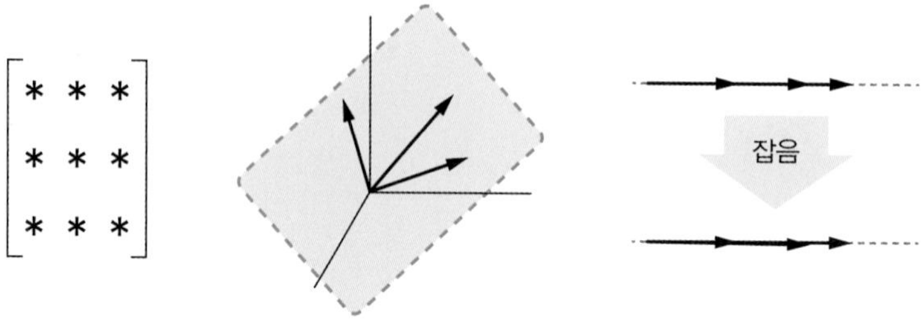

그림 5-6 2차원 평면을 나타내는 3×3 행렬은 소량의 잡음이 있을 때 계수-3으로 간주될 수 있습니다. 가장 오른쪽 그림은 그 평면을 옆에서 직접 봤을 때의 모습입니다.

5.4 계수 응용

행렬 계수는 많은 곳에서 응용되고 있습니다. 이 절에서는 그중 두 가지를 소개합니다.

5.4.1 벡터가 열공간에 존재하나요?

앞서 3장에서 행렬의 열공간을 배웠고 벡터가 행렬의 열공간에 있는지 여부는 선형대수학에서 중요한 부분이라는 것도 알아보았습니다(수학적으로 $\mathrm{v} \in C(\mathrm{A})?$로 표현합니다). 또한 행렬 계수를 이해해야 확장 가능한 방식으로 이 부분에 답을 찾을 수 있다고도 언급했습니다.

$\mathrm{v} \in C(\mathrm{A})$인지 아닌지를 결정하는 알고리즘을 배우기 전에 행렬 **확장**augmenting이라는 과정을 간략하게 알아보겠습니다.

행렬을 확장한다는 것은 간단히 말하면 행렬의 오른쪽에 열을 추가한다는 뜻입니다. '기저' $M \times N$ 행렬과 '추가' $M \times K$ 행렬이 있다고 해 봅시다. 그러면 확장된 행렬의 크기는 $M \times (N+K)$가 됩니다. 기본적으로 두 행렬의 행 수가 동일할 때(열 수는 달라도 됨) 확장할 수 있습니다. 이 절과 9장에서 방정식을 풀 때 확장 행렬을 추가로 살펴볼 수 있습니다.

다음은 이 과정을 설명하는 예제입니다.

$$\begin{bmatrix} 4 & 5 & 6 \\ 0 & 1 & 2 \\ 9 & 9 & 4 \end{bmatrix} \sqcup \begin{bmatrix} 1 \\ 2 \\ 3 \end{bmatrix} = \begin{bmatrix} 4 & 5 & 6 & 1 \\ 0 & 1 & 2 & 2 \\ 9 & 9 & 4 & 3 \end{bmatrix}$$

잠시 샛길로 빠졌지만 이 전제 조건과 함께 벡터가 행렬의 열공간에 있는지 여부를 확인하는 알고리즘은 다음과 같습니다.

- **벡터로 행렬을 확장합니다.** 원래 행렬을 A 로 확장한 행렬은 $\widetilde{\mathrm{A}}$ 로 나타냅니다.
- **두 행렬의 계수를 계산합니다.**
- **두 계수를 비교합니다.** 두 가지 가능한 결과가 있습니다.
  a. $rank(\mathrm{A}) = rank(\widetilde{\mathrm{A}})$ 벡터 는 행렬 A 의 열공간에 있습니다.
  b. $rank(\mathrm{A}) < rank(\widetilde{\mathrm{A}})$ 벡터 는 행렬 A 의 열공간에 없습니다.

이 알고리즘의 근거는 무엇인가요? $\mathrm{v} \in C(\mathrm{A})$라면 v 는 A 의 열들의 선형 가중 결합으로 나타낼 수 있다는 것입니다(즉 확장 행렬 $\widetilde{\mathrm{A}}$ 의 열들은 선형 종속 집합이 됩니다). 생성 측면에서 벡터 v 는 $\widetilde{\mathrm{A}}$ 에서 중복입니다. 따라서 계수는 그대로 유지됩니다.

반대로 $\mathrm{v} \notin C(\mathrm{A})$라면 v 는 A 의 열들의 선형 가중 결합으로 나타낼 수 없으며 이는 v가 $\widetilde{\mathrm{A}}$ 에 새로운 정보를 추가했다는 뜻입니다. 그리고 그 계수가 1만큼 증가한다는 것을 의미합니다.

벡터가 행렬의 열공간에 존재하는지 여부를 확인하려는 목적이 단순히 학문적 탐구를 하려는 것은 아닙니다. 그보다 이 판단이 분산 분석, 회귀, 일반 선형 모델의 기초가 되는 선형 최소제곱 모델링의 추론 일부이기 때문입니다. 9장과 10장에서 이것에 대해 더 자세히 배울 것입니다. 여기서 우리가 알아야 할 기본 개념은 세상이 어떻게 돌아가는지에 대한 모델을 개발하고 그 모델을 행렬로 변환한다는 것입니다. 이를 **설계 행렬**design matrix

이라고 합니다. 우리가 실제로 측정한 데이터는 벡터로 저장됩니다. 만약 데이터 벡터가 설계 행렬의 열공간에 존재한다면 우리는 세상을 완벽하게 모델링한 것입니다. 실제로는 거의 모든 데이터 벡터가 열공간에 없기 때문에 통계적으로 유의미한 것으로 간주될 수 있을 만큼 열공간의 데이터와 충분히 가까운지 확인합니다. 다음 장에서 훨씬 더 자세히 설명할 것이지만 여러분들의 배움에 대한 열정이 식지 않기 위해 여기서 간략하게 설명했습니다.

5.4.2 벡터 집합의 선형 독립성

이제 행렬 계수에 대해 알았으므로 벡터 집합이 선형적으로 독립적인지 여부를 확인하는 알고리즘을 이해할 차례입니다. 직접 이 알고리즘을 고안하고 싶다면 이 절의 나머지 부분을 읽기 전에 지금 즉시 시도해도 좋습니다.

알고리즘은 간단합니다. 벡터를 행렬에 넣고 행렬의 계수를 계산한 다음 해당 행렬의 최대로 가능한 계수와 비교합니다(이것이 $\min\{M, N\}$ 임을 기억하세요. 설명의 편의를 위해 높은 행렬을 이용하겠습니다). 가능한 결과는 다음과 같습니다.

- $r = N$: 벡터 집합은 선형적으로 독립입니다.
- $r < M$: 벡터 집합은 선형적으로 종속입니다.

이 알고리즘의 근거는 명확합니다. 계수가 열 수보다 작으면 적어도 하나의 열은 다른 열들의 선형 결합으로 나타낼 수 있습니다. 이는 선형 종속성의 정의입니다. 계수가 열 수와 같으면 각 열은 행렬에 고유한 정보를 제공하므로 다른 열의 선형 결합으로 나타낼 수 없습니다.

여기서 필자가 강조하고 싶은 사항이 있습니다. 선형대수학의 많은 연산과 응용은 실제로 꽤 간단하고 합리적이지만, 완전히 이해하려면 상당한 양의 배경 지식이 필요합니다. 이것을 긍정적으로 이해하면 더 많은 선형대수학을 배울수록 그만큼 선형대수학이 더 쉬워진다는 뜻입니다.

하지만 반대로 말하면, 선형대수학에는 너무 지루하고 복잡해서 이 책에서 상세히 설명할 수조차 없는 연산들이 있다는 것입니다. 일단 다음 절로 넘어갑시다.

5.5 행렬식

행렬식determinant은 정방 행렬과 관련된 숫자입니다. 전통적인 선형대수학에서 행렬식은 역행렬을 포함한 여러 연산에서 반드시 알아야 하는 수입니다. 그러나 데이터 과학 분야에서 큰 행렬의 행렬식을 계산하는 것은 언더플로underflow와 오버플로overflow 문제로 인해 수치적으로 불안정할 수 있습니다. 연습 문제에서 이 내용을 확인해 볼 수 있습니다.

그럼에도 행렬식은 역행렬 또는 고윳값 분해를 이해하기 위해 반드시 알아야 합니다.

이 절에서 살펴볼 가장 중요한 두 가지 행렬식의 특성은 (1) 정방 행렬에 대해서만 정의되고 (2) 특이(축소계수) 행렬에 대해서는 0입니다.

행렬식은 $det(\mathbf{A})$ 또는 $|\mathbf{A}|$로 나타냅니다(행렬 노름을 나타내는 이중 수직선이 아닌 단일 수직선임을 명심하세요). 그리스어 대문자 델타 Δ는 특정 행렬을 언급하는 것이 아닐 때 주로 사용됩니다.

행렬식은 무엇일까요? 무엇을 의미하고 어떻게 해석해야 할까요? 우선 행렬식은 기하학적으로 해석할 수 있고 행렬과 벡터를 곱할 때 행렬이 벡터를 얼마나 늘릴 것인가와 연관이 있습니다(이전 장에서 행렬-벡터 곱셈이 벡터를 좌표상에서 기하학적으로 변환하는 메커니즘이라는 것을 떠올려 보세요). 음수 행렬식은 변환 과정에서 하나의 축을 회전시킵니다.

그러나 데이터 과학 분야에서 행렬식은 대수학적으로 사용됩니다. 이 분야에서 기하학적 설명은 행렬식을 사용해서 고윳값을 찾거나 데이터 공분산 행렬의 역을 구할 때 많은 통찰력을 주지 못합니다. 따라서 지금은 행렬식이 역행렬, 고윳값 분해, 특잇값 분해와 같은 고급 주제에서 매우 중요하다고만 알면 충분합니다. 행렬식이 무엇을 의미하는지에 대해 지금은 크게 생각하지 말고 그저 하나의 도구일 뿐이라고 단순하게 받아들이고 넘어가세요.

5.5.1 행렬식 계산

행렬식을 직접 계산하는 것은 시간이 많이 걸리고 지루합니다. 만약 필자가 천 년을 산다면 5×5 행렬의 행렬식을 손으로 계산하지 않는 방법을 반드시 찾았을 겁니다. 2×2

행렬의 행렬식은 [식 5-2]처럼 쉽게 계산하는 방법이 있습니다.

식 5-2 2 × 2 행렬의 행렬식 계산

$$det\left(\begin{bmatrix} a & b \\ c & d \end{bmatrix}\right) = \begin{vmatrix} a & b \\ c & d \end{vmatrix} = ad - bc$$

이 식을 통해 행렬식은 정수나 양수에 국한되지 않는다는 것을 알 수 있습니다. 행렬의 숫자에 따라 행렬식은 −1223729358나 +.00000002 또는 다른 숫자가 될 수 있습니다(실수 행렬이라면 행렬식은 항상 실수입니다).

2 × 2 행렬의 행렬식을 계산하는 것은 정말 간단합니다. 그렇죠? 대각선의 곱에서 대각선에 없는 수들의 곱을 뺀 값입니다. 암산으로 할 수 있을 만큼 간단합니다. 1 × 1 행렬이라면 단순히 해당 숫자의 절댓값입니다.

문제는 2 × 2 행렬의 행렬식을 계산하는 방식이 더 큰 행렬로 확장되지 않는다는 것입니다. 다음 식을 보면 3 × 3 행렬에 대한 행렬식을 계산할 때 2 × 2 행렬의 계산하는 방식과 비슷하게 보일 순 있지만, 실제로는 아닙니다. 계산하는 전체 과정을 생략해서 그렇습니다. 여기서는 계산하는 전체 과정을 보여드리지 않고 결과만 써보겠습니다.

$$\begin{vmatrix} a & b & c \\ d & e & f \\ g & h & i \end{vmatrix} = aei + bfg + cdh - ceg - bdi - afh$$

4 × 4 행렬이라면 일부러 많은 0을 넣지 않는 한 행렬식을 계산하는 것은 정말 까다롭습니다. [식 5-3]은 여러분이 궁금해 할 4 × 4 행렬식입니다.

식 5-3 4 x 4 행렬의 행렬식 계산(행운을 빕니다)

$$\begin{vmatrix} a & b & c & d \\ e & f & g & h \\ i & j & k & l \\ m & n & o & p \end{vmatrix} = \begin{matrix} afkp - aflo - agjp + agln + ahjo - ahkn - bekp + belo \\ + bgip - bglm - bhio + bhkm + cejp - celn - cfip + cflm \\ + chin - chjm - dejo + dekn + dfio - dfkm - dgin + dgjm \end{matrix}$$

여기서는 임의의 크기의 행렬에 대한 행렬식을 계산하는 전체 과정을 보여 주지 않겠습니다. 사실 여러분은 선형대수학 활용에 관심이 있기 때문에 이 책을 읽고 있는 것이므로, 행렬식을 계산하는 전체 공식이 아니라 행렬식을 사용하는 방법을 이해하는 것이 더 중요합니다.

어쨌든 지금은 행렬식을 계산해야 할 경우 `np.linalg.det()` 또는 `scipy.linalg.det()`을 사용하면 된다는 것만 기억하세요.

5.5.2 선형 종속성과 행렬식

행렬식에 대해서 중요한 두 번째 특성은 모든 축소계수 행렬의 행렬식은 0이라는 것입니다. 2×2 행렬에 대해 이것을 확인해 보겠습니다. 축소계수 행렬에서는 다른 열들의 선형 결합으로 나타낼 수 있는 열이 하나 이상 존재합니다.

$$\begin{vmatrix} a & \lambda a \\ c & \lambda c \end{vmatrix} = ac\lambda - a\lambda c = 0$$

다음은 3×3 특이 행렬의 행렬식입니다.

$$\begin{vmatrix} a & b & \lambda a \\ d & e & \lambda d \\ g & h & \lambda g \end{vmatrix} = ae\lambda g + b\lambda dg + \lambda adh - \lambda aeg - bd\lambda g - a\lambda dh = 0$$

이 개념은 더 큰 행렬로도 일반화할 수 있습니다. 모든 축소계수 행렬의 행렬식은 0입니다. 실제 계수가 몇인지는 중요하지 않습니다. 따라서 $r < M$이라면 $\Delta = 0$입니다. 이와 반대로 모든 최대계수 행렬의 행렬식은 0이 아닙니다.

이전에 행렬식의 기하학적 해석만으로는 데이터 과학에서 행렬식이 중요한 이유를 이해하는 데 한계가 있다고 언급했습니다. 그러나 $\Delta = 0$은 훌륭한 기하학적 의미를 가집니다. $\Delta = 0$인 행렬로 변환하면 적어도 하나의 차원은 부피가 없이 평평해지게 됩니다.

공을 무한히 얇은 원반으로 압축하는 것을 상상해 보면 됩니다. 다음 장(6.2 절 '행렬-벡터 곱셈을 통한 기하학적 변환')에서 이에 대한 시각적 예시를 볼 수 있습니다.

5.5.3 특성 다항식

2×2 행렬의 행렬식을 계산하는 방정식에는 네 가지 원소와 행렬식, 총 다섯 개의 수가 존재합니다. 즉 $ad-bc=\Delta$ 입니다. 방정식의 좋은 점은 수를 옮기면서 다양한 변수에 대해 풀 수 있다는 것입니다. [식 5-4]에서는 a, b, c, Δ 는 이미 알고 있고 λ가 미지의 수라고 가정합니다.

식 5-4 행렬식을 사용하여 미지의 행렬 원소를 계산

$$\begin{vmatrix} a & b \\ c & \lambda \end{vmatrix} \quad \Rightarrow \quad a\lambda - bc = \Delta$$

대수학을 조금만 알면 다른 숫자로부터 λ를 구할 수 있습니다. 여기서 답 자체는 중요하지 않습니다. 중요한 것은 행렬의 행렬식을 알면 행렬 내부의 알려지지 않은 원소를 구할 수 있다는 것입니다.

다음은 수치 예제입니다.

$$\begin{vmatrix} 2 & 7 \\ 4 & \lambda \end{vmatrix} = 4 \quad \Rightarrow \quad 2\lambda - 28 = 4 \quad \Rightarrow \quad 2\lambda = 32 \quad \Rightarrow \quad \lambda = 16$$

한 걸음 더 나아가 보겠습니다.

$$\begin{vmatrix} \lambda & 1 \\ 3 & \lambda \end{vmatrix} = 1 \quad \Rightarrow \quad \lambda^2 - 3 = 1 \quad \Rightarrow \quad \lambda^2 = 4 \quad \Rightarrow \quad \lambda = \pm 2$$

대각선에 동일한 미지의 수 λ가 존재합니다. 그러면 풀어야 할 식은 2차 다항식이 되고 두 가지 해를 얻게 됩니다. 이것은 우연이 아닙니다. 대수학의 기본 정리를 보면 n차 다항식은 정확히 n개의 해를 가지고 있습니다.

여기에 필자가 말하고자 하는 핵심이 있습니다. [식 5-5]처럼 행렬 이동과 행렬식을 결합하는 것을 행렬의 **특성 다항식**characteristic polynomial이라고 합니다.

식 5-5 행렬의 특성 다항식

$$det(\mathrm{A} - \lambda \mathrm{I}) = \Delta$$

왜 다항식이라고 부를까요? 이동된 $M \times M$ 행렬은 λ^M 항을 가지며 따라서 M개의 해가 존재합니다. 2×2 및 3×3 행렬이라면 다음과 같습니다.

$$\begin{vmatrix} a-\lambda & b \\ c & d-\lambda \end{vmatrix} = 0 \quad \Rightarrow \quad \lambda^2 - (a+d)\lambda + (ad-bc) = 0$$

$$\begin{vmatrix} a-\lambda & b & c \\ d & e-\lambda & f \\ g & h & i-\lambda \end{vmatrix} = 0 \quad \Rightarrow \quad \begin{array}{c} -\lambda^3 + (a+e+i)\lambda^2 \\ +(-ae+bd-ai+cg-ei+fh)\lambda \\ +aei-afh-bdi+bfg+cdh-ceg = 0 \end{array}$$

4×4 행렬의 특성 다항식까지 굳이 확인할 필요는 없습니다. 분명 λ^4개의 항이 존재할 겁니다.

이번에는 문자 대신 숫자를 사용하여 2×2 행렬을 다시 살펴보겠습니다. 다음의 행렬은 최대계수이므로 행렬식은 0이 아닙니다($\Delta = -8$). 하지만 어떤 스칼라만큼 이동된 후에 행렬식이 0이라고 가정해 봅시다. 그러면 어떤 값이 행렬식을 축소계수로 만들게 될까요? 특성 다항식을 사용해 알아보겠습니다.

$$\det\left(\begin{bmatrix} 1 & 3 \\ 3 & 1 \end{bmatrix} - \lambda \mathrm{I}\right) = 0$$

$$\begin{vmatrix} 1-\lambda & 3 \\ 3 & 1-\lambda \end{vmatrix} = 0 \quad \Rightarrow \quad (1-\lambda)^2 - 9 = 0$$

몇 가지 대수학을 사용해 보면 두 해는 $\lambda = -2, 4$가 나옵니다(직접 해 보시길 권장합니다). 이 숫자들은 무엇을 의미할까요? 확인하기 위해 이동된 행렬에 적용해 보겠습니다.

$$\lambda = -2 \quad \Rightarrow \begin{bmatrix} 3 & 3 \\ 3 & 3 \end{bmatrix}$$

$$\lambda = 4 \quad \Rightarrow \begin{bmatrix} -3 & 3 \\ 3 & -3 \end{bmatrix}$$

분명히 두 행렬 모두 계수가 1입니다. 또한 두 행렬 모두 단순하지 않은 영공간을 가집니다. 즉 $(A - \lambda I)y = 0$를 만족하는 0이 아닌 벡터 y를 찾을 수 있습니다. 필자는 여러분이 각각의 λ에 대한 벡터를 직접 해 보실 것이라고 확신합니다! 정답을 확인하고 싶다면 각주를 보세요.[5]

특성 다항식은 매우 놀랍습니다. 무엇보다 모든 정방 **행렬**을 **방정식**으로 표현할 수 있다는 놀라운 통찰력을 제공한다는 점이 굉장합니다. 그것도 단순한 방정식이 아닌 행렬을 대수학의 기본 정리와 직접 연결시키는 방정식입니다. 그리고 무엇보다 $\Delta = 0$이 되는 특성 다항식에 대한 해는 행렬의 고윳값입니다(방금 전에 발견한 λ입니다). 12장에서 고윳값이 무엇이고 왜 중요한지 이해할 수 있습니다. 여기서는 행렬의 고윳값을 밝혀내는 법을 배웠다는 것만으로도 충분히 만족하셔도 됩니다.

5.6 정리

이 장의 목표는 행렬 노름, 공간, 계수, 행렬식과 같은 중요한 개념으로 지식을 넓히는 것이었습니다. 만약 전통적인 선형대수학에 관한 책이었다면 이 장은 최소한 100페이지 이상이 될 수 있었을 것입니다. 하지만 필자는 데이터 과학과 AI 분야에서의 선형대수학 응용에 대한 설명에 초점을 맞추려고 노력했습니다. 행렬 공간에 대한 더욱 자세한 내용은 나중에 확인할 수 있습니다(특히 10장의 최소제곱 적합과 13장의 특잇값 분해). 그 전에 이 장의 가장 중요한 요점들을 정리한 다음 목록을 살펴봅시다.

---

5 [1 −1]과 [1 1]에 크기를 조정한 모든 벡터입니다.

요점정리

- 행렬 노름에는 많은 종류가 있는데 **원소별**과 **유도별**로 크게 분류할 수 있습니다. 전자는 행렬의 원소의 크기를 반영하는 반면 후자는 벡터에 대한 행렬의 기하학적 변환 효과를 반영합니다.
- 가장 일반적으로 사용되는 원소별 노름은 프로베니우스 노름(즉 유클리드 노름 또는 $l2$ 노름)이라고 하며 원소의 제곱합의 제곱근으로 계산됩니다.
- 행렬의 대각합은 대각 원소의 합입니다.
- 네 개의 행렬 공간(열, 행, 영, 왼쪽-영)이 있으며, 이들은 행렬의 서로 다른 특징의 선형 가중 결합 집합으로 정의됩니다.
- 행렬의 열공간은 행렬에 있는 열의 모든 선형 가중 결합으로 구성되며 $C(\mathrm{A})$로 나타냅니다.
- 선형대수학에서 중요한 부분은 어떤 벡터 b가 행렬의 열공간에 존재하는지 여부입니다. 그렇다면 $\mathrm{Ax} = \mathrm{b}$를 만족하는 벡터 x가 존재하는 것입니다. 이 부분을 아는 것이 많은 통계 모델 적합 알고리즘의 기초입니다.
- 행렬의 행공간은 행렬의 행에 대한 선형 가중 결합 집합이며 $R(\mathrm{A})$ 또는 $C(\mathrm{A}^{\mathrm{T}})$로 나타냅니다.
- 행렬의 영공간은 열을 선형으로 결합하여 영벡터를 생성하는 벡터 집합입니다. 즉 방정식 $\mathrm{Ay}=0$을 만족하는 벡터 y입니다. $\mathrm{y}=0$인 자명한 해는 제외합니다. 영공간은 다른 응용 중에서도 고유벡터를 찾는 데 중요합니다.
- 계수는 행렬과 관련된 수로 음이 아닌 정수입니다. 계수는 선형 독립 집합을 형성할 수 있는 가장 많은 열(또는 행)의 수입니다. 최대로 가능한 계수보다 작은 계수를 갖는 행렬을 축소계수 또는 특이라고 합니다.
- 정방 행렬의 대각에 상수를 더해서 이동시키면 보통 최대계수가 됩니다.
- 행렬의 열공간에 벡터가 존재하는지를 결정할 때도 계수를 응용할 수 있습니다. 행렬의 계수와 벡터로 확장된 행렬의 계수를 비교하면 됩니다.
- 행렬식은 정방 행렬과 관련된 숫자입니다(길이가 다른 비정방 행렬에는 행렬식이 없습니다). 계산하는 것은 지루하지만 행렬식에 대해 알아야 할 가장 중요한 것은 모든 축소계수 행렬에 대해 0이고 모든 최대계수 행렬에 대해 0이 아니라는 것입니다.
- 특성 다항식은 λ로 이동된 정방 행렬의 행렬식이 어떠한 값이 되도록 하는 방정식으로 변환합니다. 행렬식을 이미 안다면 λ를 풀 수 있습니다. 여기서는 왜 그렇게 중요한지에 대해 간략하게 힌트를 주었을 뿐이지만 이것은 매우 중요합니다(아니면 저를 믿지 말고 12장에서 직접 확인해 보세요).

연습 문제

| 연습 문제 5-1 |

행렬 노름은 행렬이 가진 숫자의 크기와 관련이 있습니다. 이 연습 문제에서는 이를 증명하기 위한 실험을 합니다. 실험을 10번 반복하는데 매번 10 × 10 난수 행렬을 만들고 프로베니우스 노름을 계산합니다. 그런 다음 이 실험을 40번 반복하고, 매번 행렬에 0과 50 사이의 다른 스칼라를 곱합니다. 실험의 결과는 40 × 10의 노름으로 된 행렬이 될 것입니다. [그림 5-7]은 10번의 실험을 걸쳐 평균화된 노름 결과를 보여 줍니다. 또한 이 실험은 추가적으로 행렬 노름의 두 가지 속성을 보여 줍니다. 행렬 노름은 확실하게 음수가 아니며 영 행렬에 대해서만 0이 될 수 있습니다.

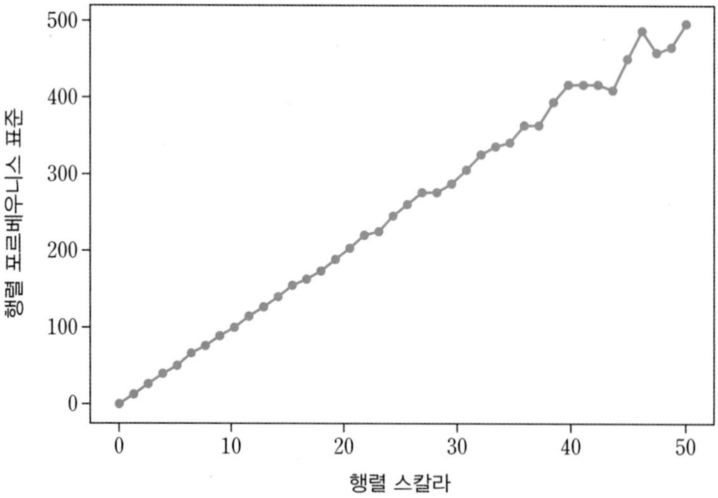

그림 5-7 [연습 문제 5-1]의 결과

| 연습 문제 5-2 |

이 연습 문제에서는 두 행렬 사이의 프로베니우스 거리를 1로 만드는 스칼라를 찾는 알고리즘을 작성합니다. 먼저 두 개의 행렬(같은 크기)을 입력으로 받아 두 행렬 사이의 프로베니우스 거리를 반환하는 파이썬 함수를 작성합니다. 그런 다음 두 개의 $N \times N$ 난수 행렬을 만듭니다(정답 코드에서는 $N = 7$을 사용했지만 다른 값을 사용할 수 있습니다). 두 행렬에 스칼라 곱셈을 하는 변수 `s = 1`을 만듭니다. 크기를 조정한 행렬들 사이에 프로베니우스 거리를 계산합니다. 거리가 1 이상인 경우 스칼라를 0.9배로 설정하고 크기가 조정된 행렬들 사이의 거리를 다시 계산합니다. 이 계산은 `while`문 안에서 수행해야 합니다. 프로베니우스 거리가 1 미만이 되면 `while` 루프를 종료하고 반복 횟수(스칼라에 .9를 곱한 횟수)와 스칼라값을 기록합니다.

| 연습 문제 5-3 |

대각합 연산과 유클리드 공식의 결과(프로베니우스 노름)가 동일하다는 것을 구현합니다. 대각합 공식은 A^TA 에서만 동작하나요?, 아니면 AA^T 에서도 결과가 동일한가요?

| 연습 문제 5-4 |

이 문제는 재미있습니다.[6] 왜냐하면 지금까지 다룬 모든 내용을 활용할 수 있기 때문입니다. 여러분은 행렬 이동이 행렬 노름에 미치는 영향을 알아보게 됩니다. 먼저 10×10 난수 행렬을 만들고 프로베니우스 노름을 계산합니다. 그런 다음 `for` 문 내부에 다음 단계를 코딩합니다. (1) 노름의 일부만큼 행렬을 이동하고, (2) 원래 행렬에서 노름의 변화율을 계산하고 (3) 이동된 행렬과 원래 행렬 사이의 프로베니우스 거리를 계산하고 (4) 행렬의 원소 사이의 상관계수를 계산합니다(힌트는 `np.flatten()`을 사용해서 벡터화된 행렬의 상관관계를 계산). 이동시킬 값인 노름의 비율은 0에서 1사이를 30개의 단계로 나누어 진행합니다. 루프의 각 반복에서는 이전 반복에서 이동된 행렬이 아닌 원래 행렬을 사용해야 합니다. 결과적으로 [그림 5-8]과 같아야 합니다.

---

6 모든 연습 문제들이 재미있습니다만 이 문제는 특히 더 그렇습니다.

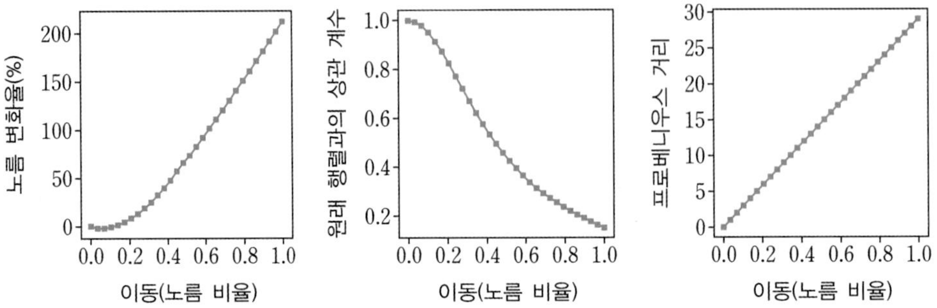

그림 5-8 [연습 문제 5-4]의 결과

| 연습 문제 5-5 |

이 문제는 임의의 계수를(행렬 크기 등에 대한 제약 조건에 따라) 가진 난수 행렬을 만듭니다. 계수가 r인 $M \times N$ 행렬을 만들려면 난수 $M \times r$ 행렬에 $r \times N$ 행렬을 곱합니다. 파이썬에서 이를 구현하고 계수가 실제로 r인지 확인합니다. $r > \min\{M, N\}$을 설정하면 어떻게 되고 그 이유는 무엇입니까?

| 연습 문제 5-6 |

더한 결과가 (1) 계수-0, (2) 계수-1, (3) 계수-2가 되는 세 쌍의 계수-1 행렬을 만들어 행렬 계수($r(\mathrm{A}+\mathrm{B}) \leq \mathrm{r}(\mathrm{A})+\mathrm{r}(\mathrm{B})$)의 덧셈 법칙을 구현합니다. 그런 다음 덧셈 대신 행렬 곱셈에 대해서도 이 문제를 풀어 보세요.

| 연습 문제 5-7 |

[연습 문제 5-5]의 코드를 매개변수 M과 r을 입력으로 받아 계수-r인 $M \times M$ 난수 행렬을 출력하는 파이썬 함수에 넣습니다. 이중 `for` 루프에서 2부터 15까지의 각 계수를 가지는 20 × 20 행렬 쌍을 만듭니다. 이 행렬들을 더한 결과 행렬의 계수와 곱한 결과 행렬의 계수를 저장합니다. 이 계수를 행렬로 만들어서 [그림 5-9]와 같이 개별 행렬의 계수 함수로 시각화할 수 있습니다.

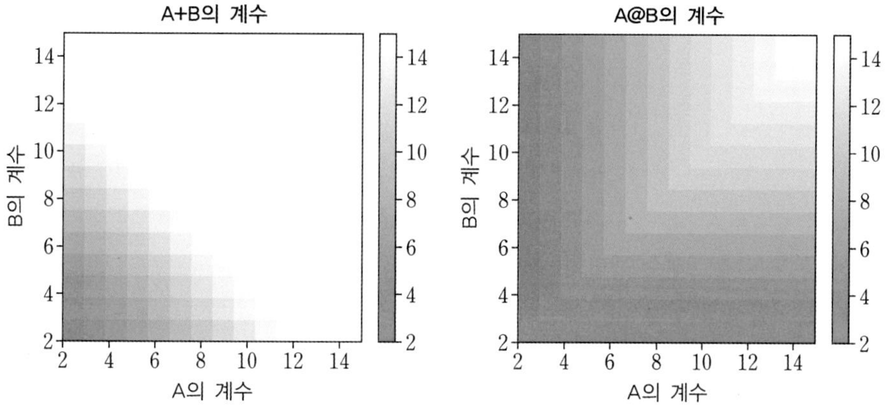

그림 5-9 [연습 문제 5-7]의 결과

| 연습 문제 5-8 |

흥미롭게도 행렬 $\mathbf{A}$, $\mathbf{A}^T$, $\mathbf{A}^T\mathbf{A}$ 및 $\mathbf{A}\mathbf{A}^T$의 계수는 모두 동일합니다. 다양한 크기나 모양(정방, 높은, 넓은), 계수의 난수 행렬을 사용해 이를 구현하는 코드를 작성합니다.

| 연습 문제 5-9 |

이 문제의 목적은 $\mathbf{v} \in C(\mathbf{A})$의 답을 구하는 것입니다. 정규 분포에서 무작위로 추출한 숫자를 사용해 계수-3 행렬 $\mathbf{A} \in \mathbb{R}^{4\times3}$과 벡터 $\mathbf{v} \in \mathbb{R}^4$를 만듭니다. 앞에서 설명한 알고리즘에 따라 벡터가 행렬의 열공간에 있는지 여부를 확인합니다. 그리고 코드를 여러 번 실행해서 일관된 패턴을 보이는지 확인합니다. 그런 다음 $\mathbf{A} \in \mathbb{R}^{4\times4}$ 계수-4 행렬을 사용합니다. $\mathbf{A}$가 4×4 난수 행렬일 때 **항상** $\mathbf{v} \in C(\mathbf{A})$를 찾을 수 있다는 데에 확신합니다(코딩 오류가 없다고 가정). 왜 필자는 여러분의 답에 확신을 가질까요?[7]
또한, 테스트 결과에 따라 `True` 또는 `False`를 반환하고 벡터 크기가 확장된 행렬과 일치하지 않을 때 예외(즉 유용한 오류 메시지)를 발생시키는 함수에 이 코드를 넣어 보세요.

| 연습 문제 5-10 |

축소계수 행렬의 행렬식은 이론적으로 0이라는 것을 기억하세요. 이 문제에서 이 이론을 시험해 볼 것입니다. (1) 정방 난수 행렬을 만듭니다. (2) 행렬의 계수를 줄입니다. 이전에는 비정방 행렬을 곱해서 이 작업을 수행했습니다. 여기서는 한 열을 다른 열의 배수

7 최대계수 행렬의 열공간이 모든 $\mathbb{R}^M$을 생성하므로 $\mathbb{R}^M$의 **모든** 벡터는 반드시 열공간에 존재합니다.

로 설정합니다. (3) 행렬식을 계산하고 절댓값을 저장합니다.

이 세 단계를 이중 for 루프에서 실행합니다. 첫 번째 루프는 3 × 3에서 30 × 30까지 수행하며 두 번째 루프는 세 단계를 100회 반복합니다(실험을 반복하는 것은 잡음 데이터를 시뮬레이션할 때 유용합니다). 마지막으로 행렬의 원소 수에 대한 함수로 100회에 걸쳐 평균화된 행렬식을 선 차트로 그립니다. 선형대수학 이론상으로는 행렬의 크기에 관계없이 선(즉 모든 축소계수 행렬의 행렬식)이 0이라고 예측합니다. 하지만 [그림 5-10]은 컴퓨터로 정확하게 행렬식을 계산할 때의 어려움을 보여 줍니다. 시각적으로 더 잘 보이도록 데이터를 로그로 변환하세요. 로그 척도와 선형 척도를 사용해서 그림을 비교해 보세요.

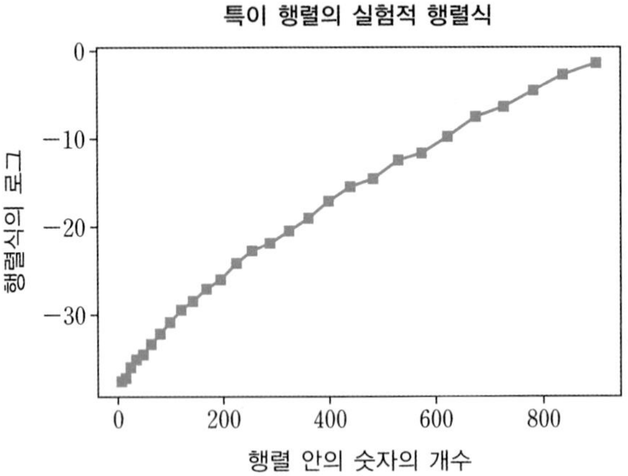

그림 5-10 [연습 문제 5-10]의 결과

CHAPTER 6 행렬 응용: 데이터 분석에서의 행렬

지난 두 장에서 이론을 집중적으로 살펴보고 지금 독자 여러분이 마치 체육관에서 막 격렬한 운동을 끝낸 것처럼 힘들 수도 있겠지만, 기진맥진하면서도 열정은 여전히 넘치길 바랍니다. 다행스럽게도 이 장은 시골의 언덕을 자전거로 달리는 기분으로 읽을 수 있을 겁니다. 때로는 약간의 노력도 필요하겠지만 그만큼 신선한 영감을 얻을 수 있습니다.

여기서 다루는 행렬 응용은 3장의 벡터 응용을 기반으로 구성되어 있고 벡터와 행렬을 연결시키는 몇 가지 공통적인 내용을 다룹니다. 앞으로 더 많은 선형대수학을 배우면서 개념과 응용이 점점 더 복잡해지더라도 여전히 그 기반은 선형 가중 결합과 내적과 같은 간단한 원칙에 있다는 것을 여러분이 잊지 않기를 바랍니다.

6.1 다변량 데이터 공분산 행렬

3장에서 두 개의 변수 벡터 사이의 내적을 두 벡터 노름의 곱으로 나누어 피어슨 상관계수를 계산하는 방법에 대해 배웠습니다. 그 공식은 두 개의 변수(예를 들어 키와 몸무게)에 대한 것이었죠. 만약 변수가 세 개 이상이라면(예를 들어 키, 몸무게, 나이, 매주 운동 등) 어떻게 할까요?

먼저 모든 변수에 대한 이중 `for` 문을 작성하고 모든 변수 쌍의 이변량 상관계수 공식을 적용하는 것을 떠올릴 수 있습니다. 하지만 이 방식은 번거롭고 깔끔하지 않기 때문에 선형대수학의 철학과는 어울리지 않습니다. 이 문제를 해결하기 위해 이 절에서는 다변량 데이터 집합에서 **공분산**covariance과 **상관 행렬**을 계산하는 방법을 배우게 됩니다.

공분산부터 시작하겠습니다. 공분산은 단순히 상관계수를 구하는 공식에서 분자 부분입니다. 즉 두 평균중심화된 변수 사이의 내적입니다. 공분산은 데이터의 크기가 반영되므로 ± 1 제한이 없다는 점을 제외하고 상관관계(변수가 함께 이동할 때 양수, 변수가 따로 이동할 때 음수, 변수 사이에 선형 관계가 없을 때 0)와 같은 방식으로 해석할 수 있습니다.

공분산의 정규화 인자는 $n-1$이며 n은 데이터 점의 개수입니다. 이 정규화를 통해 더 많은 데이터값을 합할 때마다 공분산이 커지는 것을 방지할 수 있습니다(합에서 평균을 구하기 위해 N으로 나누는 것과 유사합니다). 다음은 공분산에 대한 방정식입니다.

$$c_{a,b} = (n-1)^{-1} \sum_{i=1}^{n} (x_i - \overline{x})(y_i - \overline{y})$$

3장에서와 같이 $\tilde{\mathbf{x}}$를 $\mathbf{x}$의 평균중심화된 변수라고 하면 공분산은 $\tilde{\mathbf{x}}^{\mathrm{T}}\tilde{\mathbf{y}}/(\boldsymbol{n}-\mathbf{1})$입니다.

다중 변수에 대해 이 공식을 구현할 때, 행렬 곱셈이 왼쪽 행렬의 행과 오른쪽 행렬의 열 사이의 내적들로 이루어진 집합이라는 사실을 이용하는 게 핵심입니다.

따라서 다음 작업을 수행합니다. 먼저 각 변수를 열에 담은 행렬을 만듭니다(변수는 데이터 특징). 이 행렬을 X라고 부릅시다. 이때 XX 곱셈은 의미가 없습니다(그리고 데이터 행렬이 보통 높기 때문에($M > N$) 성립하지 않을 것입니다). 만약 첫 번째 행렬을 전치한다면 전치한 X^{T} 행렬의 **행**은 X 행렬의 **열**이 됩니다. 따라서 행렬 곱셈 $\mathrm{X}^{\mathrm{T}}\mathrm{X}$는 모든 열과 열 사이의 공분산이 됩니다(열이 평균중심화되었다고 가정하고 $n-1$로 나눈다면). 다시 말해 공분산 행렬의 (i,j)번째 원소는 데이터 특징 i와 j 사이의 내적입니다.

공분산 행렬에 대한 행렬 방정식은 다음과 같이 간결합니다.

$$\mathrm{C} = \mathrm{X}^{\mathrm{T}}\mathrm{X}\frac{1}{n-1}$$

행렬 C는 대칭입니다. 4장에서 어떠한 행렬이든 자신의 전치 행렬을 곱하면 정방 대칭이 된다는 것을 증명으로 알게 되었지만, 이는 통계적으로도 의미가 있습니다. 즉 공분산과 상관관계는 대칭입니다. 예를 들어 키와 체중의 상관관계는 체중과 키의 상관관계와 같습니다.

C 의 대각 원소는 무엇입니까? 각 변수의 자기 자신에 대한 공분산이며 통계에서는 이를 **분산** variance 이라고 합니다. 이는 평균 주변에 흩어진 정도를 정량화한 것입니다(분산은 표준 편차의 제곱).

> 왜 왼쪽 행렬을 전치하나요?
>
> 왼쪽 행렬을 전치하는 특별한 이유는 없습니다. 만약 관측치를 열로, 특징을 행으로 데이터 행렬을 구성했다면 공분산 행렬은 XX^T이 됩니다. 왼쪽 행렬을 전치할지 오른쪽 행렬을 전치할지 확실하지 않다면 행렬 곱셈 규칙을 어떻게 적용해야 특징 대 특징 행렬이 생성되는지 생각해 보면 됩니다. 공분산 행렬은 항상 특징 대 특징이어야 합니다.

책이 제공하는 코드의 예제는 공개된 범죄 통계 데이터 집합에 대해 공분산 행렬을 생성합니다. 이 데이터 집합은 미국 전역에 다양한 커뮤니티의 사회, 경제, 교육 및 주택 정보에 대한 100개 이상의 특징을 가지고 있습니다.[1] 애초에 이 데이터 집합을 생성한 목적은 이러한 특징을 사용해 범죄 수준을 예측하는 것이지만 여기서는 공분산과 상관 행렬을 탐구하는 데 사용할 것입니다.

데이터 집합을 가져와서 약간의 데이터 처리(예제 코드에 설명되어 습니다)를 해서 dataMat이라는 데이터 행렬을 생성합니다. 다음은 공분산 행렬을 계산하는 코드입니다.

```
datamean = np.mean(dataMat,axis=0) # 특징 평균 벡터
dataMatM = dataMat - datamean # 브로드캐스트를 이용한 평균중앙화
covMat = dataMatM.T @ dataMatM # 데이터 행렬의 전치와 데이터 행렬의 곱
covMat /= (dataMatM.shape[0]-1) # N−1로 나누기
```

[그림 6-1]은 공분산 행렬의 모습입니다. 정말 깔끔해 보이지 않나요? 필자는 신경과학 교수로서 '주업'으로 다변량 데이터 집합을 사용해 일하고 있으며 공분산 행렬을 다룰 때마다 항상 즐거웠습니다.

1 M. A. Redmond and A. Baveja, "A Data-Driven Software Tool for Enabling Cooperative Information Sharing Among Police Departments," European Journal of Operational Research 141 (2002): 660-678

이 행렬에서 밝은 색은 변수 사이에 양의 상관을 나타내고(예를 들어 이혼한 남성의 비율 대 빈곤층의 수), 어두운 색은 변수 사이에 음의 상관을 나타내고(예를 들어 이혼한 남성의 비율 대 중위 소득), 회색은 변수 사이에 관련이 없는 것을 나타냅니다.

3장에서 배웠듯이 공분산으로부터 상관관계를 계산할 때 단순히 벡터 노름으로 크기를 조절합니다. 이것은 행렬 방정식에도 적용할 수 있으며, 이 방정식을 사용하면 다음과 같이 `for` 문을 사용하지 않고 데이터 상관 행렬을 계산할 수 있습니다. [연습 문제 6-1]과 [연습 문제 6-2]에서 이 내용을 다룹니다. 3장에서 언급했던 대로 다음 절로 넘어가기 전에 이 연습 문제를 풀어 보는 것을 권장합니다.

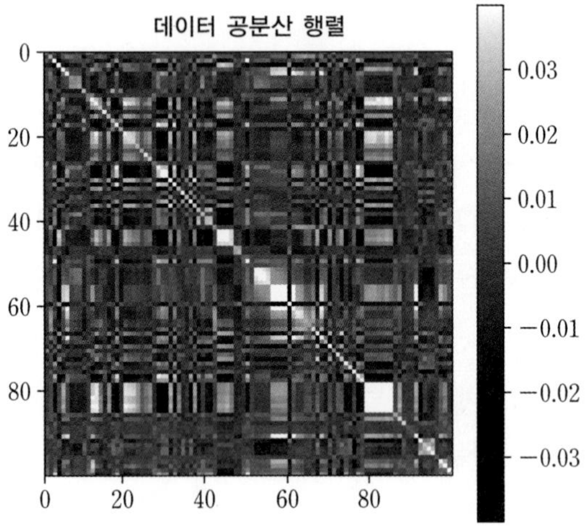

그림 6-1 데이터 공분산 행렬

마지막으로 NumPy에는 공분산과 상관 행렬(각각 `np.cov()`, `np.corrcoef()`)을 계산하는 함수가 있습니다. 데이터 과학 분야에서는 직접 코드를 작성하는 것보다 이러한 기능을 사용하는 것이 더 편리합니다. 하지만 무작정 사용하기 전에 이 책에서 항상 언급했듯이 이러한 함수들이 구현한 수학과 메커니즘을 이해하기를 바랍니다. 따라서 NumPy 함수를 호출하는 대신 공식 그대로 공분산을 구현해 보길 권합니다.

6.2 행렬-벡터 곱셈을 통한 기하학적 변환

4장에서 언급한대로 행렬-벡터 곱셈의 목적 중에 하나는 좌표 집합을 기하학적으로 변환하는 것입니다. 이 절에서 2차원 정적 이미지와 애니메이션을 통해 이러한 내용을 확인할 수 있습니다. 또한 그 과정에서 파이썬으로 순수 회전 행렬과 데이터 애니메이션을 만드는 방법에 대해서도 배울 것입니다.

'순수 회전 행렬'은 길이를 유지하면서 벡터를 회전시킵니다. 이해하기 쉽게 아날로그 시계의 침을 생각해 봅시다. 시계는 시간이 흐르면서 침은 회전하지만 침의 길이는 변하지 않습니다. 2차원 회전 행렬은 다음과 같습니다.

$$\mathrm{T} = \begin{bmatrix} \cos(\theta) & \sin(\theta) \\ -\sin(\theta) & \cos(\theta) \end{bmatrix}$$

순수 회전 행렬은 기본적으로 **직교 행렬**입니다. 다음 장에서 직교 행렬에 대해 더 많이 다루겠지만, T 의 열들은 직교(내적이 $\cos(\theta)\sin(\theta)-\sin(\theta)\cos(\theta)$)하며 단위벡터($\cos^2(\theta)+\sin^2(\theta)=1$ 인 삼각 항등식을 떠올려 보세요)라는 것이 중요합니다.

이 변환 행렬을 사용할 때는 θ를 특정 시계 방향 회전 각도로 설정한 다음, 행렬 T 에 $2\times N$의 기하학적 점 행렬을 곱하면 됩니다. 여기서 행렬의 각 열은 N개의 데이터 점에 대한 (X,Y) 좌표입니다. 예를 들어 $\theta=0$을 설정하면 점의 위치는 변경되지 않습니다($\theta=0$이면 $\mathrm{T}=\mathrm{I}$이기 때문입니다). $\theta=\pi/2$로 설정하면 원점을 중심으로 점이 90° 회전합니다.

간단한 예로 수직선에 정렬된 점 집합과 이러한 좌표에 T 를 곱한 결과를 생각해 봅시다. [그림 6-2]는 $\theta=\pi/5$로 설정한 것입니다.

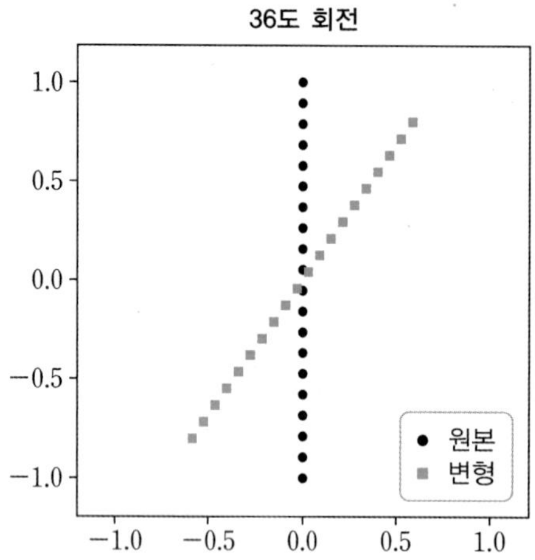

그림 6-2 순수 회전 행렬을 통해 원점을 중심으로 점을 회전

이 절을 계속 진행하기 전에 이 그림을 생성하는 예제 코드를 우선 확인해 보세요. 방금 전의 수학식이 어떻게 코드로 변환되는지 확실히 이해하고 다른 회전각으로도 실험해 보세요. 또한 시계 방향 대신 시계 반대 방향으로 회전하는 방법도 직접 찾아보세요. 정답은 각주에 있습니다.[2]

'가변' 회전(즉 회전하면서 동시에 크기 조정)을 사용하고 변환에 동영상을 적용해 더 흥미롭게 회전에 대해 공부해 보겠습니다. 동영상의 각 프레임마다 변환 행렬을 부드럽게 조정할 것입니다.

파이썬에서 동영상을 만드는 방법은 여러 가지가 있습니다. 여기서는 동영상의 각 프레임에 들어가는 장면의 내용을 만드는 파이썬 함수를 정의한 다음 `matplotlib` 루틴을 호출해서 각 반복마다 해당 함수를 실행할 것입니다.

이 영상의 제목을 **흔들리는 원**The Wobbly Circle이라고 부르겠습니다. 원은 $\cos(\theta)$와 $\sin(\theta)$의 점들로 이루어져 있으며 θ 각의 범위는 $0\sim2\pi$입니다.

변환 행렬은 다음과 같이 설정합니다.

---

2 사인 함수들의 빼기 기호를 맞바꿉니다.

$$T = \begin{bmatrix} 1 & 1-\phi \\ 0 & 1 \end{bmatrix}$$

왜 변환 행렬의 원소를 이러한 값으로 선택했고 어떻게 해석해야 할까요? 일반적으로 대각선 원소는 x축과 y축 좌표의 크기를 조정하고 대각선이 아닌 원소는 두 축을 모두 늘립니다. 이 행렬 안의 값들은 보기에 깔끔할 때까지 숫자들을 바꿔가면서 필자가 직접 선택한 것입니다. 나중에 연습 문제에서 변환 행렬을 변경할 때 어떤 결과가 나오는지 볼 수 있습니다.

영상이 진행되는 동안, ϕ 값은 , $\phi = x^2$, $-1 \le x \le 1$ 공식을 따라 1에서 0으로 그리고 다시 1로 부드럽게 전환될 것입니다. $\phi = 1$이면 $T = I$ 임을 명심하세요.

데이터 동영상을 위한 파이썬 코드는 세 부분으로 나눌 수 있습니다. 첫 번째 부분은 장면을 설정하는 것입니다.

```
theta = np.linspace(0,2*np.pi,100)
points = np.vstack((np.sin(theta),np.cos(theta)))

fig,ax = plt.subplots(1,figsize=(12,6))
plth, = ax.plot(np.cos(x),np.sin(x),'ko')
```

`ax.plot`의 결과는 플롯 객체에 대한 **핸들**handle 또는 포인터인 변수 `plth`입니다. 이 핸들을 사용해서 각 프레임마다 장면을 처음부터 다시 그리지 않고 점의 위치를 갱신할 수 있습니다.

두 번째 부분은 각 프레임마다 축을 업데이트하는 함수를 정의하는 것입니다.

```
def aframe(ph):

  # 변환 행렬을 생성하고 적용
  T = np.array([ [1,1-ph],[0,1] ])
  P = T@points

  # 점의 위치를 갱신
  plth.set_xdata(P[0,:])
  plth.set_ydata(P[1,:])

  return plth
```

마지막으로 변환 매개변수를 정의하고 동영상을 생성하는 `matplotlib` 함수를 호출합니다.

```
phi = np.linspace(-1,1-1/40,40)**2
animation.FuncAnimation(fig, aframe, phi, interval=100, repeat=True)
```

[그림 6-3]은 영상의 한 프레임이며 코드를 실행하면 전체를 볼 수 있습니다. 비록 이 영상은 멋지지 않지만, 행렬 곱셈이 동영상에서 어떻게 사용되는지를 볼 수 있습니다. CGI 영화와 비디오 게임의 그래픽은 4원수quaternions라고 불리는 수학적 객체를 사용하기 때문에 약간 더 복잡합니다. 이는 3차원에서 회전과 이동을 시키는 $\mathbb{R}^4$ 벡터입니다. 물론, 기하학적 좌표 행렬에 변환 행렬을 곱하는 원리는 동일합니다.

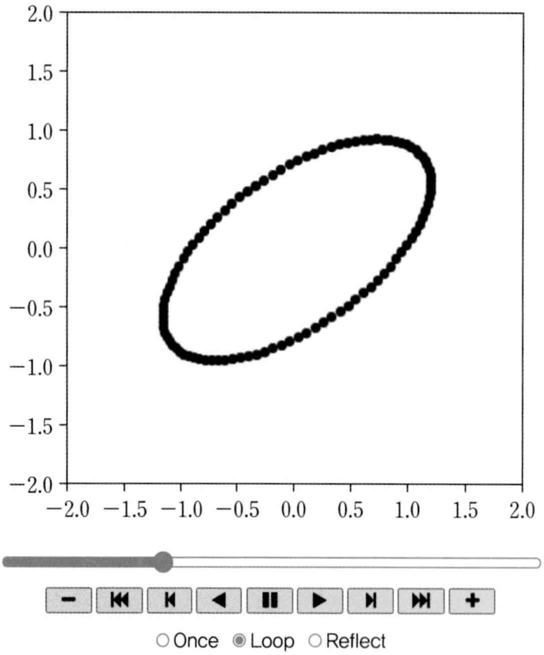

그림 6-3 영상 '흔들리는 원'의 한 프레임

이 절과 관련된 연습 문제를 풀어 보기 전에 이 절의 코드를 가지고 이것저것 해 보기를 권장합니다. 특히 변환 행렬의 대각선 원소 중 하나를 .5 또는 2로 변경해 보세요. 또는 대각선이 아닌 오른쪽 상단의 원소 대신에(또는 더불어) 왼쪽 하단의 대각선이 아닌 원소를 변경해 보세요. 대각선이 아닌 원소 대신 대각선 원소 중 하나를 매개변수화하는 등의 작업도 수행해 보세요. 여기서 질문이 있습니다. 어떻게 하면 원이 오른쪽 대신에 왼쪽으로 흔들리게 할 수 있을까요? 정답은 각주에 있습니다.[3]

6.3 이미지 특징 탐지

이 절에서는 이미지 특징 탐지를 위한 메커니즘인 이미지 필터링을 소개합니다. 이미지 필터링은 사실 시계열 필터링의 확장으로 3장을 다시 살펴보면 도움이 될 것입니다. 시계열 신호에서 특징을 필터링하거나 탐지하려면, 커널을 설계하고 커널과 겹쳐진 신호 조각 사이의 내적 시계열을 생성해야 한다는 것을 떠올려 보세요.

이미지 필터링은 1차원이 아닌 2차원이라는 점만 제외하고는 시계열과 동작 방식이 같습니다. 2차원 커널을 설계한 다음 커널과 이미지의 겹쳐진 창 사이의 '내적'으로 구성된 새로운 이미지를 만듭니다.

이 작업은 벡터-내적과 실제로는 다른 동작이므로 따옴표를 이용해 '내적'이라고 적었습니다. 계산 자체는 원소별 곱셈과 합으로 동일하지만 연산은 두 행렬 사이에서 수행되므로 아다마르곱을 한 다음 모든 행렬 원소에 대한 합한 것과 같습니다. [그림 6-4]의 그래프 A는 이 과정을 보여 줍니다. 추가로 합성곱 과정에서 결과가 동일한 크기가 되도록 이미지를 패딩하는 세부 작업도 적용했습니다. 합성곱에 대한 자세한 내용은 이미지 처리 주제의 책에서 배울 수 있습니다. 여기서는 선형대수학 측면에서만 다루겠습니다. 특히 내적으로 필터링과 특징 감지에 사용될 수 있는 두 벡터(또는 행렬) 간의 관계를 정량화한다는 발상을 말입니다.

---

3 오른쪽-아래 원소를 -1로 설정합니다.

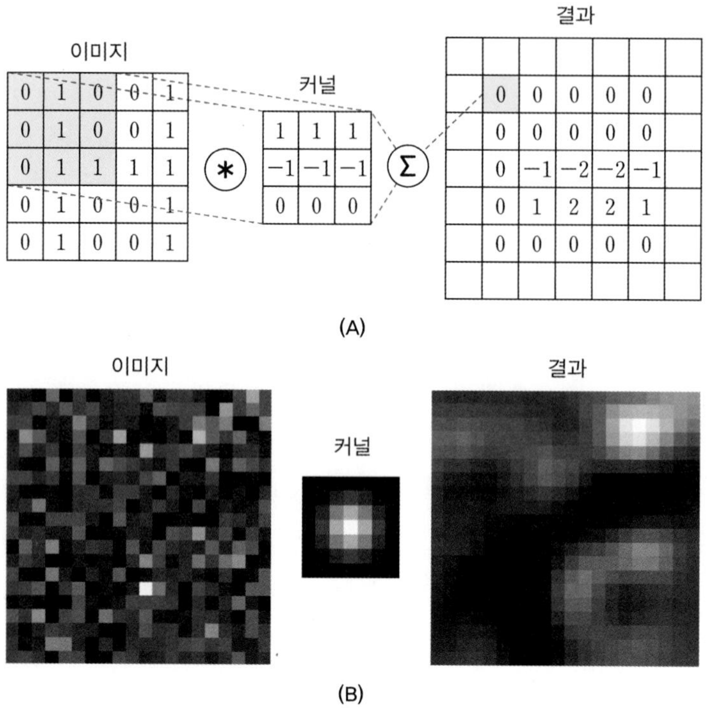

그림 6-4 이미지 합성곱 메커니즘

분석으로 넘어가기 전에 2차원 가우스 커널gaussian kernel이 생성되는 방법에 대해 간략하게 설명하겠습니다. 2차원 가우스는 다음 방정식으로 만들 수 있습니다.

$$G = \exp(-(X^2 + Y^2)/\sigma)$$

이 방정식에 대한 몇 가지 참고 사항이 있습니다. 먼저 exp는 자연 상수(지수 $e = 2.71828...$)를 나타내며, $exp(x)$는 지수 항이 길 때 e^x 대신 사용됩니다. X와 Y는 함수를 평가할 x, y 좌표의 2차원 격자입니다. 마지막으로, σ는 함수의 매개변수로 종종 '모양' 또는 '너비'라고 불립니다. 값이 작을수록 가우스가 좁아지는 반면 값이 클수록 가우스가 넓어집니다. 지금은 해당 매개변수를 특정값으로 고정하고 [연습 문제 6-6]에서 해당 매개변수를 변경할 때의 영향을 살펴보겠습니다.

이 공식을 코드로 변환하면 다음과 같습니다.

```
Y,X = np.meshgrid(np.linspace(-3,3,21),np.linspace(-3,3,21))
kernel = np.exp( -(X**2+Y**2) / 20 )
kernel = kernel / np.sum(kernel) # 정규화
```

X와 Y 격자는 21단계를 거쳐 −3에서 +3으로 이동합니다. 너비 매개변수는 20으로 고정되어 있습니다. 세 번째 줄은 전체 커널의 합이 1이 되도록 커널의 값을 정규화합니다. 그러면 데이터의 원래 크기가 유지됩니다. 적절하게 정규화되면 합성곱의 각 단계에서 필터링된 이미지의 각 픽셀은 가우스에 의해 정의된 가중치로 주변 픽셀을 가중 평균한 값이 됩니다.

다시 돌아가겠습니다. 3장에서 난수 시계열을 평활한 방법과 유사하게 난수 행렬을 평활합니다. [그림 6-4]에서 난수 행렬, 가우스 커널, 합성곱 결과를 볼 수 있습니다.

다음은 이미지 합성곱을 파이썬으로 구현한 코드입니다. 다시 3장의 시계열 합성곱을 떠올려 보면 발상은 동일하지만 추가적인 차원 처리를 위해 for 문이 더 필요하다는 것을 알 수 있습니다.

```
for rowi in range(halfKr,imgN-halfKr): # 행에 대한 for 루프
  for coli in range(halfKr,imgN-halfKr): # 열에 대한 for 루프

    # 이미지 조각 자르기
    pieceOfImg = imagePad[ rowi-halfKr:rowi+halfKr+1:1,
                           coli-halfKr:coli+halfKr+1:1 ]

    # 내적: 아다마르곱과 합
    dotprod = np.sum( pieceOfImg*kernel )

    # 이 픽셀에 대한 결과를 저장
    convoutput[rowi,coli] = dotprod
```

사실 합성곱을 이중 for 문으로 구현하는 것은 비효율적입니다. 합성곱은 주파수 영역에서 더 적은 코드로 더 빨리 구현할 수 있습니다. 이것은 시간(또는 공간) 영역의 합성곱이 주파수 영역의 곱셈과 같다는 합성곱 정리 덕분입니다. 합성곱 정리에 대한 설명은 이 책의 범위를 벗어나지만, 이를 여기서 언급하는 이유는 이중 for 문 대신에 SciPy의

`convolve2d` 함수를 사용하는 것을 추천하기 위해서입니다. 특히 큰 이미지를 다룰 때는 더욱 그렇습니다.

이번엔 실제 사진을 매끄럽게 만들어 봅시다. 암스테르담에 있는 스테델리크 박물관의 사진을 사용할 것입니다. 필자는 이를 사랑스럽게 '우주에서 온 욕조'라고 부르기도 합니다. 이 사진은 행, 열, 깊이(빨강, 녹색, 파랑 색상 채널의 픽셀 강도의 값을 포함)가 있으므로 3차원 행렬입니다. 이 그림은 $\mathbb{R}^{1675 \times 3000 \times 3}$의 행렬에 저장됩니다. 공식적으로 이것은 숫자의 표가 아니라 입방체이기 때문에 **텐서**tensor라고 불립니다.

여기서는 그레이스케일로 변환해 행렬을 2차원으로 줄이겠습니다. 이 과정이 꼭 필수는 아니지만 계산이 훨씬 간단해집니다. [연습 문제 6-5]에서는 3차원 이미지를 매끄럽게 하는 방법을 알아봅니다. [그림 6-5]는 가우스 평활 커널을 적용하기 전과 후의 그레이스케일 이미지입니다.

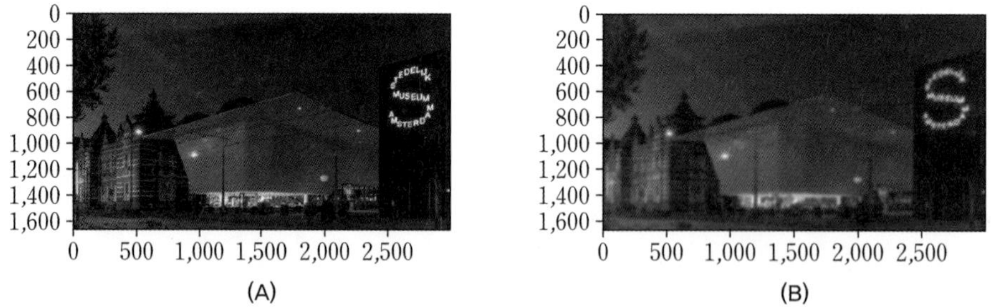

그림 6-5 평활화 전과 후의 욕조 박물관 사진

이 두 가지 예 모두 가우스 커널을 사용했습니다. 커널은 몇 개나 사용할 수 있을까요? 정답은 무한 개입니다! [연습 문제 6-7]에서는 수직선과 수평선을 식별하는 데 사용되는 두 개의 다른 커널을 시험해 봅니다. 그러한 특징 감지기들은 이미지 처리에서 흔하게 사용합니다(인간의 뇌에 있는 특징감지기라는 뉴런은 사물의 가장자리를 인식해서 사물의 윤곽을 파악합니다.)

이미지 합성곱 커널은 컴퓨터 비전에서 주된 주제입니다. 사실 합성곱 신경망(컴퓨터 비전에 최적화된 딥러닝 아키텍처)의 성능이 뛰어난 이유는 전적으로 학습을 통해 최적의 필터 커널을 만들 수 있는 신경망의 능력 때문입니다.

6.4 정리

이번 장은 간단하게 한 문장으로 요점만 정리하겠습니다. 이 장 시작에서 말한 것을 다시 한 번 강조하자면 데이터 과학과 머신러닝에서 굉장히 중요하면서 정교한 기법도 실제로는 간단한 선형대수학 원리를 기반으로 만들어졌습니다.

연습 문제

공분산과 상관 행렬 연습 문제

| 연습 문제 6-1 |

이 문제에서는 공분산 행렬을 상관 행렬로 변환합니다. 변환하는 과정에서 각 행렬 원소(변수 쌍 간의 공분산)를 두 변수의 분산들의 곱으로 나눕니다.

이것은 공분산 행렬에 각 변수의 역 표준 편차(분산의 제곱근)를 가진 대각 행렬을 앞과 뒤에서 곱해서 구현합니다. 행렬을 **곱하면서** 분산으로 **나누어야** 하기 때문에 표준 편차를 반전한 것입니다. 표준 편차를 앞과 뒤에서 곱하는 이유는 [연습 문제 4-11]에서 설명한 대각 행렬을 앞과 뒤에서 곱했을 때의 특성때문입니다.

[식 6-1]은 공식입니다(외워두면 후회하지 않을 겁니다).

식 6-1 공분산으로부터의 상관관계 계산

$$\mathrm{R} = \mathrm{SCS}$$

C는 공분산 행렬이고, S는 변수의 역 표준 편차의 대각 행렬입니다(즉, i번째 대각 원소는 변수 i의 표준 편차인 σ_i의 $1/\sigma_i$역인 입니다).

이 문제의 목표는 [식 6-1]을 파이썬 코드로 변환해서 공분산 행렬로부터 상관 행렬을 계산하는 것입니다. 결과는 [그림 6-6]과 같습니다.

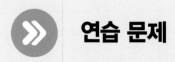

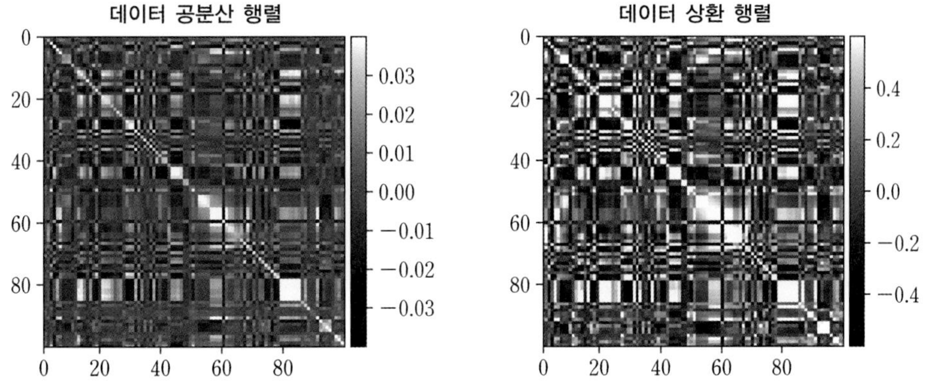

그림 6-6 [연습 문제 6-1]의 결과

| 연습 문제 6-2 |

NumPy의 `np.corrcoef()` 함수는 데이터 행렬을 입력으로 받아 상관 행렬을 반환합니다. 이 함수를 사용해서 이전 문제와 동일한 상관 행렬을 생성할 수 있습니다. [그림 6-7]과 같이 각 행렬과 행렬 간의 차이를 나타내어 행렬이 동일한지 확인해 봅시다.

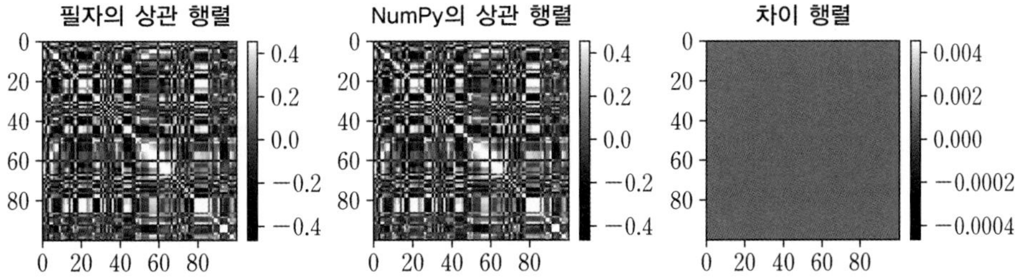

그림 6-7 [연습 문제 6-2]의 결과(색상 배율의 차이를 주목하세요)

다음으로 `??np.corrcoef()`를 통해 `np.corrcoef()`의 소스 코드를 파악해 봅시다. NumPy는 역 표준 편차의 대각 행렬을 앞과 뒤에서 곱하지 않고 브로드캐스트를 사용해 표준 편차로 나누는 방식으로 구현되어 있습니다. 이 코드 구현이 이전 문제에서 작성한 수학과 파이썬 코드와 어떻게 같은지 이해해야 합니다.

기하학적 변환 연습 문제

| 연습 문제 6-3 |

이 문제의 목적은 [그림 6-2]에서 회전 전과 후의 선을 보여 준 것처럼 변환을 적용하기 전과 후의 원안의 점을 나타내는 것입니다. 다음 변환 행렬을 사용해서 [그림 6-8]과 같은 그래프를 만듭니다.

$$\mathrm{T} = \begin{bmatrix} 1 & .5 \\ 0 & .5 \end{bmatrix}$$

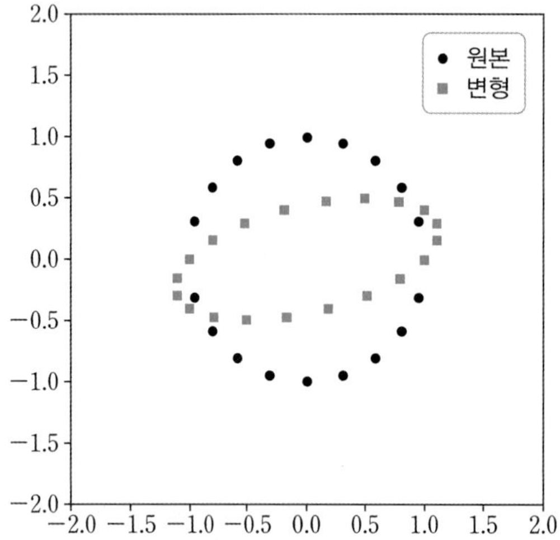

그림 6-8 [연습 문제 6-3]의 결과

| 연습 문제 6-4 |

이제 다른 영상을 보겠습니다. 필자는 이것을 **코일링 DNA**라고 부릅니다. [그림 6-9]는 동영상의 한 프레임을 보여 줍니다. 이 과정에서 **흔들리는 원**처럼 그림을 설정하고 좌표 행렬에 변환 행렬을 적용하는 파이썬 함수를 만들고 `matplotlib`으로 해당 함수를 사용하는 동영상을 만듭니다. 다음 변환 행렬을 사용합니다.

$$\mathrm{T} = \begin{bmatrix} (1 - \phi/3) & 0 \\ 0 & \phi \end{bmatrix}$$
$$-1 \leq \phi \leq 1$$

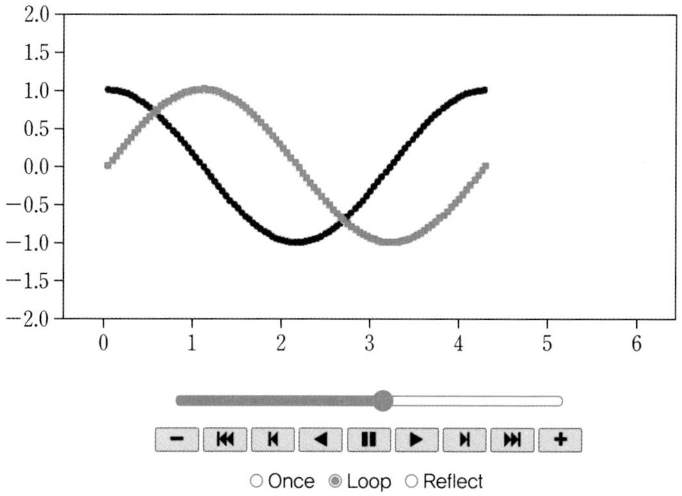

그림 6-9 [연습 문제 6-4]의 결과

이미지 특징 탐지 연습 문제

| 연습 문제 6-5 |

3차원 욕조 사진을 매끄럽게 만듭니다(도움이 필요하다면 각주 참고[4]).

convolve2d 함수의 출력의 데이터 유형은 float64 입니다(variableName.dtype을 이용해 직접 확인할 수 있습니다). 그러나 plt.imshow는 숫잣값이 잘린다는 경고만 표시하고 사진이 제대로 그려지지 않을 겁니다. 따라서 합성곱 결과를 unit8로 변환해야 합니다.

| 연습 문제 6-6 |

각 색상 채널에 동일한 커널을 사용할 필요는 없습니다. [그림 6-10]에서 보여 준 값에 따라 각 채널의 가우스 폭 파라미터를 변경합니다. 이미지에 미치는 영향은 크지 않지만, 색상마다 흐릿함을 다르게 주면 안경 없이도 3차원의 입체 영상을 보는 느낌이 납니다.

---

4 힌트: 각 색상 채널마다 별도로 매끄럽게 처리합니다.

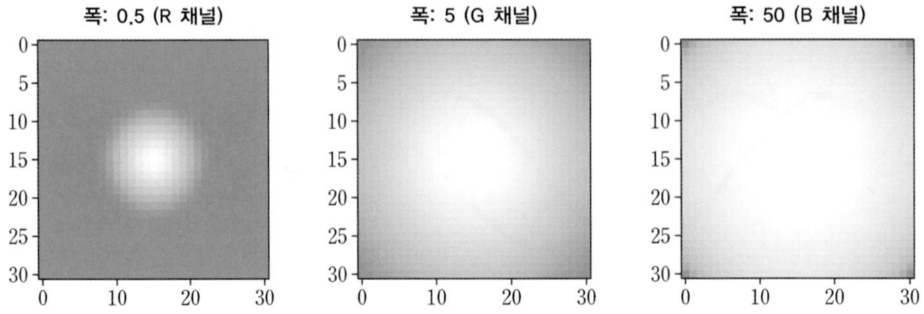

그림 6-10 [연습 문제 6-6]에서 색상 채널마다 사용된 커널

| 연습 문제 6-7 |

엄밀히 말해서 이미지 평활은 신호의 부드러운 특징을 추출하는 동시에 날카로운 특징을 감쇠하기 때문에 특징 추출이라고 할 수 있습니다. 여기서는 필터 커널을 변경해서 수평선과 수직선을 식별하는 다른 이미지 특징 감지 문제를 풀어 봅니다.

[그림 6-11]은 두 커널과 각각이 이미지에 미치는 영향을 보여 줍니다. 시각적 모양대로 두 커널을 수작업으로 만들 수 있습니다. 이 커널은 3×3이며 숫자 −1, 0, +1로만 구성됩니다. [그림 6-11]과 같은 특징 지도를 만들기 위해 이 커널을 2차원 그레이스케일 그림과 합성합니다.

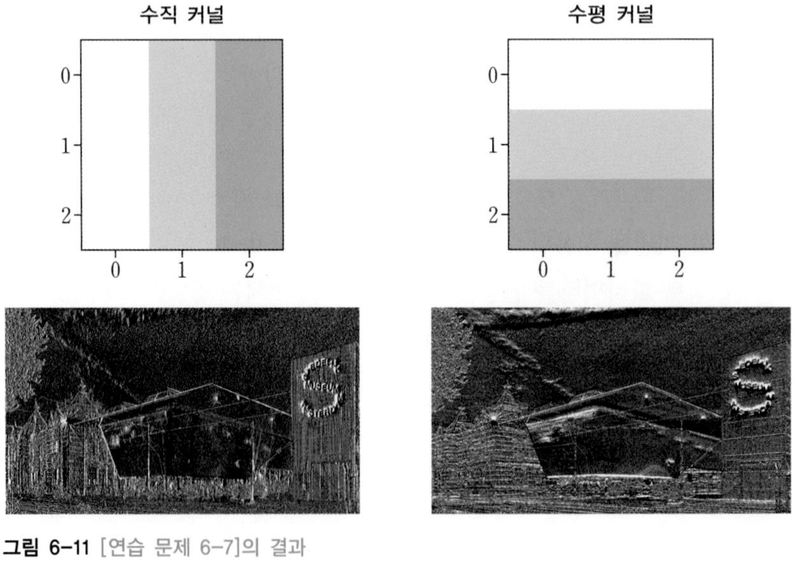

그림 6-11 [연습 문제 6-7]의 결과

CHAPTER 7 역행렬: 행렬 방정식의 만능 키

우리의 궁극적인 목표는 행렬 방정식을 푸는 것입니다. 기본적으로 행렬 방정식은 일반적인 방정식과 동일합니다(예를 들어 $4x = 8$에서 x를 구하는 것입니다). 하지만 항이 행렬이라는 점이 다릅니다. 여기까지 책을 읽으면서 우리는 행렬이 들어가면 조금 복잡해진다는 것을 알게 되었습니다. 그럼에도 이제는 그 복잡성을 받아들여야 합니다. 왜냐하면 행렬 방정식을 푸는 것은 데이터 과학에서 매우 중요하기 때문입니다.

역행렬은 통계 모델의 데이터 적합(일반 선형 모델과 회귀를 생각해 보세요) 등 실제 응용 과정에서 행렬 방정식을 해결할 때 꼭 필요합니다. 이 장을 마칠 때면 역행렬이 무엇인지, 언제 계산이 가능한지, 어떻게 계산하는지, 어떻게 해석할 수 있는지를 제대로 이해할 수 있을 겁니다.

7.1 역행렬

행렬 $\mathbf{A}$의 역행렬은 $\mathbf{A}$와 곱해서 단위 행렬을 만드는 행렬 $\mathbf{A}^{-1}$을 말합니다. 즉, $\mathbf{A}^{-1}\mathbf{A} = \mathbf{I}$입니다. 이것은 마치 행렬을 '취소cancel'하는 것과 같습니다. 또 다르게 정의하면 행렬을 단위 행렬로 선형 변환하는 것입니다. 즉 역행렬은 선형 변환을 포함하며 행렬 곱셈은 이 변환을 적용하는 매커니즘입니다.

그런데 왜 행렬의 역을 구해야 할까요? $\mathbf{Ax} = \mathbf{b}$ 형태의 문제에서 $\mathbf{A}$와 $\mathbf{b}$는 이미 알고 있는 값이고 $\mathbf{x}$를 구하려면 행렬을 '취소'해야 합니다. 일반적인 답은 다음과 같습니다.

$$
\begin{aligned}
Ax &= b \\
A^{-1}Ax &= A^{-1}b \\
Ix &= A^{-1}b \\
x &= A^{-1}b
\end{aligned}
$$

이렇게 식으로만 보면 매우 간단해 보일 수도 있지만 역행렬 계산이 굉장히 어렵다는 것을 곧 알게 될 것입니다.

7.2 역행렬의 유형과 가역성의 조건

지금은 '역행렬'이 항상 존재할 것이라고 생각할 수 있습니다. 편하게 행렬을 뒤집을 수 있는 방법이 있다면 그것을 활용하지 않을 사람이 어디 있을까요? 하지만 불행하게도 인생에 쉬운 길은 없죠. 다시 말해 모든 행렬을 뒤집을 수는 없습니다.

가역성에 대한 조건이 다른 세 가지 종류의 역행렬이 있습니다. 이들에 대해서 여기에서는 소개만하고 자세한 내용은 다음 절에서 설명하겠습니다.

| 완전 역행렬 |

이것은 $A^{-1}A = AA^{-1} = I$를 의미합니다. 행렬이 완전 역행렬을 가지려면 (1)정방이면서 (2)최대계수이어야 합니다. 모든 정방 최대계수 행렬은 역행렬을 가지고, 완전 역행렬을 갖는 모든 행렬은 정방이며 최대계수입니다. 일반적으로 완전 역행렬은 우리가 익히 하는 **역행렬**이라고 불러도 되지만, 다음 두 가지 종류와 구별하기 위해 여기서 **완전 역행렬**이라는 용어를 사용했습니다.

| 단방향 역행렬 |

단방향 역행렬은 정방이 아닌 행렬을 단위 행렬로 변환할 수 있지만 하나의 곱셈 방향에 대해서만 동작합니다. 높은 행렬 T는 **왼쪽 역행렬**을 가질 수 있습니다. 즉 $LT = I$이지만 $TL \neq I$입니다. 그리고 넓은 행렬 W는 **오른쪽 역행렬**을 가질 수 있습니다. 즉 $WR = I$이지만, $RW \neq I$입니다.

정방이 아닌 행렬은 최대로 가능한 계수일 때만 단방향 역행렬을 가집니다. 즉, 높은 행렬은 계수가 N(최대열계수)이면 왼쪽 역행렬을 가지지만, 넓은 행렬은 계수가 M(최대행계수)이면 오른쪽 역행렬을 갖습니다.

| 의사역행렬 |

모든 행렬에는 모양과 계수에 관계없이 의사역행렬pseudo inverse이 존재합니다. 행렬이 정방 최대계수이면 의사역행렬은 완전 역행렬과 같습니다. 마찬가지로, 행렬이 정방이 아니면서 최대로 가능한 계수를 갖는다면, 의사역행렬은 왼쪽 역행렬(높은 행렬이라면) 또는 오른쪽 역행렬(넓은 행렬이라면)과 같습니다. 그러나 축소계수 행렬 또한 의사역행렬을 가지며, 이때 의사역행렬은 특이 행렬을 단위 행렬과 가깝지만 정확히는 다른 행렬로 변환합니다.

완전 역행렬 또는 단방향 역행렬이 존재하지 않는 행렬을 **특이** 또는 **비가역** 행렬이라고 합니다. 이는 행렬을 **축소계수**reduced-rank 또는 **계수부족**rank-deficient이라고 지칭하는 것과 같습니다.

7.3 역행렬 계산

역행렬은 어떻게 계산할까요 먼저 우리가 알고 있는 **스칼라**의 역을 계산하는 방법을 보겠습니다. 숫자는 단순히 반전(역수)하는 것입니다. 예를 들어, 숫자 3의 역수는 1/3이며 3^{-1}과 같습니다. 그러면 $3 \times 3^{-1} = 1$입니다.

이 추론을 바탕으로 역행렬도 동일한 방식일 거라고 생각할 수 있습니다. 직접 해 봅시다. 각 행렬 원소를 반전시킵니다. 다음과 같이 시도해 봅시다.

$$\begin{bmatrix} a & b \\ c & d \end{bmatrix}^{-1} = \begin{bmatrix} 1/a & 1/b \\ 1/c & 1/d \end{bmatrix}$$

하지만 이것은 우리가 원하는 결과가 아닙니다. 원래 행렬에 이렇게 개별 원소가 반전된 행렬을 곱하면 쉽게 검증할 수 있습니다.

$$\begin{bmatrix} a & b \\ c & d \end{bmatrix} \begin{bmatrix} 1/a & 1/b \\ 1/c & 1/d \end{bmatrix} = \begin{bmatrix} 1 + b/c & a/b + b/d \\ c/a + d/c & 1 + c/b \end{bmatrix}$$

곱셈이 가능하긴 하지만 우리가 원했던 결과인 단위 행렬이 만들어지지 **않습니다**. 즉 개별 원소가 단순히 반전된 행렬은 역행렬이 **아니라는** 것을 의미합니다.

모든 역행렬의 행렬을 계산하는 알고리즘이 있습니다. 이 알고리즘은 길고 지루하지만 (컴퓨터를 이용하면 숫자를 고속으로 처리할 수 있습니다!) 몇 가지 특수 행렬에는 아주 효과적입니다.

7.3.1 2×2 행렬의 역행렬

2×2 행렬의 역을 구하려면 대각 원소를 교환하고, 대각이 아닌 원소에 −1을 곱한 다음, 행렬식으로 나눠야 합니다. 이 알고리즘으로 원래 행렬을 단위 행렬로 변환하는 역행렬을 생성할 수 있습니다.

집중해서 보세요.

$$\begin{aligned} \mathrm{A} &= \begin{bmatrix} a & b \\ c & d \end{bmatrix} \\ \mathrm{A}^{-1} &= \frac{1}{ad - bc} \begin{bmatrix} d & -b \\ -c & a \end{bmatrix} \\ \mathrm{A}\mathrm{A}^{-1} &= \begin{bmatrix} a & b \\ c & d \end{bmatrix} \frac{1}{ad - bc} \begin{bmatrix} d & -b \\ -c & a \end{bmatrix} \\ &= \frac{1}{ad - bc} \begin{bmatrix} ad - bc & 0 \\ 0 & ad - bc \end{bmatrix} \\ &= \begin{bmatrix} 1 & 0 \\ 0 & 1 \end{bmatrix} \end{aligned}$$

수치적인 예를 들어 보겠습니다.

$$\begin{bmatrix} 1 & 4 \\ 2 & 7 \end{bmatrix} \begin{bmatrix} 7 & -4 \\ -2 & 1 \end{bmatrix} \frac{1}{7-8} = \begin{bmatrix} (7-8) & (-4+4) \\ (14-14) & (-8+7) \end{bmatrix} \frac{1}{-1} = \begin{bmatrix} 1 & 0 \\ 0 & 1 \end{bmatrix}$$

굉장히 잘 동작합니다.

파이썬을 이용하면 더 쉽게 계산할 수 있습니다.

```
A = np.array([ [1,4],[2,7] ])
Ainv = np.linalg.inv(A)
A@Ainv
```

A@Ainv를 통해 단위 행렬이 생성되는지 확인할 수 있습니다. Ainv@A도 마찬가지입니다. 당연히 A*Ainv로는 단위 행렬이 생성되지 않습니다. *가 아다마르(원소별)곱이기 때문입니다.

[그림 7-1]은 행렬, 역행렬 그리고 이들의 곱을 시각화한 것입니다.

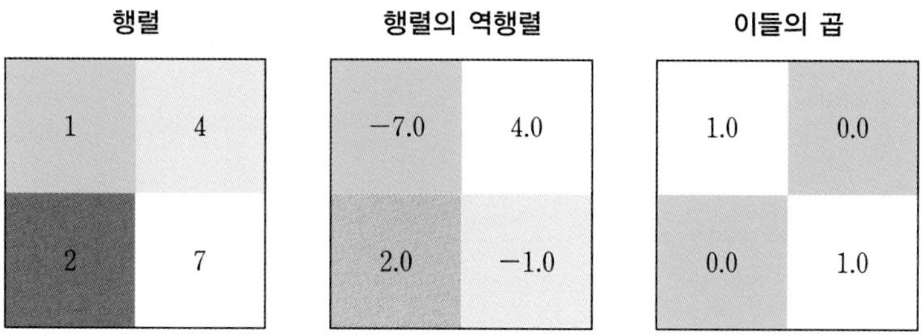

그림 7-1 2×2 행렬의 역행렬

다른 예를 들어 보겠습니다.

$$\begin{bmatrix}1 & 4\\ 2 & 8\end{bmatrix}\begin{bmatrix}8 & -4\\ -2 & 1\end{bmatrix}\frac{1}{0} = \begin{bmatrix}(8-8) & (-4+4)\\ (16-16) & (-8+8)\end{bmatrix}\frac{1}{0} = ???$$

이 예에는 몇 가지 문제가 있습니다. 우선 행렬 곱셈의 결과가 $\Delta \mathrm{I}$ 가 아닌 0입니다. 하지만 더 큰 문제가 있습니다. 행렬식이 0입니다! 옛날부터 수학자들은 0으로 나누는 것은 불가능하다고 오랫동안 증명해 왔지만, 일단 지금은 신경 쓰지 맙시다.

두 번째 예는 무엇이 다른가요? 이것은 축소계수 행렬(계수 = 1)입니다. 즉 축소계수 행렬은 비가역적이라는 수치 예제를 보여 주고 있습니다.

이 예의 파이썬 결과는 무엇일까요? 한번 알아봅시다.

```
A = np.array([ [1,4],[2,8] ])
Ainv = np.linalg.inv(A)
A@Ainv
```

파이썬은 계산조차 하지 않고, 다음 메시지와 함께 오류가 납니다.

```
LinAlgError: 특이 행렬
```

축소계수 행렬은 역행렬을 가지지 않으며 파이썬과 같은 프로그램에서는 애초에 역행렬을 계산하려고도 하지 않습니다. 그러나 의사역행렬은 존재합니다. 이유는 이후의 절에서 다시 설명하겠습니다.

7.3.2 대각 행렬의 역행렬

정방 대각 행렬의 역행렬을 계산하는 쉬운 방법이 있습니다. 이 방법의 핵심은 두 대각 행렬의 곱이 대응하는 대각 원소의 스칼라 곱셈이라는 것입니다([연습 문제 4-12]에서 다뤘습니다). 글을 계속 읽기 전에 우선 아래 예제를 살펴보면서 대각 행렬의 역행렬을 구하는 쉬운 방법을 생각해 보세요.

$$\begin{bmatrix} 2 & 0 & 0 \\ 0 & 3 & 0 \\ 0 & 0 & 4 \end{bmatrix} \begin{bmatrix} b & 0 & 0 \\ 0 & c & 0 \\ 0 & 0 & d \end{bmatrix} = \begin{bmatrix} 2b & 0 & 0 \\ 0 & 3c & 0 \\ 0 & 0 & 4d \end{bmatrix}$$

대각 행렬의 역행렬을 계산하는 방법을 알아냈나요? 비법은 각 대각 원소를 뒤집는 것입니다. 대각에 없는 0은 무시해도 됩니다. 이전 예제에서 $b=1/2, c=1/3, d=1/4$로 설정하면 명확해집니다.

대각선에 0이 있는 대각 행렬이라면 어떻게 될까요? 1/0이 되므로 역을 구할 수 없습니다. 따라서 대각선에 0이 하나 이상 있는 대각 행렬은 역행렬이 존재하지 않습니다(또한 5장에서 대각 행렬은 모든 대각선 원소가 0이 아닌 경우에만 최대계수였음을 기억하세요).

대각 행렬의 역행렬은 의사역행렬을 계산하는 공식으로 직접 연결되기 때문에 중요합니다. 나중에 이것에 대해 더 자세히 다루겠습니다.

7.3.3 임의의 정방 최대계수 행렬의 역행렬

솔직히 말해서, 이 절을 포함시킬지에 대해 많이 고민했습니다. 가역행렬의 역을 구하는 전체 알고리즘은 길고 지루하며 응용에서도 이 알고리즘을 사용할 일이 거의 없습니다(대신 `np.linalg.inv` 또는 `inv`를 호출하는 다른 함수를 사용합니다).

그렇지만 이 절의 내용은 방정식과 문자로 설명된 알고리즘을 파이썬 코드로 변환하는 방법을 연습할 수 있는 좋은 기회입니다. 그러므로 여기서는 코드없이 알고리즘이 어떻게 작동하는지 설명하겠습니다. 이 절을 읽으면서 파이썬으로 알고리즘을 코딩하는 것을 권장하며, [연습 문제 7-2]에서 여러분의 답과 정답을 비교할 수 있습니다.

역행렬을 계산하는 알고리즘에는 **소행렬**minors matrix, **격자행렬**grid matrix, **여인수행렬**cofactors matrix, **수반행렬**adjugate matrix이라고 하는 네 개의 중간 행렬이 포함됩니다.

| 소행렬 |

이 행렬은 부분행렬의 행렬식으로 구성됩니다. 소행렬의 각 원소 $m_{i,j}$는 i번째 행과 j번째 열을 제외하고 만든 부분행렬의 행렬식입니다. [그림 7-2]는 3 × 3 행렬에 대해 소행렬을 구하는 과정입니다.

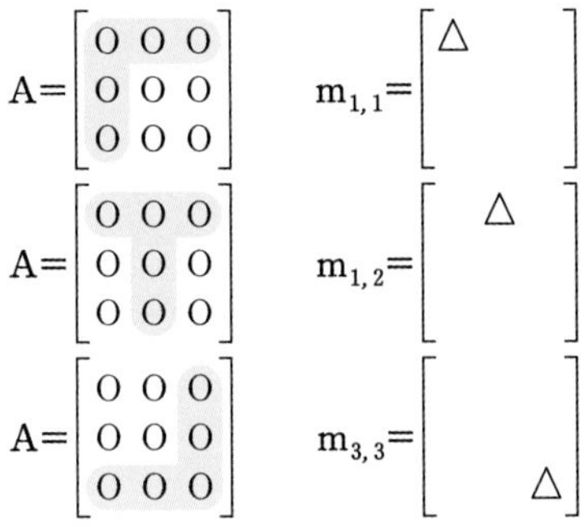

그림 7-2 소행렬 계산(강조색 음영 영역을 제거해서 각 부분행렬을 생성)

| 격자행렬 |

격자행렬은 한마디로 +1과 −1을 교대로 사용하는 체스판입니다. 다음 공식을 사용해서 계산됩니다.

$$g_{i,j} = -1^{i+j}$$

파이썬에서 이 공식을 구현할 때 색인화와 지수화를 주의하세요. 행렬을 주의 깊게 확인해서 상단 왼쪽 원소에 +1이 있으면서 부호가 교대로 존재하는 체스판인지 확인해야 합니다.

| 여인수행렬 |

여인수행렬은 소행렬과 격자행렬의 아다마르곱의 결과로 생성됩니다.

| 수반행렬 |

여인수행렬의 전치입니다. 원래 행렬(여인수행렬이 아니라 역행렬을 구하려는 행렬)의 행렬식의 역수를 스칼라 곱셈한 것입니다.

즉, 수반행렬은 원래 행렬의 역행렬입니다.

[그림 7-3]은 네 개의 중간 행렬과 `np.linalg.inv`에 의해 반환된 역행렬, 그리고 이전에 설명된 과정에 따라 계산된 역행렬과 원래 행렬의 곱의 결과인 단위 행렬을 보여 줍니다. 원래 행렬은 난수 행렬입니다.

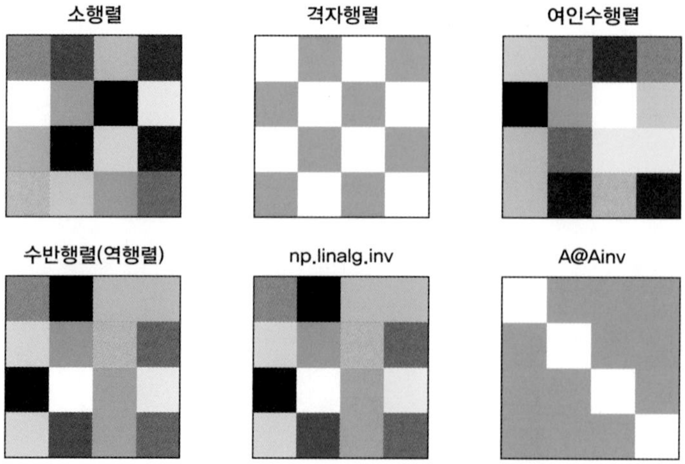

그림 7-3 난수 행렬에 대한 역행렬 생성 시각화

7.3.4 단방향 역행렬

높은 행렬은 완전 역행렬을 가지지 않습니다. 즉 크기가 $M > N$인 행렬 $\mathbf{T}$에 대해서 $\mathbf{T}\mathbf{T}^{-1} = \mathbf{T}^{-1}\mathbf{T} = \mathbf{I}$를 만족하는 높은 행렬 $\mathbf{T}^{-1}$은 존재하지 않습니다.

하지만 $\mathbf{L}\mathbf{T} = \mathbf{I}$를 만족하는 행렬 $\mathbf{L}$은 존재합니다. 여기서 목표는 이 행렬을 찾는 것입니다. 먼저 행렬 $\mathbf{T}$를 정방으로 만듭니다. 어떻게 정방이 아닌 행렬을 정방 행렬로 만들까요? 이미 우리는 답을 알고 있습니다. 전치를 곱하는 것입니다.

하지만 또 다른 문제가 있습니다. $\mathbf{T}^{\mathrm{T}}\mathbf{T}$를 계산해야 할까요? 아니면 $\mathbf{T}\mathbf{T}^{\mathrm{T}}$를 계산해야 할까요? 둘 다 정방이 되지만 만약 $\mathbf{T}$가 최대열계수라면 $\mathbf{T}^{\mathrm{T}}\mathbf{T}$는 최대계수가 됩니다. 이것이 왜 중요할까요? 모든 정방 최대계수 행렬은 역행렬을 가집니다. 왼쪽 역행렬을 도출하기 전에, 파이썬으로 높은 행렬과 그 행렬의 전치를 곱한 행렬은 완전 역행렬을 가진다는 사실을 구현해 봅시다.

```
T = np.random.randint(-10,11,size=(40,4))
TtT = T.T @ T
TtT_inv = np.linalg.inv(TtT)
TtT_inv @ TtT
```

코드의 마지막 줄에서 (기계 정밀도 오차 내에서) 단위 행렬이 생성되는지 확인할 수 있습니다.

이 파이썬 코드를 수학 방정식으로 변환해 보겠습니다.

$$(\mathbf{T}^{\mathrm{T}}\mathbf{T})^{-1}(\mathbf{T}^{\mathrm{T}}\mathbf{T}) = \mathbf{I}$$

코드와 공식을 통해 $\mathbf{T}^{\mathrm{T}}\mathbf{T}$가 $\mathbf{T}$와 같은 행렬이 아니기 때문에 $(\mathbf{T}^{\mathrm{T}}\mathbf{T})^{-1}$은 $\mathbf{T}$의 역행렬이 **아님**을 알 수 있습니다.

하지만 여기서 핵심은 따로 있습니다. 우리는 $\mathbf{T}$의 왼쪽으로 곱해서 단위 행렬을 만드는 행렬을 찾고 있습니다. 실제로 그 행렬을 만들기 위해 어떤 행렬을 곱해야 하는지는 신경 쓰지 않았습니다. 자, 이제 행렬 곱셈을 분해하고 다시 그룹지어 봅시다.

$$L = (T^T T)^{-1} T^T$$
$$LT = I$$

행렬 L 은 행렬 T 의 **왼쪽 역행렬**입니다.

이제 파이썬 코드에서 왼쪽 역행렬을 계산해 보고 그것이 우리의 목적과 일치하는지 확인할 수 있습니다. 원래의 높은 행렬의 왼쪽으로 곱해서 단위 행렬을 만듭니다.

```
L = TtT_inv @ T.T # 왼쪽 역행렬
L@T # 단위 행렬을 생성
```

또한 파이썬에서 TL (즉 왼쪽 역행렬을 **오른쪽**에서 곱합니다)이 단위 행렬이 **아님**을 확인할 수 있습니다. 그렇기 때문에 왼쪽 역행렬은 단방향입니다.

[그림 7-4]는 높은 행렬, 왼쪽 역행렬, 왼쪽 역행렬을 행렬에 곱하는 두 가지 방법을 보여 줍니다. 왼쪽 역행렬은 정방 행렬이 아니며 왼쪽 역행렬을 오른쪽에서 곱한 결과는 절대로 단위 행렬이 아니라는 점을 유념하세요.

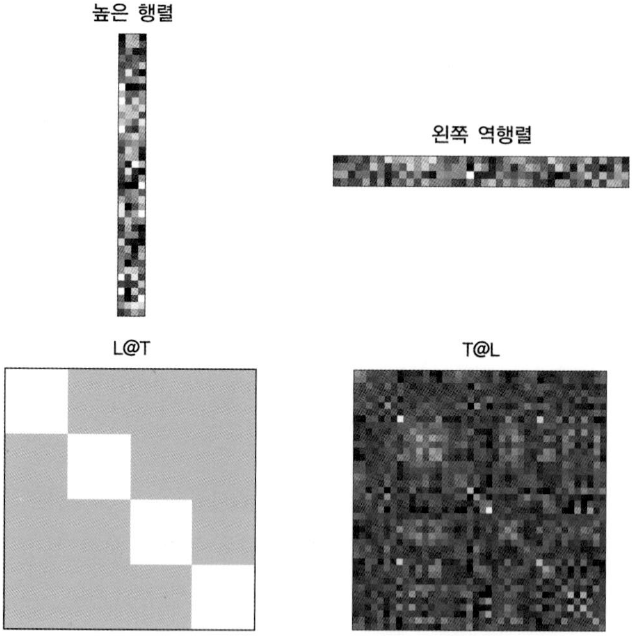

그림 7-4 왼쪽 역행렬 시각화

왼쪽 역행렬은 매우 중요합니다. 실제로 통계 모델을 데이터에 적합하는 방법과 최소제곱법에 대해 배우면 왼쪽 역행렬이 곳곳에 등장하는 것을 볼 수 있습니다. 선형대수학의 왼쪽 역행렬이 현대 인류 문명에 가장 중요한 기여라고 해도 과언이 아닙니다.

이제 이 절에서 다루는 왼쪽 역행렬에 대한 마지막 내용입니다. 왼쪽 역행렬은 최대열계수를 갖는 높은 행렬에 대해서만 정의됩니다. 크기가 $M > N$이고 행렬의 계수가 $r < N$인 행렬에는 왼쪽 역행렬이 없습니다. 왜 그럴까요? 각주에 답이 나와 있습니다.[1]

이제 우리는 왼쪽 역행렬을 계산하는 방법을 알았습니다. 오른쪽 역행렬은 어떨까요? 일단 여기서는 다루지 않겠습니다! 일부러 숨기고 있는 비밀이 아니며 여러분이 싫어서도 아닙니다. 대신 스스로 오른쪽 역행렬의 공식을 도출하고 파이썬을 사용해서 코드로 그것을 구현하는 것에 도전하기를 바랍니다. [연습 문제 7-4]에 몇 가지 힌트가 있습니다. 그러므로 다음 절을 진행하기 전에 먼저 파악하고 싶다면 지금 확인해 보세요.

7.4 역행렬의 유일성

역행렬은 유일합니다. 즉 역행렬이 있다면 정확히 하나만 존재합니다. $\mathbf{AB} = \mathbf{I}$와 $\mathbf{AC} = \mathbf{I}$일 때 $\mathbf{B} \neq \mathbf{C}$인 두 개의 행렬 $\mathbf{B}$와 $\mathbf{C}$는 존재할 수 없습니다.

이 주장에 대한 몇 가지 증명이 있습니다. 필자는 **부정에 의한 증명**proof by negation이라는 기술로 증명해 보겠습니다. 이 방식은 거짓 주장을 증명하려고 노력하지만 실패함으로써 올바른 주장을 증명하는 것입니다. 여기서는 세 가지 가정으로 시작합니다. (1) 행렬 $\mathbf{A}$는 가역적이고, (2) 행렬 $\mathbf{B}$와 $\mathbf{C}$는 $\mathbf{A}$의 역행렬이며, (3) 행렬 $\mathbf{B}$와 $\mathbf{C}$는 서로 다릅니다. 즉 $\mathbf{B} \neq \mathbf{C}$입니다. 그리고 다음의 각 식을 왼쪽에서 오른쪽으로 따라가보면 다음 식은 이전 식에서 행렬과 역행렬의 곱인 단위 행렬을 추가하거나 제거해서 만들어지는 것을 알 수 있습니다.

$$\mathbf{C} = \mathbf{CI} = \mathbf{CAB} = \mathbf{IB} = \mathbf{B}$$

---

1 $\mathbf{T}^T\mathbf{T}$는 축소 행렬이므로 비가역입니다.

모든 식이 동일하므로 첫 번째와 마지막 식은 동일하며 이는 $B \neq C$ 에 대한 가정이 거짓임을 의미합니다. 결론은 동일한 행렬의 역행렬은 고유하다는 것입니다. 다시 말해 가역 행렬의 역행렬은 정확히 하나입니다.

7.5 무어-펜로즈 의사역행렬

이전에 언급했듯이 행렬 곱셈을 통해 축소계수 행렬을 단위 행렬로 변환하는 것은 불가능합니다. 즉 축소계수 행렬은 완전 또는 단방향 역행렬을 가지지 않습니다. 하지만 특이 행렬은 의사역행렬들pseudo invserses을 가집니다. 의사역행렬은 행렬을 단위 행렬에 가깝게 만드는 변환 행렬입니다.

의사역행렬들이라고 복수로 나타낸 것은 오타가 아닙니다. 완전 역행렬은 고유하지만 의사역행렬은 그렇지 않습니다. 축소계수 행렬에는 무한한 수의 의사역행렬이 존재합니다. 그러나 실제로 가장 나은, 즉 여러분이 사용할 의사역행렬은 단 하나뿐입니다.

이를 무어-펜로즈 의사역행렬Moore-Penrose pseudo inverse matrix이라고 하며, 때때로 MP로 약칭하기도 합니다. 하지만 이것이 가장 일반적으로 사용되므로 **의사역행렬**이라는 용어는 무어-펜로즈 의사역행렬을 의미한다고 보면 됩니다.

다음 행렬은 이 장의 앞부분에서 살펴본 특이 행렬의 의사역행렬입니다. 첫 번째 줄은 행렬의 의사역행렬을 나타내고, 두 번째 줄은 행렬과 의사역행렬의 곱을 나타냅니다.

$$\begin{bmatrix} 1 & 4 \\ 2 & 8 \end{bmatrix}^{\dagger} = \frac{1}{85}\begin{bmatrix} 1 & 2 \\ 4 & 8 \end{bmatrix}$$

$$\begin{bmatrix} 1 & 4 \\ 2 & 8 \end{bmatrix}\frac{1}{85}\begin{bmatrix} 1 & 2 \\ 4 & 8 \end{bmatrix} = \begin{bmatrix} .2 & .4 \\ .4 & .8 \end{bmatrix}$$

(행렬을 좀 더 보기 편하게 하기 위해 85의 배율을 사용했습니다.)

의사역행렬은 위첨자 안에 단검, 더하기 기호 또는 별표를 사용하여 표시합니다. 즉 $A^{\dagger}$, A^{+}, A^{*}입니다. 파이썬에서 의사역행렬을 구하는 함수는 `np.linalg.pinv` 입니다.

다음 코드는 np.linalg.inv가 오류를 출력한 특이 행렬의 의사역행렬을 계산합니다.

```
A = np.array([ [1,4],[2,8] ])
Apinv = np.linalg.pinv(A)
A@Apinv
```

의사역행렬은 어떻게 계산할 수 있나요? 이 알고리즘은 특잇값 분해를 이해하고나면 간단합니다. 여기서는 의사역행렬 계산에 대해 간략하게 설명하겠습니다. 지금은 이해가 되지 않더라도 12장을 끝내면 직관적으로 이해할 수 있으니 걱정하지 마세요. 의사역행렬을 계산하려면 행렬의 SVD를 가져와서, 특이벡터를 변경하지 않고 0이 아닌 특잇값의 분자와 분모를 바꾼 다음, $U\Sigma^{+}V^{T}$를 곱하여 행렬을 재구성합니다.

7.6 역행렬의 수치적 안정성

행렬의 역행렬을 계산하려면 많은 행렬식을 포함해 상당한 FLOP(부동 소수점 연산)이 수반됩니다. 5장에서 행렬의 행렬식은 수치적으로 불안정할 수 있으므로 **많은** 행렬식을 계산하면 수치적 부정확성이 발생할 수 있습니다. 또한 이러한 부정확성이 누적되면 큰 행렬을 연산할 때 심각한 문제를 일으킬 수 있다는 것을 이미 배웠습니다.

이러한 이유로 수치 연산을 구현하는 저수준 라이브러리(예를 들어 LAPACK)는 가능하면 행렬의 역행렬을 명확하게 구하려고 애쓰지 않고 수치적으로 더 안정적인 다른 행렬의 곱으로 분해합니다(예를 들어 8장에서 배우게 될 QR 분해).

수칫값이 대체로 같은 범위에 있는 행렬이 더 안정적인 경향이 있습니다(보장되지는 않지만). 이것이 난수 행렬이 작업하기 쉬운 이유입니다. 반대로 수칫값의 범위가 넓은 행렬은 숫자가 불안정할 위험이 높습니다. '수칫값의 범위'는 행렬의 **조건수**를 이용해 보다 공식적으로 표현할 수 있습니다. 이 수는 가장 큰 값과 가장 작은 특잇값의 비율입니다. 조건수에 대해서는 13장에서 자세히 알아보겠지만, 여기서는 조건수가 행렬에서 수칫값의 범위를 측정하는 척도라는 정도로만 이해하면 됩니다.

수치적으로 불안정한 행렬의 예로 힐버트 행렬을 들 수 있습니다. 힐버트 행렬의 각 원소는 [식 7-1]에 표시된 간단한 공식으로 정의할 수 있습니다.

식 7-1 힐버트 행렬을 생성하는 공식. i와 j는 행과 열 인덱스입니다.

$$h_{i,j} = \frac{1}{i+j-1}$$

다음은 3 × 3 힐버트 행렬의 예입니다.

$$\begin{bmatrix} 1 & 1/2 & 1/3 \\ 1/2 & 1/3 & 1/4 \\ 1/3 & 1/4 & 1/5 \end{bmatrix}$$

행렬이 커질수록 수칫값의 범위가 늘어납니다. 결과적으로 컴퓨터로 계산된 힐버트 행렬의 계수는 급격히 낮아집니다. 최대계수의 힐버트 행렬은 전혀 다른 수치 범위에서 역행렬을 갖습니다. 이는 다음 그림에 설명되어 있습니다. [그림 7-5]는 5 × 5 힐버트 행렬과 역행렬 그리고 그 곱을 보여 줍니다.

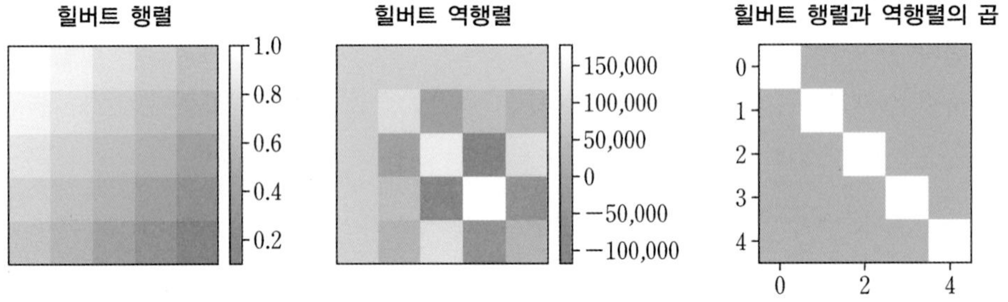

그림 7-5 힐버트 행렬과 역행렬 그리고 그 곱

곱 행렬이 보기에는 단위 행렬처럼 보이지만, 행렬의 크기에 따라 반올림 오차가 급격히 증가한다는 것을 [연습 문제 7-9]에서 알게 될 것입니다.

7.7 역행렬의 기하학적 해석

5장과 6장에서는 행렬과 벡터의 곱셈을 벡터 또는 점 집합의 기하학적 변환으로 개념화하는 방법을 배웠습니다.

이러한 맥락에서 역행렬은 행렬 곱셈으로 인한 기하학적 변환을 되돌리는 것으로 생각할 수 있습니다. [그림 7-6]은 [그림 6-8]에서 뒤따르는 예로, 변환된 기하학적 좌표에 변환 행렬의 역행렬을 곱하기만 하면 됩니다.

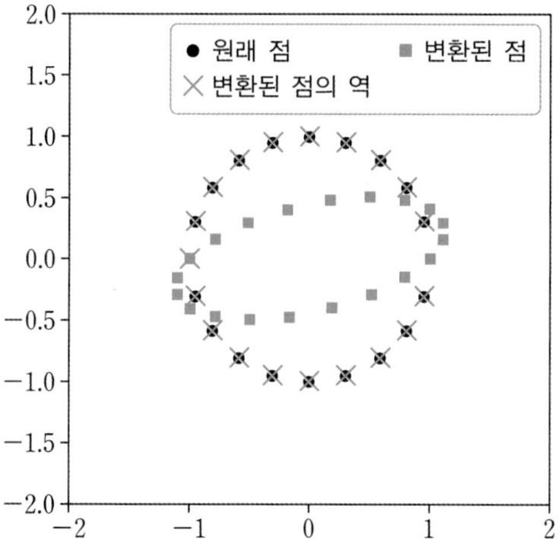

그림 7-6 역행렬은 기하학적 변환을 되돌립니다([연습 문제 7-8]에서 이 그림을 직접 그려 봅니다).

이러한 기하학적 효과는 수학적으로 살펴보았을 때 당연한 사실입니다. 다음 식에서 P는 최초 기하학적 좌표의 $2 \times N$ 행렬이고, T는 변환 행렬, Q는 변환된 좌표의 행렬, U는 역변환 좌표의 행렬입니다.

$$
\begin{aligned}
\mathrm{Q} &= \mathrm{T\,P} \\
\mathrm{U} &= \mathrm{T}^{-1}\mathrm{Q} \\
\mathrm{U} &= \mathrm{T}^{-1}\mathrm{T\,P}
\end{aligned}
$$

당연한 결과지만 이 해석이 역행렬의 목적인 **행렬에 의해 가해진 변환을 되돌리는 것**에 대한 기하학적 직관력을 키우는 데 도움이 되기를 바랍니다. 또한 행렬을 특이분해를 통해 대각화하는 것에 대해 배울 때 유용하게 사용할 수 있습니다.

그리고 이 기하학적 해석은 축소계수 행렬에 역이 없는 이유에 대한 직관력을 갖게 해줍니다. 특이 행렬에 의한 변환의 기하학적 효과는 적어도 하나의 차원이 평평해진다는 것입니다. 거울을 정면에서 봤을 때 자신의 뒷모습을 볼 수 없는 것처럼 한 차원이 평평해지면 그 차원은 다시 평평하게 만들 수 없습니다.[2]

7.8 정리

이 장을 작성하는 것이 정말 즐거웠고, 여러분도 이 장에서 많은 것을 배웠기를 바랍니다. 다음은 주요 내용을 요약한 것입니다.

요점정리

- 역행렬은 행렬 곱셈을 통해 완전 행렬을 최대계수 행렬로 변환하는 행렬입니다. 역행렬은 방정식에서 행렬을 이동시키는 등 다양한 용도로 사용됩니다(예를 들어 $\mathbf{Ax}=\mathbf{b}$에서 $\mathbf{x}$를 구하기).
- 정방 최대계수 행렬에는 완전 역행렬이 존재하고, 높은 최대열계수 행렬에는 왼쪽 역행렬을, 넓은 최대행계수 행렬은 오른쪽 역행렬을 갖습니다. 축소계수 행렬은 단위 행렬로 선형 변환될 수 없지만, 단위 행렬에 근접한 행렬로 변환시키는 의사역행렬이 존재합니다.
- 역행렬은 고유합니다. 즉 어떤 행렬을 단위 행렬로 선형 변환할 수 있다면 이를 수행하는 방법은 한 가지뿐입니다.
- 2×2 행렬과 대각 행렬을 비롯해 일부 행렬의 역을 계산하는 몇 가지 요령이 있습니다. 이런 간편한 계산법은 행렬의 역을 계산하기 위해 전체 공식을 단순화한 것입니다.
- 수치 정밀도 오류의 위험 때문에 운영 수준 알고리즘은 행렬을 함부로 반전시키지 않고, 수치 안정성이 뛰어나도록 행렬을 반전시킬 수 있는 다른 행렬로 분해합니다.

---

2 어딘가에 **플랫랜드**에 대한 재치 있는 비유가 있는데 필자가 다 설명하기는 어렵습니다. 요점은 플랫랜드 책을 읽어 보세요.

연습 문제

| 연습 문제 7-1 |

역행렬의 역행렬은 원래 행렬이 됩니다. 즉, $(A^{-1})^{-1} = A$ 입니다. 이는 $1/(1/a) = a$ 와 유사합니다. 파이썬을 사용하여 이를 증명해 보세요.

| 연습 문제 7-2 |

7.3.3 '임의의 정방 최대계수 행렬의 역행렬' 절에서 설명한 전체 알고리즘을 구현하고 [그림 7-3]을 재현하세요. 물론 격자행렬과 단위 행렬은 동일하지만 난수 때문에 [그림 7-3]과 다르게 보일 것입니다.

| 연습 문제 7-3 |

이 연습 문제에서는 행렬 원소 a, b, c, d를 사용해 2×2 행렬에 대한 완전 역행렬 알고리즘을 손으로 구현합니다. 이 책에서는 일반적으로 손으로 푸는 문제를 출제하지 않지만, 이 연습 문제에서는 쉬운 풀이법이 어디에서 비롯되는지 보여드리고자 합니다. 스칼라의 행렬식은 절댓값이라는 것을 유념하세요.

| 연습 문제 7-4 |

여기서는 왼쪽 역행렬을 구할 수 있었던 원리를 활용하여 넓은 행렬에 대한 오른쪽 역행렬을 유도합니다. 그런 다음 넓은 행렬에 대해 [그림 7-4]를 재현합니다(힌트: 왼쪽 역행렬의 코드에서 시작해 적절하게 수정합니다).

| 연습 문제 7-5 |

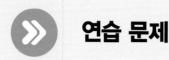

파이썬에서 의사역행렬(`np.linalg.pinv`를 통해)이 가역 행렬의 완전 역행렬(`np.linalg.inv`를 통해)과 같다는 것을 구현하세요. 그리고 의사역행렬이 높은 최대열계수 행렬의

경우 왼쪽 역행렬과 같고, 넓은 최대계수 행렬의 경우 오른쪽 역행렬과 같다는 것을 나타내세요.

| 연습 문제 7-6 |

LIVE EVIL 규칙은 곱 행렬의 역행렬에 적용됩니다. 코드에서 이를 테스트해 봅니다. 두 개의 정방 최대계수 행렬 A와 B를 생성한 다음 유클리드 거리를 사용하여 (1) $(\mathrm{AB})^{-1}$, (2) $\mathrm{A}^{-1}\mathrm{B}^{-1}$, (3) $\mathrm{B}^{-1}\mathrm{A}^{-1}$을 비교합니다. 코딩을 시작하기 전에 어느 값이 동일하게 나올지 예측해 보세요. 다음과 같은 형식으로 결과를 출력해야 합니다(편향되지 않도록 제 결과는 생략했습니다!).

```
(AB)^-1 과 (A^-1)(B^-1) 사이의 거리는 ___
(AB)^-1 과 (B^-1)(A^-1) 사이의 거리는 ___
```

추가 과제로, LIVE EVIL 규칙이 더 길이가 긴 문자열의 행렬(예를 들어 두 행렬이 아닌 네 행렬)에 적용되는지 확인해 보세요.

| 연습 문제 7-7 |

LIVE EVIL 규칙이 단방향 역행렬에도 적용되나요? 즉 $(\mathrm{T}^{\mathrm{T}}\mathrm{T})^{-1} = \mathrm{T}^{-\mathrm{T}}\mathrm{T}^{-1}$입니까? 이전 연습과 마찬가지로 먼저 결과를 예측한 다음 파이썬으로 테스트합니다.

| 연습 문제 7-8 |

이 문제에서는 [그림 7-6]을 재현하는 코드를 작성합니다. 먼저 [연습 문제 6-3]의 코드를 복사합니다. 그림을 재현한 후 왼쪽 아래 원소를 1로 설정하여 변환 행렬을 비가역으로 만듭니다. 오류를 방지하기 위해 코드에서 또 무엇을 변경해야 할까요?

| 연습 문제 7-9 |

이 연습 문제와 다음 연습 문제에서는 힐버트 행렬을 사용하여 역행렬과 수치 불안정성의 위험을 살펴볼 수 있습니다. 먼저 힐버트 행렬을 생성합니다. [식 7-1]에 맞춰 정수를 입력으로 받아 힐버트 행렬을 출력으로 생성하는 파이썬 함수를 작성합니다. 그리고 [그림 7-5]를 재현합니다.

수학 공식에 따라 행과 열(i와 j 행렬 인덱스)에 대해 이중 `for` 문을 사용하여 파이썬 함수를 작성하는 것이 좋습니다. 함수가 올바른지 확인했다면 선택 사항으로 for 반복문을 사용하지 않고 함수를 다시 작성해 보세요(힌트: 외적). 함수의 정확성은 scipy.linalg 라이브러리에 있는 힐버트 함수와 비교하여 확인할 수 있습니다.

| 연습 문제 7-10 |

힐버트 행렬 함수를 사용하여 힐버트 행렬을 만든 다음 np.linalg.inv를 사용하여 그 역을 계산하고 두 행렬의 곱product을 계산합니다. 이 곱은 단위 행렬과 일치해야 합니다. 즉, 이 곱과 np.eye가 생성한 실제 단위 행렬 사이의 유클리드 거리는 0이어야 합니다(컴퓨터의 반올림 오차 이내). 유클리드 거리를 계산합니다.

이 코드를 3 × 3에서 12 × 12에 이르는 다양한 행렬 크기 범위에 대해 수행되도록 for 문에 넣습니다. 각 행렬 크기에 대해 유클리드 거리와 힐버트 행렬의 조건수를 저장합니다. 앞서 설명했듯이 조건수는 행렬에서 수칫값의 퍼짐 정도를 나타내는 척도이며, np.linalg.cond 함수를 사용하여 얻을 수 있습니다.

다음으로 이전 코드를 되풀이하지만 힐버트 행렬 대신 가우스 난수 행렬을 사용합니다.

마지막으로 [그림 7-7]과 같이 모든 결과를 그래프로 표시합니다. 시각적 해석을 용이하게 하기 위해 거리와 조건수를 로그 척도로 그렸습니다.

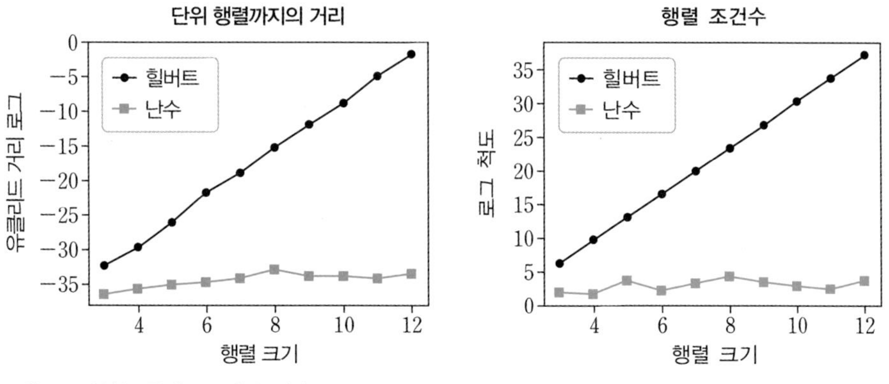

그림 7-7 [연습 문제 7-10]의 결과

이 연습 문제를 통해 선형대수학을 계속 탐구하고 싶은 자극을 받으시기 바랍니다! 힐버트 행렬에 역행렬을 곱한 값을 그래프로 그려 보고(색상 배율도 조정해 보세요), 더 큰 행렬이나 다른 특수 행렬을 사용해 보고, 행렬의 계수나 노름과 같은 다른 속성을 추출해 보세요. 여러분은 선형대수학의 놀라운 땅에서 모험을 하고 있으며, 파이썬은 그 풍경을 가로지르는 마법의 양탄자입니다.

CHAPTER 8

직교 행렬과 QR 분해: 선형대수학의 핵심 분해법 1

이 책에서는 직교벡터 분해, QR 분해, LU 분해, 고윳값 분해, 특잇값 분해 이렇게 다섯 가지 주요 분해법을 배웁니다. 이들이 선형대수학 분해의 전부는 아니지만 데이터 과학과 머신러닝에 있어서 가장 중요한 분해입니다.

이 장에서는 QR 분해를 배웁니다. 이와 함께 새로운 특수 행렬 유형(직교 행렬)도 배우게 됩니다. QR 분해는 역행렬, 최소제곱 모델 적합, 고윳값 분해 등의 응용 분야에 사용되는 핵심 기법입니다. 따라서 QR 분해를 이해하고 익히면 선형대수학의 수준을 대폭 향상시킬 수 있습니다.

8.1 직교 행렬

먼저 직교 행렬에 대해 소개하겠습니다. **직교 행렬**orthogonal matrix은 QR 분해, 고윳값 분해, 특잇값 분해 등 여러 가지 분해에 필수적인 특수 행렬입니다. 문자 Q 는 종종 직교 행렬을 나타내는 데 사용됩니다. 직교 행렬은 두 가지 속성을 가집니다.

| 직교 열 |

행렬의 모든 열은 서로 직교합니다.

| 단위 노름 열 |

각 열의 노름(기하학적 길이)은 정확히 1입니다.

이 두 속성을 수학적 표현식으로 변환할 수 있습니다($\langle a,b \rangle$ 는 내적을 나타내는 또 다른 표기법입니다).

$$\langle \mathbf{q}_i, \mathbf{q}_j \rangle = \begin{cases} 0, & \text{if } i \neq j \\ 1, & \text{if } i = j \end{cases}$$

이 식은 무슨 의미일까요? 모든 열은 자기자신과의 내적은 1이지만 다른 열과의 내적은 0이라는 뜻입니다. 수많은 내적의 결과가 단지 두 가지 뿐인 것입니다. 행렬의 왼쪽으로 그 행렬의 전치를 곱하면 열들사이의 모든 내적을 구할 수 있습니다. $\mathbf{Q}^T$의 행은 $\mathbf{Q}$의 열과 같고 행렬 곱셈은 왼쪽 행렬의 모든 행과 오른쪽 행렬의 모든 열 사이의 내적으로 이루어진다는 것을 떠올려 보세요.

직교 행렬의 두 가지 핵심 속성을 나타낸 다음 행렬 방정식은 그저 경이롭습니다.

$$\mathbf{Q}^T\mathbf{Q} = \mathbf{I}$$

왜 경이로운 것일까요? $\mathbf{Q}^T$ 행렬이 $\mathbf{Q}$에 곱해져서 단위 행렬이 되기 때문입니다. 이는 정확히 역행렬과 같은 정의입니다. 따라서 직교 행렬의 역행렬은 그 행렬의 전치입니다. 사실 일반적으로 역행렬을 구하는 과정은 번거롭고 수치가 부정확하기 쉬운데 행렬 전치는 빠르고 정확합니다.

이러한 행렬이 현실에 실제로 존재할까요 아니면 데이터 과학자의 상상에 불과한 것일까요? 네, 실제로도 존재합니다. 사실 단위 행렬은 직교 행렬의 한 예입니다. 다음은 또 다른 두 가지 예입니다.

$$\frac{1}{\sqrt{2}}\begin{bmatrix} 1 & -1 \\ 1 & 1 \end{bmatrix}, \quad \frac{1}{3}\begin{bmatrix} 1 & 2 & 2 \\ 2 & 1 & -2 \\ -2 & 2 & -1 \end{bmatrix}$$

잠시 시간을 내어 각 열의 노름이 1이고 다른 열과 직교하는지 생각해 보시기 바랍니다. 그리고 파이썬에서 직접 확인해 봅시다.

```
Q1 = np.array([ [1,-1],[1,1] ]) / np.sqrt(2)
Q2 = np.array([ [1,2,2],[2,1,-2],[-2,2,-1] ]) / 3

print( Q1.T @ Q1 )
print( Q2.T @ Q2 )
```

두 출력 모두 단위 행렬입니다(반올림 오차 범위 10^{-15} 이내). QQ^T를 계산하면 어떻게 될까요? 여전히 단위 행렬이 될까요? 직접 계산해 보세요![1]

직교 행렬의 또 다른 예로는 6장에서 배운 순수 회전 행렬이 있습니다. 해당 코드로 돌아가서 회전 각도에 관계없이(모든 행렬 원소에 동일한 회전 각도가 적용된다면) 변환 행렬에 그 전치를 곱한 값이 단위 행렬이라는 것을 확인할 수 있습니다. 치환 행렬도 직교 행렬입니다. 치환 행렬은 행렬의 행을 서로 바꾸는데 사용됩니다. 다음 장의 LU 분해에 대한 논의에서 치환 행렬에 대해 배우는데, 어떻게 이런 수학적 경이로움을 만들어낼 수 있을지 확인할 수 있습니다. 직교 행렬은 QR 분해를 통해 비직교 행렬로부터 계산할 수 있습니다. 그리고 QR 분해는 기본적으로 그람-슈미트 과정에서 발전된 형태입니다. 그렇다면 그람-슈미트 과정은 어떻게 동작할까요? 기본적으로 1장에서 배운 직교벡터 분해와 같습니다.

8.2 그람-슈미트 과정

그람-슈미트 과정은 비직교 행렬을 직교 행렬로 변환하는 방법입니다. 그람-슈미트는 학문적으로는 가치가 높지만 안타깝게도 응용 가치는 매우 낮습니다. 그 이유는 앞서 여러 번 언급했듯이 작은 숫자로 나눗셈과 곱셈을 많이 수행하면 수치적으로 불안정해지기 때문입니다. 다행히도 하우스홀더 변환Householder reflection과 같이 보다 정교하고 수치적으로 안정적인 QR 분해 방법이 있습니다. 이 알고리즘의 자세한 내용은 이 책의 범위를 벗어나지만, 파이썬에서 호출할 수 있는 저수준 수치 계산 라이브러리를 통해 수행할 수 있다는 것만 기억하세요.

여기서 그람-슈미트 과정(GS 또는 G-S로 약칭하기도 합니다)을 설명하는 이유는 직교 벡터 분해를 어떻게 응용하는지 보여 주기 때문입니다. 또한 여러분이 파이썬으로 이 알고리즘을 프로그래밍할 때 다음 수학과 관련된 설명이 필요합니다. 그리고 저수준 구현을 하는 이유는 조금 다르더라도 GS가 QR 분해의 작동 방식과 이유를 개념화하는 꽤 적합한 방법이기 때문입니다.

---

1 이 내용은 [연습 문제 8-1]에서 더 자세히 다룹니다.

열 $\mathbf{v}_1$부터 $\mathbf{v}_n$까지로 구성된 행렬 V는 다음 알고리즘에 따라 열 $\mathbf{q}_k$를 갖는 직교 행렬 Q로 변환됩니다.
V의 모든 열벡터는 첫 번째(가장 왼쪽)부터 시작하여 마지막(가장 오른쪽)까지 차례로 이동합니다.

1. 직교벡터 분해를 사용하여 $\mathbf{v}_k$를 행렬 Q의 모든 이전 열과 직교화합니다. 다시 말해 $\mathbf{q}_{k-1}, \mathbf{q}_{k-2}$에서 $\mathbf{q}_1$까지의 모든 열과 수직인 $\mathbf{v}_k$의 원소를 계산합니다. 이렇게 직교화된 벡터를 $\mathbf{v}_k^*$라고 합니다.[2]
2. $\mathbf{v}_k^*$를 단위 길이로 정규화합니다. 이제 이것은 Q 행렬의 k 번째 열인 $\mathbf{q}_k$가 됩니다.

간단해 보이죠? 하지만 이 알고리즘을 코드로 구현하는 것은 직교화를 반복해야 되기 때문에 까다로울 수 있습니다. 그래도 조금만 인내심을 갖고 노력하면 방법을 알아낼 수 있습니다(연습 문제 8-2).

8.3 QR 분해

GS는 행렬을 직교 행렬 Q로 변환합니다(이전 절에서 설명했듯이, Q는 실제로 하우스홀더 변환으로 알려진 일련의 벡터 평면 반사를 사용해 구할 수도 있지만, 수치상의 문제가 있습니다. GS가 Q 행렬이 어떻게 만들어지는지 개념화할 수 있는 더 좋은 방법입니다).

Caution QR 분해를 어떻게 부를까요?

QR 분해의 "QR"은 "큐 아"로 발음됩니다. 제 생각에 이것은 정말 아쉬운 부분입니다. 만약 "쿼티 분해"라고 발음한다면 선형대수학을 더 재미있게 배울 수 있을 것입니다. 아니면 "코어 분해"라고 발음하여 운동하는 사람들에게 어필할 수도 있었을 것입니다. 좋든 나쁘든 현대의 관습은 과거의 선례를 따라 형성됩니다.

Q는 원래 행렬과 당연히 달라집니다(원래 행렬이 직교 행렬이 아니라고 가정할 때). 따라서 원래 행렬에 대한 정보가 손실된 것입니다. 다행히도 이 '손실된' 정보는 Q에 곱하는 다른 행렬 R에 쉽게 복구해서 저장할 수 있습니다.[3] 그렇다면 자연스럽게 R을 어떻

2 첫 번째 열 벡터는 선행 벡터가 없기 때문에 직교화가 되지 않으므로 다음 정규화 단계부터 시작합니다.

3 행렬 곱셈을 통해 R을 복구하는 것이 가능한 이유는 GS가 일련의 선형 변환이기 때문입니다.

게 생성하는지가 궁금할 것입니다. 사실 R을 생성하는 것은 QR 분해의 정의에서 바로 알 수 있습니다.

$$
\begin{aligned}
A &= QR \\
Q^{T}A &= Q^{T}QR \\
Q^{T}A &= R
\end{aligned}
$$

여기서 직교 행렬의 이점을 확인할 수 있습니다. 역을 계산할 필요 없이 행렬 방정식을 풀 수 있습니다.

다음 파이썬 코드는 정방 행렬의 QR 분해를 계산하는 방법이며, [그림 8-1]은 이 세 행렬을 보여 줍니다.

```
A = np.random.randn(6,6)
Q,R = np.linalg.qr(A)
```

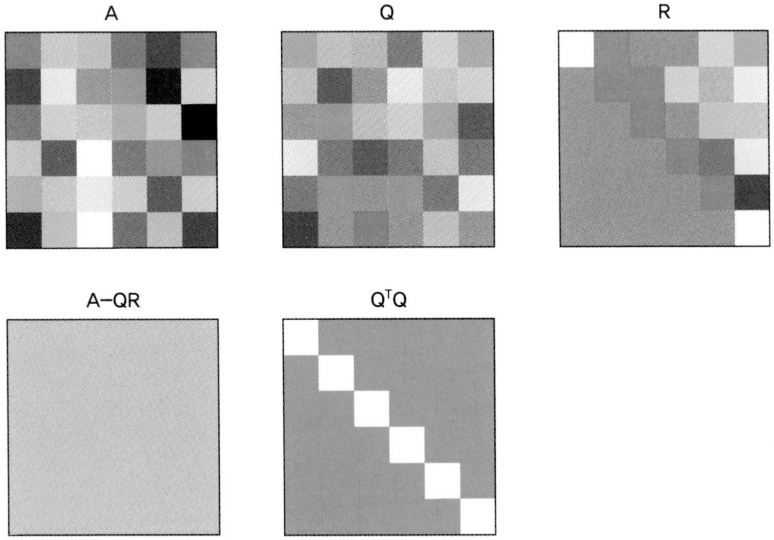

그림 8-1 난수 행렬의 QR 분해

[그림 8-1]에서 QR 분해의 몇 가지 중요한 특징을 볼 수 있습니다. A = QR(차이는 영 행렬)이고, Q에 자신의 전치를 곱하면 단위 행렬이 됩니다.

R 행렬을 확인해 보세요. 상삼각 행렬입니다(대각선 아래의 모든 원소는 0입니다). 난수 행렬에서 시작했다는 점을 고려하면 우연히 이런 결과가 나올 가능성은 거의 없습니다. 실제로 R 행렬은 **항상** 상삼각 행렬입니다. 그 이유를 이해하려면 GS 알고리즘과 행렬 곱셈에서 내적의 구성에 대해 생각해 봐야 합니다. 다음 절에서 R 행렬이 상삼각 행렬인 이유를 설명하겠지만, 그 전에 여러분이 답을 먼저 생각해 보시기 바랍니다.

8.3.1 Q와 R의 크기

Q와 R의 크기는 분해될 행렬 A의 크기와 QR 분해가 '경제형'('축소'라고도 합니다)인지 '완전형'('전체'라고도 합니다) 인지에 따라 달라집니다. [그림 8-2]는 가능한 모든 크기를 개괄적으로 보여 줍니다.

경제형인지 아니면 완성형인지는 높은 행렬의 QR 분해에서만 적용됩니다. 즉, 높은 행렬($M > N$)에서 열이 N개인 Q 행렬을 만들 것인가, 아니면 열이 M개인 Q 행렬을 만들 것인가 하는 문제입니다. 전자를 **경제형** 또는 **축소**라고 하며 높은 Q가 만들어지며, 후자를 **완전형** 또는 **전체**이라고 하며 정방 Q가 만들어집니다.

	A	Q	Q^TQ	QQ^T	R
정사각 완전 계수	$M\times M$ r=M	$M\times M$ r=M	I_M	I_M	$M\times M$ r=M
정사각 특이	$M\times M$ r=k<M	$M\times M$ r=M	I_M	I_M	$M\times M$ r=k
높은 완전형	$M>N$ r=k	$M\times M$ r=M	I_M	I_M	$M\times N$ r=k
높은 경제형	$M>N$ r=k	$M\times N$ r=N	I_N	?	$M\times N$ r=k
넓은	$M<N$ r=k	$M\times M$ r=M	I_M	I_M	$M\times N$ r=k

그림 8-2 A의 크기에 따른 Q와 R의 크기: '?'는 행렬 원소가 A의 값에 따라 달라짐을 나타내며, 즉 행렬이 단위 행렬이 아님을 의미합니다.

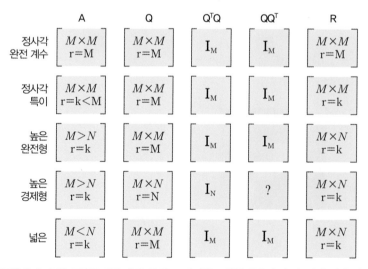

A 가 높을 때 Q 가 정방일 수 있다는 것(즉, Q 가 A 보다 더 많은 열을 가질 수 있다는 것)이 의아하게 보일 수 있습니다. 추가된 열은 어디에서 오는 것일까요? 사실 직교벡터를 '허공에서' 만들어내는 것도 가능합니다. 다음 파이썬 예제를 살펴봅시다.

```
A = np.array([ [1,-1] ]).T
Q,R = np.linalg.qr(A,'complete')
Q*np.sqrt(2) # 정수 값을 얻기 위해 sqrt(2)로 크기 조정
```

```
>> array([[-1., 1.],
          [ 1., 1.]])
```

선택적인 두 번째 인수에 `'complete'`을 넣으면 전체 QR 분해가 됩니다. 이를 기본값인 `'reduced'`로 설정하면 Q 와 A 가 같은 크기인 경제형 QR 분해가 됩니다.

N 개의 열을 가진 행렬에서 $M > N$ 개 이상의 직교벡터를 만들 수 있기 때문에 Q 의 계수는 항상 최대한으로 가능한 계수이며, 따라서 모든 정방 Q 행렬에서는 M, 경제형 Q 에서는 N 입니다. R 의 계수는 A 의 계수와 동일합니다.

직교화로 인한 Q 와 A 의 계수 차이는 A 의 열공간이 $\mathbb{R}^M$의 저차원 하위 공간일지라도 Q 는 $\mathbb{R}^M$ 전체를 생성한다는 것을 의미합니다. 이 사실이 바로 특잇값 분해가 행렬의 계수와 영공간 등의 행렬의 특성을 밝히는 데 매우 유용한 핵심적인 이유입니다. 그리고 13장에서 배우게 될 SVD를 기대하게 만드는 또 다른 이유입니다!

참고로 QR 분해는 모든 행렬의 크기와 계수에 대해 고유하지 않습니다. 즉, $Q_1 \neq Q_2$ 인 $A = Q_1R_1$과 $A = Q_2R_2$를 구할 수 있습니다. 그러나 모든 QR 분해 결과는 이 절에서 설명한 것과 동일한 특성을 갖습니다. 추가 제약 조건(예를 들어 R 의 모든 대각선의 값이 양수)이 주어지면 QR 분해를 고유하게 만들 수 있지만, 대부분의 경우 불필요하며 파이썬이나 MATLAB에서 구현되어 있지 않습니다. [연습 문제 8-2]에서 GS와 QR을 비교할 때 이러한 비유일성을 확인할 수 있습니다.

R이 상삼각 행렬인 이유

이 부분에 대해 깊이 생각해 보기 바랍니다. QR 분해에 관한 까다로운 내용이기 때문에 스스로 알아내기 어려울 수 있습니다. 그렇다면 다음 내용을 좀 더 읽은 다음 다시 생각해 보세요.

먼저 다음 세 가지 사실을 떠올려 보세요.

- R은 $Q^TA = R$ 수식으로부터 도출됩니다.
- 곱 행렬의 하삼각은 왼쪽 행렬의 **아래쪽** 행과 오른쪽 행렬의 **위쪽** 열 사이의 내적으로 이루어져 있습니다.
- Q^T 의 행은 Q 의 열입니다.

이를 종합하면 직교화는 왼쪽에서 오른쪽으로 열 단위로 처리되기 때문에 Q 의 **아래쪽** 열은 A 의 **위쪽** 열과 직교합니다. 따라서 R 의 하삼각은 직교화된 벡터 쌍으로 이루어져 있습니다. 반대로 Q 의 위쪽 열은 A 의 아래쪽 열과 직교하지 않으므로 내적이 0이 되지 않는다고 예상할 수 있습니다.

마지막으로, A 의 열 i와 j가 이미 직교한 경우 R 의 해당 (i, j)번째 원소는 0이 될 것입니다. 실제로 직교 행렬의 QR 분해를 계산하면 R 은 대각선 원소가 A 의 각 열의 노름인 대각 행렬이 됩니다. 즉, $A = Q$ 이면 $R = I$ 이며, 이는 R을 푸는 방정식으로부터 알 수 있습니다. [연습 문제 8-3]에서 이를 살펴보게 될 것입니다.

8.3.2 QR 분해와 역

QR 분해를 사용하면 역행렬을 수치적으로 더 안정적으로 계산할 수 있습니다.

먼저 QR 분해 공식을 작성하고 방정식의 양쪽을 반전시켜 보겠습니다(여기서 'LIVE EVIL' 규칙을 적용한다는 점을 참고하세요).

$$
\begin{aligned}
A &= QR \\
A^{-1} &= (QR)^{-1} \\
A^{-1} &= R^{-1}Q^{-1} \\
A^{-1} &= R^{-1}Q^{T}
\end{aligned}
$$

따라서 A 의 역행렬은 R 의 역행렬에 Q 의 전치를 곱하여 구할 수 있습니다. Q 는 하우스홀더 변환 알고리즘 덕분에 수치적으로 안정적이며, R 은 단순히 행렬 곱셈의 결과이기 때문에 역시 수치적으로 안정적입니다.

여전히 R 의 역행렬을 명시적으로 구해야 하는 문제가 남아있는데, 역치환이라는 과정을 통해 삼각 행렬을 반전시키면 수치적으로 상당히 안정적이 됩니다. 다음 장에서 이에 대해 자세히 알아보겠지만, QR 분해의 핵심은 이전 장에서 제시한 알고리즘과 비교했을 때 행렬의 역을 구하는 데 있어 수치적으로 더 안정적인 방법을 제공한다는 것입니다.

반면에 이론적으로 가역이지만 특이 행렬에 가까운 행렬은 여전히 역을 구하기 매우 어렵습니다. QR 분해는 이전 장에서 제시한 기존 알고리즘보다 수치적으로 **더욱** 안정적일 수 있지만, 그렇다고 해서 훌륭한 수준의 반전을 보장하는 것은 아닙니다. 썩은 사과를 꿀에 담갔다고 해도 사과는 여전히 썩은 상태인 것처럼요.

8.4 정리

QR 분해는 훌륭합니다. 선형대수학에서 가장 멋진 행렬 분해 5위 안에는 반드시 속합니다. 이 장의 핵심 내용은 다음과 같습니다.

요점정리

- 직교 행렬은 모든 열이 서로 직교하고 노름이 1입니다. 직교 행렬은 QR 분해, 고윳값 분해, 특잇값 분해 등 여러 행렬 분해의 중심에 있습니다. 직교 행렬은 기하학 및 컴퓨터 그래픽(예를 들어 순수 회전 행렬)에서도 중요합니다.
- 직교벡터 분해를 적용하여 비직교 행렬을 직교 행렬로 변환할 수 있습니다. 이전 열('이전'은 왼쪽에서 오른쪽 방향)들과 직교하는 각 열을 구하는 직교벡터 분해 과정을 이용합니다.
- QR 분해는 그람-슈미트 과정의 결과입니다(기술적으로는 더 안정적인 알고리즘에 의해 구현되지만, 여전히 GS로 이해하는 것이 더 좋습니다).

연습 문제

| 연습 문제 8-1 |

정방 행렬 Q 는 다음 등식을 만족합니다.

$$Q^{T}Q = QQ^{T} = Q^{-1}Q = QQ^{-1} = I$$

난수 행렬 Q 를 생성하고 Q^{T} 와 Q^{-1} 을 계산하는 코드를 작성해서 이를 구현합니다. 그런 다음 네 식이 모두 단위 행렬이 되는 것을 보여 줍니다.

| 연습 문제 8-2 |

앞에서 설명한 대로 그람-슈미트 과정을 구현합니다.[4] 4×4 난수 행렬을 사용합니다. 결과를 `np.linalg.qr`의 Q 와 대조하여 확인합니다.

중요: 하우스홀더 변환과 같은 변환에는 근본적으로 부호 불확실성이 존재합니다. 즉 알고리즘 및 구현의 사소한 차이에 따라 벡터가 '뒤집힐' 수 있습니다(−1이 곱해짐). 이 현상은 고유벡터를 포함한 많은 행렬 분해에 존재합니다. 그 이유와 의미에 대해서는 12장에서 더 길고 심도 있게 다룰 예정입니다. 여기서의 초점은 파이썬의 Q 에서 여러분의 Q 를 **빼고** 여러분의 Q 와 파이썬의 Q 를 **더하는** 것입니다. 그러면 한 쪽의 0이 아닌 열이 다른 쪽에서는 0이 됩니다.

| 연습 문제 8-3 |

이 연습 문제에서는 거의 직교에 가깝지만 직교는 아닌 행렬에 QR 분해를 적용하면 어떤 일이 발생하는지 알아봅니다. 먼저 6×6 난수 행렬의 QR 분해로부터 U 라는 직교

4 이 문제는 꽤 어렵기 때문에 천천히 해 보세요.

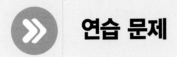

행렬을 만듭니다. U 의 QR 분해를 계산하고 R = I 임을 확인합니다(그리고 그 이유도 이해해야 합니다!).

둘째, U 의 각 열의 노름을 수정합니다. 1~6열의 노름을 10에서 15값의 노름으로 설정합니다(즉, U 의 첫 번째 열의 노름은 10, 두 번째 열은 11이 되어야 합니다). 변조된 U 행렬을 QR 분해하여 그 R 의 대각선 원소가 10에서 15인 대각 행렬인지 확인합니다. 이 행렬의 Q^TQ 는 무엇인가요?

셋째, 원소 $u_{1,4} = 0$ 으로 설정하여 U 의 직교성을 깨뜨립니다. R 은 어떻게 되며 그 이유는 무엇인가요?

| 연습 문제 8-4 |

이 문제의 목적은 이전 장에서 배운 '전통적인' 역행렬 계산 방식의 수치 오차와 QR 기반의 오차를 비교하는 것입니다. 여기서는 특별한 경우(행렬식이 0)를 제외하고 숫자적으로 안정적인 특징이 있어 정확한 역행렬을 갖는다는 가정을 하고 난수 행렬을 사용합니다.

[연습 문제 7-2]의 코드를 복사한 다음, 행렬을 입력으로 받고 그 역행렬을 출력하는 파이썬 함수에 붙여넣습니다(입력 행렬이 정방이고 최대계수인지 확인하는 코드를 추가할 수도 있습니다). 필자는 이 함수를 `oldSchoolInv`라고 이름지었습니다. 다음으로 5×5 난수 행렬을 생성합니다. 전통적인 방법과 이 장에서 소개한 QR 분해 방법을 사용해서 그 역행렬을 계산합니다('전통적인 메서드'를 사용하여 R^{-1}을 계산할 수도 있습니다). 역추정 오차는 행렬과 계산된 역행렬의 곱으로부터의 `np.eye`의 진짜 단위 행렬에 대한 유클리드 거리로 계산합니다. [그림 8-3]과 같이 결과를 막대 그래프로 만들어 두 가지 방법을 x축에, 오차(I 에 대한 유클리드 거리)를 y축에 표시합니다.

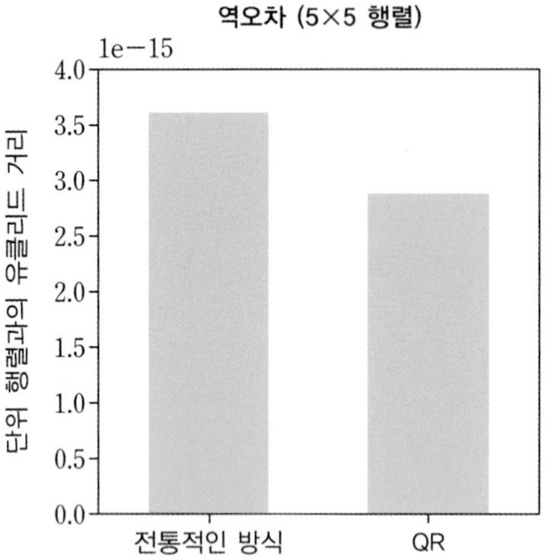

그림 8-3 [연습 문제 8-4]의 결과

코드를 여러 번 실행하고 막대 그래프를 살펴봅니다. 때로는 전통적인 방식이 더 나은 경우도 있고 QR 분해가 더 나은 경우도 있습니다(숫자가 작을수록 좋습니다. 이론적으로는 막대의 높이가 0이어야 합니다). 30 × 30 행렬을 사용하여 다시 시도해 보세요. 결과가 더 일관성이 있나요? 실제로 실행마다 많은 차이가 있습니다. 따라서 여러 번 반복해서 비교하는 실험을 진행해야 합니다. 이것이 다음 연습 문제입니다.

| 연습 문제 8-5 |

이전 연습 문제의 코드를 매번 다른 난수 행렬을 사용하여 실험을 100회 이상 반복하는 `for` 문에 넣습니다. 각 반복마다 오차(유클리드 거리)를 저장하고 모든 실험 결과의 평균(강조색 막대)과 모든 개별 오차(검은색 점)를 보여 주는 [그림 8-4] 그래프를 그립니다. 5 × 5 행렬과 30 × 30 행렬에 대해 실험을 실행합니다.

전통적인 방법 대신 `np.linalg.inv`를 사용하여 R을 반전시켜서 효과가 있는지 확인합니다.

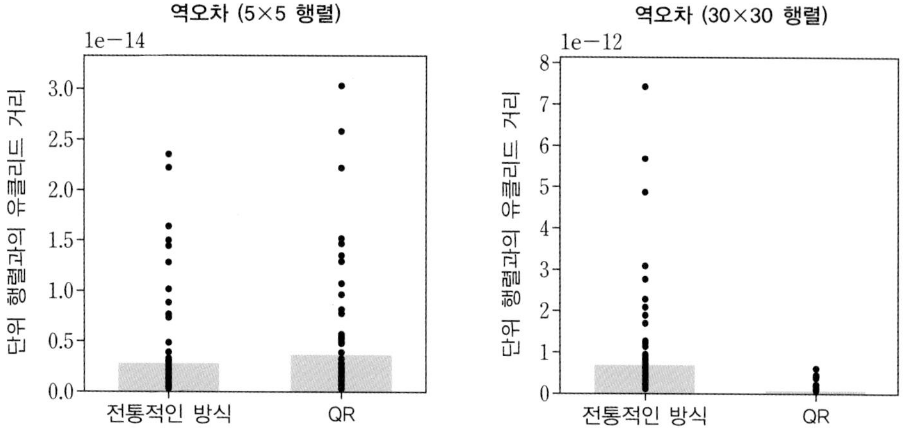

그림 8-4 [연습 문제 8-5]의 결과(왼쪽 그림과 오른쪽 그림의 Y축 배율의 차이에 유의하세요)

| 연습 문제 8-6 |

정방 직교 행렬의 흥미로운 특성은 모든 특잇값(및 그 고윳값)이 1이라는 것입니다. 즉, 유도된 2-노름이 1이고(유도된 노름은 가장 큰 특잇값), 프로베니우스 노름이 M이라는 뜻입니다. 프로베니우스 노름이 M인 이유는 제곱된 특잇값을 더한 값의 제곱근이기 때문입니다. 이 문제에서는 이러한 특성을 확인합니다.

난수 행렬의 QR 분해를 통해 $M \times N$ 직교 행렬을 만듭니다. `np.linalg.norm`을 사용하여 유도된 2-노름을 계산하고 5장에서 배운 방정식을 사용하여 M의 제곱근으로 나누어 프로베니우스 노름을 계산합니다. 두 값이 모두 1인지 확인합니다(합리적인 반올림 허용 오차 범위 내에서). 다양한 M 값을 사용하여 확인합니다.

다음으로 행렬-벡터 곱셈을 사용하여 유도된 노름의 의미를 알아봅니다. 무작위로 M개의 원소를 가진 열벡터 $\mathbf{v}$를 생성한 다음 $\mathbf{v}$와 $\mathbf{Qv}$의 노름을 계산합니다. 이 노름은 서로 같아야 합니다(기대하지는 않겠지만 1이 되어야 합니다).

마지막으로 종이를 준비해서 경험적 사실을 증명해 보세요. 그 증명은 다음 단락에 적혀 있으니 아직 다음 페이지를 보지 마세요! 힌트가 필요하다면 각주를 참고하세요.[5]

5 힌트: 벡터 노름에 대한 내적 공식을 적어 보세요.

여러분이 자신의 추론을 확인하기 위해 이 글을 읽으시길 진심으로 바랍니다! 어쨌든 증명하자면 벡터 노름 $\|\mathbf{v}\|$를 $\mathbf{v}^T\mathbf{v}$로 계산할 수 있으므로 벡터 노름 $\|\mathbf{Qv}\|$는 $(\mathbf{Qv})^T\mathbf{Qv} = \mathbf{v}^T\mathbf{Q}^T\mathbf{Qv}$로 계산된다는 것입니다. $\mathbf{Q}^T\mathbf{Q}$는 취소되어 단위 행렬이 되고, 벡터의 내적은 그 자체만 남습니다. 결론은 직교 행렬을 통해 벡터를 회전시킬 수는 있지만 벡터의 크기를 조정할 수는 없다는 것입니다.

| 연습 문제 8-7 |

이 연습 문제에서는 QR 분해를 사용하여 최소제곱법을 구현하는 방법을 이해하는 데 도움이 되는 $\mathbf{R}$ 행렬의 한 가지 특징을 중점적으로 살펴봅니다(11장). $\mathbf{A}$가 높고 최대열계수일 때, $\mathbf{R}$의 처음 N행은 상삼각이고, 반면에 $N+1$부터 M까지의 행은 0입니다. 파이썬에서 10×4 난수 행렬을 사용하여 이를 확인합니다. 경제형(축소) 분해가 아닌 완전형(전체) QR 분해를 사용해야 합니다.

물론 $\mathbf{R}$은 정방이 아니므로 비가역입니다. 그러나 (1) 처음 N개의 행을 구성하는 행렬은 정방이고 최대계수이므로($\mathbf{A}$가 최대열계수인 경우) 완전 역행렬을 가지며, (2) 높은 행렬은 의사역행렬을 가집니다. 두 역행렬을 모두 계산하고, $\mathbf{R}$의 처음 N행의 완전 역행렬이 $\mathbf{R}$의 의사역행렬의 처음 N열과 같다는 것을 확인합니다.

CHAPTER 9

행 축소와 LU 분해: 선형대수학의 핵심 분해법 2

이제 LU 분해를 살펴보겠습니다. LU 분해는 QR 분해와 같이 최소제곱 모델 적합과 역행렬 등 데이터 과학 알고리즘의 근간이 되는 연산 중 하나입니다. 따라서 이 장은 선형대수학을 배울 때 매우 중요한 내용을 다룹니다.

LU 분해는 단번에 배울 수 있는 내용이 아닙니다. 그러므로 연립방정식, 행 축소, 가우스 소거법에 대해 먼저 배워야 합니다. 그리고 이러한 주제를 배우면서 사다리꼴 행렬echelon matrix과 치환 행렬에 대해서도 학습하게 됩니다. 이 장에서는 흥미진진하고 박진감 넘치는 내용이 펼쳐질 것입니다.

9.1 연립방정식

LU 분해와 그 응용을 이해하려면 행 축소와 가우스 소거법을 이해해야 합니다. 따라서, 우선 방정식을 다루는 방법, 행렬 방정식으로 변환하는 방법, 행 축소를 사용해 행렬 방정식을 푸는 방법을 이해해야 합니다.

먼저 하나의 방정식으로 시작해 보겠습니다.

$$2x = 8$$

방정식의 양쪽에 동일한 연산을 수행하기만 한다면 수학적으로 다양하게 조작할 수 있습니다. 다음 방정식은 이전 방정식과 같은 모습은 아니지만 이전 방정식을 간단히 조작해서 변형한 형태로 사실상 서로 연관되어 있습니다. 여기서 핵심은 이전 방정식에 대한 모든 답이 다른 방정식에서도 답이 된다는 것입니다.

$$5(2x-3)=5(8-3)$$

이제 두 개의 방정식을 가진 연립방정식을 살펴보겠습니다.

$$\begin{aligned} x &= 4-y \\ y &= x/2+2 \end{aligned}$$

이 연립방정식에서 둘 중 하나의 방정식만으로는 고유한 x와 y 값을 구할 수 없습니다. 여기서는 두 방정식을 동시에 고려해야 고유한 해를 구할 수 있습니다. 지금 이 연립방정식을 풀려면 첫 번째 방정식의 y를 두 번째 방정식의 우변으로 치환하는 전략을 생각해 볼 수 있습니다. 그렇게 첫 번째 방정식에서 x를 구한 후 그 값을 두 번째 방정식에 다시 대입해서 y를 구하는 것입니다. 이 전략은 나중에 설명할 역치환과 유사하지만 효율적이지는 않습니다.

연립방정식의 중요한 특징은 개별 방정식을 서로 더하거나 뺄 수 있다는 것입니다. 다음 방정식에서는 첫 번째 방정식에 두 번째 방정식의 두 배를 더하고 두 번째 방정식에서는 원래의 첫 번째 방정식을 뺐습니다(명확하게 하기 위해 괄호를 추가했습니다).

$$\begin{aligned} x+(2y) &= 4-y+(x+4) \\ y-(x) &= x/2+2-(4-y) \end{aligned}$$

여러분이 충분히 스스로 해결하겠지만, 힌트를 드리자면 첫 번째 방정식에서 x가 사라지고 두 번째 방정식에서 y가 사라진다는 것입니다. 이렇게 하면 해를 훨씬 쉽게 계산할 수 있습니다($x=4/3$, $y=8/3$). 여기서 주목할 점은 방정식에 스칼라를 곱하고 이를 다른 방정식에 더하면 연립방정식의 해를 더 쉽게 찾을 수 있다는 점입니다. 다시 말해 변형된 연립방정식과 원래 연립방정식이 동일하지는 않지만, 두 연립방정식이 일련의 선형 연산으로 연결되어 있기 때문에 해는 동일합니다.

이 내용은 선형대수학을 사용해 연립방정식을 풀 때 필요한 배경 지식입니다. 하지만 이 접근법을 배우기 전에 행렬과 벡터를 사용해 연립방정식을 재구성하는 방법을 배워야 합니다.

9.1.1 연립방정식을 행렬로 변환하기

연립방정식을 행렬-벡터 방정식으로 변환하는 것은 연립방정식을 푸는 데 사용되며 또한 통계학에서 일반적인 선형 모델의 공식을 수립하는 데도 사용됩니다. 다행히도 방정식을 행렬로 변환하는 것은 개념적으로 간단합니다. 두 단계만 거치면 됩니다.

먼저 상수가 방정식의 오른쪽에 오도록 방정식을 정리합니다. **상수**constant는 변수에 결합되지 않은 숫자(**절편**intercept 또는 **변위**offset라고도 합니다)입니다. 변수와 그 곱셈 계수는 순서대로 방정식의 왼쪽에 있습니다(일반적으로 x항이 먼저 나오고 다음에 y항 순으로 나옵니다). 다음 연립방정식은 이러한 방식으로 적절히 재구성한 것입니다.

$$\begin{aligned} x + y &= 4 \\ -x/2 + y &= 2 \end{aligned}$$

다음으로, 계수(변수에 곱한 숫자, 방정식에서 누락된 변수는 계수가 0이 됨)를 행렬로 분리합니다. 각 방정식의 계수는 행이 됩니다. 변수는 계수 행렬의 오른쪽에 곱하는 열벡터에 놓입니다. 그리고 상수는 방정식의 우변에 열벡터로 만듭니다. 앞 예제의 연립방정식의 행렬 방정식은 다음과 같습니다.

$$\begin{bmatrix} 1 & 1 \\ -1/2 & 1 \end{bmatrix} \begin{bmatrix} x \\ y \end{bmatrix} = \begin{bmatrix} 4 \\ 2 \end{bmatrix}$$

드디어 완성이네요! 연립방정식을 행렬 방정식으로 변환했습니다. 이 방정식을 $\mathbf{Ax}=\mathbf{b}$로 나타낼 수 있는데, 여기서 $\mathbf{A}$는 계수의 행렬이고, $\mathbf{x}$는 풀어야 할 미지의 변수 벡터이며(여기서 $\mathbf{x}$는 $[x\ y]$ 벡터), $\mathbf{b}$는 상수벡터입니다.

잠깐 시간을 내어 행렬 방정식이 연립방정식에 어떻게 연결이 되는지 확실히 정리하시길 바랍니다. 실제로 행렬-벡터 곱셈을 통해 원래 연립방정식과 같다는 것을 증명해 보세요.

9.1.2 행렬 방정식 다루기

행렬 방정식을 일반 방정식처럼 조작할 수 있습니다. 조작이 유효하고(예를 들어 덧셈은 행렬 크기가 일치해야 합니다) 모든 조작이 방정식의 양쪽에 영향을 미치기만 한다면 더하기, 곱하기, 바꾸기 등 여러 가지 조작을 할 수 있습니다. 예를 들어 다음과 같은 방정식 전개는 유효합니다.

$$
\begin{aligned}
Ax &= b \\
v + Ax &= v + b \\
(v + Ax)^T &= (v + b)^T
\end{aligned}
$$

행렬 방정식과 스칼라 방정식 작업의 주요 차이점은 행렬 곱셈이 곱하는 방향에 따라 달라지기 때문에 행렬을 곱할 때 양쪽에서 같은 방향으로 행렬을 곱해야 한다는 것입니다.

예를 들어 다음과 같은 방정식 전개는 유효합니다.

$$
\begin{aligned}
AX &= B \\
CAX &= CB
\end{aligned}
$$

C를 방정식의 양변의 좌측에서 곱한다는 점에 유의하세요. 반대로 다음 방식은 유효하지 않습니다.

$$
\begin{aligned}
AX &= B \\
AXC &= CB
\end{aligned}
$$

여기서 주의해야 할 점은, 좌변에서는 C를 우측에서 곱하지만 우변에서는 좌측에서 곱한다는 것입니다. 물론 예외적으로 이 방정식이 유효한 경우도 있지만(예를 들어 C가 단위 행렬 또는 영 행렬인 경우), 일반적으로는 유효하지 않습니다.

파이썬의 예제를 살펴봅시다. $AX = B$ 방정식에서 미지의 행렬 X를 구합니다. 다음 코드는 난수 행렬 A와 B를 생성합니다. 이전에 A^{-1}을 사용하면 X를 구할 수 있다는 것을 배웠습니다. 문제는 곱셈의 순서가 중요한지 여부입니다.[1]

1 물론 순서가 중요하다는 것을 알고 있지만, 경험적 증명은 직관력을 키우는 데 도움이 됩니다. 여러분이 수학의 원리를 경험적으로 확인하는 도구로 파이썬을 사용하는 습관을 들였으면 합니다.

```
A = np.random.randn(4,4)
B = np.random.randn(4,4)

# X 구하기
X1 = np.linalg.inv(A) @ B
X2 = B @ np.linalg.inv(A)

# 잔차 (영 행렬이 되어야 함)
res1 = A@X1 - B
res2 = A@X2 - B
```

행렬 곱셈에서 교환이 가능하다면(순서는 중요하지 않다는 의미), res1과 res2는 모두 영 행렬이어야 합니다. 확인해 봅시다.

```
res1:
[[-0.  0.  0.  0.]
 [-0. -0.  0.  0.]
 [ 0.  0.  0.  0.]
 [ 0.  0. -0. -0.]]

res2:
[[-0.47851507  6.24882633  4.39977191  1.80312482]
 [ 2.47389146  2.56857366  1.58116135 -0.52646367]
 [-2.12244448 -0.20807188  0.2824044  -0.91822892]
 [-3.61085707 -3.80132548 -3.47900644 -2.372463  ]]
```

이제 하나의 행렬 방정식을 사용해 연립방정식을 표현하는 방법을 알게 되었습니다. 이후에 몇몇 절에서 다시 살펴보겠습니다. 그전에 먼저 행 축소와 사다리꼴 행렬에 대해 배워 보겠습니다.

9.2 행 축소

행 축소는 방정식을 **수작업**으로 푸는 방식으로 오랫동안 인정받아 왔기 때문에 전통적인 선형대수학에서 많은 관심을 받는 주제입니다. 하지만 데이터 과학자로 일하면서 연립방정식을 손으로 직접 풀게 될 일은 거의 없을 것입니다. 그래도 행 축소는 알아두면 유용하며, 실제로 응용 선형대수학에서 사용되는 LU 분해로 직결됩니다. 그럼 바로 시작하겠습니다.

행 축소row reduction란 행렬의 행에 스칼라 곱셈과 덧셈이라는 두 가지 연산을 반복적으로 적용하는 작업입니다. 행 축소는 하나의 연립방정식 내에서 하나의 방정식을 다른 방정식에 더하는 것과 동일한 원리를 사용합니다.

이 문장을 되도록 암기하세요. **행 축소의 목표는 밀집 행렬을 상삼각 행렬로 변환하는 것입니다.**

간단한 예부터 시작하겠습니다. 다음과 같이 밀집 행렬dense matrix에서 첫 번째 행을 두 번째 행에 더해 -1을 제거합니다. 이렇게 하면 상삼각 행렬로 변환됩니다.

$$\begin{bmatrix} 2 & 3 \\ -2 & 2 \end{bmatrix} \xrightarrow{R_1 + R_2} \begin{bmatrix} 2 & 3 \\ 0 & 5 \end{bmatrix}$$

행 축소의 결과인 상삼각 행렬을 행렬의 **사다리꼴 형태**라고 합니다.

공식적으로 행렬의 (1) 각 행에서 가장 왼쪽에 있는 0이 아닌 숫자(**기준 원소**pivot)가 위 행의 기준 원소 오른쪽에 있고, (2) 모든 원소가 0인 행은 0이 아닌 원소를 포함한 행 아래에 있으면 사다리꼴 형태라고 합니다.

연립방정식에서 방정식을 조작하는 것과 유사하게 행 축소 **후**의 행렬의 모습은 행 축소 **전**의 행렬과 다릅니다. 하지만 두 행렬은 선형 변환으로 연결됩니다. 그리고 선형 변환은 행렬로 표현할 수 있으므로, 행렬 곱셈을 사용해 행 축소를 표현할 수 있습니다.

$$\begin{bmatrix} 1 & 0 \\ 1 & 1 \end{bmatrix} \begin{bmatrix} 2 & 3 \\ -2 & 2 \end{bmatrix} = \begin{bmatrix} 2 & 3 \\ 0 & 5 \end{bmatrix}$$

이 행렬을 L^{-1}이라고 부르겠습니다. LU 분해에 대해 배우면 그 이유를 알 수 있습니다.[2] 따라서 ($L^{-1}A = U$) 식에서, L^{-1}은 행 축소 과정의 연산을 기록하고 있는 선형변환입니다. 현재로서는 L^{-1}에 크게 신경 쓸 필요는 없습니다. 사실 가우스 소거법에서 L^{-1}은 무시되는 경우가 많습니다. 핵심은(이전 설명에서 약간 확장된) 다음과 같습니다. **행 축소는 행 조작을 통해 행렬을 상삼각 행렬로 변환하는 작업이며, 이는 변환 행렬을 좌측에서 곱해서 구할 수 있습니다.**

다음은 3 × 3 행렬의 예입니다. 이 행렬을 사다리꼴 형태로 변환하려면 두 단계를 거쳐야 합니다.

$$\begin{bmatrix} 1 & 2 & 2 \\ -1 & 3 & 0 \\ 2 & 4 & -3 \end{bmatrix} \xrightarrow{-2R_1 + R_3} \begin{bmatrix} 1 & 2 & 2 \\ -1 & 3 & 0 \\ 0 & 0 & -7 \end{bmatrix} \xrightarrow{R_1 + R_2} \begin{bmatrix} 1 & 2 & 2 \\ 0 & 5 & 2 \\ 0 & 0 & -7 \end{bmatrix}$$

행 축소는 따분한 작업입니다(9.2 절 속 '우리에게 행 축소가 중요할까요?' 참고). 이 작업을 대신 해줄 파이썬 함수가 분명히 있을 것입니다! 사실 확신할 수는 없습니다. 앞의 두 예제에서 만든 것과 동일한 사다리꼴 형태를 반환하는 파이썬 함수는 없습니다. 그 이유는 행렬의 사다리꼴 형태가 고유하지 않기 때문입니다. 예를 들어 앞의 3 × 3 행렬에서 두 번째 행에 2를 곱하여 [0 10 4]의 행벡터를 얻을 수 있습니다. 이렇게 하면 완벽하게 유효하면서 원래 행렬과 다른 사다리꼴 형태가 만들어집니다. 실제로 해당 행렬과 관련된 사다리꼴 행렬은 무한합니다.

그렇기에 무한히 가능한 사다리꼴 형태보다 두 가지 형태의 사다리꼴 행렬이 선호됩니다. 이 두 가지 형태는 몇 가지 제약 조건을 추가해서 고유하며, 기약 행 사다리꼴 형태 reduced row echelon form와 LU 분해의 U 라고 합니다. 나중에 두 가지를 모두 소개하겠습니다. 먼저 행 축소를 사용하여 연립방정식을 푸는 방법을 알아보겠습니다.

2 스포일러 주의: LU 분해에서는 행렬을 하삼각과 상삼각 행렬의 곱으로 표현하는 것을 다룹니다.

우리에게 행 축소가 중요할까요?

행 축소를 통해 행렬을 사다리꼴 형태로 변환하려면 행 교환, 부분 기준화pivoting와 같이 근사한 이름을 가진 몇 가지 기법을 부지런히 연습하고 익혀야 합니다. 행 축소를 통해 행렬의 행과 열공간에 대한 몇 가지 흥미로운 속성을 배울 수 있습니다. 그리고 수작업으로 행을 교환해서 5×6 행렬을 성공적으로 줄이면 성취감과 만족감을 느낄 수 있습니다. 하지만 제 생각에는 데이터 과학에 더 직접적으로 적용되는 선형대수학의 개념에 시간을 투자하는 것이 더 낫다고 생각합니다. 우리는 LU 분해를 이해하는 것이 목표입니다. 이를 위해서 행 축소는 간단한 소개 정도면 충분합니다.

9.2.1 가우스 소거법

우리는 이미 역행렬을 사용해 행렬 방정식을 푸는 방법을 알고 있습니다. 역행렬을 구하지 않고도 행렬 방정식을 풀 수 있다면 어떨까요?[3]

이 기술을 **가우스 소거법**Gaussian elimination이라고 합니다. 이름과는 달리 이 알고리즘은 사실 가우스보다 거의 2천 년 전에 중국 수학자가 개발했고, 수백 년 전에 뉴턴이 재발견했습니다. 하지만 가우스가 현대 컴퓨터가 구현하는 기술을 포함하여 이 방법에 중요한 공헌을 해서 이름이 가우스 소거법입니다.

가우스 소거법은 간단합니다. 계수 행렬을 상수벡터로 증강하고, 행을 사다리꼴 형태로 축소한 다음, 역치환을 사용하여 각 변수를 차례로 풀면 됩니다.

앞서 풀었던 두 개의 식을 가진 연립방정식으로 시작해 보겠습니다.

$$\begin{aligned} x &= 4 - y \\ y &= x/2 + 2 \end{aligned}$$

첫 번째 단계는 이 연립방정식을 행렬 방정식으로 변환하는 것입니다. 이 단계는 이미 앞에서 진행해 봤으므로 여기에는 결과만 적었습니다.

$$\begin{bmatrix} 1 & 1 \\ -1/2 & 1 \end{bmatrix} \begin{bmatrix} x \\ y \end{bmatrix} = \begin{bmatrix} 4 \\ 2 \end{bmatrix}$$

3 영화 〈매트릭스〉에서 모피어스가 빨간 알약과 파란 알약을 제시하는 장면을 떠올려 보세요. 각각 새로운 지식을 받아들이는 것과 아는 것을 고수하는 것을 상징합니다.

다음으로 계수 행렬을 상수벡터로 증강합니다.

$$\begin{bmatrix} 1 & 1 & 4 \\ -1/2 & 1 & 2 \end{bmatrix}$$

그런 다음 증강된 행렬의 행을 축소합니다. 상수의 열벡터는 행 축소 중에 변경됩니다.

$$\begin{bmatrix} 1 & 1 & 4 \\ -1/2 & 1 & 2 \end{bmatrix} \xrightarrow{1/2R_1 + R_2} \begin{bmatrix} 1 & 1 & 4 \\ 0 & 3/2 & 4 \end{bmatrix}$$

행렬을 사다리꼴 형태로 만들었으면 이제 증강 행렬을 다시 연립방정식으로 변환합니다. 결과는 다음과 같습니다.

$$\begin{aligned} x + y &= 4 \\ 3/2y &= 4 \end{aligned}$$

행 축소를 통한 가우스 소거법으로 두 번째 방정식에서 x항이 제거되었으므로 y를 풀 때 약간의 계산만 하면 됩니다. $y = 8/3$을 풀고 나면 이 값을 첫 번째 방정식의 y에 대입하고 x를 구합니다. 이 과정을 **역치환**back substitution이라고 합니다.

이전 절에서 파이썬에는 고유한 사다리꼴 형태가 없기 때문에 이를 계산하는 함수가 없다고 썼습니다. 하지만 **기약 행 사다리꼴 형태**는 유일하다고도 했습니다. 이는 종종 RREF로 축약해서 부르며 파이썬으로 구할 수 있습니다. 자세한 내용은 뒤에서 나옵니다.

9.2.2 가우스-조던 소거법

모든 **기준 원소**(각 행의 가장 왼쪽에 있는 0이 아닌 숫자)를 1로 바꾸기 위해 예제 행렬의 행을 계속 축소해 보겠습니다. 사다리꼴 행렬이 완성되면 각 행을 기준 원소로 나누기만 하면 됩니다. 이 예제에서는 첫 번째 행의 가장 왼쪽이 이미 1이므로 두 번째 행만 맞추면 됩니다. 그러면 다음과 같은 행렬이 생성됩니다.

$$\begin{bmatrix} 1 & 1 & 4 \\ 0 & 1 & 8/3 \end{bmatrix}$$

이제 핵심은 각 기준 원소 위의 모든 원소를 제거하기 위해 행을 **위쪽으로** 줄여나가는 것입니다. 즉, 각 기준 원소가 1이고 해당 열에 0이 아닌 유일한 숫자가 기준 원소뿐인 사다리꼴 행렬을 만들고자 합니다.

$$\begin{bmatrix} 1 & 1 & 4 \\ 0 & 1 & 8/3 \end{bmatrix} \xrightarrow{-R_2 + R_1} \begin{bmatrix} 1 & 0 & 4/3 \\ 0 & 1 & 8/3 \end{bmatrix}$$

이것이 원래 행렬의 RREF입니다. RREF의 왼쪽 부분이 단위 행렬인 것을 알 수 있습니다. RREF는 항상 원래 행렬의 왼쪽 상단에 단위 행렬을 부분 행렬로 생성합니다. 이는 모든 기준 원소를 1로 설정하고 각 기준 원소 위의 모든 원소를 제거하기 위해 상향 행 축소를 수행한 결과입니다.

이제 행렬을 다시 연립방정식으로 변환하여 가우스 소거법을 계속 진행합니다.

$$\begin{aligned} x &= 4/3 \\ y &= 8/3 \end{aligned}$$

이렇게 변형된 가우스 소거법을 **가우스-조던 소거법**Gauss-Jordan Elimination이라고 합니다. 이 소거법은 연립방정식에서 서로 얽혀 있는 변수를 분리하고 각 변수에 대한 해를 바로 드러내므로 더 이상 역치환이나 기본적인 산술 조차도 필요하지 않습니다.

가우스-조던 소거법은 컴퓨터가 등장하여 숫자 계산에 도움을 주기 전까지 한 세기 이상 사람들이 수작업으로 방정식을 풀던 방식이었습니다. 실제로 컴퓨터도 수치 안정성을 보장하기 위해 몇 가지 작은 수정만 가했을 뿐, 여전히 똑같은 방식으로 구현하고 있습니다.

RREF는 고유하므로 행렬마다 정확히 하나의 RREF만 존재합니다. NumPy에는 행렬의 RREF를 계산하는 함수가 없지만 sympy 라이브러리에는 있습니다(sympy는 파이썬의 기호 수학 라이브러리로, '칠판' 수학을 위한 강력한 엔진입니다).

```
import sympy as sym

# sympy로 행렬 변환
M = np.array([ [1,1,4],[-1/2,1,2] ])
symMat = sym.Matrix(M)

# RREF
symMat.rref()[0]
```

```
>>
  [[1, 0, 1.33333333333333],
   [0, 1, 2.66666666666667]]
```

9.2.3 가우스-조던 소거법을 통한 역행렬 계산

가우스-조던 소거법의 핵심은 행 축소라는 일련의 행 조작을 통해 연립방정식을 풀 수 있다는 것입니다. 이러한 행 조작은 선형 변환입니다.

흥미롭게도 가우스-조던 소거법에 대한 내용은 역행렬을 구하는 방법, 즉 연립방정식을 푸는 선형 변환에 대한 설명과 일치합니다. 그런데 잠깐만요, 역행렬을 구할 때는 어떤 '연립방정식'을 풀까요? 역행렬을 구하는 새로운 관점은 몇 가지 새로운 깨달음을 줍니다. 다음 연립방정식을 생각해 보세요.

$$\begin{aligned} ax_1 + by_1 &= 1 \\ cx_1 + dy_1 &= 0 \end{aligned}$$

행렬 방정식으로 변환하면 다음과 같습니다.

$$\begin{bmatrix} a & b \\ c & d \end{bmatrix} \begin{bmatrix} x_1 \\ y_1 \end{bmatrix} = \begin{bmatrix} 1 \\ 0 \end{bmatrix}$$

상수벡터를 주목하세요. 2×2 단위 행렬의 첫 번째 열과 같습니다! 즉, RREF를 단위 행렬의 첫 번째 열로 증강된 정방 최대계수 행렬에 적용하면 행렬을 단위 행렬의 첫 번째 열로 변환하는 선형 변환을 알 수 있습니다. 이는 다시 말해 벡터 $[x_1 y_1]^{\mathrm{T}}$는 역행렬의 첫 번째 열이 됩니다.

그런 다음 같은 과정을 되풀이하면서 역행렬의 두 번째 열을 구합니다.

$$\begin{aligned} ax_2 + by_2 &= 0 \\ cx_2 + dy_2 &= 1 \end{aligned}$$

이 연립방정식에 대한 RREF로 역행렬의 두 번째 열인 벡터 $[x_2 \ y_2]^{\mathrm{T}}$ 를 구할 수 있습니다.

연립방정식을 푸는 관점으로 이해하기 위해 단위 행렬의 열을 분리했습니다. 하지만 전체 단위 행렬을 증강해서 하나의 RREF로 역행렬을 풀 수도 있습니다.

다음은 가우스-조던 소거법을 통해 역행렬을 구하는 과정을 전체적으로 나타낸 식입니다(대괄호는 두 개의 행렬을 수직선으로 구분한 증강된 행렬을 나타냅니다).

$$rref([\mathrm{A} \mid \mathrm{I}]) \quad \Rightarrow \quad [\mathrm{I} \mid \mathrm{A}^{-1}]$$

이는 행렬식을 계산하지 않고도 행렬 역행렬을 계산할 수 있는 메커니즘을 제공한다는 점에서 흥미롭습니다. 반면 행 축소에는 많은 나눗셈이 필요하므로 그만큼 수치 정밀도 오차가 발생할 위험이 높아집니다. 예를 들어, 본질적으로 0이지만 여기에 반올림 오차를 더한 두 개의 숫자가 있다고 가정해 보겠습니다. 만약 RREF 과정에서 이 숫자들을 나누면 $10^{-15}/10^{-16}$이라는 분수를 얻을 수도 있습니다, 아주 작은 값들이라 0/0으로 보이지만, 실제로 답은 10이 됩니다.

여기서 결론은 이전 장에서 QR 분해를 사용하여 역행렬을 계산하는 방법에 대해 설명한 것과 유사합니다. 가우스-조던 소거법을 사용해 역행렬을 계산하는 것이 완전 역행렬 알고리즘보다 수치적으로 더 안정적일 수 있지만, 하지만 특이 행렬에 가깝거나 조건수가 높은 행렬이라면 사용되는 알고리즘에 관계없이 역을 구하기 어렵습니다.

9.3 LU 분해

LU 분해LU Decomposition에서 LU는 하삼각, 상삼각에서와 같이 '아래lower 위upper'를 의미합니다. 즉 행렬을 두 개의 삼각 행렬의 곱으로 분해하는 것입니다.

$$A = LU$$

다음은 구체적인 예시입니다.

$$\begin{bmatrix} 2 & 2 & 4 \\ 1 & 0 & 3 \\ 2 & 1 & 2 \end{bmatrix} = \begin{bmatrix} 1 & 0 & 0 \\ 1/2 & 1 & 0 \\ 1 & 1 & 1 \end{bmatrix} \begin{bmatrix} 2 & 2 & 4 \\ 0 & -1 & 1 \\ 0 & 0 & -3 \end{bmatrix}$$

해당 파이썬 코드는 다음과 같습니다(LU 분해 함수는 SciPy 라이브러리에 있습니다).

```
import scipy.linalg # LU in scipy library
A = np.array([ [2,2,4], [1,0,3], [2,1,2] ])
_,L,U = scipy.linalg.lu(A)
# 각각 출력합니다
print('L: '), print(L)
print('U: '), print(U)
```

```
L:
[[1.  0.  0. ]
 [0.5 1.  0. ]
 [1.  1.  1. ]]

U:
[[ 2.  2.  4.]
 [ 0. -1.  1.]
 [ 0.  0. -3.]]
```

이 두 행렬은 어떻게 만들어졌을까요? 사실 여러분은 이미 답을 알고 있습니다. 행 축소는 $L^{-1}A = U$ 로 표현할 수 있으며, 여기서 L^{-1}에는 밀집 행렬 A 를 상삼각(사다리꼴) 행렬 U 로 변환하는 행 변환 집합을 담고 있습니다.

사다리꼴 형태가 고유하지 않으므로, LU 분해도 고유하지 않습니다. 즉, 무한한 조합의 하삼각 행렬과 상삼각 행렬을 곱하여 행렬 A 를 생성할 수 있습니다. 그러나 L 의 대각선이 1이라는 제약 조건을 추가하면 최대계수 정방 행렬 A 에 대해 LU 분해가 고유하다는 것을 보장할 수 있습니다(이전 예제에서 이를 확인할 수 있습니다). 축소-계수 행렬과 정방이 아닌 행렬의 LU 분해의 고유성에 대해서는 더 긴 논의가 필요하므로 여기서는 생략하겠지만, SciPy의 LU 분해 알고리즘은 정적이므로 주어진 행렬에 대해 LU 분해를 반복해도 동일한 결과를 얻을 수 있습니다.

9.3.1 치환 행렬을 통한 행 교환

일부 행렬은 상삼각 형태로 쉽게 변환되지 않습니다. 다음 행렬을 생각해 봅시다.

$$\begin{bmatrix} 3 & 2 & 1 \\ 0 & 0 & 5 \\ 0 & 7 & 2 \end{bmatrix}$$

이는 사다리꼴 형태는 아니지만 두 번째 줄과 세 번째 줄을 바꾸면 가능합니다. 행 교환은 행 축소 기법 중 하나로, 다음과 같이 치환 행렬을 통해 구현할 수 있습니다.

$$\begin{bmatrix} 1 & 0 & 0 \\ 0 & 0 & 1 \\ 0 & 1 & 0 \end{bmatrix} \begin{bmatrix} 3 & 2 & 1 \\ 0 & 0 & 5 \\ 0 & 7 & 2 \end{bmatrix} = \begin{bmatrix} 3 & 2 & 1 \\ 0 & 7 & 2 \\ 0 & 0 & 5 \end{bmatrix}$$

치환 행렬은 종종 P로 표기되므로 전체 LU 분해는 일반적으로 다음과 같이 나타낼 수 있습니다.

$$\begin{aligned} PA &= LU \\ A &= P^T LU \end{aligned}$$

놀랍게도 치환 행렬은 직교 행렬이므로 $P^{-1} = P^T$ 입니다. 그 이유는 치환 행렬의 모든 원소가 0이거나 1이고 행은 한 번만 교환되므로 각 열에는 정확히 하나의 0이 아닌 원소만 존재하기 때문입니다(실제로 모든 치환 행렬은 몇몇 행을 교환한 단위 행렬입니다). 따라서 임의의 두 열 사이의 내적은 0이고 열 자체의 내적은 1입니다, 즉, $P^TP = I$ 입니다.

중요: 위에서 작성한 공식은 LU 분해를 **수학적으로** 설명한 것입니다. SciPy는 실제로 $A = PLU$ 를 반환하며, 이를 $P^TA = LU$ 로 쓸 수 있습니다. [연습 문제 9-4]를 통해 이러한 혼란스러운 부분에 대해 살펴볼 수 있습니다.

[그림 9-1]은 난수 행렬에 LU 분해를 적용한 예입니다.

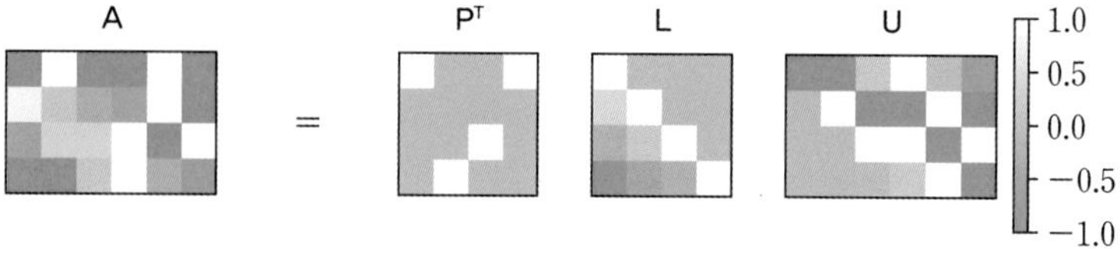

그림 9-1 LU 분해의 시각화

LU 분해는 행렬식과 역행렬 계산을 비롯해 여러 분야에서 사용됩니다. 다음 장에서는 최소제곱법 계산에서 LU 분해가 어떻게 사용되는지 살펴보겠습니다.

9.4 정리

흥미진진한 체험을 약속하며 이 장의 서두를 열었습니다. 연립방정식, 행렬 분해, 역행렬에 대한 새로운 관점을 배우면서 흥분되는 경험을 여러 번 하셨기를 바랍니다. 이 장의 핵심은 다음과 같습니다.

요점정리

- 연립방정식은 행렬 방정식으로 변환할 수 있습니다. 이를 통해 방정식을 간결하게 표현할 수 있을 뿐만 아니라 정교한 선형대수학 해법을 사용해 연립방정식을 풀 수 있습니다.
- 행렬 방정식을 조작할 때는 방정식의 양쪽에 동시에 연산을 적용해야 하며 행렬 곱셈은 교환할 수 없다는 점을 명심하세요.
- 행 축소란 행렬 $\mathbf{A}$의 행에 스칼라를 곱하고 더하는 방식으로, 행렬을 상삼각 행렬 $\mathbf{U}$로 선형 변환하는 과정입니다. 선형 변환 집합은 $\mathbf{L}^{-1}\mathbf{A} = \mathbf{U}$ 식에서 $\mathbf{A}$의 왼쪽에 곱하는 행렬 $\mathbf{L}^{-1}$에 저장할 수 있습니다.
- 행 축소는 수세기 동안 수작업으로 역행렬을 비롯해 연립방정식을 푸는 데 사용되어 왔습니다. 컴퓨터를 통해 연산을 처리하기는 하지만 여전히 행 축소는 사용되고 있습니다.
- 행 축소는 LU 분해를 구현하는 데에도 사용됩니다. LU 분해는 몇 가지 제약 조건하에서 고유하며, 이 제약 조건은 SciPy의 `lu()` 함수에 내장되어 있습니다.

연습 문제

| 연습 문제 9-1 |

LU 분해는 많은 계산이 필요하지만 QR 분해와 같은 다른 분해보다 더 효율적입니다. 흥미롭게도 LU 분해는 운영체제, 하드웨어 프로세서, 컴퓨터 언어(예를 들어 C vs 파이썬 vs MATLAB) 또는 구현 알고리즘 간의 계산 시간을 비교하기 위한 벤치마크로 자주 사용됩니다. 호기심에 100 × 100 크기의 행렬 1000개에 대해 파이썬과 MATLAB에서 LU 분해를 실행하는 데 걸리는 시간을 실험해 보았습니다. 제 노트북에서 MATLAB은 약 300밀리초가 걸렸고 파이썬은 약 410밀리초가 걸렸습니다. 구글 코랩의 파이썬은 약 1000ms가 걸렸습니다. 여러분의 컴퓨터에서 얼마나 걸리는지 실험해 보세요.

| 연습 문제 9-2 |

이 문제에서는 행렬 곱셈을 사용해 계수-3의 6 × 8 행렬을 만듭니다. [그림 9-2]에서와 같이 LU분해 결과의 세 행렬을 행렬의 계수와 함께 제목에 표시합니다. 세 행렬의 계수와 L 의 대각선에 모두 1이 존재함을 주목하세요. 다른 크기와 계수를 갖는 행렬에 대해서 계수를 자유롭게 탐색해 보세요.

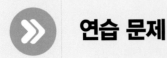

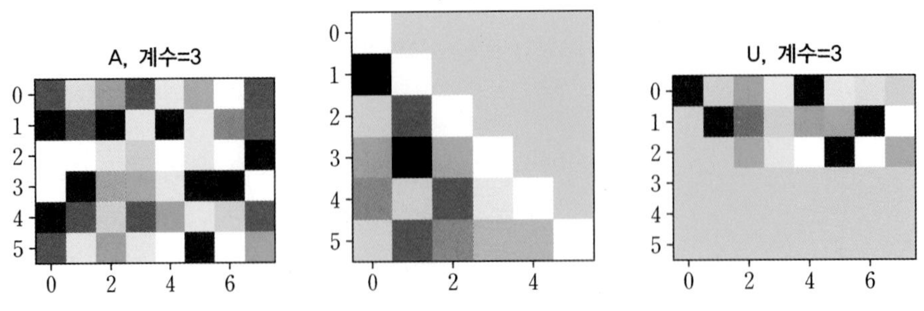

그림 9-2 [연습 문제 9-2]의 결과

| 연습 문제 9-3 |

LU 분해를 활용하면 행렬식을 계산할 수 있습니다. 행렬식의 두 가지 속성은 다음과 같습니다.[4] 삼각 행렬의 행렬식은 대각선의 곱이고 행렬 곱셈의 행렬식은 각 행렬식의 곱과 같습니다(즉, $det(\mathbf{AB}) = det(\mathbf{A})det(\mathbf{B})$). 이 두 가지 사실을 종합하면 행렬식은 $\mathbf{L}$ 의 대각선 곱에 $\mathbf{U}$ 의 대각선 곱을 곱한 값으로 계산할 수 있습니다. 그런데 $\mathbf{L}$ 의 대각선은 모두 1이기 때문에(분해의 고유성을 보장하기 위해 파이썬에서 구현할 경우) 행렬 $\mathbf{A}$ 의 행렬식은 단순히 $\mathbf{U}$ 의 대각선의 곱입니다. 다음 단락을 읽기 전에 파이썬으로 이를 시도해서 `np.linalg.det(A)`의 결과와 비교해 보시기 바랍니다. 그리고 다른 임의의 행렬로도 여러 번 시도해 보세요.

파이썬과 같은 결과를 얻었나요? 행렬식의 크기는 일치하지만 부호가 무작위로 달라지는 것을 발견하셨을 것으로 생각합니다. 왜 그런 일이 발생했을까요? 이는 설명에서 치환 행렬을 생략했기 때문입니다. 치환 행렬의 행렬식은 행을 짝수 번 교환하면 +1이고, 홀수 번 교환하면 −1이 됩니다. 이제 코드로 돌아가서 계산에 $\mathbf{P}$ 의 행렬식을 포함시켜 보세요.

| 연습 문제 9-4 |

9.3 'LU 분해' 절의 공식을 따르면, 역행렬은 다음과 같이 표현할 수 있습니다.

$$\begin{aligned} \mathbf{A} &= \mathbf{P}^T\mathbf{LU} \\ \mathbf{A}^{-1} &= (\mathbf{P}^T\mathbf{LU})^{-1} \\ \mathbf{A}^{-1} &= \mathbf{U}^{-1}\mathbf{L}^{-1}\mathbf{P} \end{aligned}$$

4×4 난수 행렬에 대해 `scipy.linalg.lu`을 호출한 결과를 사용해 세 번째 방정식을 직접 구현해 봅니다. $\mathbf{AA}^{-1}$는 단위 행렬인가요? $\mathbf{P}$ 에 따라 때로는 그럴 수도 있고 때로는 그렇지 않을 수도 있습니다. 이러한 불일치는 `scipy.linalg.lu`의 출력으로 인해 발생합니다. 수학 규칙이 아닌 SciPy의 규칙을 따르도록 코드를 수정해 보세요.

---

4 이는 전통적인 선형대수학 교과서에서 배울 수 있는 선형대수의 무수한 특성 중 하나로, 그 자체로 흥미롭지만 데이터 과학과는 직접적인 관련이 적습니다.

이 문제에서 얻을 수 있는 교훈은 다음과 같습니다. 오류 메시지가 없다고 해서 반드시 코드가 정확하다는 의미는 아닙니다. 가능한 한 수학적 코드를 최대한 꼼꼼히 확인하세요.

| 연습 문제 9-5 |

행렬 $A = PLU$ (파이썬의 치환 행렬 순서대로)에서, **치환 행렬을 사용하지 않고도** A^TA를 U^TL^TLU로 계산할 수 있습니다. 치환 행렬을 삭제할 수 있는 이유는 무엇인가요? 질문에 답한 다음 파이썬에서 무작위 행렬을 사용해 $P \neq I$일 때에도 $A^TA = U^TL^TLU$임을 확인해 보세요.

CHAPTER 10

일반 선형 모델 및 최소제곱법: 우주를 이해하기 위한 방법

우주는 정말 크고 복잡한 공간입니다. 지구상의 모든 동물은 주변 환경을 탐구하고 이해하려는 자연스러운 호기심을 가지고 있습니다. 하지만 우리 인간은 이런 호기심에서 한 단계 더 나아가 과학적, 통계적 도구를 개발할 수 있는 지능을 가진 특별한 존재입니다. 이것이 바로 우리가 비행기, MRI 기계, 화성의 탐사선, 백신 그리고 이 책을 가지고 있는 이유입니다.

우주를 어떻게 이해할 수 있을까요? 우선 수학적인 근거를 바탕으로 이론을 개발하고, 데이터를 수집해 그 이론을 검증하고 개선해 나갑니다. 그리고 이것은 통계 모형으로 이어집니다. 통계 모델은 세상의 어떤 측면을 수학적으로 단순화한 표현입니다. 주식 시장이 수십 년 동안 상승할 것이라는 예측과 같이 단순한 통계 모델도 있지만, 1초의 시뮬레이션 활동에 40분의 계산 시간이 필요할 정도로 정교하게 뇌 활동을 시뮬레이션하는 푸른 뇌 프로젝트와 같이 훨씬 더 복잡한 모델도 있습니다.

통계적 모델이 일반적인 수학적 모델과 다른 점은 데이터에 적합시키는 자유 매개변수가 존재한다는 것입니다. 예를 들어 수학적 모델은 주식 시장이 시간이 지남에 따라 상승할 것이라는 것은 알지만 그 정도가 얼마인지는 모릅니다. 그래서 통계적 모델은 시간 경과에 따른 주식 시장 가격의 변화(즉 기울기)를 자유 매개변수로 둡니다. 이 값은 데이터에 의해 결정됩니다.

통계 모델을 만드는 것은 다소 어렵고 창의성, 경험, 전문 지식을 요구합니다. 하지만 모델을 데이터에 적합해서 자유 매개변수를 찾는 것은 선형대수학에서 간단한 문제입니다. 사실 이 장에서 요구하는 모든 수학은 여러분이 이미 알고 있으므로 그 수학적 조각을 조합하고 통계 용어만 익히기만 하면 됩니다.

10.1 일반 선형 모델

통계 모델은 예측변수(**독립변수** independent variable)를 관측값(**종속변수** dependent variable)과 연관시키는 방정식의 집합입니다. 예를 들어 주식 시장 모델에서 독립변수는 **시간**이고 종속변수는 **주식 시장 가격**(예를 들어 S&P 500 지수)입니다.

이 책에서는 GLM으로 불리는 일반 선형 모델General Linear Model에 초점을 맞출 것입니다. 예를 들어 회귀 분석도 GLM의 한 유형입니다.

10.1.1 용어

통계학자는 선형대수학자와는 조금 다른 용어를 사용합니다. [표 10-1]에는 GLM에서 사용되는 벡터와 행렬의 주요 문자와 설명이 나와 있습니다.

표 10-1 GLM의 용어 표

선형대수학	통계	설명
Ax = b	$X\beta = y$	일반 선형 모델(GLM)
A	X	설계 행렬(열 = 독립변수, 예측변수, 회귀변수)
x	β	회귀 계수 또는 베타 매개변수
b	y	종속변수, 결과 측정값, 데이터

10.1.2 일반 선형 모델 구축

GLM을 구축하는 과정은 다음과 같습니다. (1) 독립변수와 종속변수를 연관시킨 방정식을 정의하고, (2) 관찰된 데이터를 방정식에 대입하고, (3) 일련의 방정식을 행렬 방정식으로 변환하고, (4) 해당 방정식을 풉니다.

과정을 구체적으로 설명하기 위해 간단한 예를 들어 보겠습니다. 개인의 체중과 부모의 키를 기반으로 성인 키를 예측하는 모델이 있습니다. 방정식은 다음과 같습니다.

$$y = \beta_0 + \beta_1 w + \beta_2 h + \epsilon$$

y는 개인의 키, w는 개인의 체중, h는 부모의 키(어머니와 아버지의 평균)입니다. ϵ는 오차 항(**잔차**residual라고도 합니다)으로 체중과 부모의 키가 개인의 키를 **완전히 결정**한다고 할 수 없기 때문에 존재합니다. 모델이 설명하지 못하는 무수한 요인이 있으며 체중과 부모의 키에 기인하지 않는 분산이 이 오차 항에 반영될 것입니다.

체중과 부모의 키가 개인의 키에 중요하다는 가설을 세웠지만 아직 각 변수가 **얼마나** 중요한지 알 수 없습니다. 그래서 β항을 입력합니다. β항은 체중과 부모의 키를 어떻게 결합해서 개인의 키를 예측할지를 정하는 계수 또는 가중치입니다. 즉 β가 가중치인 선형 가중 결합입니다.

β_0을 절편intercept이라고 합니다(때론 **상수**constant라고도 합니다). 이 절편 항은 모두 1로 이루어진 벡터입니다. 절편 항이 없으면 최적의 선은 강제로 원점을 통과하게 됩니다. 이 장의 후반부에서 그 이유를 설명하고 예시를 보여드리겠습니다.

이제 앞서 말했던 우주를 설명하는 방정식이 만들어졌습니다(물론 우주의 아주 작은 부분이지만요). 이제 관측된 데이터를 방정식에 대입해야 합니다. 간단하게 하기 위해 [표 10-2]에 있는 몇 개의 데이터로 구성해 보겠습니다(y와 h의 단위는 센티미터, w의 단위는 킬로그램이라고 가정합니다).

표 10-2 키 통계 모델에 대한 가상 데이터

y	w	h
175	70	177
181	86	190
159	63	180
165	62	172

관찰된 데이터를 통계 모델에 대입하려면 방정식을 네 번(데이터 집합의 네 가지 관찰에 해당하는) 복제하고, 매번 변수 y, w, h를 측정값으로 대체해야 합니다.

$$
\begin{aligned}
175 &= \beta_0 + 70\beta_1 + 177\beta_2 \\
181 &= \beta_0 + 86\beta_1 + 190\beta_2 \\
159 &= \beta_0 + 63\beta_1 + 180\beta_2 \\
165 &= \beta_0 + 62\beta_1 + 172\beta_2
\end{aligned}
$$

지금은 ϵ항을 생략합니다. 잔차에 대해서는 나중에 자세히 설명하겠습니다. 이제 이 방정식을 행렬 방정식으로 변환해야 합니다. 여러분은 그 방법을 이미 알고 있으므로 여기서는 9장에서 배운 내용을 확인할 수 있도록 방정식만 보여드리겠습니다.

$$\begin{bmatrix} 1 & 70 & 177 \\ 1 & 86 & 190 \\ 1 & 63 & 180 \\ 1 & 62 & 172 \end{bmatrix} \begin{bmatrix} \beta_0 \\ \beta_1 \\ \beta_2 \end{bmatrix} = \begin{bmatrix} 175 \\ 181 \\ 159 \\ 165 \end{bmatrix}$$

물론 이 방정식은 $X\beta = y$로 간결하게 표현할 수 있습니다.

10.2 GLM 풀이

여러분은 이 절의 핵심은 이미 알고 있을 것입니다. 미지 계수 β 벡터를 구하려면 방정식의 양변에 설계 행렬인 X의 왼쪽 역행렬을 곱하면 됩니다. 풀이는 다음과 같습니다.

$$\begin{aligned} X\beta &= y \\ (X^TX)^{-1}X^TX\beta &= (X^TX)^{-1}X^Ty \\ \beta &= (X^TX)^{-1}X^Ty \end{aligned}$$

마지막 방정식을 암기가 될 때까지 눈으로 익히세요. 이 방정식은 **최소제곱법**least squares solution이라고 불리며 응용 선형대수학에서 가장 중요한 수학 공식 중 하나입니다. 연구 자료, 교과서, 블로그, 강의, 파이썬 함수의 설명문, 타지키스탄Tajikistan의 광고판[1] 등 여러 곳에서 볼 수 있습니다. 다음과 같이 다른 문자가 표시되거나 추가되기도 합니다.

$$b = (H^TWH + \lambda L^TL)^{-1}H^Tx$$

이 방정식의 의미와 새롭게 나타난 행렬을 해석하는 것은 여기서 중요하지 않습니다(모델 적합을 정규화하는 다양한 방법입니다). 중요한 것은 복잡해 보이는 방정식에 내재된

1 물론 타지키스탄 광고판에서 이 방정식을 본 적은 없지만, 요점은 열린 마음을 유지하는 것입니다.

최소제곱법 공식입니다(예를 들어 $W = I$, $\lambda = 0$으로 설정했다고 가정해 보세요).

왼쪽 역을 이용한 최소제곱법은 파이썬으로 쉽게 변환할 수 있습니다(변수 X는 설계 행렬, 변수 y는 데이터 벡터).

```
X_leftinv = np.linalg.inv(X.T@X) @ X.T

# 계수를 구합니다.
beta = X_leftinv @ y
```

이 장의 뒷부분에서 이러한 모델의 결과와 이를 해석하는 방법을 보여드리겠습니다. 지금은 수학 공식이 어떻게 파이썬 코드로 변환되는 것에 집중하시기 바랍니다.

Caution 왼쪽 역과 NumPy의 최소제곱법 비교

이 장의 코드는 수학을 파이썬 코드로 바로 변환한 것입니다. 왼쪽 역을 명시적으로 계산하는 것이 GLM을 푸는 수치적으로 가장 안정적인 방법은 아니지만(이 장의 간단한 문제에는 정확하지만), 추상적으로 보이는 선형대수학이 실제로 동작한다는 것을 보여드리고 싶었습니다. 이 장의 뒷부분에서 살펴볼 QR 분해와 다음 장에서 살펴볼 파이썬을 포함해 GLM을 푸는 더 수치적으로 안정적인 방법들이 있습니다.

10.2.1 해법이 정확할까요?

$X\beta = y$ 방정식은 y가 설계 행렬 X의 열공간에 있을 때 정확히 풀 수 있습니다. 따라서 문제는 데이터 벡터가 통계 모델의 열공간에 있다는 것이 보장되는지 여부입니다. 대답은 '아니요'이며 대부분 보장될 수 없습니다. 실제로 데이터 벡터 y가 X의 열공간에 있는 경우는 거의 없습니다.

그 이유를 이해하기 위해 대학생의 음주 행태로 GPA(학점 평균)을 예측하는 설문조사를 예로 들어 보겠습니다. 이 설문조사에는 2,000명의 학생 데이터가 포함되어 있지만 질문은 단 세 가지(술을 얼마나 마시는지, 얼마나 자주 필름이 끊기는지, GPA는 얼마인지)입니다. 데이터는 2000 × 3 표에 포함되어 있습니다. 설계 행렬의 열공간은 2,000 주변 차원ambient dimensionality 내부의 2차원 부분공간이며, 데이터 벡터는 동일한 주변 차원 내부의 1차원 부분공간입니다.

여기서 데이터가 설계 행렬의 열공간에 있으면 모델이 데이터가 가진 분산의 100%를 설명한다는 의미입니다. 그러나 이러한 상황은 거의 일어나지 않습니다. 실제 데이터에는 노이즈와 샘플링 변동성이 포함되어 있으며, 모델은 모든 변동성을 설명하지 못하는 단순화된 모델이기 때문입니다(예를 들어 GPA는 우리 모델이 알 수 없는 무수한 요인에 의해 결정됩니다).

이 난제를 해결하는 방법은 모델 예측 데이터와 관측 데이터 간의 불일치를 허용하도록 GLM 방정식을 수정하는 것입니다. 이는 여러 가지 동등한 방식(기호)으로 표현할 수 있습니다.

$$
\begin{aligned}
X\beta &= y + \epsilon \\
X\beta - \epsilon &= y \\
\epsilon &= X\beta - y
\end{aligned}
$$

첫 번째 방정식의 해석은 ϵ가 설계 행렬의 열공간에 적합하도록 데이터 벡터에 추가하는 잔차, 즉 오차 항이라는 것입니다. 두 번째 방정식의 해석은 잔차 항이 데이터에 완벽하게 적합하도록 설계 행렬을 조정하는 것입니다. 마지막으로 세 번째 방정식의 해석은 잔차를 모델 예측 데이터와 관측 데이터의 차이로 정의한다는 것입니다.

기하학적 관점에서 GLM과 최소제곱법에 접근하는 또 다른 매우 통찰력 있는 해석이 있습니다. 다음 절에서 자세히 설명하겠습니다.

이 절의 요점은 관측된 데이터가 회귀변수가 생성하는 부분공간 내에 있는 경우가 거의 없다는 것입니다. 이러한 이유로 GLM을 $X\beta = \hat{y}$ (여기서 $\hat{y} = y + \epsilon$)로 표현하는 것이 일반적입니다.

따라서 GLM의 목표는 관찰된 데이터에 최대한 근접하는 회귀변수의 선형 결합을 찾는 것입니다. 이에 대한 자세한 내용은 나중에 다시 설명하겠습니다. 이제 최소제곱법의 기하학적 관점을 소개하고자 합니다.

10.2.2 최소제곱법의 기하학적 관점

지금까지 행렬 방정식을 푸는 대수학적 관점에서 GLM에 대한 해법을 소개했습니다. GLM에는 기하학적 관점도 있습니다. 이는 또 다른 관점을 제시해 주고 최소제곱법의 몇 가지 중요한 특징을 이해하는 데 도움이 됩니다.

설계 행렬의 열공간인 $C(\mathbf{X})$이 $\mathbb{R}^M$의 부분공간이라고 가정해 보겠습니다. 통계 모델에는 독립변수(열)보다 관측값(행)이 더 많은 경향이 있기 때문에 일반적으로 매우 저차원의 부분공간(즉 $N \ll M$)입니다. 종속변수는 벡터 $\mathbf{y} \in \mathbb{R}^M$입니다. 여기서 문제는 벡터 $\mathbf{y}$가 설계 행렬의 열공간에 있는지 여부와, 그렇지 않다면 설계 행렬의 열공간 내부에서 데이터 벡터에 최대한 가까운 좌표가 무엇인가? 하는 것입니다.

첫 번째 질문에 대한 답은 이전 절에서 설명한 것처럼 '아니오'입니다. 두 번째 질문은 1장에서 이미 답을 배운 것과 같이 애매한 부분입니다. 답에 대해 고심하면서 [그림 10-1]을 살펴보세요.

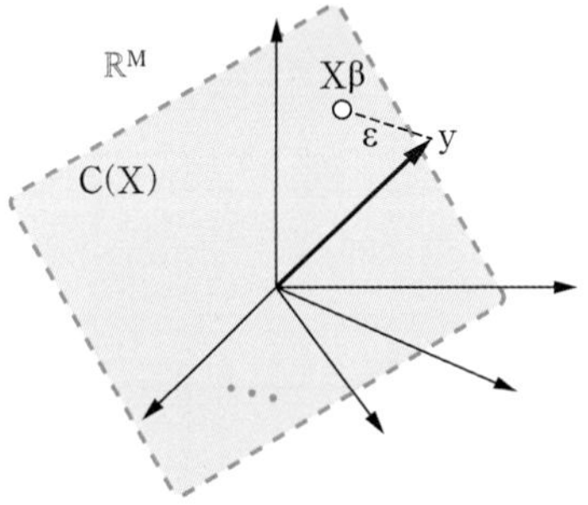

그림 10-1 GLM의 추상화된 기하학적 관점: 설계 행렬의 열공간에서 데이터 벡터에 최대한 가까운 점을 찾습니다.

따라서 우리의 목적은 데이터 벡터 $\mathbf{y}$와의 거리를 최소화하는 $\mathbf{X}$의 열에 가중치를 부여하는 계수 β의 집합을 찾는 것입니다. 투영 벡터는 ϵ라고 부르겠습니다. 벡터 ϵ와 계수 β는 어떻게 구할 수 있을까요? 1장에서 배운 것과 마찬가지로 직교벡터 투영을 사용합니다. 즉, 1장에서와 동일한 접근법을 적용하되 벡터 대신 행렬을 사용합니다. 여기서 핵심은 $\mathbf{y}$와 $\mathbf{X}$ 사이의 최단 거리는 $\mathbf{X}$와 직각으로 만나는 투영 벡터 $\mathbf{y}-\mathbf{X}\beta$가 됩니다.

$$
\begin{aligned}
X^T \epsilon &= 0 \\
X^T(y - X\beta) &= 0 \\
X^T y - X^T X\beta &= 0 \\
X^T X\beta &= X^T y \\
\beta &= (X^T X)^{-1} X^T y
\end{aligned}
$$

이러한 방정식의 전개는 놀랍습니다. 처음에는 GLM을 데이터 벡터를 설계 행렬의 열공간에 기하학적으로 투영하는 것으로 생각했고, 책의 앞부분에서 배운 직교벡터 투영의 원리를 적용했습니다. 마침내 대수학에서 얻은 것과 동일한 왼쪽 역 해를 다시 도출했습니다.

10.2.3 최소제곱법은 어떻게 작동할까요?

왜 '최소제곱'이라고 부르나요? 제곱이란 무엇이며, 왜 이 방식으로 최솟값을 구할 수 있을까요?

여기서 '제곱'은 예측된 데이터와 관측된 데이터 간의 제곱 오차를 나타냅니다. 예측된 i 번째 데이터 점마다 오차 항이 있으며, 이 오차 항은 $\epsilon_i = X_i\beta - y_i$로 정의됩니다. 각 데이터 점은 동일한 계수 집합, 즉 설계 행렬의 독립변수를 결합할 때 동일한 가중치를 사용하여 예측됩니다. 따라서 다음과 같이 모든 오차를 하나의 벡터에 담을 수 있습니다.

$$\epsilon = X\beta - y$$

모델이 데이터에 잘 적합하면 오차가 작아집니다. 따라서 모델 적합의 목적은 ϵ의 원소를 최소화하는 β의 원소를 선택하는 것이라고 말할 수 있습니다. 하지만 오차를 **최소화**하는 방식만 사용하면 모델이 음의 무한대를 향한 값을 예측하게 됩니다. 따라서 예측 오차 자체가 양수인지 음수인지에 관계없이 관찰된 데이터 y에 대한 기하학적 제곱 거리에 해당하는 **제곱** 오차를 최소화합니다.[2] 이는 오차의 제곱 노름을 최소화하는 것과 같은 개념입니다. 그래서 '최소제곱'이라는 이름이 붙었습니다. 결과적으로 다음과 같이 수정할 수 있습니다.

$$\| \epsilon \|^2 = \| X\beta - y \|^2$$

2 참고로 **제곱** 거리 대신 **절대** 거리를 최소화하는 것도 가능합니다. 이 두 가지 목표는 서로 다른 결과를 가져올 수 있는데, 제곱 거리의 한 가지 장점은 편리한 미분을 통해 최소제곱 해를 구할 수 있다는 것입니다.

이제 이것을 최적화 문제로 볼 수 있습니다. 특히 오차의 제곱을 최소화하는 계수 집합을 찾고자 합니다. 이 최소화는 다음과 같이 표현할 수 있습니다.

$$\min_{\beta} \| X\beta - y \|^2$$

이 최적화의 해는 목적 함수의 미분을 0으로 설정하고 미적분[3]과 대수를 조금 적용하면 구할 수 있습니다.

$$\begin{aligned} 0 = \frac{d}{d\beta} \| X\beta - y \|^2 &= 2X^T(X\beta - y) \\ 0 &= X^TX\beta - X^Ty \\ X^TX\beta &= X^Ty \\ \beta &= (X^TX)^{-1}X^Ty \end{aligned}$$

모델 예측값과 관측값 사이의 제곱 거리 최소화라는 다른 관점에서 시작했는데, 놀랍게도 선형대수학의 직관으로 도달했던 최소제곱법을 다시 발견할 수 있었습니다.

[그림 10-2]는 일부 관측 데이터(강조색 사각형), 모델 예측 값(회색 점), 데이터 간의 거리(회색 점선)를 보여 줍니다. 모든 모델 예측 값은 선 위에 놓여 있으며, 최소제곱법의 목표는 예측 데이터와 관측 데이터의 거리를 최소화하는 선의 기울기와 절편을 찾는 것입니다.

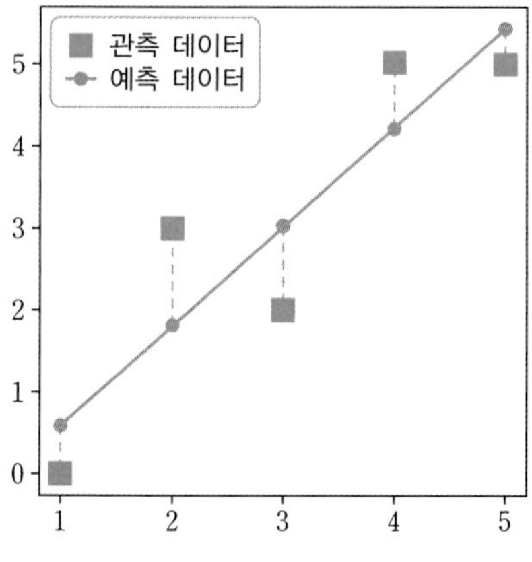

그림 10-2 최소제곱법에 대한 시각적 직관

3 행렬 미적분에 익숙하지 않더라도 이 방정식에 대해 너무 신경 쓰지 마세요. 중요한 것은 연쇄 규칙을 사용하여 β에 대한 도함수를 취했다는 것입니다.

> 모든 길은 최소제곱법으로 이어집니다
>
> 지금까지 최소제곱 해를 도출하는 세 가지 방법을 살펴보았습니다. 놀랍게도 모든 접근 방식은 동일한 결론에 도달했습니다. 접근 방식마다 최소제곱법의 본질과 최적화에 대한 통찰력을 보여 주는 고유한 이론적 관점이 있었습니다. 선형 모델 적합에 대한 경험을 어떻게 시작하든 결국 같은 결론에 도달할 수 있다는 것은 참 신기하고 멋진 일입니다.

10.3 GLM의 간단한 예

다음 장에서는 실제 데이터를 사용한 몇 가지 예제를 살펴보겠습니다. 우선 여기에서는 임의의 데이터를 사용한 간단한 예제를 통해 살펴보고자 합니다. 데이터는 가상의 학생 20명을 대상으로 온라인 강좌 수강 횟수와 삶에 대한 전반적인 만족도를 얻은 실험에서 나온 것이라고 하겠습니다.[4]

[표 10-3]은 데이터 행렬의 처음 4개(20개 중) 행을 보여 줍니다.

표 10-3 데이터 표

강의 수	삶의 행복도
4	25
12	54
3	21
14	80

이 데이터는 [그림 10-3]과 같이 분산형 차트로 쉽게 시각화할 수 있습니다

4 다시 말해 이 예제는 완전히 가공된 데이터이며 만약 일부 현실과 유사한 부분이 있다면 그것은 우연입니다.

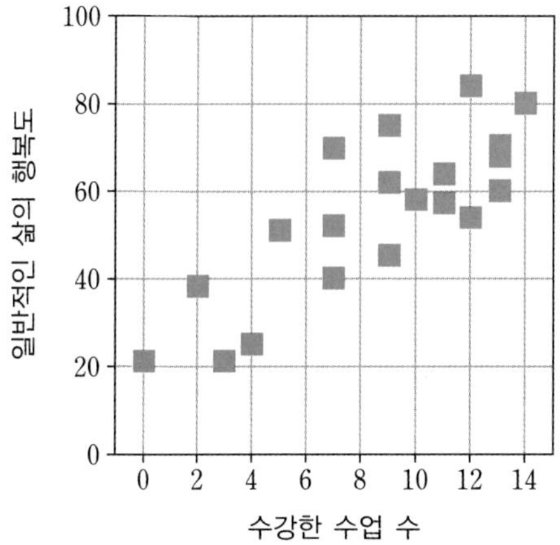

그림 10-3 가상의 설문조사의 데이터

독립변수는 x축에 표시되고 종속변수는 y축에 표시된 것을 유념하세요. 이는 통계학의 일반적인 관습입니다.

이제 설계 행렬을 만들어야 합니다. 이 모델은 예측변수가 하나뿐인 간단한 모델이므로 설계 행렬은 실제로 하나의 열벡터에 불과합니다. 행렬 방정식 $\mathrm{X}\beta = \mathrm{y}$는 다음과 같습니다(처음 4개의 데이터값만 포함).

$$\begin{bmatrix} 4 \\ 12 \\ 3 \\ 14 \end{bmatrix} [\beta] = \begin{bmatrix} 25 \\ 54 \\ 21 \\ 80 \end{bmatrix}$$

다음 파이썬 코드는 답을 보여 줍니다. 변수 `numcourses`와 `happiness`에는 데이터가 포함되어 있으며, 둘 다 리스트이므로 다차원 NumPy 배열로 변환해야 합니다.

```
X = np.array(numcourses,ndmin=2).T

# 왼쪽 역을 계산합니다.
X_leftinv = np.linalg.inv(X.T@X) @ X.T

# 계수를 구합니다.
beta = X_leftinv @ happiness
```

최소제곱법 공식에 따르면 $\beta = 5.95$ 입니다. 이 수치는 무엇을 의미할까요? 바로 공식의 기울기입니다. 즉, 수강생이 한 강좌를 추가로 수강할 때마다 스스로 보고한 삶의 행복도가 5.95점씩 증가한다는 뜻입니다. 이 결과를 도표로 살펴봅시다. [그림 10-4]는 관측 데이터(강조색 사각형), 예측된 행복도 값(선으로 연결된 회색 점) 및 잔차(각 관측된 값과 예측된 값을 연결하는 점선)를 보여 줍니다.

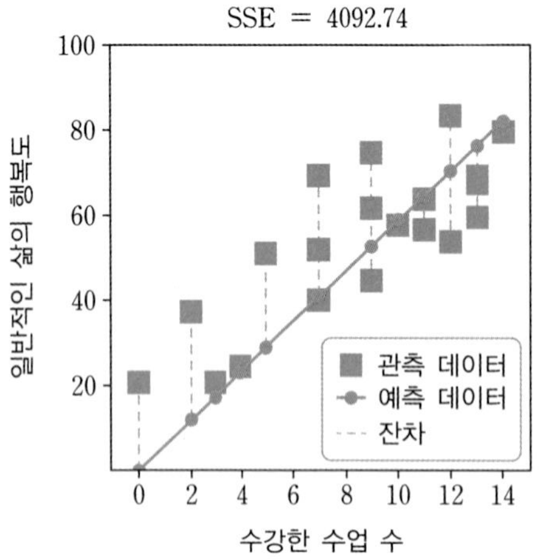

그림 10-4 관측 데이터와 예측 데이터(SSE = 제곱 오차 합계)

[그림 10-4]를 보면서 불편한 느낌이 든다면 이는 긍정적인 신호입니다. 여러분이 비판적으로 사고하고 있으며 이 모델이 오류를 최소화하는 데 큰 역할을 하지 못한다는 것을 알아차렸기 때문입니다. 이 모델이 더 잘 맞으려면 이 선의 왼쪽을 위로 밀어 올려야 된다는 것을 알게 되셨을 겁니다. 그렇게 되지 못한 이유는 문제일까요?

문제는 설계 행렬에 절편이 포함되어 있지 않다는 것입니다. 이 선의 방정식은 $y = mx$ 이며, 이는 $x = 0$ 일 때 $y = 0$ 이라는 의미입니다. 이 제약 조건은 이 문제에서 합리적이지 않습니다. 강의를 듣지 않는 사람은 삶의 만족도가 전혀 없는 슬픈 세상이 될 것입니다. 대신, 선이 $y = mx + b$ 의 형태를 갖도록 변경해 봅시다. 여기서 b 는 선이 y 축을 어떤 값에서든 교차할 수 있도록 하는 절편 항입니다. 절편에 대한 통계적 해석은 독립변수를 0으로 설정했을 때 관측값의 예측 값입니다.

설계 행렬에 절편 항을 추가하면 다음과 같이 수정된 방정식을 얻을 수 있습니다. 마찬가지로 처음 네 행만 표시합니다.

$$\begin{bmatrix} 1 & 4 \\ 1 & 12 \\ 1 & 3 \\ 1 & 14 \end{bmatrix} \begin{bmatrix} \beta_1 \\ \beta_2 \end{bmatrix} = \begin{bmatrix} 25 \\ 54 \\ 21 \\ 80 \end{bmatrix}$$

설계 행렬을 생성하는 부분을 제외하고 나머지 코드는 동일합니다.

```
X = np.hstack((np.ones((20,1)),np.array(numcourses,ndmin=2).T))
```

이제 β가 두 원소의 벡터 [22.9, 3.7]임을 알 수 있습니다. 수강한 강의가 0개인 사람의 기대 행복지수는 22.9점이며, 수강한 강의가 한 개 추가될 때마다 행복지수는 3.7점씩 증가합니다. [그림 10-5]가 훨씬 더 좋아 보인다는 데 동의하실 것입니다. 그리고 SSE는 절편을 제외했을 때의 절반 정도입니다.

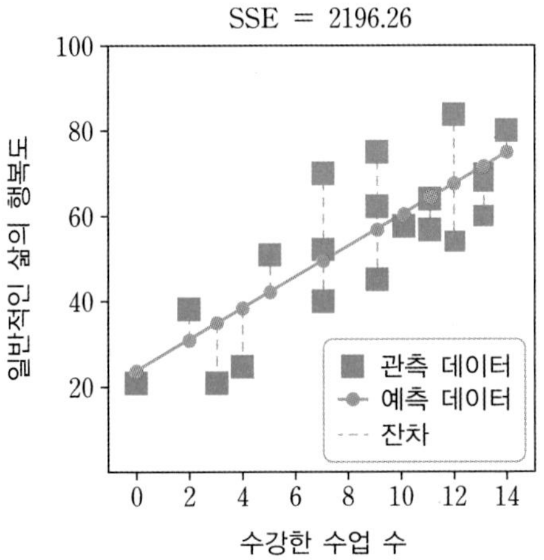

그림 10-5 관측 및 예측 데이터에 이제 절편 항이 추가되었습니다.

가상의 데이터를 기반으로 한 이 연구의 결론은 여러분이 직접 내리시기 바랍니다. 요점은 적절한 설계 행렬을 구축하고 왼쪽 역을 사용하여 미지의 회귀변수를 푸는 방정식을 수치로 확인하는 것입니다.

10.4 QR 분해를 통한 최소제곱법

왼쪽 역 방식은 이론적으로는 타당하지만, 일부에 대해 행렬 역행렬을 계산해야 하기 때문에 수치적으로 불안정할 수 있습니다. 또한 행렬 X^TX 자체도 문제를 일으킬 수 있습니다. 행렬에 전치를 곱하면 노름 및 조건수condition number와 같은 속성에 영향을 미칩니다. 조건수에 대해서는 13장에서 자세히 알아보겠지만, 조건수가 높은 행렬은 수치적으로 불안정할 수 있으며 따라서 설계 행렬의 조건수가 높으면 제곱할 때 수치적으로 더욱 불안정해집니다.

여기서 QR 분해는 최소제곱 문제를 더 안정적으로 풀 수 있는 방법을 제공합니다. 다음 방정식 전개를 살펴보세요.

$$
\begin{aligned}
X\beta &= y \\
QR\beta &= y \\
R\beta &= Q^Ty \\
\beta &= R^{-1}Q^Ty
\end{aligned}
$$

이 방정식은 실제 저수준 수치 구현을 약간 단순화한 것입니다. 예를 들어 R은 X와 같은 모양, 즉 높은(따라서 반전할 수 없는) 모양이지만 처음 N행만 0이 아니므로([연습 문제 8-7]에서 배운 것처럼), 행 $N+1$부터 M까지는 결과에 아무런 영향을 주지 않습니다(행렬 곱셈에서 0의 행은 0의 결과를 낳습니다). 이러한 행은 R과 Q^Ty에서 제거할 수 있습니다. 다음으로 행 교환(치환 행렬을 통해 구현됨)을 사용해 수치 안정성이 올라갈 수 있습니다.

이 방정식의 가장 큰 장점은 행렬이 상삼각 행렬이므로 역치환을 통해 해를 구할 수 있으므로 R의 역을 구할 필요가 없다는 것입니다. 가우스-조던 방법을 통해 연립방정식을 푸는 것과 동일합니다. 계수 행렬을 상수로 증강하고 행을 축소해 RREF를 구한 다음 증강된 행렬의 마지막 열에서 해를 추출하는 방식입니다.

이처럼 QR 분해는 X^TX를 제곱하지 않고 또 명시적으로 행렬의 역을 계산하지 않고도 최소제곱 문제를 해결한다는 장점이 있습니다. 수치 불안정성의 주된 위험은 Q를 계산할 때 발생하지만, 하우스홀더 변환을 통해 구현할 때는 안정적입니다.

[연습 문제 10-3]에서는 이 구현 과정을 살펴봅니다.

10.5 정리

많은 사람이 기초 수학이 어렵기 때문에 통계학도 당연히 어렵다고 생각합니다. 물론 고급 수학과 관련되어 어려운 고급 통계 방법도 있습니다. 하지만 일반적으로 사용되는 통계의 대부분은 여러분이 지금까지 이해해 온 선형대수학 원리를 기반으로 합니다. 이제 더 이상 여러분이 데이터 과학에 사용되는 통계 분석을 통달하지 못할 이유가 없다는 뜻입니다!

이 장의 목표는 일반적인 선형 모델의 기초가 되는 용어와 수학, 기하학적 해석, 모델 예측 데이터와 관찰 데이터 간의 차이를 최소화하기 위한 수학적 의미를 소개하는 것이었습니다. 또한 간단한 예제를 통해 회귀를 적용하는 방법도 보여드렸습니다. 다음 장에서는 실제 데이터를 사용하여 최소제곱법을 구현하고, 다항식 회귀 및 정규화와 같은 회귀 분석에서 최소제곱법을 확장하는 방법을 살펴볼 것입니다.

이 장의 핵심 내용은 다음과 같습니다.

요점정리

- GLM은 풍부하고 아름다운 우주를 이해하기 위한 통계적 프레임워크입니다. 이전 장에서 배운 연립방정식을 구성하는 방식과 유사하게 동작합니다.
- 대수학과 통계학의 용어는 다소 다릅니다. 하지만 통계학 용어를 잘 익히면 이미 수학을 알고 있기 때문에 통계학이 더 쉬워집니다.
- 왼쪽 역을 통해 방정식을 푸는 최소제곱법은 많은 통계 분석의 기초가 됩니다. 그리고 복잡해 보이는 공식 안에 최소제곱법이 '숨겨져' 있는 경우가 많습니다.
- 최소제곱법 공식은 대수학, 기하학 또는 미적분을 통해 도출할 수 있습니다. 이를 통해 다양한 방법으로 최소제곱법을 이해하고 해석할 수 있습니다.
- 관측 데이터 벡터에 왼쪽 역을 곱하는 것이 최소제곱법에 대해 개념적으로 올바르게 생각하는 방법입니다.
- 실제로는 LU 및 QR 분해와 같은 다른 방법이 수치적으로 더 안정적입니다. 다행히도 파이썬은 수치적으로 가장 안정적인 알고리즘을 구현하는 저수준 라이브러리(주로 LAPACK)를 호출하므로 이에 대해 걱정할 필요가 없습니다.

연습 문제

| 연습 문제 10-1 |

잔차가 예측 데이터와 직교한다고 설명했습니다(즉, $\epsilon^T \hat{\mathbf{y}} = 0$). 이 연습 문제에서 앞 내용에서 예로든 데이터 집합으로 설명합니다. 특히 [그림 10-6]과 같이 오차에 따른 예측 데이터의 산점도를 만듭니다. 그 다음 잔차와 모델 예측 데이터 사이의 내적과 상관계수를 계산합니다. 이론적으로는 둘 다 정확히 0이어야 하지만 약간의 반올림 오차가 있을 수 있습니다. 두 결과(내적 또는 상관계수) 중 어느 것이 더 작으며 그 이유는 무엇인가요?

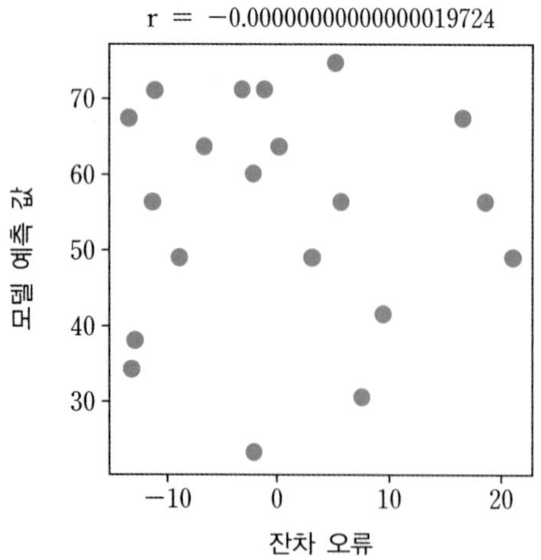

그림 10-6 [연습 문제 10-1]의 결과

| 연습 문제 10-2 |

앞서 모델로 예측한 행복도는 단지 설계 행렬의 열을 선형적으로 결합하는 한 가지 방법

일 뿐입니다. 그러나 잔차벡터는 그 하나의 선형 가중 결합에만 직교하는 것이 아닙니다. 대신 잔차벡터는 설계 행렬을 생성하는 **전체 부분공간**과 직교합니다. 파이썬에서 이를 구현해 보세요(힌트: 왼쪽 영공간과 계수를 생각해 보세요).

| 연습 문제 10-3 |

이제 10.4 'QR 분해를 통한 최소제곱법' 절에서 설명한 대로 QR 분해를 통해 최소제곱법을 계산해 보겠습니다. 다음 식들을 계산하고 서로 비교합니다. (1) 왼쪽 역인 $(\mathbf{X}^T\mathbf{X})^{-1}\mathbf{X}^T\mathbf{y}$, (2) 역을 $\mathbf{R}^{-1}\mathbf{Q}^T\mathbf{y}$로 하는 QR, (3) $\mathbf{Q}^T\mathbf{y}$로 증강된 행렬에서 가우스-조던 소거법을 계산합니다.

세 가지 방법의 베타 변수를 다음과 같이 출력합니다(추가로 소수점 이하 세 자리로 반올림하도록 코딩해 봅시다).

```
왼쪽 역으로 구한 베타:
[23.13 3.698]

inv(R)을 이용해 QR로 구한 베타:
[23.13 3.698]

역치환을 이용해 QR로 구한 베타:
[[23.13 3.698]]
```

마지막으로 QR 분해의 결과 행렬을 다음과 같이 출력합니다.

```
행렬 R:
[[ -4.472 -38.237]
 [  0.     17.747]]

행렬 R¦Q'y:
[[ -4.472 -38.237 -244.849]
 [  0.     17.747   65.631]]

행렬 RREF(R¦Q'y):
[[ 1. 0. 23.13 ]
 [ 0. 1.  3.698]]
```

| 연습 문제 10-4 |

이상치Outlier는 드물거나 대표적이지 않은 데이터값입니다. 이상치는 통계 모델에서 심각한 문제를 일으킬 수 있으므로 데이터 과학자에게 상당한 골칫거리가 될 수 있습니다. 이 연습 문제에서는 행복도 데이터에 이상치를 생성해 최소제곱법에 미치는 영향을 관찰합니다.

데이터 벡터에서 첫 번째 관측된 데이터 점을 70에서 170으로 변경합니다(데이터 입력 오타 시뮬레이션). 그런 다음 최소제곱 적합도를 다시 계산하고 데이터를 그래프로 그립니다. 이 이상치 시뮬레이션을 반복하되 이번에는 마지막 데이터 점을 70에서 170으로 변경합니다(그리고 첫 번째 데이터 점을 원래 70으로 다시 설정합니다). [그림 10-7]과 같이 시각화 자료를 만들어 원본 데이터와 비교합니다.

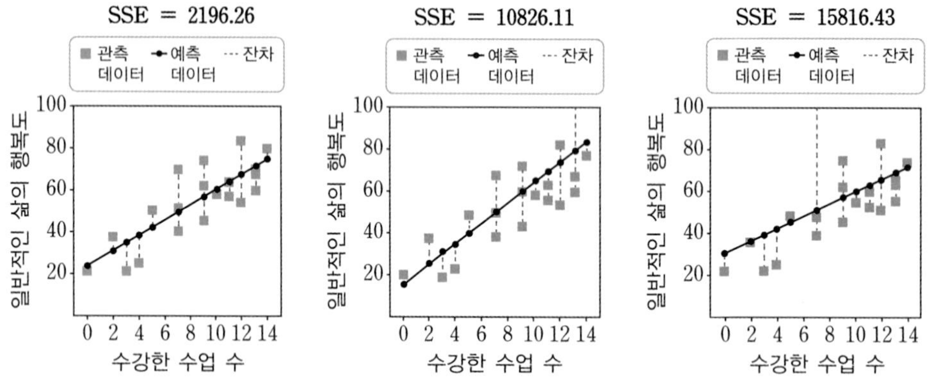

그림 10-7 [연습 문제 11-4]의 결과

흥미롭게도 이상치는 결과 변수에서 동일하지만(두 경우 모두 70이 170으로 바뀜), 해당 x축 값으로 인해 데이터에 대한 모델의 적합도에 미치는 영향은 상당히 달랐습니다. 이상치의 이러한 차별적 영향을 지렛대라고 하며 통계 및 모델 적합에 대해 더 깊게 논의할 때 다루겠습니다.

| 연습 문제 10-5 |

이 연습 문제에서는 이전 장에서 소개한 해석에 따라 최소제곱법을 사용하여 역행렬을 계산합니다. 방정식 $XB = Y$를 살펴보겠습니다. 여기서 X는 역행렬을 구할 정방 최대계수 행렬이고 B는 미지의 계수 행렬(역행렬이 됩니다), Y는 '관측 데이터'(단위 행렬)입니다.

세 가지 방법으로 B를 계산합니다. 먼저 왼쪽 역 최소제곱법을 사용해서 한 번에 한 열씩 행렬을 계산합니다. 이것은 for 문에서 행렬 X와 Y의 각 열 사이에 최소제곱 적합도를 계산하여 구합니다. 다음으로 왼쪽 역행렬 방법을 사용하여 한 줄의 코드로 전체 B 행렬을 계산합니다. 마지막으로 np.linalg.inv() 함수를 사용하여 X^{-1}을 계산합니다. 각 B 행렬에 X를 곱하여 [그림 10-8]과 같이 보여 줍니다. 마지막으로 역을 계산하는 이 세 가지 '다른' 방법이 동등한지 시험합니다(역행렬은 고유하므로 동등해야 합니다).

관찰: (원형은 말할 것도 없고) X^TX의 역을 사용하여 X의 역을 계산하는 것은 다소 이상합니다(실제로 종이와 연필로 정방 최대계수 X에서 왼쪽 역이 완전 역으로 축소되는 것을 확인해야 합니다). 말할 필요도 없이 이것은 데이터 과학 분야에서 구현될 수 있는 계산 방법은 아닙니다. 그러나 이 연습 문제는 역행렬을 하나의 행렬을 단위 행렬에 투영하는 변환으로 해석하고, 그 투영 행렬은 최소제곱법을 통해 얻을 수 있다는 점을 강조합니다. 최소제곱 해를 np.linalg.inv와 비교하면 왼쪽 역을 계산할 때 발생할 수 있는 수치상의 부정확성을 알 수 있습니다.

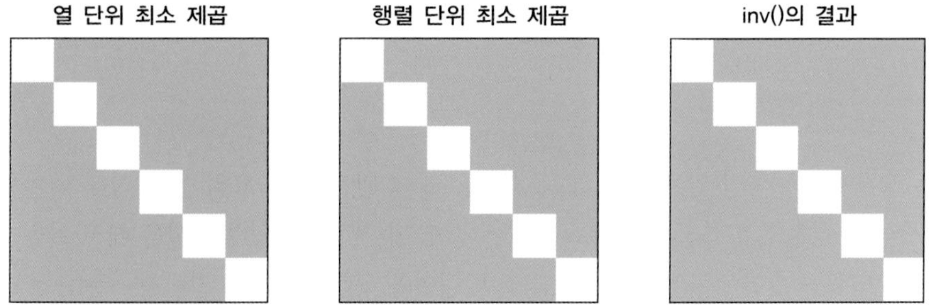

그림 10-8 [연습 문제 11-5]의 결과

CHAPTER 11 최소제곱법 응용: 실제 데이터를 활용한 최소제곱법

이번 장에서는 실제 데이터를 이용해서 최소제곱 모델 적합의 몇 가지 응용 사례를 살펴봅니다. 이 과정에서 여러 가지 파이썬 함수를 사용하여 수치적으로 더 안정적인 최소제곱을 구현해 봅니다. 또한 최소제곱법의 대안으로 다중공선성multicollinearity, 다항식 회귀polynomial regression, 그리드 서치grid search(또는 격자 검색) 알고리즘과 같은 통계 및 머신러닝의 새로운 개념도 학습합니다.

이 장을 통해서 최소제곱법이 어떻게 활용되는지 더 깊이 이해할 수 있습니다. 또한 축소계수 설계 행렬이 연관된 '까다로운' 상황에서 수치적으로 안정적인 알고리즘의 중요성도 알게 될 것입니다. 그리고 최소제곱법을 이용한 분석 방법이 경험적 매개변수 검색 방법보다 성능이 뛰어나다는 것을 확인할 수 있습니다.

11.1 날씨에 따른 자전거 대여량 예측

필자는 자전거와 비빔밥(밥에 채소 또는 고기를 넣어 만든 한식 요리)을 굉장히 좋아합니다. 그래서 서울시의 자전거 대여소에 대한 공개 데이터 집합을 발견했을 때 반가웠습니다.[1] 이 데이터 집합에는 서울시에서 자전거 대여량과 온도, 습도, 강우량, 풍속 등 날씨 관련 변수를 가진 약 9천 건의 관측 데이터가 존재합니다.

이 데이터 집합의 목적은 날씨와 계절에 따라 자전거 대여에 대한 수요를 예측하는 것입니

1 V E Sathishkumar, Jangwoo Park, and Yongyun Cho, "Using Data Mining Techniques for Bike Sharing Demand Prediction in Metropolitan City," Computer Communications, 153, (March 2020): 353-366, https://archive.ics.uci.edu/ml/datasets/Seoul+Bike+Sharing+Demand에서 다운로드한 데이터.

다. 이는 자전거 대여 회사와 지방 정부가 더 건강한 교통수단의 가용성을 최적화하는 데 도움이 되므로 매우 중요한 자료입니다. 이 훌륭한 데이터 집합은 다양하게 활용될 수 있으므로 시간을 내어 살펴볼 만한 가치가 있습니다. 이 장에서는 몇 가지 특징을 기반으로 자전거 대여량을 예측하는 비교적 간단한 회귀 모델을 구축하는 데 중점을 두겠습니다.

이 책이 통계가 아닌 선형대수학에 관한 책이라고 하더라도 여전히 통계 분석을 적용하고 해석하기 전에 데이터를 주의 깊게 보는 것은 중요합니다. 예제 코드에는 판다스 라이브러리를 사용하여 데이터를 가져오고 검사하는 방법에 대한 자세한 내용이 나와 있습니다. [그림 11-1]은 자전거 대여량(종속변수)과 강우량(독립변수 중 하나)의 데이터를 보여 줍니다.

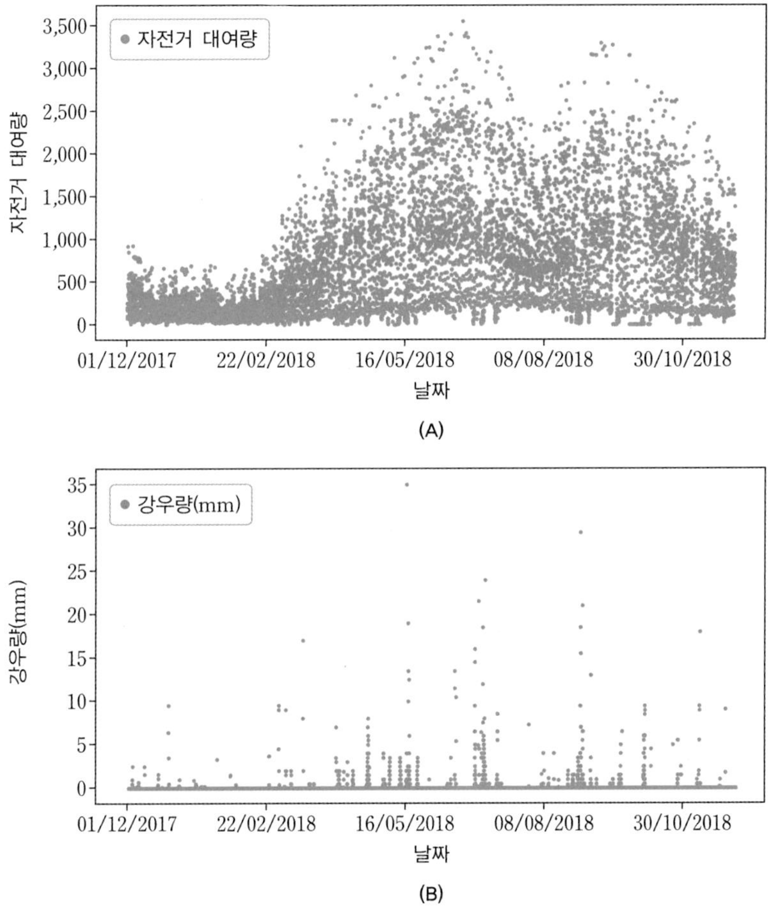

그림 11-1 일부 데이터의 산점도

강우량은 희소변수입니다. 즉 대부분 0으로 구성되어 있습니다. 이 내용은 연습 문제에서 다시 다루겠습니다.

[그림 11-2]는 선정한 네 가지 변수의 상관관계 행렬을 보여 줍니다. 통계 분석을 시작하기 전에 항상 상관관계 행렬을 검사하는 것이 좋습니다. 상관관계 행렬을 검사하면 어떤 변수가 연관되어 있는지 알 수 있고 데이터의 오류(예를 들어 서로 다른 것으로 추정되는 두 변수가 완벽하게 상관관계가 있는 경우)를 발견할 수 있기 때문입니다. 여기에서는 자전거 대여량이 **시간** 및 **기온**과 양의 상관관계(하루 중 늦은 시간과 날씨가 따뜻할 때 자전거를 더 많이 대여합니다)가 있고 **강우량**과 음의 상관관계가 있음을 알 수 있습니다(여기서는 통계적 유의성을 표시한 것이 아니므로 이러한 해석은 정성적인 것입니다).

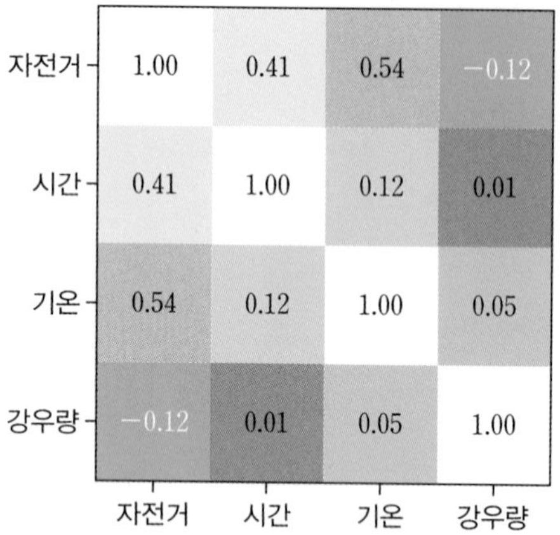

그림 11-2 선정한 네 가지 변수 사이의 상관관계 행렬

먼저 강우량과 계절에 따라 자전거 대여량을 예측하고자 합니다. 계절(겨울, 봄, 여름, 가을)은 데이터 집합에서 문자열값이므로 분석을 위해서는 이 문자열을 숫자로 변환해야 합니다. 사계절을 숫자 1~4로 변환할 수도 있지만 계절은 순환형이고 회귀는 선형인 차이점이 있습니다. 이 문제를 해결하는 몇 가지 방법이 있습니다. 회귀 대신 분산분석(ANOVA)을 사용하거나, 딥러닝 모델에 사용되는 원핫 인코딩one-hot-encoding을 사용하거나 또는 계절을 이진화할 수 있습니다. 여기서는 후자의 방법을 사용하여 가을과 겨울을 '0', 봄과 여름을 '1'로 표시하겠습니다. 베타 계수가 양수일수록 가을/겨울에 비해 봄/여름에 자전거 대여가 많다는 의미로 해석할 수 있습니다.

한편으로는 연속형 변수만 선택하여 작업을 더 간단하게 만들 수도 있겠지만, 데이터 과학에는 단순히 데이터 집합에 공식을 적용하는 것 이상의 것이 있다는 점을 강조하고 싶습니다. 분석의 종류에 영향을 미치고 따라서 얻을 수 있는 결과의 종류에 영향을 미치는 쉽지 않은 결정이 많다는 점을 말입니다.

[그림 11-3]의 왼쪽은 이미지로 시각화된 설계 행렬을 보여 줍니다. 이것은 설계 행렬의 일반적인 표현이므로 쉽게 해석할 수 있습니다. 열은 회귀변수이고 행은 관측치입니다. 회귀변수가 매우 다른 수치 척도로 되어 있는 경우 시각적 해석을 용이하게 하기 위해 열을 정규화하기도 합니다. 하지만 여기서는 그렇게 하지 않았습니다. 강우량은 대부분 0으로 희소하고 데이터 집합이 두 개의 가을/겨울 기간(가운데 열의 검은색 영역)과 한 개의 봄/여름 기간(가운데의 흰색 영역)으로 이루어졌음을 알 수 있습니다. 물론 모든 관측값에 대해 동일한 값을 사용하기 때문에 절편은 흰색 단색입니다.

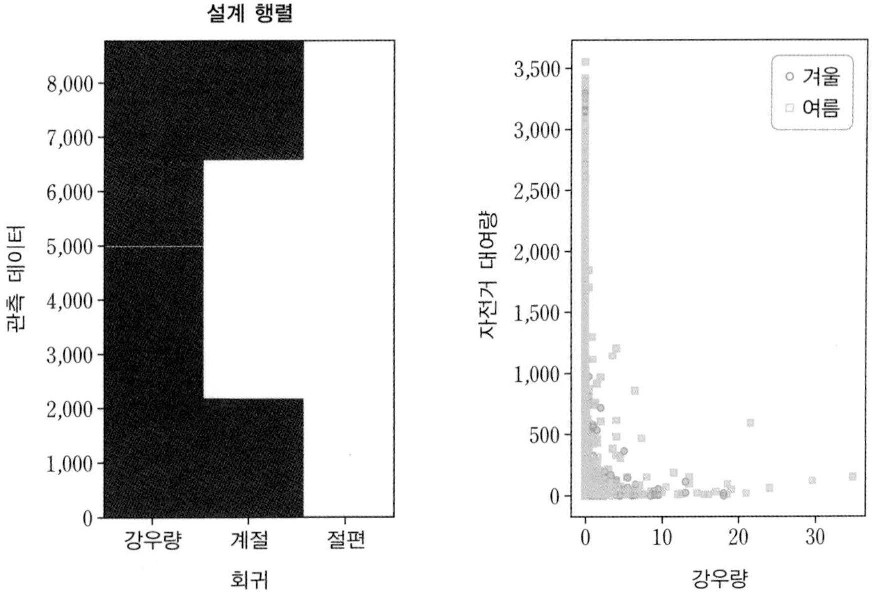

그림 11-3 설계 행렬과 일부 데이터

[그림 11-3]의 오른쪽은 두 계절에 대해 강우량에 따른 자전거 대여량을 그래프로 나타낸 것입니다. 분명히 데이터는 하나의 선 위에 놓여 있지 않습니다. x축과 y축의 0

혹은 0에 가까운 값이 많이 존재하기 때문입니다. 다시 말해 데이터를 시각적으로 살펴봤을 때 변수 간의 관계가 비선형이라는 것을 알 수 있으며 이는 선형 모델링 접근 방식이 최선책이 아닐 수 있음을 의미합니다. 다시 한 번 강조하지만 이는 데이터를 시각적으로 검사하고 적절한 통계 모델을 신중하게 선택하는 것이 중요하다는 것을 의미합니다.

그럼에도 지금은 최소제곱법을 사용하여 선형 모델을 데이터에 적합시키는 방법으로 계속 진행하겠습니다. 다음 코드는 필자가 어떻게 설계 행렬을 만들었는지 보여 줍니다(변수 data는 판다스 데이터프레임입니다).

```
# 설계 행렬을 만들고 절편을 추가
desmat = data[['Rainfall(mm)','Seasons']].to_numpy()
desmat = np.append(desmat,np.ones((desmat.shape[0],1)),axis=1)

# DV을 추출
y = data[['Rented Bike Count']].to_numpy()

# 최소제곱법을 사용하여 모델을 데이터에 적합
beta = np.linalg.lstsq(desmat,y,rcond=None)
```

강우량 및 **계절**에 대한 베타값은 각각 −80 과 369입니다. 이 수치는 비가 올 때 자전거 대여량이 적고 가을/겨울에 비해 봄/여름에 자전거 대여량이 많다는 것을 나타냅니다.

[그림 11-4]는 예측 데이터와 관측 데이터를 두 계절별로 보여 줍니다. 모델이 데이터에 완벽하게 맞는다면 점들은 기울기가 1인 대각선 위에 놓여 있을 것입니다. 하지만 여기서는 분명히 그렇지 않습니다. 즉 모델이 데이터에 잘 맞지 않는다는 것을 의미합니다. 실제로 R^2는 0.097에 불과합니다(즉 통계 모델이 데이터 분산 중 약 1%를 설명한다는 의미입니다). 게다가 이 모델에서는 자전거 대여량이 음수로 예측되는 것을 볼 수 있는데 이는 해석할 수 없는 잘못된 수치이며 자전거 대여량은 절대로 음수가 될 수 없습니다.

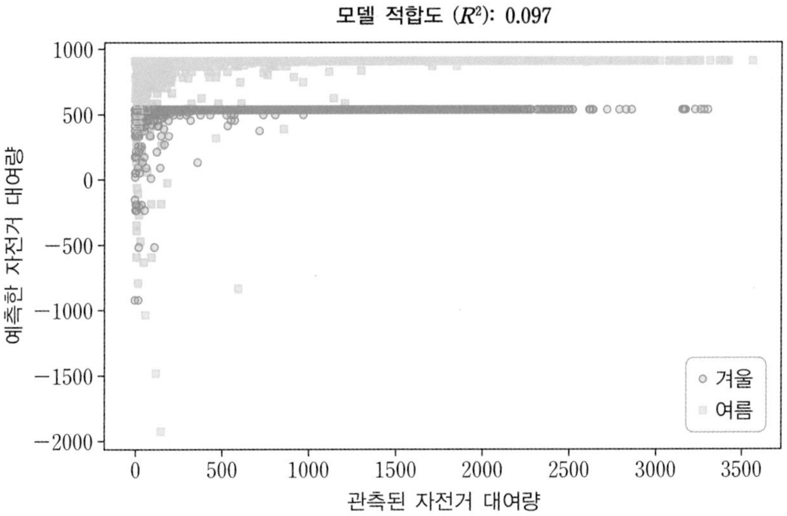

그림 11-4 관측 데이터로 예측한 산점도

지금까지 코드에서 경고나 오류가 발생하지 않았으므로 수학이나 코딩 측면에서 잘못한 것은 없습니다. 그러나 우리가 사용한 통계 모델은 이 연구에서 가장 적합한 모델은 아닙니다. [연습 문제 11-1]과 [연습 문제 11-2]에서 이를 개선해 보겠습니다.

11.1.1 statsmodels을 사용한 회귀 분석 표

이번엔 통계에 대해 너무 깊이 들어가지 않으면서 `statsmodels` 라이브러리를 사용하여 회귀 분석 표를 만드는 방법을 보여드리겠습니다. 이 라이브러리는 NumPy 배열 대신 판다스 데이터프레임으로 작동합니다. 다음 코드는 회귀 모델을 설정하고 계산하는 방법을 보여 줍니다(OLS는 **최소제곱법**의 약자입니다).

```
import statsmodels.api as sm

# 데이터를 추출(판다스 데이터프레임으로 유지)
desmat_df = data[['Rainfall(mm)','Seasons']]
obsdata_df = data['Rented Bike Count']

# 모델 생성 및 적합(절편을 명시적으로 추가해야 함)
desmat_df = sm.add_constant(desmat_df)
model = sm.OLS(obsdata_df,desmat_df).fit()
print( model.summary() )
```

회귀 분석 표에는 많은 정보가 포함되어 있습니다. 모든 내용을 이해하지 못해도 괜찮습니다. 핵심 항목은 회귀변수에 대한 R^2와 회귀 계수(coef)입니다.

```
==============================================================================
Dep. Variable:      Rented Bike Count   R-squared:                       0.097
Model:                            OLS   Adj. R-squared:                  0.097
Method:                 Least Squares   F-statistic:                     468.8
Date:                Wed, 26 Jan 2022   Prob (F-statistic):         3.80e-194
Time:                        08:40:31   Log-Likelihood:                -68654.
No. Observations:                8760   AIC:                         1.373e+05
Df Residuals:                    8757   BIC:                         1.373e+05
Df Model:                           2
Covariance Type:            nonrobust
================================================================================
                   coef    std err          t      P>|t|      [0.025      0.975]
================================================================================
const          530.4946      9.313     56.963      0.000     512.239     548.750
Rainfall(mm)   -80.5237      5.818    -13.841      0.000     -91.928     -69.120
Seasons        369.1267     13.127     28.121      0.000     343.395     394.858
==============================================================================
Omnibus:                     1497.901   Durbin-Watson:                   0.240
Prob(Omnibus):                  0.000   Jarque-Bera (JB):             2435.082
Skew:                           1.168   Prob(JB):                         0.00
Kurtosis:                       4.104   Cond. No.                         2.80
==============================================================================
```

11.1.2 다중공선성

통계학 강의를 들어본 적이 있다면 **다중공선성**multicollinearity이라는 용어에 대해 들어 보셨을 것입니다. 위키백과에서는 '다중 회귀 모델에서 하나의 독립변수가 다른 독립변수로부터 상당한 정확도로 선형적으로 예측될 수 있는 것'이라고 정의하고 있습니다.[2]

이는 설계 행렬 내부에 선형 종속성이 있다는 것을 의미합니다. 선형대수학의 관점에서 다중공선성은 **선형 종속성**linear dependence을 멋지게 표현한 용어일 뿐이며 이는 설계 행렬이 축소계수 또는 특이 행렬이라는 말과 같은 의미입니다.

축소계수 설계 행렬은 왼쪽 역행렬이 존재하지 않으므로 최소제곱 문제를 분석적으로 해결할 수 없습니다. [연습 문제 11-3]에서 다중공선성의 의미를 확인할 수 있습니다.

> 다중공선성으로 GLM 해결
>
> 사실, 축소계수 설계 행렬을 갖는 GLM에 대한 해를 도출하는 것이 가능합니다. 이는 이전 장의 QR 분해 과정을 수정하고 MP 의사역행렬을 이용하면 됩니다. 축소계수 설계 행렬의 경우 고유한 해는 없지만 최소 오차를 갖는 해를 선택할 수 있습니다. 이를 **최소 노름 해**minimum norm solution 또는 간단히 최소 노름이라고 하며 생의학 영상과 같은 분야에서 자주 사용됩니다. 특수한 응용이지만 선형 종속성이 있는 설계 행렬은 일반적으로 통계 모델에 문제가 있음을 나타내므로 반드시 조사해야 합니다(주로 데이터 입력 실수 및 코딩 버그가 일반적인 다중공선성의 원인입니다).

11.1.3 정규화

정규화regularization는 통계 모델을 수정하는 다양한 방법을 총칭하는 포괄적인 용어로, 수치 안정성을 개선하거나, 특이 행렬 또는 나쁜 상태의 행렬을 최대계수로 변환(따라서 가역적)하거나, 과적합을 줄여 일반화 가능성을 개선하는 것을 목표로 합니다. 문제의 특성과 정규화의 목표에 따라 여러 가지 형태의 정규화가 있으며, 여러분이 들어 보셨을 만한 몇 가지 구체적인 기법으로는 릿지Ridge(L2), 라쏘Lasso(L1), 티호노프Tikhonov 및 수축shrinkage이 있습니다.

정규화 기법마다 작동 방식이 다르지만 대부분의 정규화 기법은 설계 행렬을 일정량 '이

2 위키백과, '다중공선성', https://en.wikipedia.org/wiki/Multicollinearity.

동'시킵니다. 4장에서 행렬을 이동한다는 것은 대각선에 $A + \lambda I$와 같이 상수를 추가하는 것을 의미했고 5장에서 행렬을 이동하면 축소계수 행렬을 최대계수 행렬로 변환할 수 있다는 것을 이미 배웠습니다.

이 장에서는 설계 행렬을 프로베니우스 노름의 일부 크기만큼 이동하여 정규화합니다. 다음과 같이 최소제곱법 방정식인 [식 11-1]을 수정합니다.

식 11-1 정규화

$$\beta = (X^T X + \gamma \| X \|_F^2 I)^{-1} X^T \mathbf{y}$$

핵심 매개변수는 정규화의 양을 결정하는 γ(그리스 문자 **감마**)입니다($\gamma = 0$은 정규화하지 않습니다). 적절한 γ 매개변수를 선택하는 것은 쉽지 않으며 교차 검증과 같은 통계 기법을 통해 수행되는 경우가 많습니다.

정규화의 가장 분명한 효과는 설계 행렬이 축소계수 행렬일 때 정규화된 정방 설계 행렬이 최대계수 행렬이 된다는 것입니다. 정규화는 또한 행렬에서 정보의 '퍼짐'을 측정하는 조건수(가장 큰 특잇값과 가장 작은 특잇값의 비율입니다. 이에 대해서는 13장에서 배우게 됩니다)를 감소시킵니다. 이렇게 하면 행렬의 수치 안정성이 높아집니다. 정규화의 통계적 의미는 이상치이거나 대표성이 없는, 따라서 새로운 데이터 집합에서 관찰될 가능성이 낮은 개별 데이터 점에 대한 모델의 민감도를 낮추어 '평활화'하는 것입니다.

프로베니우스 제곱 노름으로 크기를 조정하는 이유는 무엇인가요? 예를 들어 $\gamma = 0.1$과 같이 정해진 γ값은 행렬의 수치 범위에 따라 설계 행렬에 큰 영향을 미칠 수도 있고 무시될 수도 있습니다. 따라서 γ 매개변수를 정규화의 **비율**로 해석하여 행렬의 수치 범위에 따라 크기를 조정합니다. 프로베니우스 노름을 제곱하는 이유는 $\|X\|_F^2 = \|X^T X\|_F$이기 때문입니다. 즉 설계 행렬의 제곱 노름은 설계 행렬의 노름에 자신의 전치를 곱한 값과 같기 때문입니다.

실제로는 프로베니우스 노름 대신 설계 행렬의 고윳값의 평균을 사용하는 것이 더 일반적입니다. 12장에서 고윳값에 대해 학습한 이후에 여러분은 두 정규화 방법을 비교할 수 있습니다.

[연습 문제 11-4]는 정규화를 코드로 구현하는 데 중점을 둡니다.

11.2 다항식 회귀

다항식 회귀polynomial regression는 일반 회귀와 비슷하지만 독립변수인 x축 값을 더 높은 차수로 끌어 올린 것입니다. 즉 설계 행렬의 각 열 i는 x^i로 정의되며, 여기서 x는 일반적으로 시간 또는 공간이지만 약물 복용량이나 인구와 같은 다른 변수일 수도 있습니다. 수학적 모델은 다음과 같습니다.

$$\mathrm{y} = \boldsymbol{\beta}_0 \boldsymbol{x}^0 + \boldsymbol{\beta}_1 \boldsymbol{x}^1 + \cdots + \boldsymbol{\beta}_n \boldsymbol{x}^n$$

$\boldsymbol{x}^0 = 1$은 모델의 절편이 된다는 점에 유의하세요. 이러한 경우를 제외하고는 예측 데이터와 관측 데이터 간의 제곱 차이를 최소화하는 β값을 찾는 것이 목표인 일반 회귀 분석입니다.

다항식의 **차수**는 가장 큰 i차수 입니다. 예를 들어 4차 다항식 회귀에는 $\boldsymbol{x}^4$항이 가장 큰 차수입니다($\boldsymbol{x}^3$ 항이 없더라도 $\boldsymbol{\beta}_3 = 0$인 4차 다항식입니다).

[그림 11-5]는 3차 다항식의 개별 회귀변수와 설계 행렬의 예를 보여 줍니다(n차 다항식에는 절편을 포함하여 $n+1$개의 회귀변수가 있다는 점에 유의하세요). 다항식 함수는 관측 데이터를 모델링하기 위한 기저벡터입니다.

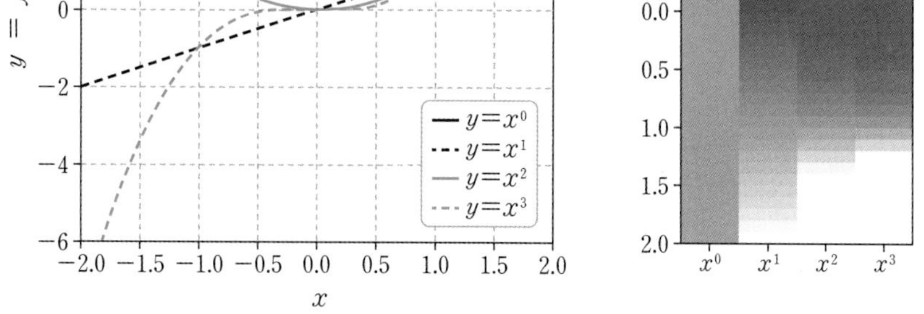

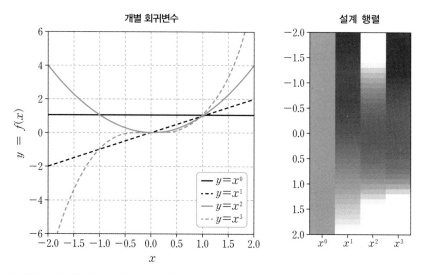

그림 11-5 다항식 회귀의 설계 행렬

특수한 설계 행렬을 제외하고 다항식 회귀는 다른 회귀와 완전히 동일합니다. 왼쪽 역(또는 더 계산적으로 안정적인 대안)을 사용하여 회귀변수의 가중치 조합(즉 예측 데이터)이 관측 데이터와 가장 잘 일치하도록 하는 계수 집합을 구합니다.

다항식 회귀는 곡선 적합과 비선형 함수 근사화에 사용됩니다. 시계열 모델링, 인구 역학, 의학 연구에서 약물 용량-반응 함수, 구조용 지지 빔의 물리적 응력 등에 활용됩니다. 다항식은 2차원으로도 표현할 수 있으며, 지진 전파 및 뇌 활동과 같은 공간 구조를 모델링하는 데 사용됩니다.

이제 배경 설명은 충분히 되었습니다. 예제를 살펴보겠습니다. 필자가 선택한 데이터 집합은 인구가 두 배로 증가하는 모델에서 가져온 것입니다. 여기서 질문은 '인류 인구가 두 배가 되는 데(예를 들어 5억 명에서 10억 명으로) 얼마나 걸리는가?'입니다. 인구 증가율 자체가 증가한다면(더 많은 사람들이 더 많은 아기를 낳고, 이들이 성장하여 더 많은 아기를 낳기 때문에), 인구가 두 배로 늘어날 때마다 두 배로 늘어나는 시간은 줄어들 것입니다. 반면에 인구 증가 속도가 느려진다면(사람들이 더 적은 수의 아기를 낳아서), 두 배가 될 때마다 두 배로 늘어나는 시간이 늘어납니다.

온라인에서 관련 데이터 집합을 찾았습니다.[3] 데이터 집합이 작으므로 예제 코드를 추가로 수정할 필요 없이 모든 숫자를 사용할 수 있으며 [그림 11-6]에 나와 있습니다. 이 데이터 집합에는 실제 측정된 데이터와 2100년까지의 예측이 모두 포함되어 있습니다. 이러한 미래 예측은 여러 가지 가정을 기반으로 하고 있지만, 실제로 미래가 어떻게 전개될지는 아무도 모릅니다(그렇기 때문에 미래를 준비하는 것과 현재를 즐기는 것 사이의 균형을 찾아야 합니다). 그럼에도 지금까지의 데이터에 따르면 지난 500년 동안 인구가 두 배로 증가했으며(적어도), 데이터 집합을 생성한 저자는 다음 세기에는 두 배 증가율이 약간 더 높아질 것으로 예측하고 있습니다.

---

3 Max Roser, Hannah Ritchie, and Esteban Ortiz-Ospina, "World Population Growth," OurWorldInData.org, 2013, https://ourworldindata.org/world-population-growth.

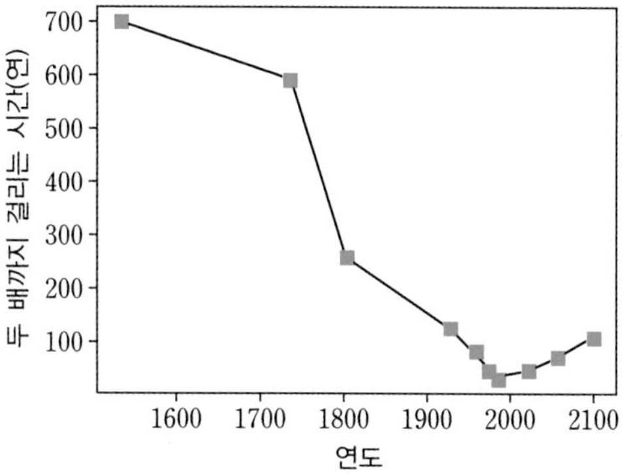

그림 11-6 데이터 도표

3차 다항식 모델을 선택해서 아래 코드를 사용해 모델을 생성하고 적합했습니다(x축에는 변수 year 그리고 y축에는 종속변수인 doubleTime이 존재합니다).

```
# 설계 행렬
X = np.zeros((N,4))
for i in range(4):
  X[:,i] = np.array(year)**i

# 모델을 적합하고 예측 데이터를 계산
beta = np.linalg.lstsq(X,doubleTime, rcond=None)
yHat = X@beta[0]
```

[그림 11-7]은 해당 코드에서 생성된 다항식 회귀를 사용하여 예측된 데이터를 보여 줍니다.

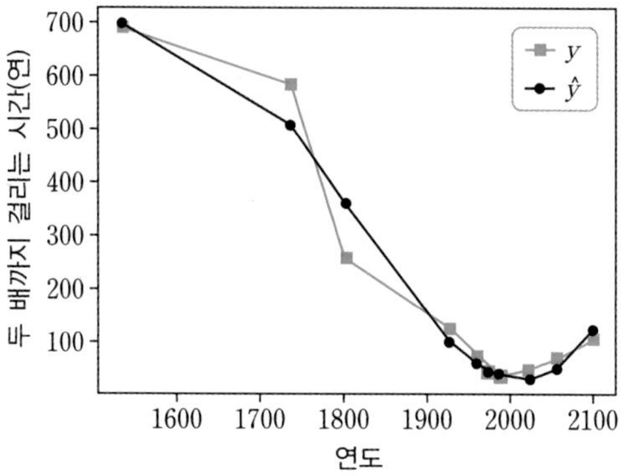

그림 11-7 데이터 도표

이 모델은 데이터의 하락 추세와 예상되는 상승 추세를 모두 포착합니다. 물론 추가적인 통계 분석 없이는 이 모델이 **최고의** 모델이라거나 이 모델이 통계적으로 유의미하게 데이터에 잘 맞는다고 말할 수는 없습니다. 그러나 다항식 회귀가 곡선을 적합시키는 데 우수하다는 것은 이미 여러 연구를 통해 입증되었습니다. 그러므로 다항식 회귀가 일반적으로 많이 사용되며 NumPy에는 이러한 모델을 만들고 적합시키는 전용 함수가 있습니다.

```
beta = np.polyfit(year,doubleTime,3) # 3차 다항식
yHat = np.polyval(beta,year)
```

[연습 문제 11-5]에서 이 모델과 데이터를 추가로 계속 살펴보겠습니다. [그림 11-7]을 생성하는 코드를 다양한 차수의 매개변수를 이용해 마음껏 다뤄보시기 바랍니다.

11.3 그리드 서치로 모델 매개변수 찾기

왼쪽 역을 통한 최소제곱법은 데이터에 모델을 적합시키는 훌륭한 방법입니다. 최소제곱법은 정확하고 빠르며 확정적입니다(즉 코드를 다시 실행할 때마다 동일한 결과를 얻을 수 있습니다). 하지만 선형 모델 적합에만 작동하며 모든 모델을 선형 방법으로 적합시킬 수 있는 것은 아닙니다.

이 절에서는 모델 매개변수를 식별하는 데 사용되는 또 다른 최적화 방법인 **그리드 서치(혹은 격자 검색)**를 소개합니다. 그리드 서치는 매개변수 공간을 샘플링하고 각 매개변숫값으로 데이터에 대한 모델 적합도를 계산한 다음 최고의 모델 적합도를 가지는 매개변숫값을 선택합니다.

간단한 예로 $y = x^2$ 함수를 살펴봅시다. 이 함수의 최솟값을 찾고자 합니다. 물론 최솟값이 $x = 0$이라는 것을 이미 알고 있습니다. 그러나 이 예는 그리드 서치의 결과를 이해하고 평가하는 데 도움이 됩니다.

그리드 서치 기법에서는 시험에 사용할 미리 정의된 x값 집합으로 시작합니다. $(-2, -1, 0, 1, 2)$ 집합을 사용하겠습니다. 이것이 우리의 '격자(그리드)[grid]'입니다. 그런 다음

각 격잣값에 대한 함수를 계산하여 $y = (4, 1, 0, 1, 4)$를 얻습니다. 그러면 $x = 0$일 때 y가 최소가 된다는 것을 알 수 있습니다. 이 경우 격자 기반 해는 실제 해와 동일합니다.

그러나 그리드 서치가 항상 최적의 해를 구한다고 보장할 수는 없습니다. 예를 들어 격자가 $(-2, -.5, 1, 2.5)$이고 함숫값이 $y = (4, .25, 1, 6.25)$라고 가정하면 $x = -.5$가 함수 $y = x^2$를 최소화하는 매개변숫값이라는 결론을 내릴 수 있습니다. 이 결론은 지정된 격자 내에서 가장 좋은 답이기 때문에 '어느 정도 올바른' 결론입니다. 값 범위를 잘못 선택할 때도 그리드 서치가 실패할 수 있습니다. 예를 들어 그리드가 $(-1000, -990, -980, -970)$이라고 가정해 보겠습니다. 여기서는 $x = -970$일 때 $y = x^2$가 최소화된다는 결론을 내릴 수 있습니다.

요점은 범위와 해상도(격자 점 사이의 간격)가 모두 중요하다는 것인데, 이는 **최상**의 해를 얻을지, **꽤 좋은** 해를 얻을지, 아니면 **끔찍한** 해를 얻을지를 결정하기 때문입니다. 이전 예제에서는 적절한 범위와 해상도를 쉽게 결정할 수 있습니다. 그러나 복잡한 다변량 비선형 모델에서는 적절한 그리드 서치 매개변수를 찾으려면 더 많은 작업과 탐색이 필요할 수 있습니다.

이전 장의 '행복한 학생' 데이터에 대해 그리드 서치를 실행해 보았습니다(참고로, 이 데이터는 제 강의를 더 많이 등록한 사람들의 삶의 만족도가 더 높다는 가상의 설문조사에서 나온 데이터였습니다). 이 데이터의 모델에는 두 개의 매개변수(절편과 기울기)가 있으므로 가능한 매개변수 쌍의 2차원 격자에서 각 지점마다 해당 함수를 평가합니다. 결과는 [그림 11-8]에 나와 있습니다.

이 그래프는 무엇을 의미하며 어떻게 해석해야 할까요? 두 축은 매개변숫값에 해당하므로 그래프의 각 좌표는 해당 매개변숫값으로 모델을 생성합니다. 그런 다음 각 모델을 데이터에 맞게 데이터를 계산하여 저장하고 이미지로 시각화합니다.

데이터에 가장 잘 부합하는 좌표(제곱 오차의 합이 가장 작은 좌표)가 최적의 파라미터 집합입니다. [그림 11-8]은 최소제곱 접근법을 사용한 분석 해법도 보여 줍니다. 이 둘은 비슷하지만 정확히 겹치지는 않습니다. [연습 문제 11-6]에서는 이 그리드 서치를 구현하고 결과의 정확도 관점에서 격자 해상도의 중요성을 탐구해 보겠습니다.

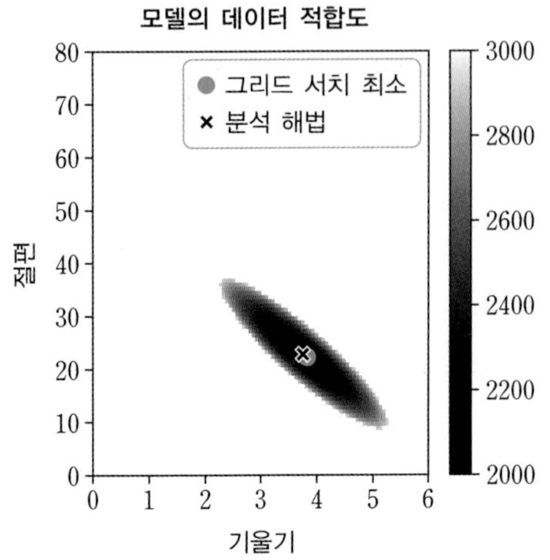

그림 11-8 '행복한 학생' 데이터 집합에 대한 그리드 서치 결과(강도는 적합한 데이터에 대한 제곱 오차의 합입니다)

최소제곱법이 더 좋고 빠른데 왜 그리드 서치를 사용할까요? 물론 최소제곱법으로 해결된다면, 굳이 그리드 서치를 사용할 필요가 없습니다. 그리드 서치는 비선형 모델에서 매개변수를 찾는 데 유용한 기법으로서, 예를 들어 딥러닝 모델에서 하이퍼파라미터를 식별하는 데 자주 사용됩니다(**하이퍼파라미터** hyperparameter는 데이터로부터 학습되지 않고 연구자가 선택한 모델 아키텍처 설계 기능입니다). 그리드 서치는 대규모 모델의 경우 시간이 많이 소요될 수 있지만 병렬화를 통해 그리드 서치를 더 효율적으로 수행할 수 있습니다.

결론적으로 그리드 서치는 선형 방법을 적용할 수 없을 때 데이터에 모델을 맞추기 위한 비선형 방법이라는 것입니다. 데이터 과학과 머신러닝에 대한 여정에서 심플렉스와 딥러닝을 구동하는 유명한 경사 하강 알고리즘을 비롯한 추가적인 비선형 방법에 대해서도 배우게 됩니다.

11.4 정리

최소제곱법의 응용과 그외 모델 적합 접근 방식과의 비교에 대해 재미있게 읽으셨기를 바랍니다. 다음 연습 문제는 이 장에서 가장 중요한 부분이므로 요약에서 많은 시간을 뺏지 않겠습니다. 중요한 사항은 다음과 같습니다.

요점정리

- 올바른 통계 모델을 선택하고 통계 결과를 올바르게 해석하려면 데이터를 시각적으로 검사하는 것이 중요합니다.
- 선형대수학은 상관관계 행렬 등 데이터 집합에 대한 정량적 평가에 사용됩니다.
- 4장에서 배운 행렬 시각화 방법은 설계 행렬을 살펴볼 때 유용합니다.
- 수학적 개념은 종종 분야마다 다른 이름을 갖습니다. 설계 행렬의 선형 종속성을 의미하는 **다중공선성**을 예로 들 수 있습니다.
- 정규화에는 설계 행렬을 소량 '이동'하는 작업이 포함되는데, 이는 수치적 안정성과 새로운 데이터에 대한 일반화의 가능성을 높일 수 있습니다.
- 선형대수학을 깊이 이해하면 가장 적합한 통계 분석을 선택하고, 결과를 해석하고, 잠재적인 문제를 예측하는 데 도움이 됩니다.
- 다항식 회귀는 '일반' 회귀와 동일하지만 설계 행렬의 열은 x축 값을 지수 증가로 올린 값으로 정의됩니다. 다항식 회귀는 곡선 적합에 사용됩니다.
- 그리드 서치는 비선형 모델 적합 방법입니다. 선형 최소제곱법은 모델이 선형일 때 최적의 접근 방식입니다.

연습 문제

자전거 대여 연습 문제

| 연습 문제 11-1 |

[그림 11-4]에서 자전거 대여량이 음수인 문제는 강우량이 없는 날을 제거하면 일부 완화될 수 있습니다. 이 분석과 그래프 생성을 강우량이 0이 아닌 데이터 행에 대해서만 반복합니다. R^2가 높아지고 양수 예측 대여량이 증가하는 등으로 결과가 개선될까요?

| 연습 문제 11-2 |

계절은 범주형 변수이므로 회귀 분석보다 공분산 분석이 더 적합한 통계 모델입니다. 이분화된 **계절**은 자전거 대여량을 예측하는 데 민감도가 부족할 수 있으므로(예를 들어 가을에는 따뜻하고 화창한 날이 있고 봄에는 춥고 비가 오는 날이 있을 수 있습니다) 온도가 더 나은 독립변수일 수 있습니다.

설계 행렬에서 **계절**을 **기온**으로 바꾸고 회귀를 다시 실행하여(이전 연습 문제에서 비가 오지 않은 날뿐만 아니라 모든 날을 사용) [그림 11-9]를 재현합니다. 여전히 음의 임대료를 예측하는 데 문제가 있지만(이는 모델의 선형성 때문입니다), R^2가 더 높고 예측 결과가 질적으로 더 좋습니다.

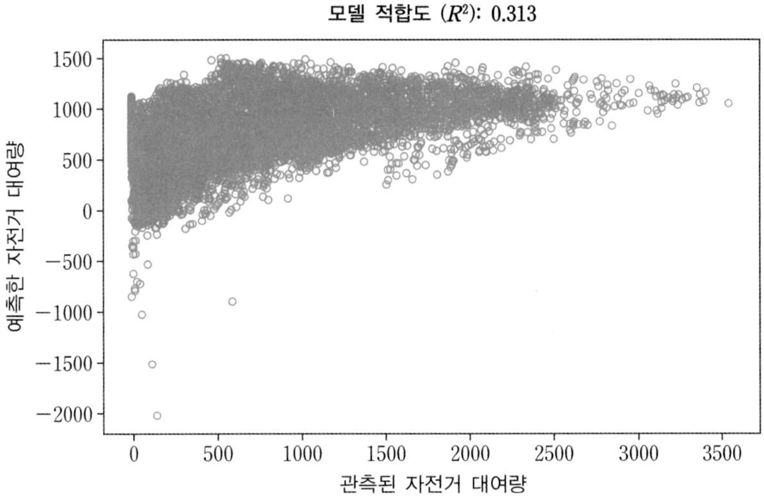

그림 11-9 [연습 문제 11-2]의 결과

다중공선성 연습 문제

| 연습 문제 11-3 |

이 연습 문제는 [연습 문제 11-2]의 모델에서 계속 이어집니다. 파이썬 오류가 발생하면 이전 코드를 다시 실행한 다음 설계 행렬 변수를 다시 생성해야 할 수 있습니다. 이 모델에는 절편을 포함하여 3개의 회귀변수가 포함되어 있습니다. 이제 **온도**와 **강우량**의 선형 가중 결합으로 정의된 네 번째 회귀식을 포함하는 새로운 설계 행렬을 생성합니다. 다음 연습 문제에서 필요하므로 이 설계 행렬에 다른 변수 이름을 지정합니다. 설계 행렬의 열이 4개이지만 계수가 3인지 확인하고 설계 행렬의 상관계수 행렬을 계산합니다.

두 변수의 가중치에 따라 선형 종속성이 있어도 상관관계가 1이 될 것으로 기대할 수 없으며, 여기서도 정확한 상관관계를 재현할 수 없다는 점에 유의하세요.

```
설계 행렬 크기: (8760, 4)
설계 행렬 계수: 3

설계 행렬의 상관계수 행렬:
[[1.      0.05028   nan 0.7057 ]
```

```
[0.05028 1.         nan 0.74309]
[ nan        nan    nan      nan]
[0.7057 0.74309    nan 1.      ]]
```

세 가지 서로 다른 방법으로 모델을 적합합니다. (1) 이전 장에서 배운 대로 왼쪽 역으로 직접 구현하기, (2) NumPy의 `lstsqr` 함수를 사용하기, (3) `statsmodels`을 사용하기입니다. 세 가지 방법 모두에 대해 R^2와 회귀 계수를 계산하고 결과를 다음과 같이 출력합니다. 축소계수 설계 행렬에서 `np.linalg.inv`의 수치적 불안정성이 분명히 나타나야 합니다.

```
데이터에 모델 적합:
  왼쪽-역       : 0.0615
  NumPy lstsqr : 0.3126
  statsmodels  : 0.3126

베타 계수:
  왼쪽-역       : [[-1528.071  11.277  337.483  5.537 ]]
  NumPy lstsqr : [[  -87.632   7.506  337.483  5.234 ]]
  statsmodels  : [  -87.632    7.506  337.483  5.234 ]
```

참고사항: 오류나 경고 메시지가 표시되지 않았습니다. 설계 행렬에 분명히 문제가 있음에도 불구하고 파이썬은 그냥 결괏값을 출력했습니다. 물론 이것의 장점에 대해 추가로 설명할 수 있지만, 여기서는 데이터 과학의 선형대수를 이해하는 것이 중요하며 진정한 데이터 과학은 단순히 수학을 아는 것 그 이상이라는 점을 강조하겠습니다.

정규화 연습 문제

| 연습 문제 11-4 |

여기서는 이전 연습 문제에서 만든 축소계수 설계 행렬에 대한 정규화의 효과를 살펴봅니다. 먼저 $\gamma = 0$과 $\gamma = .01$을 사용하여 $(\mathrm{X}^{\mathrm{T}}\mathrm{X} + \gamma\|\mathrm{X}\|_{\mathrm{F}}^{2}\mathrm{I})^{-1}$을 구현합니다. 두 행렬의 크기와 계수를 출력합니다. 다음은 필자의 결과입니다(계수-3 설계 행렬은 수치적으로 매우 불안정하여 '역'이 실제로는 계수-2라는 점이 흥미롭습니다).

```
inv(X'X + 0.0*I) 크기: (4, 4)
inv(X'X + 0.0*I) 계수: 2
inv(X'X + 0.01*I) 크기: (4, 4)
inv(X'X + 0.01*I) 계수: 4
```

이제 실험을 시작하겠습니다. 여기서는 정규화가 데이터에 대한 모델의 적합도에 미치는 영향을 살펴보는 것이 목표입니다. 다중공선성이 있는 설계 행렬과 없는 설계 행렬에 정규화와 함께 최소제곱법을 사용하여 데이터에 대한 적합성을 R^2로 계산하는 코드를 작성합니다. 이 코드를 0에서 .2 사이의 γ값 범위에 대해 구현하는 for 반복문에 넣습니다. 그런 다음 결과를 [그림 11-10]과 같이 보여 줍니다.

최대계수 설계 행렬에 대한 정규화가 증가함에 따라 모델 적합도가 감소하는 것은 당연합니다. 실제로 정규화의 목적은 모델이 데이터에 덜 민감하도록 만드는 것입니다. 여기서 중요한 부분은 정규화가 모델을 적합시킬 때 제외된 테스트 데이터 집합 또는 유효성 검사 영역에 대한 적합도를 향상시키는지 여부입니다. 정규화가 적합도를 향상시킨다면 정규화된 모델의 일반화 수준은 일정 γ까지 증가한 후 다시 감소할 것으로 예상할 수 있습니다. 이는 통계 또는 머신러닝 전문 서적을 통해서 배울 수 있는 상세한 내용입니다. 14장에서 교차 검증을 코딩하는 방법을 배우게 될 것입니다.

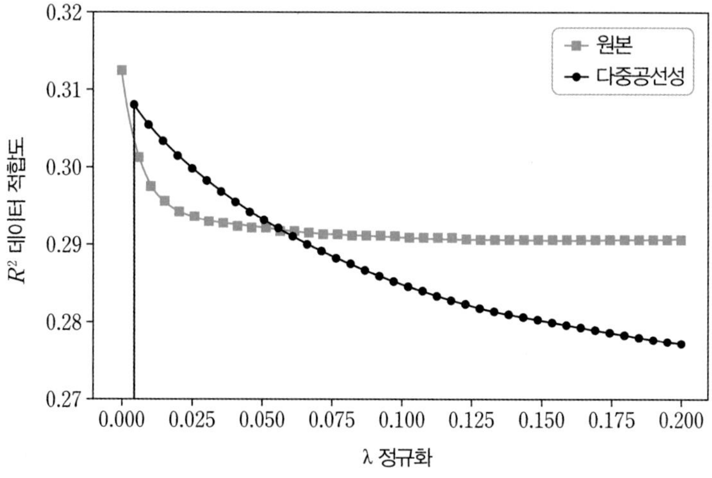

그림 11-10 [연습 문제 11-4]의 결과

다항식 회귀 연습 문제

| 연습 문제 11-5 |

이 연습 문제의 목적은 0에서 9까지의 다양한 차수를 사용하여 다항식 회귀를 적합시키는 것입니다. for 반복문에서 회귀와 예측된 데이터값을 다시 계산합니다. 결과물은 [그림 11-11]과 같이 보여 줍니다.

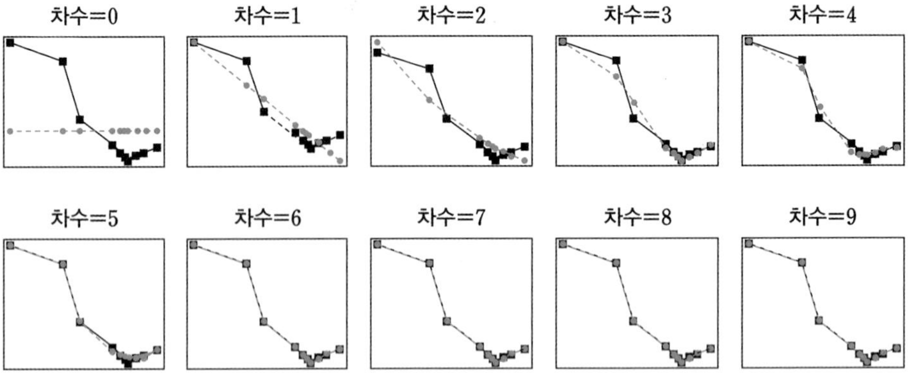

그림 11-11 [연습 문제 11-5]의 결과

이 문제에서는 과소 적합과 과잉 적합의 문제점을 중점적으로 살펴봅니다. 매개변수가 너무 적은 모델은 데이터를 제대로 예측하지 못합니다. 반면에 매개변수가 많은 모델은 데이터에 **너무 잘** 맞아서 노이즈에 지나치게 민감해서 새로운 데이터로 일반화하지 못할 위험이 있습니다. 과소 적합과 과잉 적합 사이의 균형을 찾기 위한 전략에는 교차 검증과 베이즈 정보 기준이 있습니다. 이러한 전략은 다른 머신러닝이나 통계학 서적에서 배울 수 있는 주제입니다.

그리드 서치 연습 문제

| 연습 문제 11-6 |

목표는 간단합니다. [그림 11-8]을 그림 주위의 텍스트에 제시된 지침에 따라 재현합니다. 비교할 회귀 계수를 출력합니다. 예를 들어 격자 해상도 매개변수를 50으로 설정하

여 다음과 같은 결과를 얻었습니다.

```
분석 결과:
  절편: 23.13, 기울기: 3.70
실험 결과:
  절편: 22.86, 기울기: 3.67
```

코드가 제대로 동작한다면 몇 가지 다른 해상도 매개변수로 시도해 보세요. 해상도 100을 사용하여 [그림 11-8]을 만들었으므로 다른 값(예를 들어 20 또는 500)도 시도해 보시기 바랍니다. 또한 더 높은 해상도값에 대한 계산 시간도 참고하세요. 이 모델은 두 개의 매개변수 모델일 뿐입니다! 10개의 매개변수 모델에 대한 전면적인 고해상도 그리드 서치는 매우 많은 계산량이 필요합니다.

| 연습 문제 11-7 |

여러분은 데이터에 대한 모델의 적합도를 평가하는 두 가지 방법, 즉 제곱오차 합계와 R^2를 살펴보았습니다. 이전 연습 문제에서는 오차 제곱 합계를 사용하여 데이터에 대한 모델 적합도를 평가했지만, 이 연습 문제에서는 R^2가 똑같이 유효한지 여부를 확인합니다.

이 연습 문제의 코드는 간단합니다. 이전 연습 문제의 코드를 수정하여 SSE 대신 R^2를 계산합니다(이전 연습 문제를 덮어쓰는 대신 코드 복사본을 수정해야 합니다).

이제 까다로운 부분입니다. 지금 R^2를 계산하면 완전히 잘못된 답을 내놓는다는 것을 알게 될 겁니다. 여러분의 과제는 그 이유를 알아내는 것입니다(예제 코드 풀이에 이 문제에 대한 설명이 포함되어 있습니다).
힌트: 각 매개변수 쌍으로부터 예측된 데이터를 저장하여 예측된 값을 검사한 다음 관찰된 데이터와 비교하세요.

CHAPTER 12

고윳값 분해: 선형대수학의 진주

고윳값 분해는 선형대수학의 진주입니다. 진주는 무엇일까요? 『**해저 2만리**』라는 책에서 직접 인용해 보겠습니다.

> 시인에게 진주는 바다의 눈물이고, 동양인에게는 굳은 이슬 한 방울이며, 여성에게는 손가락, 목, 귀에 착용할 수 있는 보석으로 직사각형 모양에 유리처럼 광택이 나며 자개로 만든 것입니다. 화학자에게는 인산칼슘과 탄산칼슘에 약간의 젤라틴 단백질이 섞인 혼합물이며, 마지막으로 자연주의자에게는 특정 이매패류에서 자개를 생성하는 기관으로부터 나오는 단순히 곪은 분비물입니다.
>
> – 쥘 베른

요점은 같은 물체라도 용도에 따라 다른 방식으로 볼 수 있다는 것입니다. 고윳값 분해는 기하학적 해석(회전 불변의 축), 통계적 해석(최대 공분산의 방향), 동적 시스템 해석(안정적인 시스템 상태), 그래프 이론적 해석(노드가 네트워크에 미치는 영향), 금융 시장 해석(변동이 심한 주식 식별) 등 다양한 해석이 있습니다.

고윳값 분해(그리고 다음 장에서 배우게 되겠지만 고윳값 분해와 밀접한 관련이 있는 SVD)는 선형대수학이 데이터 과학에 기여한 가장 중요한 부분 중 하나입니다. 이 장의 목적은 행렬의 고윳값 분해 결과인 고윳값과 고유벡터를 직관적으로 이해하는 것입니다. 그 과정에서 대각화 및 대칭 행렬의 더욱 특별한 속성에 대해 배우게 됩니다. 13장에서 고윳값 분해를 SVD로 확장하고 14장에서는 고윳값 분해의 몇 가지 응용 사례를 살펴봅니다.

정방 행렬만 가능

고윳값 분해는 정방 행렬에 대해서만 정의됩니다. $M=N$이 아니라면 $M \times N$ 행렬을 고윳값 분해할 수 없습니다. 정방이 아닌 행렬은 SVD를 사용하여 분해할 수 있습니다. $M \times N$ 크기의 모든 정방 행렬에는 M개의 고윳값(스칼라)과 M개의 대응되는 고유벡터가 존재합니다. 고윳값 분해의 목적은 이러한 M개의 스칼라-벡터 쌍을 찾는 것입니다.

12.1 고윳값과 고유벡터의 해석

고윳값과 고유벡터를 해석하는 방법에는 여러 가지가 있는데 다음 절에서 설명하겠습니다. 물론 수학적인 해석은 이전과 동일합니다. 다양한 관점을 가지면 직관력을 높일 수 있으며 이는 데이터 과학에서 고윳값 분해가 어떻게 그리고 왜 중요한지 이해하는 데 도움이 될 것입니다.

12.1.1 고윳값과 고유벡터의 기하학적 해석

사실 4장에서 고유벡터의 기하학적 개념에 대해 이미 소개했습니다. [그림 4-5]에서 행렬과 벡터를 특수하게 결합하면 행렬이 벡터를 **늘리기는** 하지만 **회전**시키지는 않는다는 것을 발견했습니다. 이 벡터가 행렬의 고유벡터며 늘어나는 양이 고윳값입니다.

[그림 12-1]은 2×2 행렬로 곱하기 전과 후의 벡터를 보여 줍니다. 왼쪽 그림의 두 벡터($\mathbf{v}_1$과 $\mathbf{v}_2$)는 고유벡터지만 오른쪽 그림의 두 벡터는 고유벡터가 아닙니다. 고유벡터는 행렬을 곱하기 전과 후에 같은 방향을 가리킵니다. 고윳값은 늘어나는 양을 인코딩하므로 우선 그림을 눈으로 보고 고윳값을 추측해 보세요. 답은 각주에 나와 있습니다.[1]

1 대략 -.6과 1.6입니다.

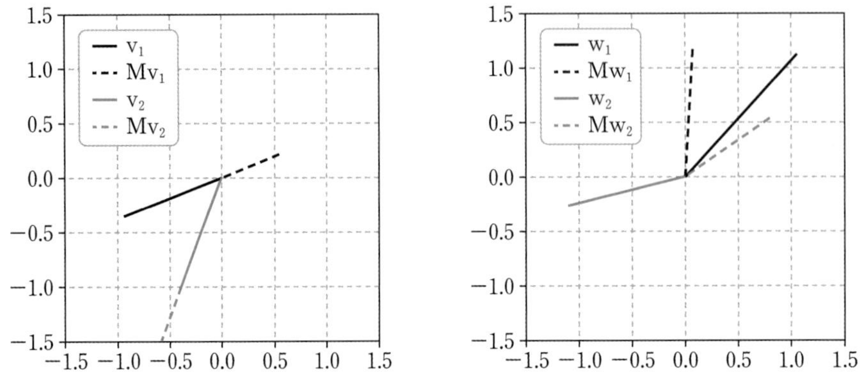

그림 12-1 고유벡터의 기하학적 해석

그림 [12-1] 고유벡터는 행렬 벡터 곱셈이 스칼라-벡터 곱셈처럼 작동한다는 것을 의미합니다. 이를 방정식으로 나타낼 수 있는지 살펴봅시다([식 12-1]에 적혀 있습니다).

식 12-1 고윳값 방정식

$$\mathbf{A}\mathbf{v} = \lambda\mathbf{v}$$

이 식을 이해할 때 주의하세요. 행렬이 스칼라와 같다는 의미가 아니라 동일한 벡터에 대해 행렬이 미치는 **효과**는 스칼라가 미치는 **효과**와 동일하다는 뜻입니다.

이를 **고윳값 방정식**eigenvalue equation이라고 하며 꼭 외워두어야 할 선형대수학의 핵심 공식입니다. 이 장에서 계속 등장하며 다음 장에서도 약간 변형된 모습을 볼 수 있습니다. 다변량 통계, 신호 처리, 최적화, 그래프 이론, 그리고 동시에 기록된 여러 특성에서 패턴을 식별하는 무수히 많은 다른 응용을 학습할 때 여러 번 보게 될 것입니다.

12.1.2 통계(주성분 분석)

사람들이 통계를 적용하는 이유 중 하나는 변수 간의 관계를 파악하고 정량화하기 위해서입니다. 예를 들어 지구 기온의 상승은 해적의 수 감소와 상관관계가 있는데[2] 그 관계

2 '캔자스 교육 위원회에 보내는 공개 서한', 플라잉 스파게티 몬스터의 교회, spaghettimonster.org/about/open-letter.

는 얼마나 강할까요? 물론 변수가 두 개만 있는 경우에는 3장에서 배운 것과 같은 단순한 상관관계로 충분합니다. 하지만 수십 또는 수백 개의 변수가 포함된 다변량 데이터 집합에서는 이변량 상관관계로는 전체적인 패턴을 파악할 수 없습니다.

예를 들어 좀 더 구체적으로 설명해 보겠습니다. 암호화폐는 거래를 추적하는 시스템인 블록체인에 인코딩된 디지털 가치 저장 수단입니다. 비트코인과 이더리움에 대해 들어 보셨을 것이고 그 외에도 다양한 목적을 가진 수만 개의 암호화폐가 있습니다. 암호화폐 공간 전체가 단일 시스템으로 운영되는지(모든 코인의 가치가 함께 오르내림을 의미) 아니면 해당 공간 내에 독립적인 하위 분류가 존재하는지(일부 코인 또는 코인 그룹은 다른 코인의 가치와 별개로 변동됨을 의미)를 파악해야 하는 문제가 있을 수 있습니다.

시간 경과에 따른 다양한 암호화폐의 가격이 포함된 데이터 집합에 대해 주성분 분석을 수행하여 이 가설을 테스트할 수 있습니다. 전체 암호화폐 시장이 단일 개체로 운영된다면 **스크리**scree **도표**(데이터 집합의 공분산 행렬의 고윳값 그래프)를 통해 한 구성 요소가 시스템의 분산 대부분을 차지하고 다른 모든 구성 요소는 분산이 거의 없음을 알 수 있습니다([그림 12-2]의 그래프 A). 만약 암호화폐 시장에 독립적인 가격 움직임을 보이는 세 가지 주요 하위 범주가 존재한다면 세 개의 큰 고윳값이 나타날 것으로 예상할 수 있습니다([그림 12-2]의 그래프 B).

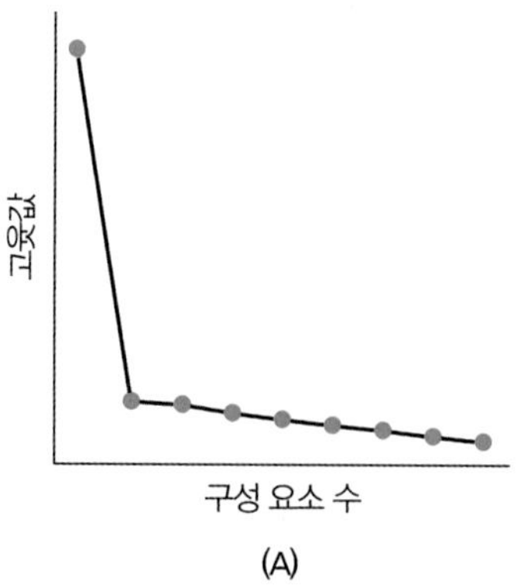

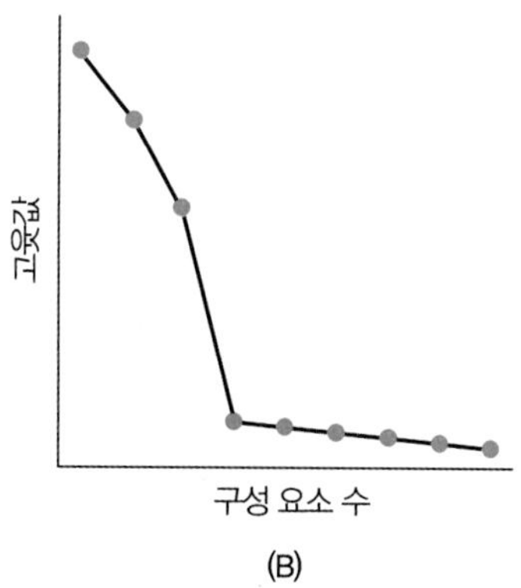

그림 12-2 다변량 데이터 집합의 시뮬레이션된 스크리 도표(결과 가능성을 설명하기 위해 데이터가 시뮬레이션됨)

12.1.3 잡음 감쇠

대부분의 데이터 집합에는 **잡음**noise이 포함되어 있습니다. 잡음은 설명할 수 없거나(예를 들어 무작위 변동) 원치 않는(예를 들어 무선 신호의 전기선 잡음 요소) 데이터 집합의 분산을 의미합니다. 잡음을 감쇠하거나 제거하는 방법에는 여러 가지가 있으며 최적의 잡음 감쇠 전략은 잡음의 특성과 출처, 신호의 특성에 따라 달라집니다.

무작위 잡음을 줄이는 한 가지 방법은 시스템의 고윳값과 고유벡터를 식별한 다음 작은 고윳값과 관련된 데이터 공간에서 방향을 '투영'하는 것입니다. 즉 무작위 잡음이 전체 분산에 기여하는 바가 상대적으로 작다고 가정합니다. 데이터 차원을 '투영'한다는 것은 임곗값보다 낮은 일부 고윳값을 0으로 설정한 후 데이터 집합을 재구성하는 것을 의미합니다.

14장에서 고윳값 분해를 사용하여 잡음을 줄이는 예제를 볼 수 있습니다.

12.1.4 차원 축소(데이터 압축)

현대는 전화, 인터넷, TV와 같은 정보 통신 기술을 통해 사진, 동영상과 같은 방대한 양의 데이터가 전송되고 있습니다. 데이터를 전송하는 데는 시간과 비용이 많이 들 수 있으므로 데이터를 전송하기 전에 **압축**compress하는 것이 좋습니다. 압축이란 데이터 품질에 미치는 영향을 최소화하면서 데이터의 크기(바이트 단위)를 줄이는 것을 의미합니다. 예를 들어 TIFF 형식의 이미지 파일은 10MB인 반면, JPG로 변환된 버전은 0.1MB이지만 품질은 상당히 양호하게 유지됩니다.

데이터 집합의 차원을 줄이는 한 가지 방법은 먼저 고윳값 분해를 수행한 다음, 데이터 공간의 작은 방향과 연관된 고윳값과 고유벡터를 삭제하고 상대적으로 큰 고유벡터와 고윳값 쌍만 전송하는 것입니다. 실제로는 이 방식과 동일한 원리인 SVD를 데이터 압축에 더 많이 사용합니다(14장에서 예제를 볼 수 있습니다).

최신 데이터 압축 알고리즘도 실제로 앞서 설명한 방법보다 더 빠르고 효율적이지만 원리는 동일합니다. 즉 모든 데이터 압축은 데이터 집합을 데이터의 가장 중요한 특성을 나타내는 기준벡터 집합으로 분해한 다음 원본 데이터의 고품질 형태로 재구성하는 것입니다.

12.2 고윳값 구하기

정방 행렬을 고윳값 분해하려면 먼저 고윳값을 찾은 다음 각 고윳값을 사용하여 해당 고유벡터를 찾습니다. 고윳값은 마치 행렬에 삽입해 불가사의한 고유벡터의 잠금을 해제하는 열쇠와 같습니다.

파이썬을 이용해서 행렬의 고윳값을 매우 쉽게 찾을 수 있습니다.

```
matrix = np.array([
             [1,2],
             [3,4]
             ])

# 고윳값 구하기
evals = np.linalg.eig(matrix)[0]
```

두 개의 고윳값(소수점 둘째까지 반올림)은 −0.37과 5.37입니다.

하지만 중요한 부분은 **어떤 함수가 고윳값을 반환하는지**가 아니라 **행렬의 고윳값을 어떻게 알아낼 수 있느냐**는 것입니다.

행렬의 고윳값을 구하려면 [식 12-1]에 표시된 고윳값 방정식으로 시작하여 [식 12-2]와 같이 간단한 대수 연산을 수행합니다.

식 12-2 재구성된 고윳값 방정식

$$\begin{aligned} \mathrm{A}\mathbf{v} &= \lambda\mathbf{v} \\ \mathrm{A}\mathbf{v} - \lambda\mathbf{v} &= \mathbf{0} \\ (\mathrm{A} - \lambda\mathrm{I})\mathbf{v} &= \mathbf{0} \end{aligned}$$

첫 번째 식은 고윳값 방정식을 그대로 쓴 것입니다. 두 번째 식에서는 단순히 우변을 빼서 식을 영벡터로 만들었습니다.

두 번째 식에서 세 번째 식으로 전환하는 과정은 약간의 설명이 필요합니다. 두 번째 식의 왼쪽에는 두 개의 벡터 항이 있는데 둘 다 $\mathbf{v}$를 포함합니다. 그래서 이 공통된 인수를 추출합니다. 하지만 이렇게 하면 행렬과 스칼라($\mathrm{A} - \lambda\mathrm{I}$)를 빼야 하는데 이는 선형대수학에서 정의된 연산이 아닙니다.[3] 따라서 대신 행렬을 λ만큼 **이동**하면 세 번째 방정식이 나옵니다(λI를 **스칼라 행렬**이라고 부르기도 합니다).

세 번째 방정식은 무엇을 의미할까요? 이는 **고유벡터가 고윳값에 의해 이동된 행렬의 영공간에 존재한다**는 것을 의미합니다.

고유벡터를 이동된 행렬의 영공간 벡터라는 개념을 이해했다면 식을 두 개 더 추가해 볼 수 있습니다.

$$\widetilde{A} = A - \lambda I$$
$$\widetilde{A}v = 0$$

이 식들이 왜 중요할까요? 선형대수학에서는 단순한 해를 무시하므로 v = 0을 고유벡터로 보지 않는다는 점을 기억하세요. 이는 고윳값에 의해 이동된 행렬이 특이 행렬이라는 것을 의미하는데 특이 행렬만이 자명하지 않은[nontrivial] 영공간을 갖기 때문입니다.

특이 행렬에 대해 추가로 알아야 할 것은 무엇일까요? 우리는 행렬의 행렬식이 0이라는 것을 알고 있습니다. 따라서 정리한 식은 다음과 같습니다.

$$|A - \lambda I| = 0$$

행렬을 미지의 고윳값 λ로 이동하고 행렬의 행렬식을 0으로 설정한 다음 λ를 구하는 것이 고윳값 찾기의 핵심입니다. 2×2 행렬에 대해 살펴 보겠습니다.

$$\left|\begin{bmatrix} a & b \\ c & d \end{bmatrix} - \lambda\begin{bmatrix} 1 & 0 \\ 0 & 1 \end{bmatrix}\right| = 0$$
$$\begin{vmatrix} a-\lambda & b \\ c & d-\lambda \end{vmatrix} = 0$$
$$(a-\lambda)(d-\lambda) - bc = 0$$
$$\lambda^2 - (a+d)\lambda + (ad-bc) = 0$$

이차 방정식을 적용하여 2개의 λ값을 구할 수 있습니다. 하지만 여기서 답 자체는 중요하지 않으며 이 책의 앞부분에서 확립한 수학적 개념의 논리적 진행 과정을 확인하는 것

3 4장에서 썼듯이 파이썬은 결과를 반환하지만 이는 선형대수학 연산이 아닌 스칼라 브로드캐스트 빼기입니다.

이 더 중요합니다.

- 행렬-벡터 곱셈은 스칼라-벡터 곱셈(고윳값 방정식)처럼 동작합니다.
- 고윳값 방정식을 영벡터로 설정하고 공통항을 추출합니다.
- 이렇게 하면 고유벡터가 고윳값에 의해 이동된 행렬의 영공간에 있음을 알 수 있습니다. 영벡터를 고유벡터로 간주하지 않으므로 이동된 행렬은 특이 행렬입니다.
- 따라서 이동된 행렬의 행렬식을 0으로 설정하고 미지의 고윳값을 구합니다.

고윳값으로 이동된 행렬의 행렬식을 0으로 둔 것을 행렬의 **특성 다항식**characteristic polynomial 이라고 합니다.

이전 예제에서는 2×2 행렬로 시작하여 λ^2 항을 얻었는데, 이는 이차 다항식 방정식이라는 것을 의미합니다. 고등학교 대수학 수업에서 n차 다항식에는 n개의 해가 있으며 그중 일부는 복소수일 수 있다는 것을 기억하실 것입니다(이를 대수학의 기본 정리라고 합니다).

따라서 방정식을 만족시킬 수 있는 λ의 값은 두 가지가 있습니다. λ값이 두 개 인 것은 우연이 아닙니다. $M\times M$ 행렬의 특성 다항식은 λ^M 항을 가집니다. 이것이 바로 $M\times M$ 행렬이 M개의 고윳값을 갖는 이유입니다.

NOTE 지루한 연습 문제

전통적인 선형대수학 교과서에서는 수십 개의 2×2 행렬과 3×3 행렬의 고윳값을 손으로 직접 구해야 합니다. 이런 종류의 연습 문제에 대해서는 여러 가지 생각이 듭니다. 한편으로는 손으로 문제를 푸는 것이 고윳값을 찾는 메커니즘을 제대로 이해하는 데 도움이 되지만 다른 한편으로는 지루한 산술에 얽매이지 않고 개념, 코드 및 응용에 초점을 맞추는 것이 더 중요한 것 같습니다. 물론 고윳값 문제를 직접 풀고 싶다는 생각이 드신다면 도전해 보세요! 이러한 문제는 기존 교과서나 온라인에서 무수히 많이 찾을 수 있습니다. 하지만 필자는 이 책에서 손으로 푸는 문제를 피하고 대신 코딩과 이해에 초점을 맞춘 연습 문제를 넣기로 과감하게(그리고 아마도 논란의 여지가 있는) 결정을 내렸습니다.

12.3 고유벡터 찾기

고윳값과 마찬가지로 파이썬에서 고유벡터를 찾는 것은 매우 쉽습니다.

```
evals,evecs = np.linalg.eig(matrix)
print(evals), print(evecs)
```

```
[-0.37228132  5.37228132]

[[-0.82456484 -0.41597356]
 [ 0.56576746 -0.90937671]]
```

고유벡터는 행렬 evecs의 열에 존재하며 고윳값과 같은 순서입니다(즉 행렬 evecs의 첫 번째 열에 있는 고유벡터는 벡터 evals의 첫 번째 고윳값과 짝을 이룹니다). 필자는 짧고 의미 있는 변수 이름인 evals와 evecs를 사용하는 것을 좋아합니다. 다른 사람이 L과 V 또는 D와 V라는 변수 이름을 사용하는 것을 볼 수도 있습니다. 보통 L은 Λ(λ의 대문자)를, V는 각 i번째 벡터가 고유벡터 $\mathbf{v}_i$인 행렬 V를 나타냅니다. D는 **대각선**을 의미하는데 이 장의 뒷부분에서 설명하겠지만 고윳값은 대각 행렬에 저장되는 경우가 많습니다.

> **Caution** **행이 아닌 열로 나타낸 고유벡터!**
>
> 코딩할 때 고유벡터에 대해 명심해야 할 가장 중요한 점은 행이 아닌 **행렬의 열**에 저장된다는 것입니다! 차원 인덱싱 오류는 정방 행렬에서 발생하기 쉽지만(파이썬 오류가 발생하지 않을 수 있기 때문에) 실수로 고유벡터 행렬의 열 대신 행을 사용하면 응용 프로그램에서 치명적인 결과를 초래할 수 있습니다. 잘 이해가 되지 않는다면 선형대수학에서 벡터를 열 방향이라고 가정하는 것이 일반적인 관례라는 1장의 내용을 기억하세요.

이전 코드에서는 행렬의 고유벡터를 반환하는 NumPy 함수를 구하는 방법을 보여드렸습니다. 여러분은 이미 np.linalg.eig 문서에서 이 방법을 배웠을 수도 있습니다. 중요한 부분은 **고유벡터는 어디서 비롯되며 어떻게 찾을 수 있느냐**입니다.

사실 고유벡터를 찾는 방법은 이미 작성했습니다. 즉 λ만큼 이동한 행렬의 영공간에 있는 벡터 $\mathbf{v}$를 구하는 것입니다. 식으로는 다음과 같습니다.

$$\mathbf{v}_i \in N(A - \lambda_i I)$$

수치로 예를 들어 보겠습니다. 다음은 행렬과 행렬의 고윳값입니다.

$$\begin{bmatrix} 1 & 2 \\ 2 & 1 \end{bmatrix} \Rightarrow \lambda_1 = 3, \ \lambda_2 = -1$$

첫 번째 고윳값에 집중해 보겠습니다. 행렬의 고유벡터를 구하기 위해 행렬을 3만큼 이동하고 그 영공간에서 벡터를 찾습니다.

$$\begin{bmatrix} 1-3 & 2 \\ 2 & 1-3 \end{bmatrix} = \begin{bmatrix} -2 & 2 \\ 2 & -2 \end{bmatrix} \Rightarrow \begin{bmatrix} -2 & 2 \\ 2 & -2 \end{bmatrix} \begin{bmatrix} 1 \\ 1 \end{bmatrix} = \begin{bmatrix} 0 \\ 0 \end{bmatrix}$$

즉 [1 1]은 고윳값 3과 관련된 행렬의 고유벡터입니다.

그냥 눈으로도 영공간 벡터를 찾을 수 있습니다. 실제로는 영공간 벡터(즉 행렬의 고유벡터)는 어떻게 식별할 수 있을까요?

영공간 벡터는 가우스-조던을 사용하여 연립방정식을 풀면 구할 수 있습니다. 여기서 계수 행렬은 λ만큼 이동된 행렬이고 상수벡터는 영벡터입니다. 이는 해법을 개념화하는 좋은 방법입니다. 실제 구현에서는 QR 분해와 거듭 제곱법이라고 하는 과정 등을 통해서 고윳값과 고유벡터를 찾는 데 보다 수치적으로 안정적인 방법을 적용합니다.

12.3.1 고유벡터의 부호와 크기 불확정성

이전 절의 수치 예제로 돌아가 보겠습니다. [1 1]이 행렬의 고유벡터라고 쓴 이유는 이 벡터가 행렬의 고윳값 3으로 이동한 행렬의 영공간에 대한 기저이기 때문입니다.

이동된 행렬을 다시 살펴봤을 때 [1 1]이 영공간에 대한 유일한 기저벡터일까요? 절대로 그렇지 않습니다! [4 4] 또는 [−5.4 −5.4] 등 무수한 벡터가 될 수 있습니다 이것이 어떤 의미인지 유추해 볼 수 있습니까? 벡터 [1 1]의 크기를 조정한 **모든** 벡터는 영공간의 기저가 될 수 있습니다. 즉 $\mathbf{v}$가 행렬의 고유벡터라면 0을 제외한 모든 실숫값 α에 대해 $\alpha\mathbf{v}$도 고유벡터입니다.

실제로 고유벡터는 **크기**가 아닌 **방향** 때문에 중요합니다.

가능한 영공간 기저벡터가 무한대라는 것은 아래 두 가지 질문으로 이어집니다.

- **단 하나의 '최상의' 기저벡터가 존재하는가?** '최상의' 기저벡터라는건 없지만 단위 정규화된 고유벡터(유클리드 노름 1)가 있습니다. 이는 대칭 행렬에 특히 유용합니다. 이유는 이 장의 뒷부분에서 설명하겠습니다.[4]
- **고유벡터의 '올바른' 부호는 무엇인가요?** 없습니다. 사실, 다른 버전의 NumPy를 사용하거나 MATLAB, Julia 또는 Mathmatica와 같은 다른 소프트웨어를 사용할 때 동일한 행렬에서 다른 고유벡터 부호를 얻을 수 있습니다. 고유벡터 부호의 불확정성은 우리 우주에서 일어나는 일의 한 특징일 뿐입니다. PCA와 같은 응용 프로그램에서는 부호를 할당하는 원칙적인 방법이 있지만 이는 해석을 용이하게 하기 위한 일반적인 관습일 뿐입니다.

12.4 정방 행렬의 대각화

이제 고윳값 방정식에는 하나의 고윳값과 하나의 고유벡터만 존재한다는 것이 익숙해졌습니다. 즉 $M \times M$ 행렬에는 M개의 고윳값 방정식이 있습니다.

$$\begin{gathered} \mathbf{A}\mathbf{v}_1 = \lambda_1 \mathbf{v}_1 \\ \vdots \\ \mathbf{A}\mathbf{v}_M = \lambda_M \mathbf{v}_M \end{gathered}$$

이 일련의 방정식이 실제로 잘못된 것은 아니지만 다소 보기가 불편합니다. 이는 곧 방정식을 간결하고 우아하게 만드는 선형대수학의 원칙을 위반하는 것입니다. 따라서 이 일련의 방정식을 하나의 행렬 방정식으로 변환해 보겠습니다.

행렬 고윳값 방정식을 작성할 때 중요한 통찰력은 고유벡터 행렬의 각 열이 정확히 하나의 고윳값으로 크기가 조정된다는 것입니다. 이는 5장에서 배운 대로 대각 행렬을 뒤에

4 궁금증을 해소하기 위해: 고유벡터 행렬을 직교 행렬로 만듭니다.

서 곱해서 구현할 수 있습니다.

그래서 고윳값을 벡터에 저장하는 대신 행렬의 대각선에 고윳값을 저장합니다. 다음 방정식은 3×3 행렬의 대각화 형태를 보여 줍니다(행렬 안에 숫자 대신 @ 사용). 고유벡터 행렬에서 첫 번째 첨자 번호는 고유벡터에 해당하고 두 번째 첨자 번호는 고유벡터 원소에 해당합니다. 예를 들어 v_{12}는 첫 번째 고유벡터의 두 번째 원소입니다.

$$\begin{bmatrix} @ & @ & @ \\ @ & @ & @ \\ @ & @ & @ \end{bmatrix} = \begin{bmatrix} v_{11} & v_{21} & v_{31} \\ v_{12} & v_{22} & v_{32} \\ v_{13} & v_{23} & v_{33} \end{bmatrix} = \begin{bmatrix} v_{11} & v_{21} & v_{31} \\ v_{12} & v_{22} & v_{32} \\ v_{13} & v_{23} & v_{33} \end{bmatrix} \begin{bmatrix} \lambda_1 & 0 & 0 \\ 0 & \lambda_2 & 0 \\ 0 & 0 & \lambda_3 \end{bmatrix}$$
$$= \begin{bmatrix} \lambda_1 v_{11} & \lambda_2 v_{21} & \lambda_3 v_{31} \\ \lambda_1 v_{12} & \lambda_2 v_{22} & \lambda_3 v_{32} \\ \lambda_1 v_{13} & \lambda_2 v_{23} & \lambda_3 v_{33} \end{bmatrix}$$

잠시 시간을 내어 각 고윳값이 다른 고유벡터가 아닌 해당 고유벡터의 모든 원소의 크기를 조정하는지 확인하시기를 바랍니다.

더 일반적으로 행렬 고윳값 방정식(정방 행렬의 대각화라고도 합니다)은 다음과 같습니다.

$$\mathbf{AV} = \mathbf{V}\Lambda$$

NumPy의 `eig` 함수는 행렬의 고유벡터와 벡터의 고윳값을 반환합니다. 즉 NumPy에서 행렬을 대각화하려면 약간의 코드를 추가해야 합니다.

```
evals,evecs = np.linalg.eig(matrix)
D = np.diag(evals)
```

수학에서 다양한 변수에 대한 풀이를 통해 방정식을 재배열하는 것은 종종 흥미롭고 통찰력 있는 작업입니다. 다음 동등한 방정식 목록을 살펴보세요.

$$\begin{aligned} \mathbf{AV} &= \mathbf{V}\Lambda \\ \mathbf{A} &= \mathbf{V}\Lambda\mathbf{V}^{-1} \\ \Lambda &= \mathbf{V}^{-1}\mathbf{AV} \end{aligned}$$

두 번째 방정식은 행렬 A 가 V 의 공간 내부에서 대각화된다는 것을 보여 줍니다(즉 V 는 우리를 '대각선 공간'으로 이동시키고 V^{-1}은 우리를 대각선 공간에서 다시 나오게 합니다). 이는 기저벡터의 맥락에서 해석할 수 있습니다. 행렬 A 는 표준 기저에서는 밀도가 높지만 일련의 변환(V)을 적용하면 행렬이 회전되어 새로운 기저벡터(고유벡터) 집합이 됩니다. 이는 정보가 거의 없으며 대각 행렬로 표현됩니다(방정식의 마지막에는 표준 기저 공간으로 돌아가야 하므로 V^{-1}을 사용해야 합니다).

12.5 대칭 행렬의 특별함

이전 장에서 대칭 행렬에는 다루기 좋은 특별한 속성이 있다는 것을 이미 알고 계실 것입니다. 이제 고윳값 분해와 관련된 두 가지 특별한 속성을 더 배워 보겠습니다.

12.5.1 직교 고유벡터

대칭 행렬에는 직교 고유벡터가 있습니다. 즉 대칭 행렬의 모든 고유벡터는 모든 쌍이 직교합니다. 먼저 예제를 보여드리고 고유벡터 직교성의 의미에 대해 논한 다음 마지막으로 증명을 보여드리겠습니다.

```
# 무작위 행렬
A = np.random.randint(-3,4,(3,3))
A = A.T@A

# 위 행렬의 고윳값 분해
L,V = np.linalg.eig(A)

# 모든 쌍의 내적
print( np.dot(V[:,0],V[:,1]) )
print( np.dot(V[:,0],V[:,2]) )
print( np.dot(V[:,1],V[:,2]) )
```

세 개의 내적은 모두 컴퓨터 반올림 오차 범위 10^{-16} 내에서 0입니다(무작위 행렬에 전치를 곱해서 대칭 행렬을 만들었음을 주목하세요).

직교 고유벡터 특성은 모든 고유벡터 쌍 사이의 내적이 0이고 고유벡터 자체와의 내적은 0이 아니라는 것을 의미합니다(영벡터는 고유벡터로 간주하지 않기 때문입니다). 이는 $V^TV = D$로 나타낼 수 있으며 여기서 D는 고유벡터 노름을 포함하는 대각 행렬입니다.

고유벡터는 **크기**가 아니라 **방향**이 중요하기 때문에 대각 행렬보다 더 나은 결과를 만들 수 있습니다. 즉 고유벡터는 우리가 원하는 모든 크기를 가질 수 있습니다(물론 0을 제외하면). 모든 고유벡터가 단위 길이를 갖도록 크기를 조정해 보겠습니다. 여기서 질문을 하나 드리겠습니다. 모든 고유벡터가 직교하고 단위 길이를 가질 때 고유벡터 행렬에 자신의 전치를 곱하면 어떻게 될까요?

물론 답은 이미 알고 계실 겁니다.

$$V^TV = I$$

즉 대칭 행렬의 고유벡터 행렬은 직교 행렬입니다! 이는 데이터 과학에 여러 가지 의미가 있는데 그중 하나는 고유벡터의 역을 구하기가 매우 쉽다는 점입니다(단순히 전치하기만 하면 되기 때문입니다). 주성분 분석과 같은 응용 분야에서 직교 고유벡터가 갖는 다른 의미는 14장에서 설명하겠습니다.

앞부속에서 이 책에는 증명이 비교적 적다고 썼습니다. 하지만 대칭 행렬의 직교 고유벡터는 매우 중요한 개념이기 때문에 증명할 필요가 있습니다.

이 증명의 목표는 모든 고유벡터 쌍 사이의 내적이 0임을 증명하는 것입니다. (1) 행렬 A가 대칭이고 (2) λ_1과 λ_2는 A의 서로 다른 고윳값(서로 같을 수 없다는 의미)이며 대응하는 고유벡터는 v_1과 v_2입니다. [식 12-3]의 왼쪽에서 오른쪽으로 각 등식 단계를 살펴보세요.

식 12-3 대칭 행렬의 고유벡터 직교성 증명

$$\lambda_1 v_1^T v_2 = (A v_1)^T v_2 = v_1^T A^T v_2 = v_1^T \lambda_2 v_2 = \lambda_2 v_1^T v_2$$

중간에 있는 항은 그냥 변환이므로 첫 번째 항과 마지막 항을 주목하세요. 이를 다시 [식 12-4]로 재작성한 다음 빼서 0으로 만듭니다.

식 12-4 고유벡터 직교성 증명 (계속)

$$
\begin{aligned}
\lambda_1 \mathbf{v}_1^{\mathrm{T}} \mathbf{v}_2 &= \lambda_2 \mathbf{v}_1^{\mathrm{T}} \mathbf{v}_2 \\
\lambda_1 \mathbf{v}_1^{\mathrm{T}} \mathbf{v}_2 - \lambda_2 \mathbf{v}_1^{\mathrm{T}} \mathbf{v}_2 &= 0
\end{aligned}
$$

두 항 모두 내적 $\mathbf{v}_1^{\mathrm{T}} \mathbf{v}_2$를 포함하므로 인수 분해할 수 있습니다. 이제 증명의 마지막 부분인 [식 12-5]로 넘어갑니다.

식 12-5 고유벡터 직교성 증명 (마지막)

$$
(\lambda_1 - \lambda_2) \mathbf{v}_1^{\mathrm{T}} \mathbf{v}_2 = 0
$$

이 마지막 식은 두 수량이 곱해져 0이 된다는 것으로 두 수량 중 하나 또는 둘 다 0이어야 한다는 것을 의미합니다. $(\lambda_1 - \lambda_2)$는 서로 다르다는 가정에서 시작했기 때문에 0이 아닙니다. 따라서 $\mathbf{v}_1^{\mathrm{T}} \mathbf{v}_2$가 0이어야 하므로 두 고유벡터가 직교한다는 것을 의미합니다. 식을 다시 살펴보면서 이 증명이 비대칭 행렬의 경우 즉 $\mathbf{A}^{\mathrm{T}} \neq \mathbf{A}$ 일 때 실패한다는 것을 직접 확인해 보세요. 따라서 비대칭 행렬의 고유벡터는 반드시 직교해야 한다는 제약이 없습니다(모든 서로 다른 고윳값에 대해 선형적으로 독립적이지만 이 논의와 증명은 생략하겠습니다).

12.5.2 실수 고윳값

대칭 행렬의 두 번째 특별한 특성은 행렬이 실수 고윳값(따라서 실숫값 고유벡터)을 갖는다는 것입니다.

먼저 모든 실수 항목이 있는 행렬도 복소수 고윳값을 가질 수 있음을 보여드리겠습니다.

```
A = np.array([[-3, -3, 0],
              [ 3, -2, 3],
              [ 0,  1, 2]])
```

```
# 고윳값 분해
L,V = np.linalg.eig(A)
L.reshape(-1,1) # 열벡터로 출력
```

```
>> array([[-2.744739  +2.85172624j],
        [-2.744739  -2.85172624j],
        [ 2.489478  +0.j        ]])
```

(NumPy 배열은 3 × 2 **행렬**이 아니라 복소수를 포함하는 3 × 1 **열벡터**이므로 해석할 때 주의하세요. 숫자 사이에 쉼표가 없는 점과 j에 유의하세요.)

3 × 3 행렬 A 는 두 개의 복소수 고윳값과 하나의 실수 고윳값을 갖습니다. 복소수 고윳값에 결합된 고유벡터는 그 자체로 복소수를 가집니다. 이 행렬은 말 그대로 −3에서 +3 사이의 임의의 정수에서 생성한 것이므로 특별한 것은 없습니다. 흥미롭게도 답은 켤레 복소수쌍으로 나옵니다. 즉 $\lambda_j = a + ib$ 가 존재하면 $\lambda_k = a - ib$ 도 존재한다는 뜻입니다. 이에 대응하는 고유벡터도 켤레복소수쌍입니다.

복소수 해에 대해서는 자세히 설명하지 않겠지만 고윳값 분해에 대한 복소수 해는 간단하다는 것을 보여드리고 싶었습니다.[5]

대칭 행렬은 실수 고윳값을 가지는 것이 보장되며 따라서 실수 고유벡터도 보장됩니다. 이전 예제를 수정하여 행렬을 대칭으로 만드는 것부터 시작하겠습니다.

```
A = np.array([[-3, -3, 0],
              [-3, -2, 1],
              [ 0,  1, 2]])

# 고윳값 분해
L,V = np.linalg.eig(A)
L.reshape(-1,1) # 열벡터로 출력
```

```
>> array([[-5.59707146],
        [ 0.22606174],
        [ 2.37100972]])
```

5 '간단하다'는 것은 수학적으로 예상되는 것을 의미합니다. 고윳값 분해에서 복소수 해를 해석하는 것은 결코 간단하지 않습니다.

이것은 단지 하나의 예일 뿐입니다. 예제 코드에서 직접 살펴보는 것을 추천합니다. 임의의 크기의 무작위 대칭 행렬(임의의 행렬을 생성하고 A^TA 를 고윳값 분해하여)을 생성하여 고윳값이 실숫값인지 확인할 수 있습니다.

복소수는 작업하기 혼란스러운 경우가 많기 때문에 대칭 행렬에서 실수 고윳값이 보장된다는 것은 다행스러운 일입니다. 데이터 과학에 사용되는 많은 행렬은 대칭 행렬이므로 데이터 과학 응용에서 복잡한 고윳값이 표시되는 경우 코드 또는 데이터에 문제가 있을 수 있습니다.

NOTE 대칭 활용하기

대칭 행렬로 작업하고 있다는 것을 알고 있다면 `np.linalg.eig` 대신 `np.linalg.eigh`(또는 SciPy의 `eig` 대신 `eigh`)을 사용할 수 있습니다. h는 대칭 행렬의 복소 버전인 '에르미트 Hermitian'의 약자입니다. `eigh`은 `eig`보다 더 빠르고 수치적으로 안정적일 수 있지만 대칭 행렬에서만 작동합니다.

12.6 특이 행렬의 고윳값 분해

이 절을 여기에 포함시킨 이유는 학생들이 종종 특이 행렬은 고윳값 분해가 불가능하거나 특이 행렬의 고유벡터가 어떻게든 독특해야 한다는 생각을 하기 때문입니다.

이는 완전히 잘못된 생각입니다. 특이 행렬의 고윳값 분해는 완벽하게 동작합니다. 다음은 간단한 예시입니다.

```
# 특이 행렬
A = np.array([[1,4,7],
              [2,5,8],
              [3,6,9]])

# 특이 행렬의 고윳값 분해
L,V = np.linalg.eig(A)
```

이 행렬의 계수, 고윳값, 고유벡터를 출력합니다.

```
print( f'Rank = {np.linalg.matrix_rank(A)}\n' )
print('Eigenvalues: '), print(L.round(2)), print(' ')
print('Eigenvectors:'), print(V.round(2))
```

```
>> Rank = 2

Eigenvalues:
[16.12 -1.12 -0. ]
Eigenvectors:
[[-0.46 -0.88 0.41]
 [-0.57 -0.24 -0.82]
 [-0.68 0.4 0.41]]
```

이 계수-2 행렬은 하나의 0인 고윳값과 함께 0이 아닌 고윳값을 가집니다. 예제 코드를 사용하여 다른 축소계수 무작위 행렬의 고윳값 분해에 대해 살펴볼 수 있습니다.

특이 행렬의 고윳값 분해에는 한 가지 특별한 특성이 있는데 바로 적어도 하나의 고윳값 0이 보장된다는 것입니다. 그렇다고 해서 0이 아닌 고윳값의 수가 행렬의 계수와 같다는 의미는 아니며 이는 특잇값(SVD의 스칼라값)에는 해당되지만 고윳값에서는 그렇지 않습니다. 그러나 행렬이 특이 행렬이라면 적어도 하나의 고윳값은 0과 같습니다.

그 반대도 마찬가지입니다. 모든 최대계수 행렬은 0인 고윳값이 존재하지 않습니다.

왜 그럴까요? 그 이유는 특이 행렬이 이미 자명하지 않은^nontrivial 영공간을 가지고 있기 때문입니다. 즉 $\lambda = 0$은 $(\mathbf{A} - \lambda\mathbf{I}) = \mathbf{0}$ 식에 대한 자명하지 않은 해를 제공합니다. 이전 예제 행렬에서 이를 확인할 수 있습니다. $\lambda = 0$과 관련된 고유벡터는 정규화된 벡터 [1 −2 1]로 영벡터를 생성하는 열(또는 행)의 선형 가중 결합입니다.

마지막으로 이 절의 내용을 정리하면 (1)고윳값 분해는 축소계수 행렬에 유효하며 (2)고윳값 0이 하나 이상 존재하면 축소계수 행렬입니다.

12.7 이차식, 정부호성 및 고윳값

이차식 quadratic form 과 **정부호성** definiteness 은 이름만으로도 어렵게 느껴질 수 있는 용어입니다. 하지만 걱정하지 마세요. 이 두 가지 개념은 모두 응용 선형대수학 및 주성분 분석, 몬테카를로 시뮬레이션과 같은 응용 분야로 가는 관문 역할을 하는 비교적 간단한 개념입니다. 더 좋은 점은 파이썬 코드를 통해 학습하면 기존의 선형대수학 교과서에 비해 이러한 개념을 학습하는 데 큰 이점을 얻을 수 있다는 것입니다.

12.7.1 행렬의 이차식

다음 표현식을 살펴봅니다.

$$\mathbf{w}^{\mathrm{T}}\mathbf{A}\mathbf{w} = \alpha$$

즉 정방 행렬에 동일한 벡터 $\mathbf{w}$를 앞뒤로 곱하여 스칼라를 얻습니다(이 곱셈은 정방 행렬에만 유효하다는 점에 유의하세요).

이를 행렬 $\mathbf{A}$의 **이차식**이라고 합니다.

어떤 행렬과 어떤 벡터를 사용할까요? 이차식의 핵심은 하나의 특정 행렬과 가능한 모든 벡터의 집합(적절한 크기)을 사용하는 것입니다. 중요한 부분은 가능한 모든 벡터에 대한 α의 부호에 관한 것입니다. 예를 들어 살펴봅시다.

$$\begin{bmatrix} x & y \end{bmatrix}\begin{bmatrix} 2 & 4 \\ 0 & 3 \end{bmatrix}\begin{bmatrix} x \\ y \end{bmatrix} = 2x^2 + (0+4)xy + 3y^2$$

이 특정 행렬의 경우 x 또는 y가 음수인 경우에도 제곱항($2x^2$와 $3y^2$)이 항상 교차항($4xy$)을 압도하기 때문에 음이 될 수 있는 x와 y의 가능한 조합은 없습니다. 또한 α는 $x = y = 0$일 때만 양이 아닐 수 있습니다.

이는 이차식의 당연한 결과가 아닙니다. 예를 들어 다음 행렬은 x와 y의 값에 따라 양수 또는 음수 α를 가질 수 있습니다.

$$[x\ y]\begin{bmatrix} -9 & 4 \\ 3 & 9 \end{bmatrix}\begin{bmatrix} x \\ y \end{bmatrix} = -9x^2 + (3+4)xy + 9y^2$$

$[x\ y]$를 $[-1\ 1]$로 설정하면 음의 이차식 결과가 나오고 $[-1\ \ -1]$을 설정하면 양의 결과가 나오는 것을 확인할 수 있습니다.

이차식이 **모든** 가능한 벡터에 대해 양수(또는 음수 또는 0) 스칼라를 생성하는지 어떻게 알 수 있을까요? 핵심은 최대계수 고유벡터 행렬이 $\mathbb{R}^M$ 전체를 생성하고 따라서 $\mathbb{R}^M$의 모든 벡터는 고유벡터의 선형 가중 결합으로 표현할 수 있다는 점입니다.[6] 그런 다음 고윳값 방정식에서 시작하여 고유벡터를 왼편에서 곱하여 이차식으로 되돌아가도록 합니다.

$$\begin{aligned} \mathbf{A}\mathbf{v} &= \lambda\mathbf{v} \\ \mathbf{v}^{\mathrm{T}}\mathbf{A}\mathbf{v} &= \lambda\mathbf{v}^{\mathrm{T}}\mathbf{v} \\ \mathbf{v}^{\mathrm{T}}\mathbf{A}\mathbf{v} &= \lambda\|\mathbf{v}\|^2 \end{aligned}$$

마지막 식이 핵심입니다. $\|\mathbf{v}^{\mathrm{T}}\mathbf{v}\|$는 엄밀히 말해 양수이며(벡터의 크기는 음수가 될 수 없고 영벡터는 무시합니다). 이는 방정식의 우변의 부호가 전적으로 고윳값 λ에 의해 결정된다는 것을 의미합니다.

이 식은 하나의 고윳값과 그 고유벡터만 사용하지만 모든 가능한 벡터에 대해 알아야 합니다. 여기서 중요한 통찰은 식이 각 고유벡터 고윳값 쌍에 대해 유효하다면 모든 고유벡터 고윳값 쌍의 조합에 대해 유효하다는 점입니다. 예를 들면 다음과 같습니다.

$$\begin{aligned} \mathbf{v}_1^{\mathrm{T}}\mathbf{A}\mathbf{v}_1 &= \lambda_1\|\mathbf{v}_1\|^2 \\ \mathbf{v}_2^{\mathrm{T}}\mathbf{A}\mathbf{v}_2 &= \lambda_2\|\mathbf{v}_2\|^2 \\ (\mathbf{v}_1+\mathbf{v}_2)^{\mathrm{T}}\mathbf{A}(\mathbf{v}_1+\mathbf{v}_2) &= (\lambda_1+\lambda_2)\|(\mathbf{v}_1+\mathbf{v}_2)\|^2 \\ \mathbf{u}^{\mathrm{T}}\mathbf{A}\mathbf{u} &= \zeta\|\mathbf{u}\|^2 \end{aligned}$$

즉 벡터 $\mathbf{u}$를 고유벡터의 선형 조합으로, 스칼라 ζ를 고윳값의 선형 조합으로 설정할 수 있습니다. 어쨌든 우변의 부호 즉 이차식의 부호가 고윳값의 부호에 의해 결정된다는 원칙은 변하지 않습니다.

6 간결성을 위해 여기서는 고유벡터 행렬이 전체 M차원 부분공간에 걸쳐 있지 않은 드문 경우에 대한 자세한 설명은 생략하겠습니다.

이제 λ의 부호에 대한 다양한 가정하에 이 방정식에 대해 살펴보겠습니다.

| 모든 고윳값이 양수 |

식의 우변은 항상 양수이며 이는 모든 벡터 v 에 대해 $v^T A v$ 가 항상 양수라는 것을 의미합니다.

| 고윳값이 양수이거나 0 |

$v^T A v$ 는 음수가 아니며 $\lambda = 0$ (특이 행렬일 때)이면 0이 됩니다.

| 고윳값이 음수이거나 0 |

이차식의 결과가 0이거나 음수입니다.

| 고윳값이 음수 |

모든 벡터에 대해 이차식 결과가 음수가 됩니다.

12.7.2 정부호성

정부호성은 정방 행렬의 특성으로 행렬의 고윳값의 부호에 의해 정의됩니다. 이는 이차식 결과의 부호와 동일합니다. 또한 행렬의 가역성은 물론 일반화된 고윳값 분해(다변량 선형 분류기 및 신호 처리에서 사용됨)와 같은 고급 데이터 분석 방법에도 중요한 의미를 갖습니다.

[표 12-1]에 표시된 것처럼 정부호성에는 다섯 가지 범주가 있으며, + 및 − 기호는 고윳값의 부호를 나타냅니다.

표 13-1 정부호성 범주

범주	이차식	고윳값	가역성
양의 정부호	양수	+	Yes
양의 준정부호	음수가 아닌	+ and 0	No
부정부호	양수와 음수	+ and −	Depends
음의 준정부호	양수가 아닌	− and 0	No
음의 정부호	음수	−	Yes

표의 'Depends(의존)'은 행렬의 숫자에 따라 행렬이 가역적이거나 특이적일 수 있음을 의미하며 정부호성 범주에 따라 달라지지 않습니다.

12.7.3 A^TA 는 양의 (준)정부호

행렬과 그 전치의 곱으로 표현할 수 있는 모든 행렬(즉 $S = A^TA$)은 양의 정부호 또는 양의 준정부호가 보장됩니다. 이 두 범주를 함께 묶어 '**양의 (준)정부호**'라고 표기하기도 합니다.

모든 데이터 공분산 행렬은 데이터 행렬에 그 전치를 곱한 값으로 정의되기 때문에 양의 (준)정부호입니다. 즉 모든 공분산 행렬은 음이 아닌 고윳값을 갖습니다. 데이터 행렬이 최대계수(데이터가 특징별 관측치로 저장된 경우 전체 열계수)라면 고윳값은 모두 양수이며 데이터 행렬이 축소계수인 경우 고윳값이 0인 값이 하나 이상 존재합니다.

S가 양의 (준)정부호라는 것을 증명하려면 S의 이차식을 작성하고 몇 가지 대수학적 조작을 하면 됩니다(첫 번째 방정식에서 두 번째 방정식으로 전환할 때 괄호를 단순히 이동하기만 하면 됩니다. 이러한 '괄호에 의한 증명'은 선형대수학에서 흔히 볼 수 있는 방법입니다).

$$\begin{aligned} w^TSw &= w^T(A^TA)w \\ &= (w^TA^T)(Aw) \\ &= (Aw)^T(Aw) \\ &= \|Aw\|^2 \end{aligned}$$

요점은 A^TA의 이차식은 행렬의 제곱에 벡터를 곱한 값과 같다는 것입니다. 크기는 음수가 될 수 없으며 벡터가 0일 때만 0이 될 수 있습니다. 그리고 0이 아닌 w에 대해 $Aw = 0$이면 A는 특이 행렬입니다.

모든 A^TA 행렬은 대칭이지만 모든 대칭 행렬을 A^TA로 표현할 수 있는 것은 아니라는 점에 유의하세요. 즉 모든 대칭 행렬이 행렬과 그 전치의 곱으로 표현될 수 있는 것은 아니기 때문에 행렬 대칭 자체만으로는 양의 (반)정부호를 보장할 수 없습니다.

이차식과 정부호성이 중요한가요?

양의 정부호는 데이터 과학에서 중요한데, 몬테카를로 시뮬레이션에서 상관된 데이터 집합을 생성하는 데 사용되는 콜레스키 분해Cholesky decomposition처럼 일부 선형대수학 연산은 잘 정의된 행렬에만 적용되기 때문입니다. 또한 양의 정부호 행렬은 최솟값을 구할 수 있다는 것이 보장되기 때문에 최적화 문제(예를 들어 경사 하강법gradient descent)에도 중요합니다. 앞으로 데이터 과학 능력을 향상시키기 위한 끊임없는 탐구 과정에서 SPD(대칭형 양의 정부호)라는 약어를 사용하는 기술 논문을 많이 접할 겁니다.

12.8 일반화된 고윳값 분해

다음 식이 근본적인 고윳값 식과 동일하다고 가정해 보겠습니다.

$$\mathbf{A}\mathbf{v} = \lambda\mathbf{I}\mathbf{v}$$

$\mathbf{I}\mathbf{v} = \mathbf{v}$ 이므로 이것은 당연합니다. 일반화된 고윳값 분해는 단위 행렬을 단위 행렬이나 영 행렬이 아닌 다른 행렬로 대체하는 것을 포함합니다.

$$\mathbf{A}\mathbf{v} = \lambda\mathbf{B}\mathbf{v}$$

일반화된 고윳값 분해는 **두 행렬의 동시 대각화**simultaneous diagonalization of two matrices라고도 합니다. 결과 $(\lambda, \mathbf{v})$ 쌍은 $\mathbf{A}$ 만의 고윳값과 고유벡터가 아니며 $\mathbf{B}$ 만의 고윳값과 고유벡터도 아닙니다. 대신 두 행렬은 고윳값과 고유벡터 쌍을 공유합니다.

개념적으로 일반화된 고윳값 분해는 곱 행렬의 '정규화된' 고윳값 분해로 생각할 수 있습니다.

$$\begin{aligned} \mathbf{C} &= \mathbf{A}\mathbf{B}^{-1} \\ \mathbf{C}\mathbf{v} &= \lambda\mathbf{v} \end{aligned}$$

이는 개념적인 것일 뿐 실제로는 일반화된 고윳값 분해에서 $\mathbf{B}$ 가 가역적일 필요는 없습니다.

항상 두 행렬을 동시에 대각화할 수 있는 것은 아닙니다. 그러나 B 가 양의 (준)정부호라면 가능합니다.

일반화된 고윳값 분해는 NumPy에서는 제공하지 않지만 SciPy에서는 가능합니다. 두 행렬이 대칭이라는 것을 알고 있다면 수치적으로 더 안정적인 함수 `eigh`을 사용할 수 있습니다.

```
# 상관된 행렬 생성
A = np.random.randn(4,4)
A = A@A.T
B = np.random.randn(4,4)
B = B@B.T + A/10

# GED
from scipy.linalg import eigh
evals,evecs = eigh(A,B)
```

입력 순서에 유의하세요. 두 번째 항목은 개념적으로 반전된 값입니다.

데이터 과학에서는 분류 분석에 일반화된 고윳값 분해가 사용됩니다. 특히 피셔의 선형판별분석linear discriminant analysis(LDA)은 두 데이터 공분산 행렬의 일반화된 고윳값 분해를 기반으로 합니다. 14장에서 예제를 볼 수 있습니다.

> **고윳값 분해의 수많은 세부 사항**
>
> 고윳값 분해의 속성은 정말 무수히 많습니다. 몇 가지 예를 들면 고윳값의 합은 행렬의 대각합과 같지만 고윳값의 곱은 행렬의 행렬식과 같습니다. 그리고 모든 정방 행렬이 대각화될 수 있는 것은 아닙니다. 일부 행렬은 고윳값이 중복되어 고유벡터에 영향을 미칩니다. 마지막으로 실수 행렬의 복소수 고윳값은 복소 평면의 원 안에 존재합니다. 고윳값에 대한 수학적 내용은 아주 심오합니다. 이 장에서는 응용 분야에서 고윳값 분해로 작업하는 데 필수적인 기초 지식만을 다뤘습니다.

12.9 정리

꽤 긴 장이었습니다! 핵심 내용을 다시 한 번 정리해 보겠습니다.

요점정리

- 고윳값 분해는 $M \times M$ 행렬에서 M개의 스칼라와 벡터 쌍을 식별합니다. 이러한 고윳값과 고유벡터 쌍은 행렬의 특수한 방향을 반영하며 데이터 과학(일반적으로 주성분 분석)은 물론 기하학, 물리학, 계산 생물학 등 무수히 많은 다른 기술 분야에서도 활용됩니다.
- 고윳값은 미지의 스칼라 λ에 의해 이동된 행렬이 특이 행렬이라고 가정하고 그 행렬의 행렬식을 0으로 설정한 다음(**특성 다항식**) λ를 풀면 구할 수 있습니다.
- 고유벡터는 λ만큼 이동한 행렬의 영공간에 대한 기저벡터를 구하면 얻을 수 있습니다.
- **행렬의 대각화**는 행렬을 $\mathrm{V}^{-1}\Lambda\mathrm{V}$로 표현하는 것을 의미하며 여기서 V는 열에 고유벡터가 있는 행렬이고 Λ는 대각선 원소에 고윳값이 있는 대각 행렬입니다.
- 대칭 행렬에는 고윳값 분해의 몇 가지 특성이 존재하는데 데이터 과학과 가장 관련성이 높은 특성은 모든 고유벡터가 서로 직교한다는 것입니다. 이는 고유벡터 행렬이 직교 행렬(고유벡터가 단위 정규화된 경우)이라는 것을 의미하며 이는 다시 고유벡터 행렬의 역이 자신의 전치라는 것을 의미합니다.
- 행렬의 **정부호성**은 행렬의 고윳값의 부호를 나타냅니다. 데이터 과학에서 가장 관련성이 높은 범주는 양의 (준)정부호이며 이는 모든 고윳값이 음수가 아니거나 또는 양수임을 의미합니다.
- 행렬에 전치를 곱한 값은 항상 양의 (준)정부호이므로 모든 공분산 행렬은 음이 아닌 고윳값을 갖습니다.
- 고윳값 분해에 대한 연구는 풍부하고 상세하며 많은 흥미로운 세부 사항, 특수한 사례 및 응용 분야가 발견되었습니다. 이 장에서 다룬 내용이 데이터 과학자로서 여러분의 필요에 대한 탄탄한 토대를 제공하고, 고윳값 분해의 환상적인 아름다움에 대해 더 많이 배울 수 있는 영감을 주었기를 바랍니다.

연습 문제

| 연습 문제 12-1 |

흥미롭게도 A^{-1}의 고유벡터는 A의 고유벡터와 같고 고윳값은 λ^{-1}입니다. 이 문제에서는 A와 A^{-1}의 고윳값 분해를 풀어 이것이 사실임을 증명합니다. 그런 다음 무작위 최대계수 5×5 대칭 행렬을 사용하여 이를 설명합니다.

| 연습 문제 12-2 |

[그림 12-1]의 왼쪽 그림을 다시 생성하되 V의 열 대신 **행**을 사용합니다. 코딩 오류가 생기겠지만, 결과는 통찰력을 줍니다(단순히 행렬에 고유벡터를 곱하면 늘어나기만 한다는 기하학적 테스트에서 실패합니다).

| 연습 문제 12-3 |

이 연습 문제의 목표는 고윳값이 고유벡터와 불가분의 관계에 있음을 증명하는 것입니다.[7] 덧셈법([연습 문제 4-9] 참고)을 사용하여 생성한 대칭 난수 정수 행렬을 대각화하되 고유벡터의 순서를 바꾸지 않고 고윳값의 순서를 무작위로 바꿉니다(이 행렬을 $\widetilde{\Lambda}$라고 부르겠습니다).

먼저 원래 행렬을 $V^{-1}\Lambda V$로 재구성할 수 있음을 증명합니다. 재구성 정확도는 원본 행렬과 재구성된 행렬 사이의 프로베니우스 거리로 계산할 수 있습니다. 다음으로 $\widetilde{\Lambda}$를 사용하여 행렬을 재구성해 봅니다. 재구성된 행렬이 원본 행렬에 얼마나 근접할까요? 무작위로 순서를 바꾸는 대신 가장 큰 두 개의 고윳값만 바꾸면 어떻게 될까요? 가장 작은 두 개의 고윳값은 어떨까요?

---

7 대칭 행렬은 고윳값이 실수이기 때문에 연습 문제에서 자주 사용하지만 그렇다고 해서 원리나 수학이 바뀌는 것은 아니며 단지 해를 시각적으로 쉽게 확인할 수 있을 뿐입니다.

마지막으로 다양한 교환 방식에 대해 원래 행렬과의 프로베니우스 거리를 보여 주는 막대형 도표를 만듭니다(그림 12-3). (참고: 물론 무작위 행렬, 즉 무작위 고윳값 때문에 여러분의 도표가 필자의 것과 똑같지는 않을 것입니다)

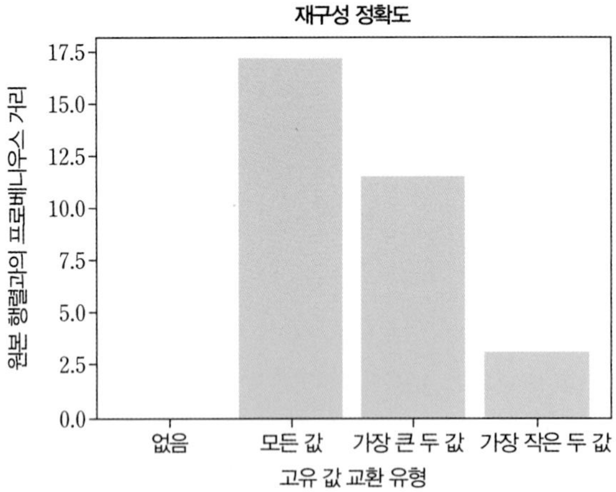

그림 12-3 [연습 문제 12-3]의 결과

| 연습 문제 12-4 |

무작위 행렬의 흥미로운 특성은 복소수 고윳값이 행렬의 크기에 비례하는 반지름을 가진 원 안에 분포한다는 것입니다. 이를 증명하기 위해 무작위 42 × 42 행렬 123개를 만들고 고윳값을 추출하여 행렬 크기(42)의 제곱근으로 나눈 다음 [그림 12-4]와 같이 복소 평면에 고윳값을 표시합니다.

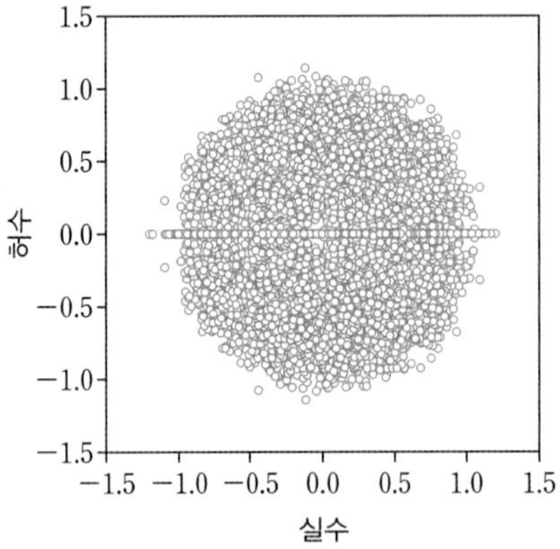

그림 12-4 [연습 문제 12-4]의 결과

| 연습 문제 12-5 |

이 연습 문제를 통해 고유벡터가 고윳값으로 이동된 행렬의 영공간의 기저가 된다는 것을 더 잘 이해할 수 있습니다. 또한 수치 정밀도 오류의 위험도 알 수 있습니다. 무작위 3 × 3 대칭 행렬을 고윳값 분해합니다. 그런 다음 각 고윳값에 대해 `scipy.linalg.null_space()`를 사용하여 이동된 각 행렬의 영공간에 대한 기저벡터를 찾습니다. 이 벡터는 고유벡터와 동일합니까? 고유벡터의 노름과 정부호성을 고려해야 할 수도 있습니다.

다른 무작위 행렬에 대해 코드를 여러 번 실행하면 파이썬 오류가 발생할 수 있습니다. 이 오류는 λ만큼 이동된 행렬의 빈 영공간에서 발생하는데 그 이유는 이동된 행렬이 완전 계수이기 때문에 발생합니다(필자의 말을 그냥 믿지 마시고 직접 확인해 보세요). 사실 이런 일이 일어나서는 안됩니다. 이를 통해 (1) 컴퓨터의 정밀 수학이 항상 칠판 수학과 일치하는 것은 아니며 (2) 공식을 코드로 직접 변환하는 대신 수치적으로 더 안정적인 목표 함수를 사용해야 한다는 점을 다시 한 번 알 수 있습니다.

| 연습 문제 12-6 |

무작위 대칭 행렬을 만드는 세 번째 방법을 알려드리겠습니다.[8] 먼저 대각선에 양수가 있는 4 × 4 대각 행렬을 만듭니다(예를 들어 숫자 1, 2, 3, 4가 될 수 있습니다). 그런 다음 난수 행렬의 QR 분해를 이용해 4 × 4 Q 행렬을 만듭니다. 이 행렬을 고윳값과 고유벡터로 사용하고 적절하게 곱하여 행렬을 조립합니다. 조립된 행렬이 대칭인지 행렬의 고윳값이 지정한 고윳값과 동일한지 확인합니다.

| 연습 문제 12-7 |

[연습 문제 11-4]를 다시 살펴봅시다. 이 연습 문제를 다시 수행하되 설계 행렬의 제곱 프로베니우스 노름 대신 고윳값의 평균을 사용합니다(이를 **수축 정규화**shrinkage regularization라고 합니다). 결과 값은 11장의 값과 어떤 차이가 있을까요?

| 연습 문제 12-8 |

이 연습 문제와 다음 연습 문제는 밀접하게 연결되어 있습니다. 여기서는 지정된 상관관계 행렬을 사용하여 대리 데이터를 생성한 다음(이번 연습 문제) 다음 연습 문제에서 상관관

8 처음 두 가지 방법은 곱셈과 덧셈이었습니다.

계를 제거합니다. 지정된 상관관계 구조로 데이터를 생성하는 공식은 다음과 같습니다.

$$Y = V\Lambda^{1/2}X$$

여기서 V와 Λ는 상관관계 행렬의 고유벡터와 고윳값이며 X는 상관관계가 없는 난수(N 채널과 T 시점)의 $N \times T$ 행렬입니다.

이 공식을 적용하여 다음과 같은 상관관계 구조를 가진 3×10,000개의 데이터 행렬 Y를 만듭니다.

$$R = \begin{bmatrix} 1 & .2 & .9 \\ .2 & 1 & .3 \\ .9 & .3 & 1 \end{bmatrix}$$

그런 다음 데이터 행렬 X의 경험적 상관관계 행렬을 계산합니다. 유한한 데이터 집합을 무작위로 샘플링하기 때문에 R과 정확히 같지는 않을 것입니다. 하지만 상당히 근접해야 합니다(예를 들어 .01 이내).

| 연습 문제 12-9 |

이제 **백색화**whitening하여 부과된 상관관계를 제거해 보겠습니다. 백색화는 신호 및 이미지 처리에서 상관관계를 제거하는 용어입니다. 다변량 시계열은 다음 공식을 구현하여 백색화를 수행할 수 있습니다.

$$\tilde{Y} = Y^T V \Lambda^{-1/2}$$

이전 연습 문제의 데이터 행렬에 해당 공식을 적용하고 상관관계 행렬이 단위 행렬인지 확인합니다(다시 한 번 무작위 샘플링에 대한 허용 오차 범위 내에서).

| 연습 문제 12-10 |

일반화된 고윳값 분해에서는 두 행렬이 대칭인 경우에도 고유벡터는 직교하지 않습니다. 파이썬에서 $V^{-1} \neq V^T$를 확인해 보세요. 이는 A와 B가 모두 대칭이지만 C=AB가 대칭이 아니기 때문에 발생합니다.[9]

---

9 두 대칭 행렬의 곱이 대칭이 아닌 이유는 QR 분해에서 R이 아래쪽 대각선에 0이 있는 이유와 동일합니다.

그러나 고유벡터는 B에 대해 직교하므로 $V^TBV=I$가 됩니다. 두 대칭 행렬에 대해 일반화된 고윳값 분해를 수행하여 [그림 12-5]를 그리고 이러한 특성을 확인합니다.

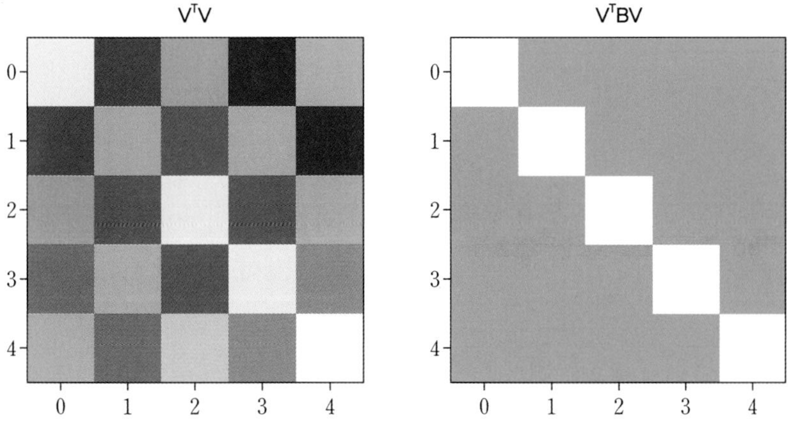

그림 12-5 [연습 문제 12-10]의 결과

| 연습 문제 12-11 |

고유벡터의 크기 조정에 대해 살펴봅시다. 먼저 −14와 +14 사이의 임의의 정수로 이루어진 4×4 행렬을 만듭니다. 행렬을 대각화하고 $A=V\Lambda V^{-1}$임을 경험적으로 확인합니다. 각 고유벡터의 유클리드 노름이 1과 같다는 것을 확인합니다. 복소수의 제곱은 켤레복소수에 그 수를 곱한 값으로 계산된다는 점에 유의합니다(힌트: `np.conj()` 사용).

다음으로, 고유벡터 행렬에 0이 아닌 스칼라를 곱합니다. 필자는 입력하는 것이 재미있다는 것 외에는 특별한 이유 없이 π를 사용했습니다. 이 스칼라가 재구성된 행렬의 정확도, 또는 고유벡터의 노름에 영향을 줄까요? 아니면 왜 그렇지 않을까요?

마지막으로 이 과정을 반복하되 대칭 행렬을 사용하고 V^{-1}을 V^T로 바꿉니다. 이렇게 하면 결과가 달라지나요?

CHAPTER 13

특잇값 분해: 고윳값 분해의 다음 단계

이전 장은 내용이 굉장히 많았습니다! 필자는 데이터 과학과 관련성이 적은 세부적인 내용에 너무 매몰되지 않으면서 이해하기 쉽고 엄격하게 설명하기 위해 최선을 다했습니다.

다행히 고윳값 분해에 대해 배운 내용은 특잇값 분해(SVD)에도 대부분 적용이 가능합니다. 따라서 이 장의 내용을 더 쉽고 간단하게 이해할 수 있을 겁니다.

SVD의 목적은 하나의 행렬을 왼쪽 특이벡터($\mathbf{U}$), 특잇값($\boldsymbol{\Sigma}$), 오른쪽 특이벡터($\mathbf{V}$)라고 하는 세 행렬의 곱으로 분해하는 것입니다.

$$\mathbf{A} = \mathbf{U}\boldsymbol{\Sigma}\mathbf{V}^{\mathrm{T}}$$

이 분해는 고윳값 분해와 비슷하게 보일 수 있습니다. 사실 SVD는 고윳값 분해를 정방이 아닌 행렬까지 확대해서 일반화한 것으로 생각할 수도 있습니다. 또는 반대로 고윳값 분해를 SVD의 정방 행렬에 대한 특수한 경우로 생각할 수도 있습니다.[1]

특잇값은 고윳값과 비슷하고 특이벡터 행렬은 고유벡터과 비슷합니다(이 두 가지 숫자 집합은 나중에 설명할 특정 상황에서는 서로 같기도 합니다).

1 SVD가 모든 정방 행렬에 대해서 고윳값 분해와 동일하진 않습니다. 이에 대해서는 나중에 자세히 설명합니다.

13.1 SVD 개요

먼저 개념을 소개하고 해석한 다음 이 장의 뒷부분에서 SVD를 계산하는 방법을 설명하겠습니다.

[그림 13-1]은 SVD의 개괄적인 모습을 보여 줍니다.

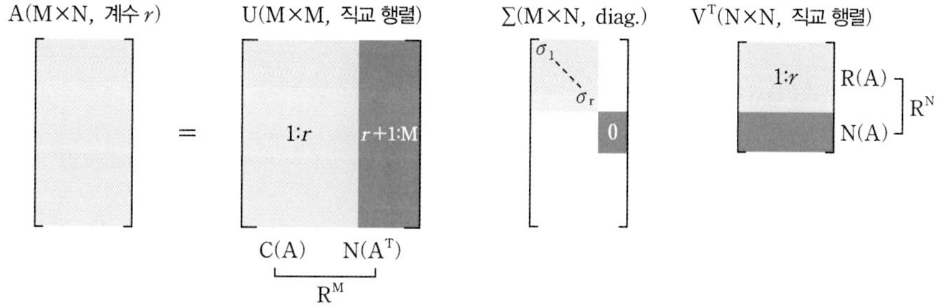

그림 13-1 SVD 개요

이 도표에서는 SVD의 여러 가지 중요한 기능을 볼 수 있습니다. 이 장 전반에 걸쳐 이러한 기능에 대해 자세히 설명하겠지만 먼저 다음과 같이 정리해 보겠습니다.

- A 가 정방이 아니어도 U 와 V 는 모두 정방 행렬입니다.
- 다시 말해 특이벡터 U 와 V 는 직교 행렬이므로 $U^TU = I$, $V^TV = I$ 입니다. 각 열은 다른 열과 직교하고 임의의 열로 이루어진 부분 집합은 나머지(겹치지 않는) 열로 이루어진 부분 집합과 직교합니다.
- U 의 처음 r개 열은 행렬 A 의 열공간에 대한 직교 기저벡터를 나타내며, 나머지 열은 왼쪽 영공간에 대한 직교 기저벡터를 나타냅니다(단 $r = M$ 이라면 행렬은 최대열계수이고 왼쪽 영공간은 비어 있습니다).
- V^T 의 처음 r개 행(V 의 열)은 행공간에 대한 직교 기저벡터를 나타내며 나머지 행은 영공간에 대한 직교 기저벡터를 나타냅니다.
- 특잇값 행렬은 A 와 같은 크기의 대각 행렬입니다. 특잇값은 항상 가장 큰 값(왼쪽 위)부터 가장 작은 값(오른쪽 아래) 순서대로 정렬됩니다.
- 모든 특잇값은 음수가 아닌 실수입니다. 행렬에 복소숫값이 포함되어 있더라도 특잇값이 복소수나 음수가 될 수 없습니다.

- 0이 아닌 특잇값의 수는 행렬의 계수와 같습니다.

SVD의 가장 놀라운 특징은 행렬의 네 개의 부분공간을 모두 나타낸다는 점입니다. 열공간과 왼쪽 영공간은 U 의 처음 r개의 열과 나머지 $M-r$개의 열로 생성되며, 행공간과 영공간은 V^T 의 처음 r개의 행과 나머지 $N-r$개의 행으로 생성됩니다. 비정방 행렬에서 $r=M$이면 왼쪽 영공간은 비어 있고, $r=N$이면 영공간은 비어 있습니다.

13.1.1 특잇값과 행렬의 계수

행렬의 계수는 0이 아닌 특잇값의 수로 결정됩니다. 그 이유는 앞서 설명한 것처럼 행렬의 열공간과 행공간은 해당 특잇값에 의해 어떤 '부피'를 갖도록 크기가 조정된 왼쪽과 오른쪽 특이벡터로 정의되고 반면에 왼쪽과 오른쪽 영공간은 0이 되도록 하는 왼쪽과 오른쪽 특이벡터로 정의되기 때문입니다. 따라서 열과 행공간의 차원은 0이 아닌 특잇값의 수에 의해 결정됩니다.

실제로 NumPy 함수 `np.linalg.matrix_rank`를 들여다보면 파이썬에서 행렬 계수를 계산하는 방법을 확인할 수 있습니다(핵심 개념에 초점을 맞추기 위해 코드를 약간 수정했습니다).

```
S = svd(M,compute_uv=False) # 특잇값만 반환
tol = S.max() * max(M.shape[-2:]) * finfo(S.dtype).eps
return count_nonzero(S > tol)
```

반환되는 값은 `tol` 값을 초과하는 특잇값의 수입니다. `tol`이란 무엇일까요? 이는 가능한 반올림 오류를 고려한 허용 오차 수준입니다. 데이터 유형에 대한 기계 정밀도(`eps`)로 정의되며 가장 큰 특잇값과 행렬의 크기에 따라 조정됩니다.

여기서 우리는 '칠판' 수학과 컴퓨터에서 구현되는 '코드' 수학의 차이를 다시 한 번 확인할 수 있습니다. 행렬의 계수는 실제로 0이 아닌 특잇값의 수로 계산되는 것이 아니라 어떤 작은 숫자보다 큰 특잇값의 수로 계산됩니다. 이는 0은 아니지만 매우 작은 숫자의 특잇값이 무시될 수 있지만, 정밀도 오류로 인해 실제로 0인 특잇값이 0이 아닌 것처럼 보여서 행렬의 계수가 잘못 부풀려질 위험보다는 낫습니다.

13.2 파이썬에서 SVD

파이썬에서 SVD를 계산하는 것은 매우 간단합니다.

```
U,s,Vt = np.linalg.svd(A)
```

NumPy의 svd 함수에는 염두해야 할 두 가지 특징이 있습니다. 첫째 특잇값은 A 와 같은 크기의 행렬이 아닌 벡터로 반환됩니다. 따라서 Σ 행렬을 얻으려면 몇 가지 코드를 추가해야 합니다.

```
S = np.zeros(np.shape(A))
np.fill_diagonal(S,s)
```

처음에는 np.diag(s)를 사용하는 것을 떠올릴 수 있지만, 이는 정방 행렬 A 에 대해 올바른 특잇값 행렬만 생성합니다. 따라서 필자는 보통 먼저 정확한 크기의 0 행렬을 생성한 다음 대각선을 특잇값으로 채웁니다.

두 번째 특징은 NumPy가 V 가 아닌 행렬 V^T 를 반환한다는 점입니다. MATLAB의 svd 함수는 행렬 V 를 반환하기 때문에 MATLAB을 사용하는 독자에게는 혼란스러울 수 있지만 독스트링docstring을 확인하면 됩니다. 문서에서는 행렬 vh를 설명하는데, 여기서 h는 대칭 복소숫값 행렬의 이름인 에르미트Hermitian의 약자입니다.

[그림 13-2]는 svd 함수의 출력(행렬로 변환된 특잇값)입니다.

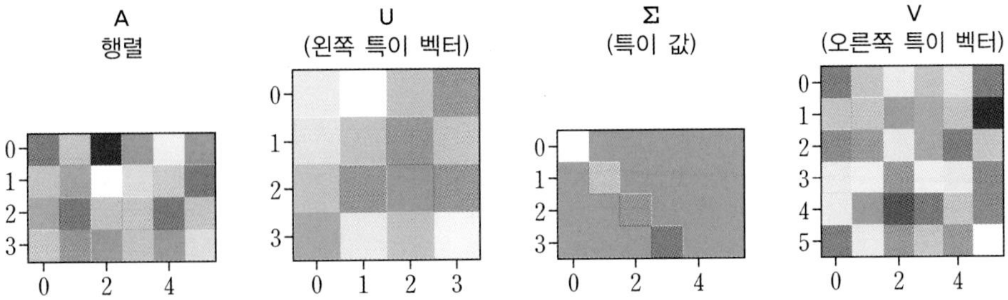

그림 13-2 예시 행렬에 대한 SVD의 전체 그림

13.3 행렬의 SVD와 계수 - 1 '계층'

이전 장에서 처음 보여드린 방정식은 고윳값 방정식의 스칼라-벡터 버전($\mathbf{A}\mathbf{v} = \lambda\mathbf{v}$)이었습니다. 이번 장에서는 **행렬** SVD 방정식($\mathbf{A} = \mathbf{U}\boldsymbol{\Sigma}\mathbf{V}^{\mathrm{T}}$)으로 시작했는데 이 방정식은 하나의 벡터에 대해 어떻게 표현될까요? 두 가지 다른 방식으로 작성할 수 있는데 각기 다른 SVD의 특징을 강조합니다.

$$\mathbf{A}\mathbf{v} = \mathbf{u}\sigma$$
$$\mathbf{u}^{\mathrm{T}}\mathbf{A} = \sigma\mathbf{v}^{\mathrm{T}}$$

이 방정식은 고윳값 방정식과 비슷하지만 벡터가 하나가 아닌 두 개라는 점이 다릅니다. 따라서 해석은 약간 더 어렵습니다. 일반적으로 이러한 방정식은 행렬이 한 벡터에 미치는 영향이 스칼라가 다른 벡터에 미치는 영향과 동일합니다.

첫 번째 방정식에서 $\mathbf{u}$는 $\mathbf{A}$의 열공간에 존재하며 $\mathbf{v}$는 열들을 결합하는 가중치라는 것을 알 수 있습니다. 두 번째 방정식도 마찬가지이지만 $\mathbf{v}$는 $\mathbf{A}$의 행공간에 존재하며 가중치를 담은 값은 $\mathbf{u}$ 입니다.

하지만 이 절에서는 그것에 초점을 맞추는 것이 아니라 왼쪽 특이벡터에 오른쪽 특이벡터 하나를 곱하면 어떤 일이 일어나는지 살펴보고자 합니다. 특이벡터는 동일한 특잇값과 쌍을 이루기 때문에 i 번째 왼쪽 특이벡터에 i 번째 특잇값과 i 번째 오른쪽 특이벡터를 곱해야 합니다.

이 벡터-벡터 곱셈에서 왼쪽은 열, 오른쪽은 행이라는 방향에 유의하세요(그림 13-3). 즉 결과는 원래 행렬과 같은 크기의 외적이 됩니다. 또한 이 외적은 계수-1 행렬이며 특잇값에 의해 노름이 결정됩니다(특이벡터는 단위 길이이기 때문입니다).

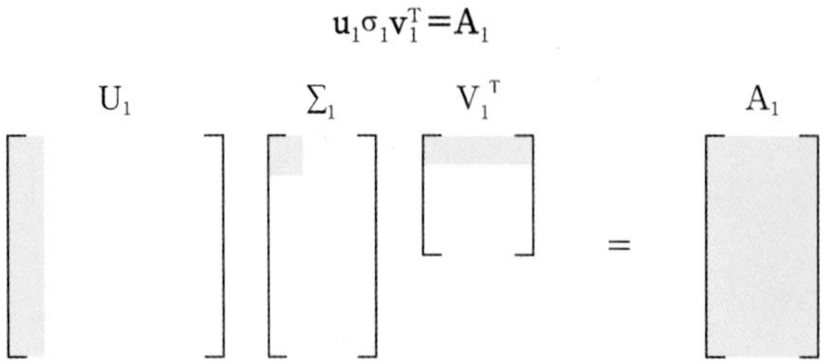

그림 13-3 특이벡터의 외적은 행렬 '계층'을 생성합니다.

방정식에서 아래 첨자된 1은 첫 번째 특이벡터와 첫 번째(가장 큰) 특잇값을 사용했음을 의미합니다. 결괏값을 A_1이라고 부르는 이유는 원래 행렬 A가 아니라 A와 같은 크기의 계수-1 행렬이기 때문입니다. 그리고 단순한 계수-1 행렬이 아니라 행렬에서 가장 중요한 '계층[layer]'입니다. 가장 큰 특잇값을 가지고 있기 때문에 가장 중요합니다(이 점은 뒷부분에서 자세히 설명합니다).

이를 염두에 두고 $\sigma > 0$와 관련된 모든 SVD '계층'을 합산하여 원래 행렬을 재구성할 수 있습니다.[2]

$$A = \sum_{i=1}^{r} \mathbf{u}_i \sigma_i \mathbf{v}_i^{\mathrm{T}}$$

이 합계를 보여줄 때 중요한 점은 반드시 모든 r 계층을 사용할 필요는 없습니다. 대신 첫 번째 $k < r$ 계층을 포함하는 다른 행렬을 재구성할 수 있습니다. 이를 $\widetilde{A}$라고 하겠습니다. 이를 행렬 A의 **낮은 계수 근사치**[low-rank approximation]라고 하며 이 경우 계수-k 근사치라고 합니다.

예를 들어 낮은 계수의 근사치는 데이터 정제에서 사용됩니다. 작은 특잇값과 관련된 정보는 데이터 집합의 전체 분산에 거의 기여하지 않으므로 제거할 수 있는 잡음을 반영할 수 있기 때문입니다. 이에 대해서는 다음 장에서 자세히 설명합니다.

13.4 EIG로부터 SVD

이제 여러분은 SVD 행렬을 이해하고 해석하는 기본적인 방법을 알게 되었습니다. 아마도 여러분은 SVD를 생성하는 마법의 공식이 무엇인지 궁금하실 것입니다. 가우스 같은 천재만 이해할 수 있을 정도로 엄청나게 복잡하지 않을까요? 아니면 설명이 너무 방대해서 한 장에 모두 담기엔 부족하지 않을까요?

---

2 0인 특잇값을 합산하는 것은 0 행렬을 더하는 것에 불과하므로 의미가 없습니다.

사실 SVD는 정말 쉽습니다(물론 개념적으로만 그렇습니다. 손으로 직접 SVD를 수행하는 것은 또 다른 문제입니다). 행렬의 고윳값 분해에 전치를 곱한 값을 계산하기만 하면 됩니다. 다음 방정식은 특잇값과 왼쪽 특이벡터를 도출하는 방법을 보여 줍니다.

$$\begin{aligned} AA^T &= (U\Sigma V^T)(U\Sigma V^T)^T \\ &= U\Sigma V^T V\Sigma^T U^T \\ &= U\Sigma^2 U^T \end{aligned}$$

즉 AA^T의 고유벡터는 A의 왼쪽 특이벡터이고 AA^T의 고윳값의 제곱은 A의 특잇값입니다.

이 통찰을 통해 SVD의 세 가지 특징을 알 수 있습니다. (1) 숫자를 제곱하면 음수가 될 수 없으므로 특잇값은 음수가 아니며 (2) 대칭 행렬의 고윳값은 실수이므로 특잇값은 실수이며 (3) 대칭 행렬의 고유벡터는 직교이므로 특이벡터는 직교벡터입니다.

오른쪽 특잇값은 행렬 전치를 왼쪽에서 곱해서 얻을 수 있습니다.

$$\begin{aligned} A^TA &= (U\Sigma V^T)^T(U\Sigma V^T) \\ &= V\Sigma^T U^T U\Sigma V^T \\ &= V\Sigma^2 V^T \end{aligned}$$

사실 A^TA의 고윳값 분해를 계산할 필요 없이 SVD 방정식을 재정렬하여 정확한 특이벡터를 구할 수 있습니다.

$$V^T = \Sigma^{-1}U^TA$$

물론 V를 이미 알고 있는 경우 U를 도출하기 위해 추가로 필요한 방정식이 있습니다.

13.4.1 A^TA 의 SVD

간단히 말해 행렬을 $S=A^TA$ 로 표현할 수 있다면 왼쪽과 오른쪽 특이벡터는 동일합니다. 식으로 말하면 다음과 같습니다.

$$S = U\Sigma V^T = V\Sigma U^T = U\Sigma U^T = V\Sigma V^T$$

이 식은 S 와 S^T 의 SVD를 작성한 다음 $S=S^T$ 의 의미를 생각하면 증명할 수 있습니다. 이 부분은 여러분이 직접 탐구해 보실 수 있도록 남겨두겠습니다! 또한 파이썬에서 무작위 대칭 행렬을 사용해 확인해 보시길 권장합니다.

사실 대칭 행렬에 대해서 SVD는 고윳값 분해와 같은 개념입니다. 이는 주성분 분석에서 데이터 공분산 행렬의 고윳값 분해, 공분산 행렬의 SVD 또는 데이터 행렬의 SVD를 사용하여 주성분 분석을 수행할 수 있기 때문에 중요한 의미를 가집니다.

13.4.2 특잇값의 분산 변환과 설명

특잇값의 합은 행렬의 '분산'의 총량입니다. 무슨 뜻일까요? 행렬의 정보가 거품 속에 들어 있다고 가정하면 특잇값의 합은 거품의 부피와 같습니다.

특잇값에 모든 분산이 포함되는 이유는 특이벡터가 단위 크기로 정규화되어 크기 정보를 제공하지 않기 때문입니다(즉 $\|Uw\| = \|w\|$).[3] 다시 말해 특이벡터는 방향을 가리키고 특잇값은 얼마나 멀리 있는지를 나타냅니다.

'원시raw' 특잇값은 행렬의 수치 척도로 표시됩니다. 즉 데이터에 스칼라를 곱하면 특잇값이 증가한다는 뜻입니다. 다시 말해 특잇값은 해석하기 어렵고 기본적으로 서로 다른 데이터 집합 간에 비교가 불가능하다는 것을 의미합니다.

이러한 이유로 특잇값을 설명된 총 분산 비율로 변환하는 것이 종종 유용합니다. 공식은 간단합니다. 각 특잇값 i 는 다음과 같이 정규화됩니다.

3 이 내용의 증명은 [연습 문제 13-3]에서 다룹니다.

$$\tilde{\sigma_i} = \frac{100\sigma_i}{\sum \sigma}$$

이 정규화는 주성분 분석에서 일반적으로 사용됩니다. 예를 들어 분산을 99% 차지하는 구성 요소의 수를 파악하는 데 사용됩니다. 이는 시스템 복잡성을 나타내는 지표로 해석할 수 있습니다.

중요한 것은 이 정규화가 특잇값 사이의 상대적 거리에는 영향을 미치지 않으며 단지 수치 척도를 더 쉽게 해석할 수 있도록 변경한다는 것입니다.

13.4.3 행렬의 조건수

행렬의 조건수는 행렬의 수치적 안정성을 나타내는 데 사용된다는 것을 이 책에서 여러 번 언급했습니다. 이제 특잇값에 대해 알았으니 조건수를 계산하고 해석하는 방법을 더 잘 이해할 수 있을 것입니다.

행렬의 조건수는 가장 큰 값과 가장 작은 특잇값의 비율로 정의됩니다. 흔히 κ(그리스 문자 **카파**)라는 문자로 표시합니다.

$$\kappa = \frac{\sigma_{\text{max}}}{\sigma_{\text{min}}}$$

조건수는 통계 및 머신러닝에서 역행렬을 계산할 때나 방정식(예를 들어 최소제곱법)을 풀 때 행렬의 안정성을 평가하기 위해 자주 사용됩니다. 물론 비가역 행렬은 $\sigma/0$ =‘무한대’이므로 조건수는 NaN입니다.

그러나 조건수가 큰 최대계수 행렬은 여전히 불안정할 수 있습니다. 이론적으로는 가역적이지만 실제로는 역행렬이 불안정할 수 있습니다. 이러한 행렬을 **나쁜 조건 행렬**ill-conditioned matrix이라고 합니다. 파이썬의 경고 메시지에서 ‘결과가 정확하다고 보장할 수 없습니다’와 같은 문구와 함께 이 용어를 본 적이 있을 것입니다.

나쁜 조건 행렬의 문제점은 무엇일까요? 조건수가 증가함에 따라 행렬은 특이 행렬이 되는 경향이 있습니다. 따라서 나쁜 조건 행렬은 ‘거의 특이 행렬’이며 그 역행렬은 수치 오류의 위험이 증가하여 신뢰할 수 없습니다.

나쁜 조건 행렬이 미치는 영향을 알 수 있는 몇 가지 예가 있습니다. 첫 번째는 반올림 오류로 인한 계산의 정밀도 저하입니다. 예를 들어 10^5 정도의 조건수는 역행렬 또는 최소제곱 문제 등의 해의 유효 자릿수가 다섯 자리 감소한다는 것을 의미합니다(예를 들어 정밀도가 10^{-16}에서 10^{-11}로 감소하는 것을 의미).

두 번째 예는 잡음의 증폭 계수입니다. 조건수가 10^4 정도인 행렬이 있다면 잡음이 최소제곱 문제에 대한 해에 10^4만큼 영향을 미칠 수 있습니다. 많은 것처럼 보일 수 있지만 데이터의 정밀도가 10^{-16}인 경우에는 미미하게 보일 수도 있습니다.

세 번째로 조건수는 데이터 행렬의 교란(더 많은 잡음 추가)에 대한 해의 민감도를 나타냅니다. 괜찮은 조건의 행렬은 해의 변화를 최소화하면서 교란이 가능합니다. 반대로 나쁜 조건 행렬에 소량의 잡음을 추가하면 매우 다른 해가 나올 수 있습니다.

그렇다면 나쁜 조건 행렬의 임곗값은 어떻게 되나요? 없습니다. 괜찮은 조건의 행렬과 나쁜 조건 행렬을 구분하는 마법의 숫자 같은 건 없습니다. 행렬의 숫잣값에 따라 각 알고리즘은 서로 다른 임곗값을 적용합니다.

한 가지 분명한 것은 나쁜 조건 행렬에 대한 경고 메시지를 심각하게 받아들여야 한다는 점입니다. 경고 메시지는 일반적으로 무언가 잘못되었으며 결과를 신뢰해서는 안 된다는 것을 나타냅니다.

나쁜 조건 행렬은 어떻게 처리해야 하나요?

안타깝게도 필자가 구체적인 답변을 드릴 수 있는 질문은 아닙니다. 나쁜 조건 행렬이 있을 때 어떻게 하는 것이 옳은지는 행렬과 해결하려는 문제에 따라 크게 달라집니다. 분명히 하자면 나쁜 조건 행렬은 본질적으로 나쁜 것이 아니므로 단순히 조건수 때문에 쉽게 버려서는 안 됩니다. 나쁜 조건 행렬은 특정 연산에서만 잠재적으로 문제가 될 수 있습니다. 따라서 통계적 설계 행렬이나 공분산 행렬과 같은 특정 행렬과만 관련이 있을 뿐입니다.

나쁜 조건 행렬에 대한 처리 방법에는 정규화, 차원 축소, 데이터 품질 또는 특징 추출 개선 등이 있습니다.

13.5 SVD와 MP 의사역행렬

역행렬의 SVD는 매우 우아합니다. 행렬이 정방이고 가역이라고 가정하면 다음과 같은 결과를 얻을 수 있습니다.

$$
\begin{aligned}
A^{-1} &= (U\Sigma V^{T})^{-1} \\
&= V\Sigma^{-1}U^{-1} \\
&= V\Sigma^{-1}U^{T}
\end{aligned}
$$

즉 $U^{-1} = U^{T}$이므로 Σ의 역행렬만 구하면 됩니다. 또한 Σ는 대각 행렬이기 때문에 각 대각 원소를 뒤집기만 하면 그 역을 구할 수 있습니다. 하지만 이 방법은 여전히 수치적으로 불안정합니다. 정밀도 오류를 반영할 수 있는 작은 특잇값(예를 들어 10^{-15})이 반전될 때 엄청나게 커지기 때문입니다.

이제 MP 의사역행렬을 계산하는 알고리즘을 살펴보겠습니다.

MP 의사역행렬은 이전 예제에 나온 전체 역행렬과 거의 동일하게 계산됩니다. 유일한 수정 사항은 모든 대각 요소를 반전하는 대신 Σ에서 **0이 아닌** 대각 요소를 반전하는 것입니다(실제로는 정밀도 오류를 고려하기 위해 '0이 아닌' 대신 임곗값 이상의 수로 구현합니다).

끝났습니다! 이것이 MP 의사역행렬을 계산하는 방식입니다. 매우 간단하고 직관적이지만 이해하려면 선형대수학에 대한 상당한 배경 지식이 필요합니다.

더 좋은 점은 SVD가 모든 크기의 행렬에서 작동하기 때문에 MP 의사역행렬을 정방이 아닌 행렬에도 적용할 수 있다는 것입니다. 실제로 높은 행렬의 MP 의사역행렬은 왼쪽 역행렬과 같고, 넓은 행렬의 MP 의사역행렬은 오른쪽 역행렬과 같습니다(의사역행렬은 A^{+}, A^{*} 또는 $A^{\dagger}$로 표시된다는 점을 기억하세요).

의사역행렬을 연습 문제에서 직접 구현해 보면 더 많은 경험을 쌓을 수 있을 겁니다.

13.6 정리

고윳값 분해에 대해 배우기 위해 노력한 시간에서 조금만 더 투자하면 SVD를 이해할 수 있다는 것에 공감하셨길 바랍니다. SVD는 행렬에 대한 풍부하고 상세한 정보를 보여주기 때문에 선형대수학에서 매우 중요한 분해입니다. 핵심은 다음과 같습니다.

요점정리

- SVD는 행렬(크기와 계수에 상관없이)을 **왼쪽 특이벡터** U, **특잇값** Σ, **오른쪽 특이벡터** V^{T} 라고 하는 세 행렬의 곱으로 분해합니다.
- 처음 r개(여기서 r은 행렬 계수)의 왼쪽 특이벡터는 행렬의 열공간에 대한 직교 기저 집합을 나타내고, 나머지 특이벡터는 왼쪽 영공간에 대한 직교 기저 집합을 나타냅니다.
- 오른쪽 특이벡터의 경우도 비슷합니다. 처음 r개의 벡터는 행공간에 대한 직교 기저 집합을 나타내고, 나머지 벡터는 영공간에 대한 직교 기저 집합을 나타냅니다. 오른쪽 특이벡터는 실제로는 V^{T}의 **열**인 V의 **행**이라는 점에 유의하세요.
- 0이 아닌 특잇값의 수는 행렬의 계수와 같습니다. 실제로는 매우 작은 0이 아닌 특잇값과 0값의 특잇값에 대한 정밀도 오류를 구분하기 어려울 수 있습니다. 파이썬과 같은 프로그램에서는 허용 오차 임곗값을 사용하여 구분합니다.
- k번째 왼쪽 특이벡터와 k번째 오른쪽 특이벡터의 외적 곱에 k번째 특잇값을 곱하면 행렬의 '계층'으로 해석할 수 있는 계수-1 행렬이 생성됩니다. 계층을 기반으로 행렬을 재구성하면 잡음 제거 및 데이터 압축 등 다양한 용도로 활용할 수 있습니다.
- 개념적으로 SVD는 AA^{T}의 고윳값 분해로부터 얻을 수 있습니다.
- 매우 중요한 MP 의사역행렬은 $\mathrm{V}\Sigma^{+}\mathrm{U}^{\mathrm{T}}$로 계산되며, 여기서 Σ^{+}는 대각선의 0이 아닌 특잇값을 반전시켜 얻습니다.

연습 문제

| 연습 문제 13-1 |

이제 대칭 행렬의 경우 특잇값과 고윳값이 같다는 것을 알고 있습니다. 특이벡터와 고유벡터는 어떨까요? 파이썬으로 무작위 5×5 A^TA 행렬을 사용해 이 질문에 답해 보세요. 그런 다음 덧셈 기법으로 대칭 행렬($A^T + A$)을 만들어 다시 시도해 봅니다. $A^T + A$ 의 고윳값의 부호에 주의하세요.

| 연습 문제 13-2 |

파이썬은 선택적으로 '경제형' SVD를 반환할 수 있는데, 이는 특이벡터 행렬이 M 또는 N 중 작은 값에서 잘린다는 것을 의미합니다(이 방법을 알아보려면 문서를 참고하세요). 높고 넓은 행렬로 확인하세요. 일반적으로 전체 행렬을 반환합니다. 경제형 SVD는 주로 행렬이 매우 크거나 컴퓨팅 자원이 매우 제한적인 경우에 사용됩니다.

| 연습 문제 13-3 |

직교 행렬(예를 들어 왼쪽 및 오른쪽 특이벡터 행렬)의 중요한 특징 중 하나는 벡터를 회전하지만 크기를 조정하지 않는다는 것입니다. 즉 직교 행렬을 곱한 후에도 벡터의 크기는 그대로 유지됩니다. $\|Uw\| = \|w\|$ 임을 증명하세요. 그런 다음 파이썬에서 무작위 행렬의 SVD에 대해서 특이벡터 행렬과 무작위 벡터를 사용하여 이를 실험으로 증명합니다.

| 연습 문제 13-4 |

지정된 조건수를 가진 임의의 높은 행렬을 만듭니다. 두 개의 무작위 정방 행렬을 U 와 V 로, 비정방 행렬을 Σ 로 생성합니다. $U\Sigma V^T$ 의 경험적 조건수가 지정한 수와 동일한지 확인합니다.

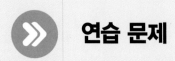

결과를 [그림 13-4]와 같은 그림으로 시각화합니다(조건수 42를 사용했습니다[4]).

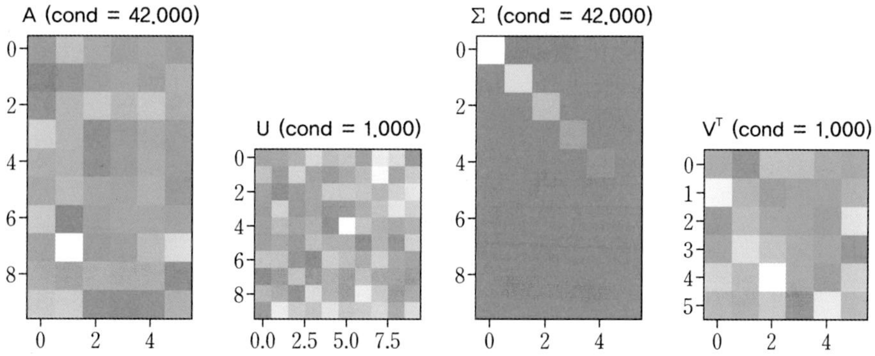

그림 13-4 [연습 문제 13-3]의 결과

| 연습 문제 13-5 |

여기서 목표는 간단합니다. [그림 13-5]를 재현하는 코드를 작성하는 것입니다. 이 그림은 무엇을 보여줄까요? 그림 A는 무작위 숫자를 평활화하여 만든 30 × 40 무작위 행렬을 보여 줍니다(2차원 가우스와 무작위 숫자 사이의 2차원 합성곱으로 구현됨). 이미지 처리 및 필터링에 익숙하지 않다면 필자의 코드에서 이 행렬을 만드는 코드를 자유롭게 복사하여 사용하시기 바랍니다. 그림 A의 나머지 부분은 SVD 행렬을 보여 줍니다. 앞쪽의 특이벡터(더 큰 특잇값과 연관된)가 더 매끄러운 반면 뒤쪽의 특이벡터는 더 거친데 이는 공간 필터링에서 비롯된 것입니다.

그림 B는 설명된 분산 백분율로 정규화된 특잇값인 '스크리 도표'를 보여 줍니다. 처음 몇 개의 구성 요소가 이미지에서 대부분의 분산을 설명하는 반면 나머지 구성 요소는 각각 상대적으로 적은 분산을 설명하는 것을 알 수 있습니다. 정규화된 모든 특잇값의 합이 100인지 확인합니다. 그림 C는 맨 위 행에 처음 4개의 '계층'($u_i \sigma_i v_i^T$로 정의된 계수-1 행렬)과 맨 아래 행에 해당 계층의 누적 합계를 보여 줍니다. 각 계층이 행렬에 정보를 더 추가하는 것을 확인할 수 있을 겁니다. 오른쪽 아래 그림('L 0:3' 제목)은 계수-4 행렬이지만 그림 A의 원래 계수-30 행렬과 시각적으로 매우 유사하게 나타납니다.

4 『은하수를 여행하는 히치하이커를 위한 안내서』(책세상, 2005)에 대한 또 다른 참고 자료입니다.

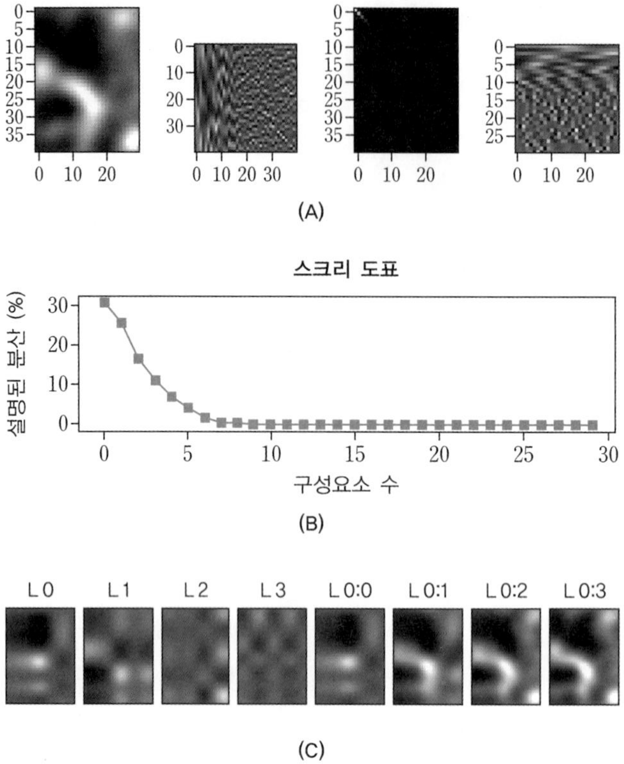

그림 13-5 [연습 문제 13-5]의 결과

| 연습 문제 13-6 |

이 장에서 설명한 내용을 바탕으로 MP 의사역행렬을 구현합니다. 이때 작지만 0이 아닌 특잇값을 무시하는 허용 오차를 정의해야 합니다. 이 장의 이전 코드를 다시 확인하거나 NumPy의 구현을 찾아보지 말고 선형대수에 대한 지식을 사용해 자신만의 허용 오차를 만들어 보세요.

5×5 계수-3 행렬에서 코드를 시험해 보세요. 결과를 NumPy의 `pinv` 함수의 출력과 비교합니다. 마지막으로 `np.linalg.pinv`의 소스 코드를 검사하여 구현을 이해했는지 확인합니다.

| 연습 문제 13-7 |

높은 최대계수 행렬($(A^TA)^{-1}A^T$)의 명시적 왼쪽 역행렬과 A 의 의사역행렬을 계산하여 MP 의사역행렬이 최대열계수 행렬의 왼쪽 역행렬과 같음을 증명합니다. 넓은 최대계수 행렬의 오른쪽 역에 대해서도 증명하세요.

| 연습 문제 13-8 |

고윳값 방정식 $\mathbf{A}\mathbf{v} = \lambda\mathbf{v}$ 를 생각해 봅시다. 이제 의사역행렬에 대해 이해했으므로 이 방정식을 가지고 이것저것 실험해 볼 수 있습니다. 특히 12장 초반에 사용한 2×2 행렬을 사용하여 $\mathbf{v}^+$ 를 계산하고 $\mathbf{v}\mathbf{v}^+ = 1$ 임을 확인합니다. 그리고 다음의 식을 검증합니다.

$$\mathbf{v}^+\mathbf{A}\mathbf{v} = \lambda\mathbf{v}^+\mathbf{v}$$
$$\mathbf{A}\mathbf{v}\mathbf{v}^+ = \lambda\mathbf{v}\mathbf{v}^+$$

CHAPTER 14

고윳값 분해와 SVD 응용: 선형대수학의 선물

고윳값 분해와 SVD는 선형대수학이 현대 인류 문명에 선사한 보석과도 같습니다. 현대 응용 수학에서의 그 중요성은 아무리 강조해도 지나치지 않으며 셀 수 없이 많은 분야에서 사용되고 있습니다.

이번 장에서는 데이터 과학 분야에서 접할 수 있는 세 가지 응용을 중점적으로 살펴보겠습니다. 이 장의 주된 목표는 복잡해 보이는 데이터 과학과 머신러닝 기술이 실제로는 상당히 직관적이고 쉽게 이해할 수 있다는 것을 보여드리는 것입니다.

14.1 고윳값 분해와 SVD를 사용한 주성분 분석(PCA)

주성분 분석(PCA)의 목적은 하나의 데이터 집합에 대한 기저벡터 집합을 찾는 것입니다. 이 기저벡터 집합은 변수 사이의 공분산을 최대화하는 방향을 가리킵니다.

N차원 데이터 집합은 N차원 공간에 존재하고 각 데이터 점이 해당 공간의 좌표라고 해봅시다. 즉 M개의 특징(각 열은 변수 또는 측정값이라고도 함)을 가진 N개의 관찰(각 행은 관찰값)이 있는 행렬에 데이터를 저장하는 것을 떠올릴 수 있습니다. 데이터는 $\mathbb{R}^M$ 상에 존재하며 N개의 벡터 또는 좌표로 구성됩니다.

[그림 14-1]은 2차원 예를 보여 줍니다. 왼쪽 그림은 원래 데이터 공간의 데이터를 보여주며 각 변수들은 데이터의 기저벡터를 제공합니다. 두 변수(x축과 y축)는 서로 연관되어 있으며 분명히 데이터에는 어떠한 특징 기저벡터보다도 그 관계를 더 잘 포착하는 방향이 존재합니다.

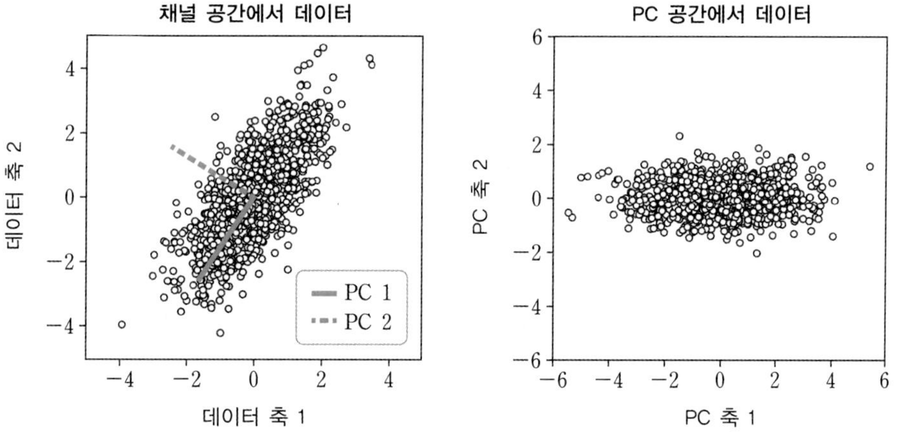

그림 14-1 2차원에서 PCA의 시각적 개요

PCA의 목표는 변수의 선형 관계가 기저벡터와 최대한 일치하도록 하는 새로운 기저벡터 집합을 찾는 것입니다. 이는 [그림 14-1]의 오른쪽 그림에서 확인할 수 있습니다. 중요한 점은 PCA에서 새로운 기저벡터는 원래 기저벡터를 직교 회전한 벡터여야만 한다는 것입니다. 연습 문제에서 이 제약 조건의 의미를 확인할 수 있습니다.

다음 절에서는 PCA를 계산하기 위한 수학과 과정을 소개하겠습니다. 나중에 연습 문제에서 고윳값 분해와 SVD를 사용해 PCA를 구현하고 그 결과를 파이썬의 PCA 구현과 비교해 볼 것입니다.

14.1.1 PCA의 수학

PCA는 분산이라는 통계적 개념과 선형대수학의 선형 가중 결합이라는 개념을 통합한 것입니다. 아시다시피 분산은 데이터 집합이 평균값을 중심으로 얼마나 퍼져 있는지를 나타내는 척도입니다. PCA는 분산을 좋은 것으로 여기며 데이터 공간에서 분산이 큰 방향으로 움직이는 것이 중요하다고 가정합니다(즉 '분산 = 관련성').

그러나 PCA에서는 한 변수 **내**의 분산에만 관심이 있는 것이 아니라 모든 변수에 **걸쳐서** 분산을 최대화하는 구성 요소를 찾고자 합니다(**구성 요소**는 변수의 선형 가중 결합입니다).

이를 수학으로 표현해 봅시다. 행렬 X는 데이터 행렬(특징별 관측값의 높은 최대열계수 행렬)이고 w는 가중치 벡터입니다. PCA에서 우리의 목표는 Xw가 최대 분산을 가지도록 하는 가중치 집합 w를 찾는 것입니다. 분산은 스칼라이므로 다음과 같이 적을 수 있습니다.

$$\lambda = \| \mathbf{X}\mathbf{w} \|^2$$

벡터의 노름의 제곱은 실제로 데이터가 평균 중심화되었을 때(즉 각 데이터 변수의 평균이 0인 경우) 분산과 같습니다.[1] $1/(N-1)$ 보정 계수는 최적화 문제에 대한 해에 영향을 주지 않기 때문에 생략했습니다.

이 방정식의 문제점은 w를 매우 큰 숫자로 설정할 수 있다는 것입니다. 일반적으로 가중치가 클수록 분산이 커집니다. 해결책은 데이터 변수의 가중 결합의 노름을 가중치의 노름으로 크기를 조정하는 것입니다.

$$\lambda = \frac{\| \mathbf{X}\mathbf{w} \|^2}{\| \mathbf{w} \|^2}$$

이제 두 개의 벡터 노름으로 구성된 비중이 생겼습니다. 이제 이 두 벡터 노름을 내적으로 전개하여 방정식에 대한 통찰력을 얻을 수 있습니다.

$$\lambda = \frac{\mathbf{w}^T \mathbf{X}^T \mathbf{X}\mathbf{w}}{\mathbf{w}^T \mathbf{w}}$$
$$\mathbf{C} = \mathbf{X}^T \mathbf{X}$$
$$\lambda = \frac{\mathbf{w}^T \mathbf{C}\mathbf{w}}{\mathbf{w}^T \mathbf{w}}$$

즉 PCA의 해를 찾는 것이 데이터 공분산 행렬의 **정규화된** 이차식(벡터 노름은 정규화 항)을 최대화하는 방향벡터를 찾는 것과 동일하다는 것을 알 수 있습니다.

하지만 실제로 λ를 최대화하는 벡터 w의 원소를 어떻게 구할 수 있을까요?

1 온라인 코드에서 이 내용을 설명합니다.

여기서 선형대수학의 접근 방식은 단순히 하나의 벡터 해가 아니라 전체 해의 집합을 고려하는 것입니다. 따라서 벡터 $\mathbf{w}$ 대신 행렬 $\mathbf{W}$를 사용하여 방정식을 다시 작성합니다. 그러면 분모에 행렬이 생겨버리는데 이는 선형대수학에서 유효한 연산이 아니므로 아래와 같이 역을 곱하면 됩니다.

$$\Lambda = (\mathbf{W}^{\mathrm{T}}\mathbf{W})^{-1}\mathbf{W}^{\mathrm{T}}\mathbf{C}\mathbf{W}$$

여기에서 몇 가지 대수를 적용하여 어떤 결과가 나오는지 살펴보겠습니다.

$$\begin{aligned}\Lambda &= (\mathbf{W}^{\mathrm{T}}\mathbf{W})^{-1}\mathbf{W}^{\mathrm{T}}\mathbf{C}\mathbf{W}\\ \Lambda &= \mathbf{W}^{-1}\mathbf{W}^{-\mathrm{T}}\mathbf{W}^{\mathrm{T}}\mathbf{C}\mathbf{W}\\ \Lambda &= \mathbf{W}^{-1}\mathbf{C}\mathbf{W}\\ \mathbf{W}\Lambda &= \mathbf{C}\mathbf{W}\end{aligned}$$

놀랍게도 PCA의 해법은 데이터 공분산 행렬에 대한 고윳값 분해라는 것을 알 수 있습니다. 고유벡터는 데이터 변수에 대한 가중치이며 해당 고윳값은 각 방향($\mathbf{W}$의 각 열)에 대한 데이터의 분산입니다.

공분산 행렬은 대칭이므로 고유벡터(즉 주성분)는 서로 직교합니다. 이는 데이터 분석에서 공분산 분석에 대한 적합성을 판단할 때 중요한 의미를 갖습니다. 이후 연습 문제를 통해 더 알아보겠습니다.

> **PCA 증명**
>
> 이젠 고윳값 분해가 PCA 최적화 문제를 해결한다는 것을 증명해 보겠습니다. 미적분과 라그랑주 승수Lagrange multipliers에 익숙하지 않으시다면 이 부분은 건너뛰셔도 됩니다. 이 내용을 포함시킨 이유는 연습 문제를 풀기 위해 알아야 한다거나 데이터 과학 분야에서 PCA를 사용하기 위해서가 아니라 설명의 완성도를 높이기 위함입니다.
>
> 우리의 목표는 $\mathbf{w}^{\mathrm{T}}\mathbf{w}=1$이라는 제약 조건에서 $\mathbf{w}^{\mathrm{T}}\mathbf{C}\mathbf{w}=1$를 최대화하는 것입니다. 이 최적화는 라그랑주 승수를 사용하여 표현할 수 있습니다.
>
> $$\begin{aligned}L(\mathbf{w},\lambda) &= \mathbf{w}^{\mathrm{T}}\mathbf{C}\mathbf{w} - \lambda(\mathbf{w}^{\mathrm{T}}\mathbf{w}-1)\\ 0 &= \frac{\mathrm{d}}{\mathrm{d}\mathbf{w}}\left(\mathbf{w}^{\mathrm{T}}\mathbf{C}\mathbf{w} - \lambda(\mathbf{w}^{\mathrm{T}}\mathbf{w}-1)\right)\end{aligned}$$

$$0 = \mathbf{C}\mathbf{w} - \lambda\mathbf{w}$$
$$\mathbf{C}\mathbf{w} = \lambda\mathbf{w}$$

간단히 설명하자면 (1)라그랑주 승수를 사용하여 최적화에서 제약을 상쇄하고, (2)가중치 벡터에 대한 미분을 취하고, (3)미분 결과를 0으로 설정하고, (4)$\mathbf{w}$에 대해 실제로 미분하면 $\mathbf{w}$가 공분산 행렬의 고유벡터라는 것을 알 수 있습니다.

14.1.2 PCA 수행 단계

수학적 계산은 끝났으므로 이제 PCA를 구현할 차례입니다.[2]

1. 데이터의 공분산 행렬을 계산합니다. 여기서 얻게 되는 공분산 행렬은 특징 사이의 공분산 행렬입니다. 공분산을 계산하기 전에 데이터의 각 특징은 평균 중심화되어야 합니다.
2. 해당 공분산 행렬의 고윳값 분해를 구합니다.
3. 고윳값을 크기에 따라 내림차순으로 정렬하고 그에 따라 고유벡터를 정렬합니다. PCA의 고윳값을 **잠재 요인 점수**latent factor scores라고도 합니다.
4. 모든 데이터 특징의 가중 결합으로 '구성 요소 점수'를 계산하며 여기서 고유벡터는 가중치가 됩니다. 가장 큰 고윳값과 관련된 고유벡터가 '가장 중요한' 구성 요소 즉 분산이 가장 큰 구성 요소입니다.
5. 해석을 용이하게 하기 위해 고윳값을 분산 비율로 변환합니다.

14.1.3 SVD를 통한 PCA

PCA는 앞서 설명한 고윳값 분해 또는 SVD를 통해 동일하게 수행할 수 있습니다. SVD를 사용하여 PCA를 수행하는 방법에는 두 가지가 있습니다.

- 공분산 행렬의 SVD를 구합니다. 과정은 앞서 설명한 것과 동일합니다. SVD와 고윳값 분해는 공분산 행렬에 대해서 동일하기 때문입니다.

2 [연습 문제 14-3]에서는 파이썬 scikit-learn 라이브러리를 사용하여 PCA를 구현하는 방법도 배웁니다.

- 데이터 행렬의 SVD를 직접 구합니다. 이 때 오른쪽 특이벡터(행렬 V)는 공분산 행렬의 고유벡터와 동일합니다(데이터 행렬의 열이 관측 데이터로 저장된 경우 왼쪽 특이벡터가 됩니다). SVD를 계산하기 전에 데이터는 평균 중심화되어야 합니다. 특잇값의 제곱근은 공분산 행렬의 고윳값과 동일합니다.

PCA를 수행할 때 고윳값 분해 또는 SVD 중 어떤 것을 사용해야 할까요? 공분산 행렬이 필요하지 않으므로 SVD가 더 쉽다고 생각할 수 있습니다. 비교적 작고 정제된 데이터 집합이라면 맞습니다. 하지만 규모가 크거나 복잡한 데이터 집합은 데이터를 선별해야 하거나 전체 데이터 행렬의 SVD를 수행하기에는 메모리 사용량이 너무 높을 수 있습니다. 이러한 경우 공분산 행렬을 먼저 계산하면 분석의 유연성을 높일 수 있습니다. 그러므로 두 방법 중 상황에 따라 무엇이 더 좋은 방법이라 할 수 없습니다. 그래서 보통 개인적 선호도에 따라 결정됩니다.

14.2 선형판별분석

선형판별분석(LDA)은 머신러닝과 통계에서 자주 사용되는 다변량 분석 기법입니다. 이 기법은 통계의 수학적 기반에 수많은 중요한 공헌을 한 통계학의 '할아버지'로 불리는 로널드 피셔가 처음 개발했습니다.[3]

LDA의 목표는 데이터 공간에서 데이터의 범주를 최대한 분리하는 방향을 찾는 것입니다. 예제의 데이터 집합은 [그림 14-2]의 그래프 A에 나와 있습니다. 두 범주가 분리 가능한 것은 시각적으로 분명하지만 두 데이터 축 중 하나만으로는 분리할 수 없으며 이는 주변 분포marginal distribution를 육안으로 살펴봐도 알 수 있습니다.

LDA를 시작해 봅시다. LDA는 데이터 공간에서 두 범주를 최대로 분리하는 기저벡터를 찾습니다. [그림 14-2]의 그래프 B는 동일한 데이터를 LDA 공간에서 보여 줍니다. 이제 분류는 간단합니다. 축-1에서 음숫값을 갖는 관측값은 범주 '0'으로, 축-1에서 양숫값을 갖는 관측값은 범주 '1'로 각각 레이블을 지정하면 됩니다. 축-2에서는 데이터를 완전히 분리할 수 없습니다. 따라서 하나의 차원이어야 이 데이터 집합을 정확하게 분류할 수 있습니다.

---

3 실제로 선형판별분석은 피셔의 판별 분석이라고도 불립니다.

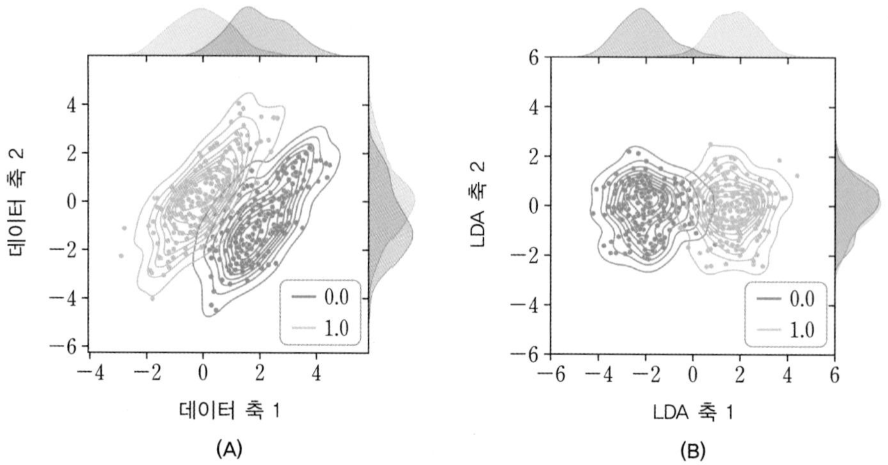

그림 14-2 LDA의 2차원 문제 예시

멋지죠? 하지만 어떻게 이런 수학적 경이로움이 동작하게 되는걸까요? 실제로는 매우 직관적이며 12장 말미에 배운 일반화된 고윳값 분해에 기반합니다.

우리의 목표는 범주를 최대로 구분할 수 있는 변수의 가중치 집합을 찾는 것입니다. 이 목적 함수는 PCA 목적 함수와 유사하게 작성할 수 있습니다.

$$\lambda = \frac{\| \mathrm{X}_B \mathbf{w} \|^2}{\| \mathrm{X}_W \mathbf{w} \|^2}$$

즉 데이터 특징 X_B의 분산과 데이터 특징 X_W의 분산의 **비율**을 최대화하는 특징 가중치 $\mathbf{w}$의 집합을 찾아야 합니다. 모든 데이터 관측값에 동일한 가중치가 적용된다는 점에 유의하세요(데이터 특징 B와 W에 대해서는 수학을 설명한 후에 자세히 설명하겠습니다).

선형대수 해법은 PCA 절에서 설명한 것과 유사한 방식으로 구할 수 있습니다. 첫째 $\|\mathrm{X}_B\mathbf{w}\|^2$를 $\mathbf{w}^\mathrm{T}\mathrm{X}_B^\mathrm{T}\mathrm{X}_B\mathbf{w}$로 전개하고 이를 $\mathbf{w}^\mathrm{T}\mathrm{C}_B\mathbf{w}$로 표현합니다. 둘째 하나의 해 대신 해의 집합을 고려합니다. 셋째 나눗셈을 역의 곱셈으로 바꾸고 마지막으로 몇 가지 대수를 수행하여 결과를 확인합니다.

$$\begin{aligned}
\Lambda &= \left(\mathrm{W}^{\mathrm{T}}\mathrm{C}_{W}\mathrm{W}\right)^{-1}\mathrm{W}^{\mathrm{T}}\mathrm{C}_{B}\mathrm{W} \\
\Lambda &= \mathrm{W}^{-1}\mathrm{C}_{W}^{-1}\mathrm{W}^{-\mathrm{T}}\mathrm{W}^{\mathrm{T}}\mathrm{C}_{B}\mathrm{W} \\
\Lambda &= \mathrm{W}^{-1}\mathrm{C}_{W}^{-1}\mathrm{C}_{B}\mathrm{W} \\
\mathrm{W}\Lambda &= \mathrm{C}_{W}^{-1}\mathrm{C}_{B}\mathrm{W} \\
\mathrm{C}_{W}\mathrm{W}\Lambda &= \mathrm{C}_{B}\mathrm{W}
\end{aligned}$$

즉 LDA의 해는 두 개의 공분산 행렬에 대한 일반화된 고윳값 분해에서 도출됩니다. 고유벡터는 가중치이고 일반화된 고윳값은 각 구성 요소의 분산 비율입니다.[4]

수학적 문제를 해결했다면 어떤 데이터 특징을 사용해 X_B와 X_W를 구성해야 할까요? 문제의 성격과 분석의 구체적인 목표에 따라 이 공식을 구현하는 방법은 여러 가지가 있습니다. 하지만 일반적인 LDA 모델에서 X_B는 범주 간 공분산으로부터, X_W는 범주 내 공분산으로부터 도출됩니다.

범주 내 공분산은 단순히 각 범주 내 데이터 샘플의 공분산의 평균입니다. 범주 간 공분산은 각 범주 내의 특징 평균으로 구성된 새로운 데이터 행렬을 생성해서 구합니다. 연습 문제에서 과정을 안내해 드리겠습니다. 통계에 익숙하다면 이 공식이 분산 분석 모델에서 그룹 간 및 그룹 내 제곱 오차 합계 비율과 유사하다는 것을 알 수 있습니다.

마지막으로 두 가지 설명을 덧붙입니다. 먼저 일반화된 고윳값 분해의 고유벡터는 직교라는 제한이 없습니다. 그 이유는 두 공분산 행렬이 대칭이더라도 $\mathrm{C}_W^{-1}\boldsymbol{C}_B$는 일반적으로 대칭 행렬이 아니기 때문입니다. 비대칭 행렬에는 직교 고유벡터 제약 조건이 없습니다. 연습 문제에서 이를 확인할 수 있습니다.

LDA는 데이터를 선형적으로 분리할 수 **없는** 경우에도 항상 **선형** 해를 찾습니다(LDA라는 이름에서 알 수 있듯이). 비선형 분리를 위해서는 데이터를 변환하거나 인공 신경망과 같은 비선형 분류 방법을 사용해야 합니다. LDA는 여전히 결과를 생성한다는 측면에서 의미가 있지만, 그 결과가 주어진 문제에 적절하고 해석 가능한지 판단하는 것은 데이터 과학자의 몫입니다.

---

4 이 증명은 PCA 절에서 설명한 증명을 약간 변형한 것으로 미적분학으로 가득 찬 증명은 다루지 않겠습니다.

14.3 SVD를 통한 낮은 계수 근사

이전 장에서 낮은 계수 근사의 개념에 대해 설명했습니다(연습 문제 13-5). 이 개념은 데이터 행렬 또는 이미지의 SVD를 구한 다음 SVD 구성 요소의 일부 부분 집합을 사용하여 해당 데이터 행렬을 재구성하는 것입니다.

이를 위해 선택된 σ를 0으로 설정하거나 반려할 벡터와 특잇값이 제거된 비정방의 새 SVD 행렬을 생성하면 됩니다. 두 번째 접근 방식은 연습 문제에서 볼 수 있듯이 저장할 데이터의 크기를 줄일 수 있기 때문에 더 선호됩니다. 이러한 방식으로 SVD를 사용하여 데이터를 더 작은 크기로 압축할 수 있습니다.

> 컴퓨터가 SVD를 사용하여 이미지를 압축하나요?
> 정답은 '아니요'입니다.
>
> JPG와 같은 일반적인 이미지 압축 형식의 기반이 되는 알고리즘은 인간의 인식 원리(예를 들어 대비와 공간 주파수를 인식하는 방식)를 반영한 블록 단위 압축을 사용하므로 전체 이미지에 대해 하나의 SVD를 사용하는 것보다 더 적은 연산 능력으로도 더 나은 결과를 얻을 수 있습니다.
>
> 그렇지만 SVD 기반 압축과 원리는 동일합니다. 이미지의 중요한 특징을 보존하는 소수의 기저벡터를 식별하여 낮은 계수의 재구성이 완전한 해상도의 원본에 대해 정확하게 근사화되도록 하는 것입니다.
>
> 그렇기에 데이터 압축을 위한 SVD는 생의학 이미징을 비롯한 다른 과학 분야에서도 일반적으로 사용됩니다.

14.3.1 SVD를 이용한 잡음 제거

SVD를 통한 잡음 제거는 단순히 낮은 계수 근사치를 적용하는 것입니다. 유일한 차이점은 데이터 행렬에 작은 기여를 하도록 만들기보다는 잡음을 생기게 하는 SVD 구성 요소를 제거한다는 점입니다.

제거할 구성 요소는 가장 작은 특잇값과 관련된 계층일 수 있으며 작은 장비 결함과 연관된 낮은 진폭의 잡음이 이에 해당합니다. 그러나 데이터에 더 큰 영향을 미치는 잡음의 원천은 더 큰 특잇값을 가질 수 있습니다. 이러한 잡음 구성 요소는 그 특성을 기반으로 하는 알고리즘이나 눈으로 확인하여 식별할 수 있습니다. 연습 문제에서 SVD를 사용하여 이미지에 추가된 잡음 원천을 분리해 보겠습니다.

14.4 정리

이 책을 끝까지 다 읽으셨습니다(연습 문제 제외)! 축하합니다! 잠시 시간을 내어 스스로를 자랑스럽게 여기시길 바랍니다. 필자는 여러분이 자랑스럽고 직접 만나게 된다면 하이파이브, 주먹 부딪치기, 팔꿈치 두드리기 등 그때그때 사회적/의학적으로 적절한 방법으로 여러분과 인사를 나누고 싶습니다.

이 장이 고윳값 분해와 특잇값 분해가 통계와 머신러닝 응용 분야에서 얼마나 중요한지 깨닫는 데 도움이 되셨기를 바랍니다. 다음은 필자가 이 장의 핵심 사항을 요약한 것입니다.

요점정리

- PCA의 목표는 데이터 특징의 선형 가중 결합이 최대 분산을 갖도록 하는 가중치 집합을 찾는 것입니다. 이 목표는 '분산은 관련성과 일치한다'는 PCA의 기본 가정을 반영합니다.
- PCA는 데이터 공분산 행렬의 고윳값 분해로 구현됩니다. 고유벡터는 특징 가중치이며 고윳값을 조정하여 각 구성 요소의 설명된 분산 비율을 인코딩할 수 있습니다(구성 요소는 선형 가중 결합입니다).
- PCA는 공분산 행렬 또는 데이터 행렬의 SVD를 사용하여 동일하게 구현할 수 있습니다.
- 선형판별분석(LDA)은 다변량 데이터의 선형 분류에 사용됩니다. PCA가 분산을 최대화하는 반면 LDA는 두 데이터 특징 간의 분산 비율을 최대화하는 것으로 볼 수 있습니다.
- LDA는 두 개의 서로 다른 데이터 특징으로 구성된 두 개의 공분산 행렬에 대해 일반화된 고윳값 분해로 구현됩니다. 두 데이터 특징은 종종 범주 간 공분산(최대화)과 범주 내 공분산(최소화)입니다.
- 낮은 계수 근사치는 특이벡터/값의 하위 집합에서 행렬을 재현하는 것으로 데이터 압축 및 잡음 제거에 사용됩니다.
- 데이터 압축의 경우 가장 작은 특잇값과 관련된 구성 요소가 제거됩니다. 데이터 잡음을 제거할 때는 잡음이나 잡음의 원천으로 포착되는 구성 요소가 제거됩니다(해당 특잇값은 작거나 클 수 있음).

연습 문제

PCA 연습 문제

필자는 터키 커피를 좋아합니다. 원두를 아주 곱게 갈아서 필터 없이 만듭니다. 커피를 만들고 마시는 모든 의식이 정말 멋집니다. 그리고 터키인과 함께 마시면 운세를 볼 수 있을지도 모르죠.

아쉽게도 이 연습 문제는 터키 커피에 관한 것이 아니라 이스탄불 증권거래소의 시계열 데이터와 다른 여러 국가의 주가지수 데이터를 포함한 데이터 집합에 대해 PCA를 수행하는 것입니다.[5] 예를 들어 이 데이터 집합을 사용하여 국제 증권 거래소가 하나의 공통 요인에 의해 움직이는지 또는 국가마다 독립적인 금융 시장을 가지고 있는지 여부를 조사할 수 있습니다.

| 연습 문제 14-1 |

PCA를 수행하기 전에 데이터를 가져와서 검사합니다. [그림 14-3]과 같이 데이터의 도표를 여러 개 만들었습니다. 이 도표를 재현하거나 다른 방법을 사용하여 데이터를 탐색할 수 있습니다.

---

5 데이터 인용: Akbilgic, Oguz. (2013). 이스탄불 증권 거래소. UCI 머신러닝 저장소. 데이터 출처 웹사이트: https://archive.ics.uci.edu/dataset/247/istanbul+stock+exchange

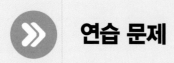

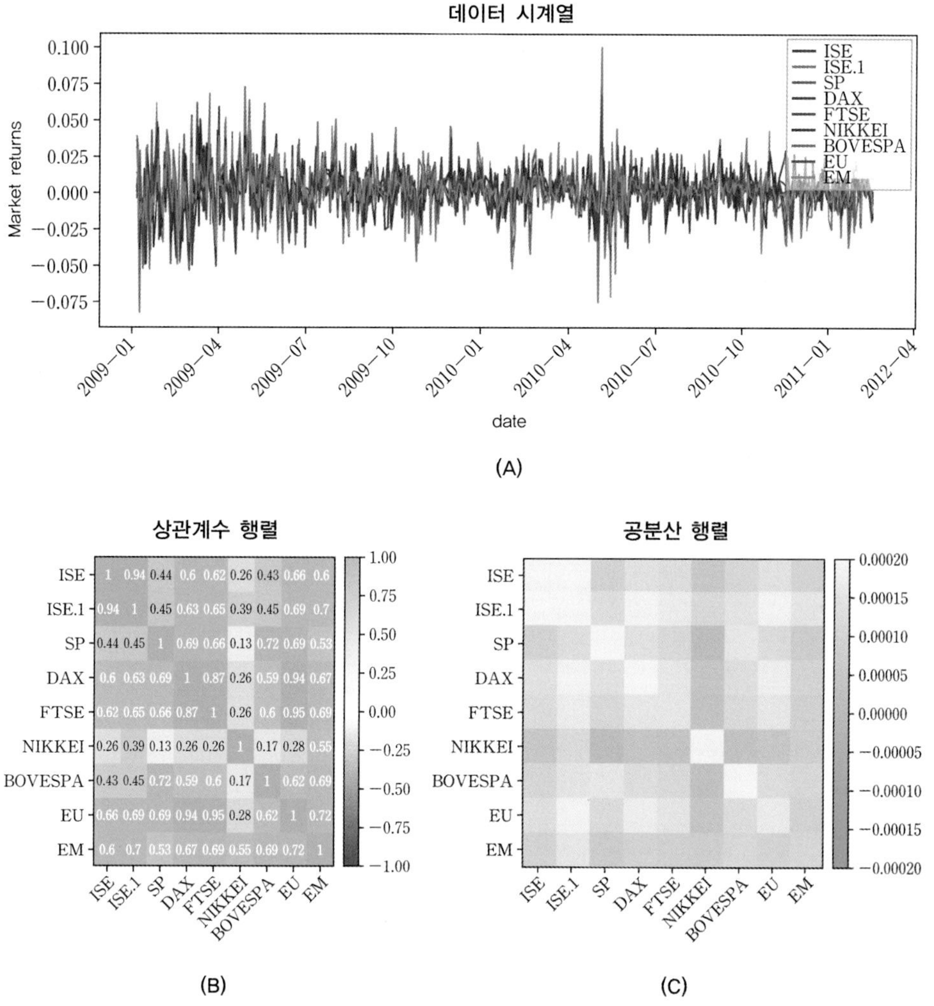

그림 14-3 국제 증권 거래소 데이터 집합에 대한 몇 가지 조사

이제 PCA를 실행합니다. 이 장의 앞부분에서 설명한 5가지 단계를 사용하여 PCA를 구현합니다. [그림 14-4]와 같이 결과를 시각화합니다. 코드를 사용하여 PCA의 몇 가지 기능을 시연합니다.

1. 구성 요소 시계열의 분산(`np.var` 사용)은 해당 구성 요소와 연관된 고윳값과 일치합니다. 처음 두 구성 요소에 대한 결과는 여기에서 확인할 수 있습니다.

```
처음 두 구성 요소의 분산:
[0.0013006 0.00028585]

처음 두 고윳값:
[0.0013006 0.00028585]
```

2. 주성분(즉 증권 거래소의 가중치 조합) 1과 2 사이의 상관관계는 0, 즉 직교입니다.

3. 처음 두 구성 요소에 대한 고유벡터 가중치를 시각화합니다. 가중치는 각 변수가 구성 요소에 기여하는 정도를 나타냅니다.

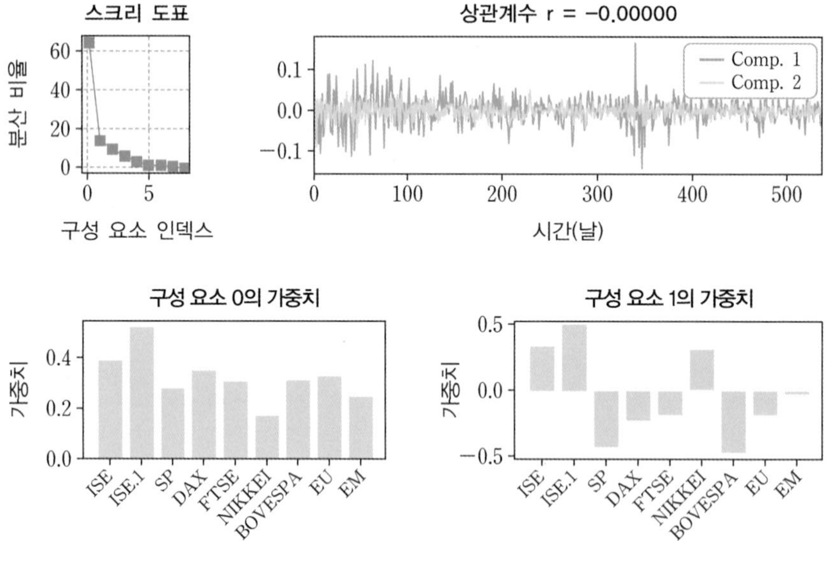

그림 14-4 이스탄불 증권 거래소 데이터 집합에 대한 PCA 결과

논의: 스크리 도표는 국제 주식 거래소가 글로벌 경제라는 공통 요인에 의해 움직인다는 것을 강력하게 시사합니다. 데이터 분산량의 약 64%를 차지하는 하나의 큰 구성 요소가 있는 반면 다른 구성 요소는 각각 분산량의 15% 미만을 차지합니다(순수 무작위 데이터 집합에서는 각 구성 요소가 분산량의 100/9 = 11%, −/+ 잡음을 차지할 것으로 예상할 수 있습니다).

이러한 구성 요소의 통계적 유의성에 대한 엄격한 평가는 이 책의 범위를 벗어납니다. 그러나 스크리 도표를 육안으로 살펴보면 이 데이터 집합의 대부분의 분산이 하나의 차원에 깔끔하게 들어맞는 것처럼 보이므로 첫 번째 구성 요소 이후의 구성 요소를 해석하는 것은 그다지 타당하지 않습니다.

차원 축소라는 관점에서 보면 전체 데이터 집합을 가장 큰 고윳값과 연관된 구성 요소(흔히 **최상위 구성 요소**라고 함)로 축소하여 이 9차원 데이터 집합을 1차원 벡터로 나타낼 수 있습니다. 물론 최상위 성분에만 집중하면 데이터 집합의 정보 중 36%가 제거되므로 정보가 소실되기는 하지만 신호의 중요한 특징은 최상위 성분에 포함되고 무작위 잡음 등 덜 중요한 특징은 무시합니다.

| 연습 문제 14-2 |

(1) 데이터 공분산 행렬의 SVD와 (2) 데이터 행렬 자체의 SVD를 사용하여 결과를 재현합니다. X^TX 의 고윳값은 X 의 특잇값을 제곱한 값이며, 또한 공분산 행렬의 보정 계수를 특잇값에 적용하여 동등성을 찾아야 한다는 것을 기억하세요.

| 연습 문제 14-3 |

'수작업한' PCA를 파이썬의 PCA 루틴의 출력과 비교합니다. 파이썬에서 PCA를 실행하는 방법을 알아내기 위해서는 온라인 검색을 해야 하지만(이것은 파이썬 프로그래밍에서 가장 중요한 기술 중 하나입니다), 도움을 드리자면 sklearn.decomposition 라이브러리에 있습니다.

> **NOTE sklearn 또는 PCA의 직접 구현?**
>
> 공분산 행렬을 계산하고 고윳값 분해하는 코드를 직접 작성하여 PCA를 계산해야 하나요, 아니면 sklearn의 구현을 사용해야 하나요? 커스터마이징을 극대화하기 위해 자체 코드를 사용하는 것과 편의성을 극대화하기 위해 미리 패키지된 코드를 사용하는 것 사이에는 항상 상충되는 부분이 있습니다. 데이터 과학 분석의 이면에 있는 수학을 이해함으로써 얻을 수 있는 무수히 많은 놀라운 이점 중 하나는 필요에 맞게 맞춤형으로 분석할 수 있다는 것입니다. 필자의 연구에서도 PCA를 직접 구현하면 더 많은 자유와 유연성을 얻을 수 있다는 것을 알 수 있었습니다.

| 연습 문제 14-4 |

이제 시뮬레이션된 데이터에 대해 PCA를 수행하여 PCA의 잠재적인 한계 중 하나를 강조해 보겠습니다. 목표는 [그림 14-5]와 같이 두 개의 데이터 '스트림'으로 구성된 데이터 집합을 만들고 그 위에 주요 구성 요소를 그리는 것입니다.

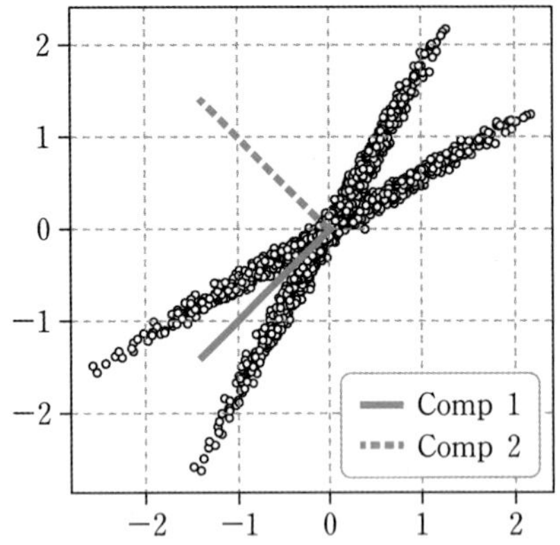

그림 14-5 [연습 문제 14-4]의 결과

데이터를 생성하는 방법은 다음과 같습니다.

1. 정규(가우스) 분포로부터 두 번째 열의 크기를 0.05로 축소한 $1,000 \times 2$의 무작위 숫자 행렬을 생성합니다.
2. 2×2 순수 회전 행렬을 생성합니다(6장 참고).
3. $\theta = -\pi/6$으로 회전된 데이터와 $\theta = -\pi/3$으로 회전된 데이터 사본 두 개를 수직으로 쌓습니다. 결과 데이터 행렬의 크기는 $2,000 \times 2$가 됩니다.

SVD를 사용하여 PCA를 구현합니다. 좀 더 편하게 보기 위해서 특이벡터의 배율을 2로 조정했습니다.

논의: PCA는 고차원 데이터 집합의 차원을 줄이는 데 탁월합니다. 이는 데이터 압축, 데이터 정제 및 수치 안정성 문제를 개선할 수 있습니다(예를 들어 조건수가 10^{10}인 200차원 데이터 집합이 조건수가 10^5인 가장 큰 100차원으로 축소됨). 그러나 차원 자체는 직교성 제약으로 인해 특징 추출에 적합하지 않을 수 있습니다. 실제로 [그림 14-5]의 주요 분산 방향은 수학적인 의미에서는 정확하지만 데이터의 특징을 포착하는 데 가장 적합한 기저벡터는 아니라는 느낌을 받으셨을 것입니다.

선형판별분석 연습 문제

| 연습 문제 14-5 |

시뮬레이션된 2차원 데이터에 대해 LDA를 수행합니다. 시뮬레이션 데이터는 효과 크기, 잡음의 양과 특성, 범주 수 등을 조작할 수 있다는 장점이 있습니다.

생성할 데이터는 [그림 14-2]에 나와 있습니다. 각각 200 × 2 크기의 정규 분포에서 도출된 두 무작위 집합을 만들고 첫 번째 차원에 두 번째 차원을 추가합니다(이렇게 하면 변수 간에 상관관계가 생깁니다). 그런 다음 첫 번째 숫자 집합에 [2 −1]의 xy 절편을 추가합니다. 두 데이터 클래스를 모두 포함하는 400 × 2 행렬과 클래스 레이블의 400개 요소 벡터를 만드는 것이 편리할 것입니다(첫 번째 클래스에는 0을, 두 번째 클래스에는 1을 사용했습니다).

`sns.jointplot`과 `plot_joint`를 사용하여 [그림 14-2]의 A 그래프를 재현합니다.

| 연습 문제 14-6 |

이제 LDA를 해 보겠습니다. sklearn과 같은 내장 라이브러리를 사용하는 대신 NumPy 또는 SciPy로 코드를 작성합니다(나중에 다룰 것입니다).

클래스 내 공분산 행렬 $\mathbf{C}_W$는 각 클래스의 공분산을 개별적으로 계산한 다음 그 공분산 행렬의 평균을 구하여 생성됩니다. 클래스 간 공분산 행렬 $\mathbf{C}_B$는 각 클래스 내에서 각 데이터 특징의 평균(이 경우 xy 좌표)을 계산하고, 모든 클래스에 대한 특징-평균 벡터를 결합한 다음(두 특징과 두 클래스에 대해 2 × 2 행렬을 생성합니다), 그 결합된 행렬의 공분산 행렬을 계산하여 생성됩니다.

12장에서 일반화된 고윳값 분해는 SciPy의 `eigh` 함수를 사용하여 구현된다는 것을 기억하세요.

LDA 공간에 투영된 데이터는 $\tilde{\mathbf{X}}\mathbf{V}$로 계산되는데, 여기서 $\tilde{\mathbf{X}}$는 특징별로 평균 중심화된 모든 범주로부터 결합된 데이터를 포함하며 $\mathbf{V}$는 고유벡터의 행렬입니다.

각 데이터 샘플이 음수('범주 0') 또는 양수('범주 1')로 첫 번째 LDA 구성 요소에 투영되는지 여부를 간단히 나타내는 분류 정확도를 계산합니다. [그림 14-6]의 그래프 C는 각 데이터 샘플에 대해 예측된 범주 분류 레이블을 보여 줍니다.

마지막으로 [그림 14-6]과 같이 결과를 표시합니다.

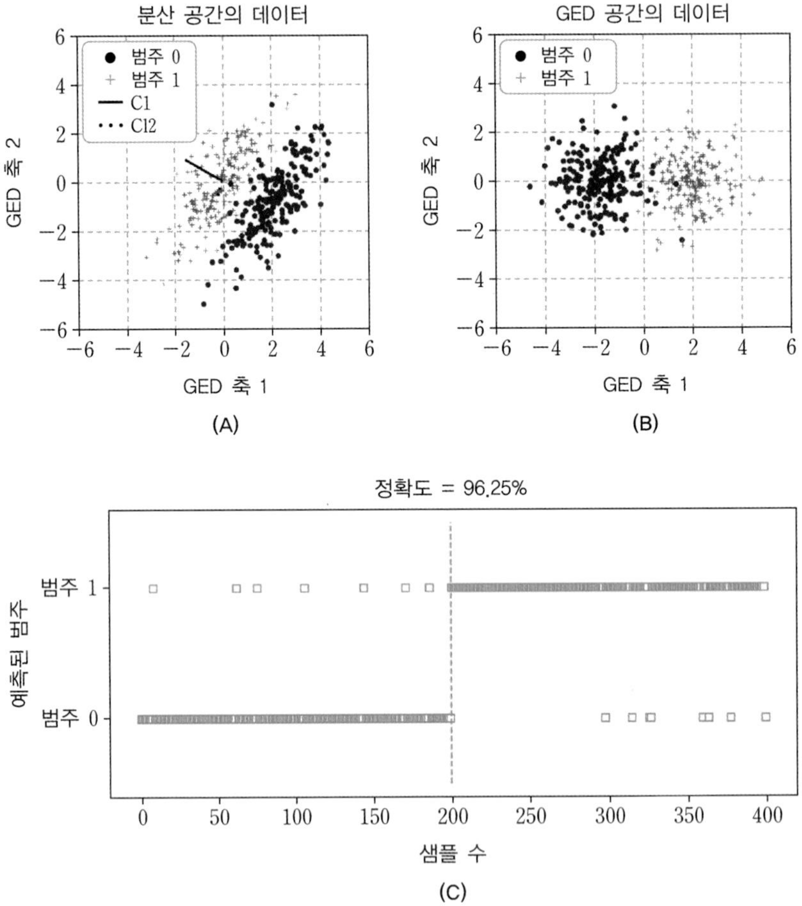

그림 14-6 [연습 문제 14-6]의 결과

| 연습 문제 14-7 |

12장에서 일반화된 고윳값 분해의 경우 고유벡터 V 의 행렬은 직교하지 않지만, '분모' 행렬의 공간에서는 직교한다고 주장했습니다. 여기서 여러분의 목표는 이를 경험적으로 증명하는 것입니다.

V^TV 와 V^TC_WV 의 결과를 계산하고 검사합니다. 작은 정밀도 오차를 무시하고 어느 것이 단위 행렬을 생성할까요?

| 연습 문제 14-8 |

이제 파이썬의 sklearn 라이브러리를 사용하여 결과를 재현해 보겠습니다. `sklearn.discriminant_analysis`의 `LinearDiscriminantAnalysis` 함수를 사용합니다. [그림 14-7]과 같은 도표를 생성하고 전체 예측 정확도가 이전 연습에서 '수동' LDA 분석의 결과와 일치하는지 확인합니다. 이 함수는 여러 가지 해법을 사용할 수 있습니다. 이전 연습 문제와 일치하도록 `eigen` 해법을 사용하고 뒤이어 다음 연습 문제를 완료합니다.

'수동' LDA에서 예측된 레이블을 상단에 표시하면 두 접근 방식에서 예측된 레이블이 동일하다는 것을 알 수 있습니다.

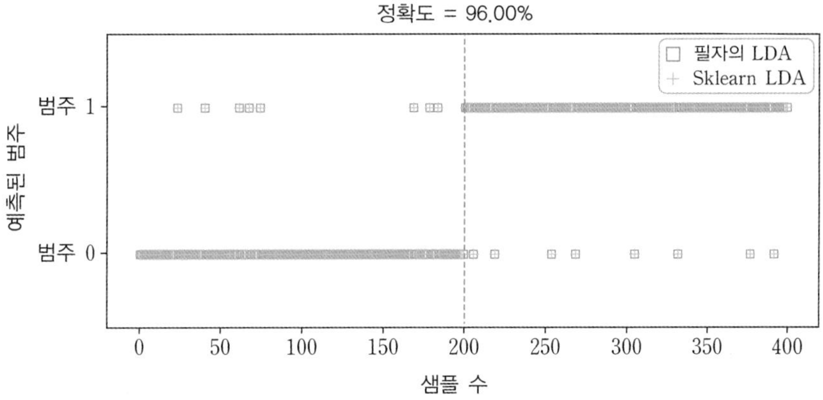

그림 14-7 [연습 문제 14-8]의 결과

| 연습 문제 14-9 |

sklearn을 사용하여 수축 정규화의 효과를 살펴봅시다. 11장과 12장에서 설명했듯이 축소 정규화가 훈련 데이터에 대한 성능을 저하시키는 것은 당연합니다. 중요한 문제는 정규화가 확인되지 않은 데이터(**검증 집합** 또는 **테스트 집합**이라고도 함)에 대한 예측 정확도를 향상시키는지 여부입니다. 따라서 훈련/테스트 분할을 구현하는 코드를 작성해야 합니다. 필자는 0에서 399 사이의 샘플 인덱스를 무작위로 치환하고 처음 350개에 대해 학습한 다음 마지막 50개에 대해 테스트하는 방식으로 이를 수행했습니다. 평균화할 샘플 수가 적기 때문에 이 무작위 선택을 50회 반복하고 평균 정확도를 [그림 14-8]의 축소량당 정확도로 삼았습니다.

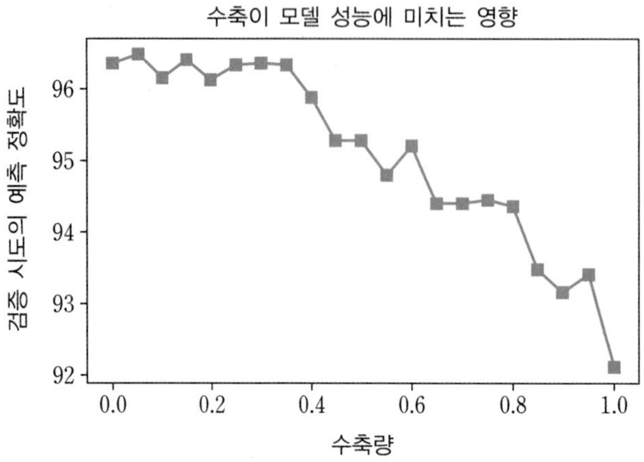

그림 14-8 [연습 문제 14-9]의 결과

논의: 수축은 일반적으로 유효성 검사 성능에 부정적인 영향을 미쳤습니다. 일부 수축을 통해 성능이 개선된 것처럼 보이지만 코드를 여러 번 반복해 보면 이는 무작위적인 변동에 불과하다는 것을 알 수 있습니다. 정규화에 대한 자세한 내용은 머신러닝 전문 서적에서 다루는 것이 더 적합하지만 여기서는 머신러닝에서 개발된 많은 '방법'이 모든 경우에 반드시 유리한 것은 아니라는 점을 강조하고 싶었습니다.

낮은 계수 근사치를 위한 SVD 연습 문제

| 연습 문제 14-10 |

이고르 스트라빈스키는 역사상 가장 위대한 음악 작곡가 중 한 명이며 20세기에 가장 영향력 있는 작곡가 중 한 명입니다. 그는 또한 예술, 미디어, 비평의 본질에 대해 많은 생각을 불러일으키는 발언을 했는데, 제가 가장 좋아하는 인용문 중 하나가 여기에 포함되어 있습니다('예술은 제한이 많을수록 더 자유롭다'). 유명하고 매혹적인 이 스트라빈스키 초상화는 다름 아닌 위대한 파블로 피카소의 작품입니다. 이 그림의 이미지는 위키피디아에서 찾을 수 있으며 다음 몇 가지 연습 문제에서 이 그림으로 작업해 보겠습니다. 이 책에서 작업한 다른 이미지와 마찬가지로 기본적으로 3차원 행렬(640 × 430 × 3)이지만 편의를 위해 그레이 스케일(2차원)로 변환하겠습니다.

이 연습 문제의 목적은 [연습 문제 14-5]를 반복하는 것입니다. [연습 문제 14-5]에서는 SVD에서 4개의 '계층'을 기반으로 부드러운 잡음 이미지에 가까운 근사치를 재구성했습니다(기억을 되살리기 위해 해당 연습 문제를 다시 살펴보시기 바랍니다). 스트라빈스키 이미지를 사용하여 [그림 14-9]와 같은 그림을 생성합니다. 여기서 중요한 질문은 처음 네 가지 구성 요소를 사용하여 이미지를 재구성하면 이전 장에서와 같이 좋은 결과를 얻을 수 있는가? 하는 것입니다.

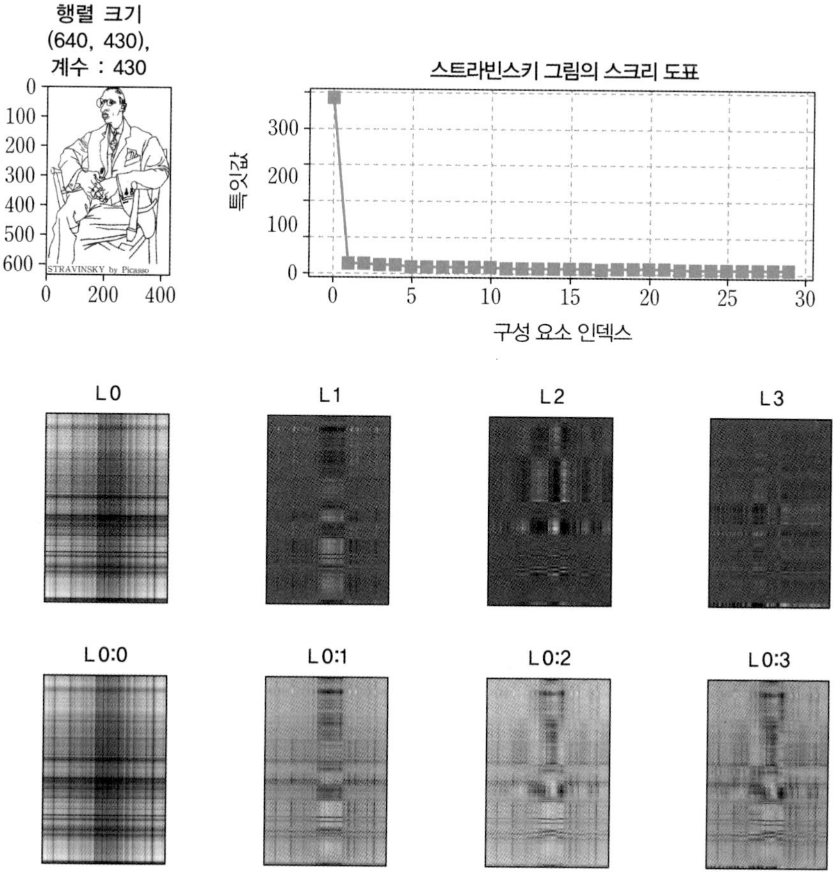

그림 14-9 [연습 문제 14-10]의 결과

| 연습 문제 14-11 |

이전 연습 문제의 마지막에 나온 질문에 대한 답은 '아니오!'입니다. 계수-4 근사치는 끔찍합니다! 원본 이미지와 전혀 닮지 않았습니다. 이 연습 문제의 목표는 낮은 계수 근사치가 매우 정확하도록 더 많은 계층을 사용하여 이미지를 재구성한 다음 얻어지는 압축량을 계산하는 것입니다.

먼저 원본 이미지, 재구성된 이미지, 원본과 근사치 간의 제곱 차이인 오류 맵을 보여 주는 [그림 14-10]을 생성합니다. 이 그림에서는 k = 80개의 컴포넌트를 선택했지만 다른 값(다른 계수 근사치)으로 시도해 보시기 바랍니다.

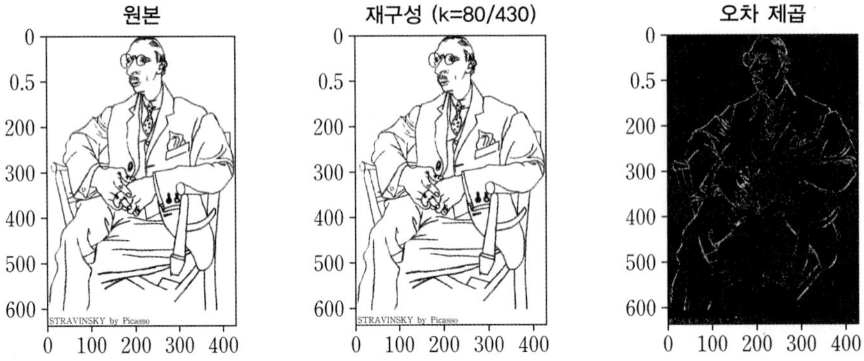

그림 14-10 [연습 문제 14-11]의 결과

다음으로 원본 이미지에 사용된 바이트 수 대비 낮은 계수 근삿값이 사용한 바이트 수의 백분율인 압축 비율을 계산합니다. k = 80에 대한 결과가 여기에 나와 있습니다.[6] 낮은 계수 근사치를 사용하면 전체 이미지나 전체 SVD 행렬을 저장할 필요가 없다는 점에 유의하세요!

```
      Original is 2.10 mb
Reconstruction is 2.10 mb
Recon vectors are 0.65 mb (using k=80 comps.)

Compression of 31.13%
```

6 1메가바이트가 1,000,002바이트인지 1,000,242바이트인지 모호하기 때문에 후자를 사용했지만 압축률에는 영향을 미치지 않습니다.

| 연습 문제 14-12 |

왜 70이나 103이 아닌 $k = 80$을 선택했을까요? 솔직히 말해서 특별한 이유는 없었습니다. 이 연습 문제의 목표는 오류 맵을 사용하여 적절한 계수 매개변수를 결정할 수 있는지 확인하는 것입니다.

1과 특잇값의 수 사이의 재구성 계수에 대한 `for` 반복문에서 낮은 계수 근사치를 생성하고 원본과 k 계수 근사치 사이의 프로베니우스 거리를 계산합니다. 그런 다음 [그림 14-11]에서와 같이 오차를 계수 함수로 그립니다. 오차는 확실히 계수가 증가함에 따라 감소하지만, 가장 좋은 계수는 명확하지 않습니다. 때로는 최적화 알고리즘에서 오차 함수의 미분이 더 많은 정보를 제공하기도 하므로 시도해 보세요!

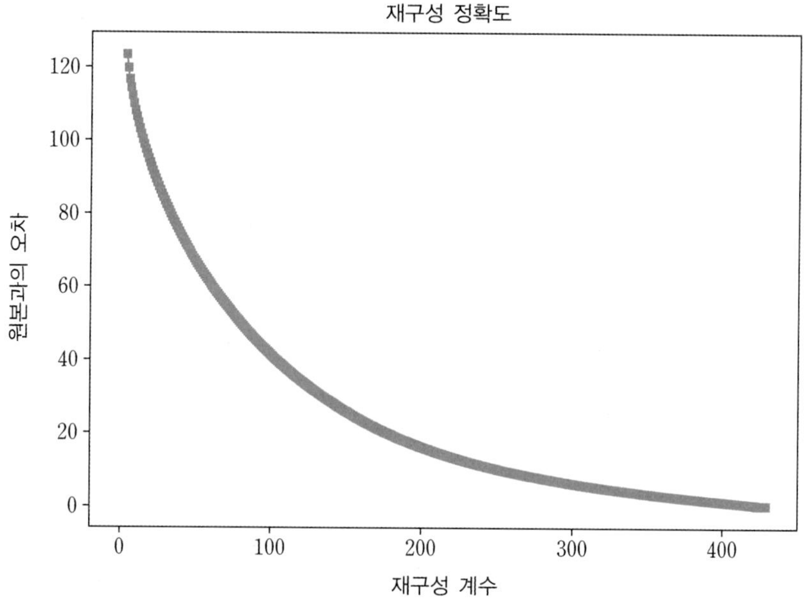

그림 14-11 [연습 문제 14-12]의 결과

이 연습 문제에 대한 마지막 생각은 이렇습니다. $k = 430$(즉 전체 SVD)에 대한 재구성 오차는 정확히 0이어야 합니다. 과연 그럴까요? 분명히 대답은 '아니오'입니다. 그렇지 않았다면 문제를 내지 않았을 것입니다. 답을 알아도 여러분 스스로 꼭 확인해 보세요. 이것은 응용 선형대수학의 정밀도 오류를 보여 주는 또 다른 예시입니다.

SVD를 이용한 이미지 잡음 제거 연습 문제

| 연습 문제 14-13 |

낮은 계수 근사 개념을 확장하여 스트라빈스키 그림의 잡음을 제거할 수 있는지 살펴봅시다. 이 연습 문제의 목표는 잡음을 추가하고 SVD 결과를 검사한 다음 다음 연습에서는 손상 부분을 '투영'하는 것입니다.

여기서 잡음은 공간 사인파가 될 것입니다. [그림 14-12]에서 잡음과 손상된 이미지를 볼 수 있습니다.

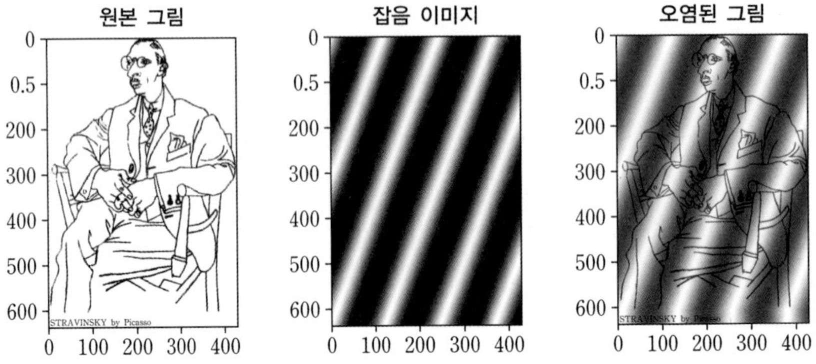

그림 14-12 [연습 문제 14-13]을 위한 준비

이제 2차원 사인파(**사인 격자**라고도 함)를 만드는 방법을 설명하겠습니다. 수학을 코드로 변환하는 기술을 연습할 수 있는 좋은 기회입니다. 2차인 사인 격자의 공식은 다음과 같습니다.

$$Z = \sin(2\pi f(X\cos(\theta) + Y\sin(\theta)))$$

이 공식에서 f는 사인파의 주파수, θ는 회전 매개변수, π는 상수 3.14…입니다. X와 Y는 함수가 평가되는 격자 위치로, 스트라빈스키 그림의 크기와 일치하도록 단계 수를 -100~100 사이의 정수로 설정했습니다. $f = .02$, $\theta = \pi/6$으로 설정했습니다.

나머지 연습 문제로 넘어가기 전에 매개변수를 변경하면 결과 이미지에 어떤 영향을 미치는지 살펴보면서 사인 격자 코드를 사용해 보시기 바랍니다. 다만, 이전에 작성한 매개변수를 사용하여 다음 결과를 재현할 수 있는지 확인하시기 바랍니다.

다음으로 잡음을 추가하여 스트라빈스키 그림을 손상시킵니다. 먼저 잡음의 크기를 0에서 1 범위로 조정한 다음 잡음과 원본 사진을 함께 추가한 다음 크기를 다시 조정해야 합니다. 그림의 크기를 0에서 1 사이로 조정하려면 다음 공식을 적용하면 됩니다.

$$\widetilde{R} = \frac{R - \min(R)}{\max(R) - \min(R)}$$

이제 여러분은 잡음으로 손상된 그림을 얻었습니다. [그림 14-6]과 동일한 그림에 잡음을 사용하여 [그림 14-13]을 재현합니다.

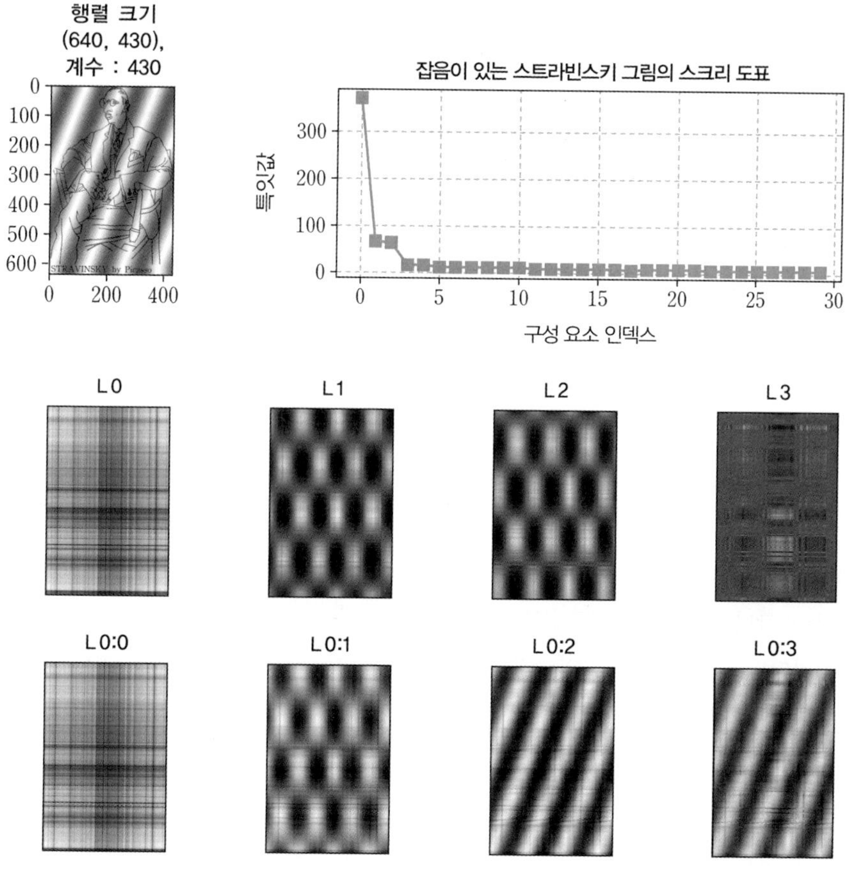

그림 14-13 [연습 문제 14-13]의 결과

논의: [그림 14-13]과 [그림 14-9]를 비교하는 것은 흥미롭습니다. 하나의 특징(사인파 격자)을 기반으로 잡음을 생성했지만 SVD는 격자를 중요도가 동일한 두 개의 구성 요소(거의 동일한 특잇값)로 분리했습니다.[7] 이 두 구성 요소는 사인 격자가 아니라 수직 방향 패치입니다. 그러나 이들의 합은 격자의 대각선 밴드를 생성합니다.

| 연습 문제 14-14 |

이제 잡음을 제거해 보겠습니다. 잡음이 두 번째와 세 번째 구성 요소에 포함된 것으로 보이므로 이제 이 두 가지를 제외한 모든 구성 요소를 사용하여 이미지를 재구성하는 것이 목표입니다. [그림 14-14]와 같은 그림을 생성합니다.

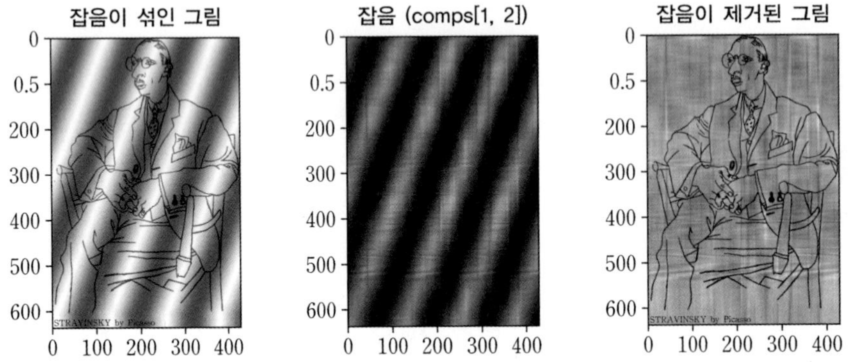

그림 14-14 [연습 문제 14-14]의 결과

논의: 어느정도 잡음이 제거되기는 했지만, 완벽하지는 않습니다. 불완전한 이유 중 하나는 잡음이 2차원에 완전히 포함되지 않았기 때문입니다([그림 14-14]의 가운데 그림이 잡음 이미지와 완벽하게 일치하지 않는 것을 알 수 있습니다). 또한 잡음 투영(컴포넌트 1과 2로 만든 이미지)은 음숫값을 가지며 사인 격자에는 음숫값이 없음에도 불구하고 0 주변에 분포합니다(온라인 코드에 표시된 잡음 이미지의 히스토그램을 보면 이를 확인할 수 있습니다). 전체 재구성이 양숫값만 갖도록 나머지 그림에는 이를 설명할 수 있는 값의 변동이 있어야 합니다.

7 이는 한 쌍의 특이**벡터**가 아닌 2D 특이 **평면**이기 때문일 가능성이 높습니다. 이 평면에서 선형적으로 독립적인 두 개의 벡터는 기저벡터가 될 수 있으며, 파이썬은 직교 쌍을 선택했습니다.

부록 A 파이썬 튜토리얼

앞부속에서 설명한 대로 이 부록은 파이썬 프로그래밍에 대한 초급 과정입니다. 이 책에 있는 코드를 빠르게 이해할 수 있도록 구성되어 있지만 파이썬을 완벽하게 익힐 수 있도록 만들어진 것은 아닙니다. 파이썬 전문 서적을 찾고 있다면 마크 루츠의 『러닝 파이썬』(제이펍, 2018)을 추천합니다.

이 장을 살펴보는 동안 파이썬 세션을 열어두세요(나중에 여는 방법을 설명하겠습니다). 이 장을 **읽기**만 한다고 해서 파이썬을 배울 수 있는 것은 아닙니다. 직접 파이썬 코드를 읽고, 코딩하고, 변경하고, 테스트하는 등의 과정이 필요합니다.

또한 이 장의 모든 코드를 직접 입력하세요. 이 책의 다른 모든 장의 코드는 온라인에서 얻을 수 있지만 이 장의 코드는 직접 입력해야 합니다. 파이썬 코딩에 익숙해지고 난 후에는 수많은 코드를 수동으로 입력하는 것은 시간 낭비일 수 있습니다. 하지만 처음 코딩을 배울 때는 손으로 직접 모든 것을 **코딩**해야 합니다. 단순히 코드를 보기만 하지 마세요.

A.1 왜 파이썬을 사용하나요?

파이썬은 범용 프로그래밍 언어로 설계되었습니다. 파이썬을 사용해서 텍스트를 분석하고, 웹 양식을 처리하고, 알고리즘을 생성하고, 그외 수많은 응용 프로그램을 만들 수 있습니다. 데이터 과학과 머신러닝에도 널리 사용됩니다. 이러한 응용 프로그램에서 파이썬은 단지 계산기일 뿐입니다. 물론 매우 강력하고 다재다능한 계산기입니다. 사람은 머리 및 펜과 종이로 모든 수치적인 계산을 할 수 없으므로 파이썬을 사용해야 합니다.

현재(2023년 기준) 데이터 과학 분야에서 가장 일반적으로 사용되는 수치 처리 프로그램은 파이썬입니다. 다른 경쟁 프로그램으로는 R, MATLAB, Julia, JavaScript, SQL, C 등이 있습니다. 파이썬이 데이터 과학의 지배적인 언어로 계속 남을 수 있을까요? 필자도 잘 모르겠지만 그럴 것 같지는 않습니다. 컴퓨터 과학의 역사에서 영원히 지속될 것으로 여겨졌던 '궁극의 언어'는 수없이 많았습니다. 혹시 Fortran, COBOL, IDL, Pascal 등으로 프로그래밍해 보신 적이 있으신가요? 하지만 **지금**은 파이썬이 매우 인기 있습니다. 그리고 여러분은 지금 응용 선형대수학을 배우고 있습니다. 좋은 소식은 프로그래밍 언어에는 강력한 전이 학습이 있기 때문에 파이썬에 능숙해지면 다른 언어를 배우는 데 도움이 될 수 있습니다. 즉 파이썬을 배우는 것은 시간 낭비가 아니라 투자입니다.

A.2 IDE(통합 개발 환경)

파이썬은 프로그래밍 언어이며 다양한 응용 프로그램, 즉 **환경**에서 파이썬을 실행할 수 있습니다. 개발자마다 선호도와 요구 사항이 다르기 때문에 다양한 환경이 존재합니다. 흔히 접할 수 있는 몇 가지 일반적인 IDE로는 비주얼 스튜디오, 스파이더, 파이참, 이클립스 등이 있습니다. 아마도 파이썬 학습에 가장 일반적으로 사용되는 IDE는 주피터 노트북일 것입니다.

저는 이 책의 코드를 구글의 코랩 주피터 환경을 사용하여 작성했습니다(다음 절에서 자세히 설명합니다). 주피터를 통해 파이썬에 익숙해지면 다른 IDE를 사용해 보면서 자신의 필요와 선호도에 더 적합한 것이 무엇인지 살펴볼 수 있습니다. 하지만 여기서는 그림을 따라하고 재현하는 데 도움이 되므로 주피터를 사용하는 것을 권장합니다.

A.3 로컬 및 온라인에서 파이썬 사용하기

파이썬은 무료이며 가볍기 때문에 개인 컴퓨터나 클라우드 서버 위의 다양한 운영체제에서 실행할 수 있습니다.

| 로컬에서 파이썬 실행하기 |

모든 주요 운영체제(윈도우, 맥, 리눅스)에 파이썬을 설치할 수 있습니다. 프로그램과 패키지를 설치하는 데 익숙하다면 필요에 따라 라이브러리를 설치할 수 있습니다. 이 책에서는 주로 NumPy, Matplotlib, SciPy, sympy가 필요합니다.

하지만 이 장을 읽고 계시는 분들은 파이썬이 익숙하지 않을 수도 있습니다. 그렇다면 아나콘다 소프트웨어 패키지를 통해 파이썬을 설치하는 것이 좋습니다. 이 패키지는 무료이며 설치가 쉽습니다. 그리고 이 책에 필요한 모든 라이브러리를 자동으로 설치해 줍니다.

| 온라인으로 파이썬 실행하기 |

이 책을 진행하는 동안 웹에서 파이썬을 실행하는 것을 권장합니다. 파이썬을 클라우드에서 실행했을 때 장점은 로컬에 아무것도 설치할 필요가 없고, 자신의 컴퓨팅 자원을 사용할 필요가 없으며, 모든 컴퓨터와 운영체제상의 어떠한 브라우저에서도 코드에 접근할 수 있다는 것입니다. 필자는 구글의 협업 환경을 선호하는 편인데 구글 드라이브와 동기화되기 때문입니다. 이를 통해 파이썬 코드 파일을 구글 드라이브에 보관한 다음 https://colab.research.google.com에서 열 수 있습니다. 구글 서비스를 선호하지 않는다면 사용할 수 있는 다른 클라우드 기반 파이썬 환경이 몇 가지 있습니다.

구글 코랩은 무료로 사용할 수 있습니다. 접속하려면 구글 계정이 필요하지만 이 또한 무료입니다. 접속한 다음엔 코드 파일을 구글 드라이브에 업로드하고 코랩에서 열면 됩니다.

A.3.1 구글 코랩에서 코드 파일로 작업하기

이제 이 책의 파이썬 노트북 파일을 다운로드하고 접근하는 방법을 알아보겠습니다. 앞서 설명했듯이 온라인에는 이 장에 대한 코드 파일이 없습니다.

이 책의 코드를 구글 드라이브에 옮기는 방법은 두 가지가 있습니다.

- https://github.com/Sancho-kim/LinAlg4DS로[1] 이동하여 'Code'라고 표시

1 원서의 깃허브는 https://github.com/mikexcohen/LinAlg4DataScience입니다.

된 녹색 버튼을 클릭한 다음 'Download ZIP'를 클릭합니다(그림 A-1). 그러면 코드 저장소가 다운로드되고 해당 파일을 구글 드라이브에 업로드할 수 있습니다. 이제 구글 드라이브에서 파일을 더블 클릭하거나 마우스 오른쪽 버튼을 클릭하고 '연결 앱'을 선택한 다음 '구글 코랩'을 선택할 수 있습니다.

- https://colab.research.google.com 로 직접 이동하여 '깃허브' 탭을 선택한 다음 검색창에서 'mikexcohen'을 검색합니다.[2] 필자의 모든 공개 깃허브 저장소를 볼 수 있습니다. 그중에서 'LinAlg4DataScience'라는 저장소를 찾으세요. 거기에서 파일 중 하나를 클릭해 노트북을 열 수 있습니다.
  이 노트북은 읽기 전용 복사본이므로 변경한 내용은 저장되지 않습니다. 따라서 해당 파일을 구글 드라이브에 복사하는 것이 좋습니다.

github.com/mikexcohen/LinAlg4DataScience　　colab.research.google.com

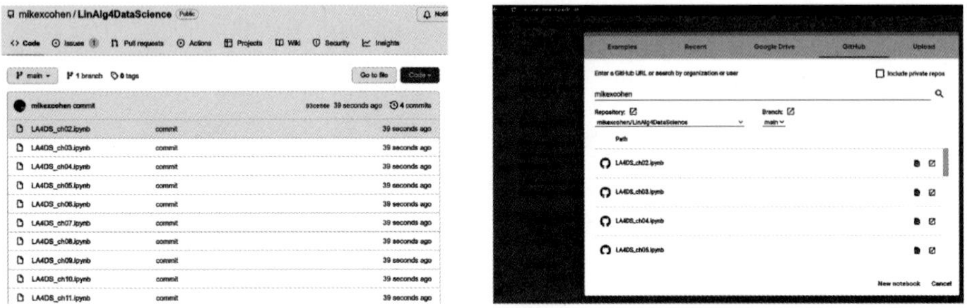

(A)　　(B)

그림 A-1 깃허브(왼쪽)에서 코랩(오른쪽)으로 코드 가져오기

이제 책의 코드 파일을 구글 코랩으로 가져오는 방법을 알았으니 새로운 노트북으로 이 장의 작업을 시작할 차례입니다. 메뉴 옵션 '파일'을 클릭한 다음 '새 노트북'을 클릭하여 새 노트북을 만듭니다. 노트북은 'Untitled1.ipynb' 또는 이와 유사한 이름으로 생성됩니다. 확장자 ipynb는 '대화형 파이썬 노트북'을 의미합니다. 화면 왼쪽 상단의 파일 이름을 클릭해 변경하는 것이 좋습니다. 기본적으로 새 파일은 구글 드라이브의 'Colab Notebooks' 폴더에 저장됩니다.

---

2 한국어판의 깃허브를 찾고 싶다면 'Sancho-kim'을 검색하세요.

A.4 변수

파이썬을 계산기로 사용할 수 있습니다. 바로 실습해 보겠습니다. 코드 셀에 다음을 입력합니다.

```
4 + 5.6
```

셀에 코드를 입력해도 아무 일도 일어나지 않습니다. 파이썬에게 해당 코드를 실행하도록 지시해야 합니다. 해당 셀이 **활성화**되어 있는 동안 키보드에서 Ctrl - Enter↵(맥은 Command-Enter↵)를 누르면 됩니다(셀 내부에 커서가 깜박이면 코드 셀이 활성화된 것입니다). 셀의 코드를 실행하는 메뉴도 있지만 키보드 단축키를 사용하면 더 쉽고 빠르게 코딩할 수 있습니다.

잠시 시간을 내어 산술을 살펴보세요. 다양한 숫자, 괄호, -, /, *와 같은 다양한 연산을 사용할 수 있습니다. 공백은 결과에 영향을 미치지 않습니다. 2*3은 2 * 3과 같습니다. 공백은 파이썬 코딩의 다른 측면에서도 중요하므로 나중에 설명하겠습니다.

숫자로만 작업하면 응용 프로그램을 확장하기가 어렵습니다. 이것이 바로 **변수**variable가 필요한 이유입니다. 변수는 메모리에 저장된 데이터를 가리키는 이름입니다. 마치 언어가 현실 세계의 사물을 지칭하기 위해 단어를 사용하는 것과 유사합니다. 예를 들어 제 이름은 마이크이지만 생물학적으로 **마이크**가 아니라 걷고, 말하고, 먹고, 꿈을 꾸고, 나쁜 농담을 하는 등 무수히 많은 일을 할 수 있는 수조 개의 세포로 구성된 인간입니다. 하지만 설명하기에는 너무 복잡하기 때문에 사람들은 편의상 저를 'Mike X Cohen'이라고 부릅니다. 따라서 파이썬에서 변수는 숫자, 이미지, 데이터베이스 등과 같이 저장된 데이터에 대한 편리한 참조입니다.

파이썬에서는 값을 할당하여 변수를 생성합니다. 다음을 입력해 봅시다.

```
var1 = 10
var2 = 20.4
var3 = 'hello, my name is Mike'
```

해당 셀을 실행하면 변수가 생성됩니다. 이제 변수를 사용할 수 있습니다! 새로운 셀에서 다음 코드를 실행해 봅시다.

```
var1 + var2
```

```
>> 30.4
```

NOTE 출력

코드 블록에 표시되는 >>는 코드 셀을 실행한 결과입니다. 그 뒤에 나오는 텍스트는 셀의 코드를 실행한 결과를 화면에 표시한 것입니다.

이제 이렇게 해 보세요.

```
var1 + var3
```

방금 첫 번째 파이썬 오류가 발생했네요! 파이썬의 회원이 되신 것을 환영합니다 :) 걱정하지 마세요. 코딩 오류는 매우 흔한 일이니까요. **사실 좋은 코더와 나쁜 코더의 차이점은 좋은 코더는 실수로부터 배우는 반면, 나쁜 코더는 좋은 코더가 절대 실수를 하지 않는다고 생각한다는 것입니다.**

파이썬의 오류는 이해하기 어려울 수 있습니다. 아래는 필자의 화면의 오류 메시지입니다.

```
TypeError Traceback (most recent call last)
<ipython-input-3-79613d4a2a16> in <module>()
      3 var3 = 'hello, my name is Mike'
      4
----> 5 var1 + var3

TypeError: unsupported operand type(s) for +: 'int' and 'str'
```

파이썬은 문제가 있는 줄을 화살표로 표시합니다. 무엇이 잘못되었는지, 어떻게 수정해야 하는지 이해하는 데 도움이 되는 오류 메시지가 하단에 출력되어 있습니다. 이 경우 오류 메시지는 TypeError입니다. 이는 무엇을 의미하며 '타입'이란 무엇일까요?

A.4.1 데이터 타입

변수는 해당 변수가 저장하는 데이터의 종류를 설명하는 **타입**type을 가지고 있습니다. 데이터 종류에 따라 연산이 다르게 작동하기 때문에 다양한 타입을 사용하면 효율적으로 계산할 수 있습니다.

파이썬에는 많은 데이터 타입이 있습니다. 여기서는 네 가지를 소개하겠지만 책을 읽어 나가면서 더 많은 데이터 타입을 배우게 될 것입니다.

| 정수 |

int로 쓰이며 -3, 0, 10, 1,234와 같은 모든 수입니다.

| 부동 소수점 수 |

float로 쓰이며 부동 소수점은 -3.1, 0.12345, 12.34와 같이 소수점이 있는 숫자를 멋지게 표현한 용어일 뿐입니다. float와 int는 사람에게는 동일하게 보일 수 있지만 파이썬 함수에서는 다르게 취급된다는 점에 유의하세요. 예를 들어 3은 int지만 3.0은 float입니다.

| 문자열 |

str이라고 쓰이며 텍스트입니다. 또한 여기서도 5(**문자** 5에 해당하는 문자열)와 5(**숫자** 5에 해당하는 int)의 차이점을 염두에 두어야 합니다.

| 리스트 |

리스트는 요소의 모음으로 각 요소는 서로 다른 데이터 타입을 가질 수 있습니다.

리스트는 매우 편리하며 파이썬 프로그래밍에서 어디에나 존재합니다. 다음 코드는 리스트의 세 가지 중요한 특징을 보여 줍니다. (1) 대괄호[ ]로 표시하고, (2) 쉼표로 리스트 항목을 구분하며, (3) 개별 리스트 요소는 서로 다른 데이터 유형을 가질 수 있습니다.

```
list1 = [ 1,2,3 ]
list2 = [ 'hello',123.2,[3,'qwerty'] ]
```

두 번째 리스트는 리스트에 다른 리스트가 포함될 수 있음을 보여 줍니다. 즉 list2의 세 번째 요소는 리스트입니다.

list2의 두 번째 요소에만 접근하려면 어떻게 해야 할까요? 개별 리스트 요소는 다음 절에서 설명할 **인덱싱**을 사용하여 추출합니다.

type 함수를 사용해 데이터 유형을 알 수 있습니다. 예를 들어 새 셀에서 다음을 수행해 보세요.

```
type(var1)
```

그렇다면 '함수function'는 무엇일까요? 다음 절에서 함수를 사용하고 만드는 방법에 대해 배우게 됩니다. 우선 인덱싱이라는 주제로 돌아가겠습니다.

> **NOTE 변수 이름을 어떻게 지정할까요?**
>
> 변수 이름 지정에는 몇 가지 어려운 규칙이 있습니다. 변수 이름은 숫자로 시작할 수 없으며(숫자를 포함할 수는 있지만), 공백이나 영어와 숫자가 아닌 문자, 예를 들어 @#$%^&*().를 포함할 수 없습니다. 밑줄 _은 허용됩니다.
>
> 변수 이름 지정에 대한 지침도 있습니다. 가장 중요한 지침은 변수 이름을 의미 있고 해석 가능한 이름으로 만드는 것입니다. 예를 들어, q보다 rawDataMatrix가 훨씬 더 좋은 변수 이름입니다. 코드에 수십 개의 변수를 만들 수 있고 변수 이름으로부터 변수가 참조하는 데이터를 유추할 수 있기를 원하기 때문입니다.

A.4.2 인덱싱

인덱싱indexing이란 리스트의 특정 요소(및 벡터와 행렬을 포함한 관련 데이터 타입)에 접근하는 것을 의미합니다. 목록의 두 번째 요소를 추출하는 방법은 다음과 같습니다.

```
aList = [ 19,3,4 ]
aList[1]
```

```
>> 3
```

변수 이름 뒤에 대괄호를 붙인 다음 인덱싱하려는 숫자를 붙이면 인덱싱이 완료됩니다.

그런데 **두 번째** 요소를 원한다고 썼는데 왜 코드에는 1을 썼을까요? 오타가 아닙니다! 파이썬은 0 기반 인덱싱 언어이므로 인덱스 0은 첫 번째 요소(숫자 19), 인덱스 1은 두 번째 요소를 가리킵니다.

0 기반 코딩 언어가 처음이라면 이상하고 혼란스러워 보일 것입니다. 전적으로 공감합니다. 연습을 하다 보면 자연스럽게 익숙해질 것이라고 쓰고 싶지만, 사실 0 기반 인덱싱은 항상 혼란과 오류의 원인이 됩니다. 항상 염두에 두어야 합니다.

`aList`에서 숫자 4에 어떻게 접근하나요? `aList[2]`로 직접 인덱싱할 수 있습니다. 하지만 파이썬 인덱싱에는 리스트 요소를 **거꾸로** 인덱싱할 수 있는 깔끔한 기능이 있습니다. 목록의 마지막 요소에 접근하려면 `aList[-1]`을 입력하면 됩니다. −1은 목록의 끝을 감싸는 것으로 생각할 수 있습니다. 마찬가지로 끝에서 두 번째 요소는 `aList[-2]`입니다.

A.5 함수

함수는 모든 개별 코드를 반복해서 입력하지 않고도 실행할 수 있는 코드 모음입니다. 몇 줄의 짧은 코드로 구성된 함수도 있지만 수백, 수천 줄의 코드로 이루어진 함수도 있습니다.

파이썬에서 함수는 함수 이름 바로 뒤에 괄호를 사용하여 나타냅니다. 다음은 몇 가지 일반적인 함수입니다.

```
type() # 데이터 유형을 반환
print() # 노트북에 문자열 정보를 출력
sum() # 숫자를 모두 더함
```

> 주석
>
> **주석**은 파이썬에서 무시되는 코드 조각입니다. 주석은 여러분과 다른 사람들이 코드를 해석하고 이해하는 데 도움이 됩니다. 파이썬에서 주석은 # 기호를 사용하여 표시합니다. # 기호 뒤에 오는 모든 문자열은 무시됩니다. 주석은 별도의 줄에 넣거나 코드의 오른쪽 부분에 넣음으로써 부연설명을 할 수 있습니다.

함수는 입력을 받거나 결과를 반환할 수 있습니다. 파이썬 함수의 일반적인 구조는 다음과 같습니다.

```
output1,output2 = functionname(input1,input2,input3)
```

이전 함수로 돌아갑시다.

```
dtype = type(var1)
print(var1+var2)
total = sum([1,3,5,4])
```

```
>> 30.4
```

print()는 매우 유용한 함수입니다. 파이썬은 셀의 마지막 줄의 결과만 출력하며 해당 줄이 변수 할당이 아니어야 합니다. 예를 들어 다음 코드를 작성해 보세요.

```
var1+var2
total = var1+var2
print(var1+var2)
newvar = 10
```

```
>> 30.4
```

코드가 네 줄이므로 파이썬이 네 개의 출력을 표시할 것으로 예상했을 수 있습니다. 그러나 print() 함수에 해당하는 출력 하나만 나타납니다. 처음 두 줄은 마지막 줄이 아니기 때문에 출력을 표시하지 않으며 마지막 줄은 변수 할당이기 때문에 출력을 표시하지 않습니다.

A.5.1 함수로서의 메서드

메서드method는 변수에 대해 직접 호출되는 함수입니다. 데이터 타입마다 메서드가 다르므로 리스트에서는 작동하는 메서드가 문자열에서는 작동하지 않을 수 있습니다.

예를 들어 리스트 데이터 타입에는 기존 리스트에 요소를 추가하는 append라는 메서드가 있습니다. 다음은 그 예입니다.

```
aSmallList = [ 'one','more' ]
print(aSmallList)

aSmallList.append( 'time' )
print(aSmallList)
```

```
>> ['one','more']
['one','more','time']
```

문법 서식에 유의하세요. 메서드는 괄호와 (일부 메서드에는) 입력 인자가 있다는 점에서 함수와 유사합니다. 그러나 메서드는 변수 이름 뒤에 마침표가 붙으며 명시적인 출력 없이 변수를 직접 변경할 수 있습니다.

잠시 시간을 내어 다른 데이터 타입(예를 들어 리스트 대신 문자열)을 사용하도록 코드를 변경해 보세요. 코드를 다시 실행하면 다음과 같은 오류 메시지가 생성됩니다.

```
AttributeError: 'str' object has no attribute 'append'
```

이 오류 메시지는 문자열 데이터 유형이 append 함수를 인식할 수 없다는 것을 의미합니다(**특성**은 변수의 속성이며 메서드는 이러한 특성 중 하나입니다).

메서드는 객체 지향 프로그래밍과 클래스의 핵심 부분입니다. 이러한 내용은 파이썬 전문 서적에서 다룰 수 있는 내용입니다. 하지만 이 책에서 선형대수학을 배우기 위해 객체 지향 프로그래밍에 대한 완전한 이해할 필요가 없으므로 걱정하지 마세요.

A.5.2 자신만의 함수 작성하기

파이썬에는 **많은** 함수가 있습니다. 셀 수 없을 정도로 많습니다. 하지만 필요한 것을 정확히 수행하는 완벽한 함수는 결코 존재하지 않습니다. 그래서 결국 자신만의 함수를 작성하게 됩니다.

내장 키워드 def를 사용하여 함수를 정의한 다음(**키워드**keyword는 변수나 함수로 재정의할 수 없는 예약된 이름입니다) 함수 이름과 가능한 입력을 명시하고 콜론으로 줄을 끝내면 쉽고 편리하게 자신만의 함수를 만들 수 있습니다. 그 이후에 **두 개의 공백으로 들여쓰기된**

줄은 모두 함수에 포함됩니다.[3] 파이썬은 줄의 시작 부분의 들여쓰기 간격에 대해서는 **매우** 까다롭지만 줄의 다른 곳의 간격에 대해서는 까다롭지 않습니다. 모든 출력은 `return` 키워드로 표시합니다.

간단한 예제로 시작하겠습니다.

```
def add2numbers(n1,n2):
  total = n1+n2
  print(total)
  return total
```

이 함수는 두 개의 입력을 받아 그 합계를 계산하여 출력합니다. 이제 함수를 호출할 차례입니다.

```
s = add2numbers(4,5)
print(s)
```

```
>> 9
9
```

숫자 9가 두 번 나타난 이유는 무엇일까요? 함수 내부에서 `print()` 함수가 호출되었기 때문에 한 번 출력되었고, 다음에 `print()`를 호출했을 때 두 번째로 출력되었습니다. 이를 확인하려면 함수 호출 후 줄을 `print(s+1)`로 변경해 보세요(코드를 수정하여 출력에 미치는 영향을 확인하는 것은 파이썬을 배우는 좋은 방법이며 변경한 내용은 반드시 실행 취소하세요).

함수의 결과로 할당된 변수(`total`) 이름이 함수를 호출할 때 사용한 변수 이름(`s`)과 다를 수 있다는 점에 유의하세요.

사용자 정의 함수를 작성하면 굉장히 유연합니다. 예를 들어 선택적 입력과 기본 매개변수를 설정하고, 데이터 타입과 일관성을 위해 입력을 확인할 수 있습니다. 하지만 이 책은 함수에 대한 기본적인 이해만으로도 충분합니다.

---

3 일부 IDE는 두 개 또는 네 개의 공백을 허용하지만, 다른 IDE는 네 개의 공백만 허용합니다. 필자는 두 개의 공백이 더 깔끔해 보인다고 생각합니다.

함수는 언제 작성해야 하나요?

수십, 수백, 수십억 번 실행해야 하는 코드가 있다면 함수를 작성하는 것이 가장 좋은 방법입니다. 어떤 사람들은 함수 작성을 정말 좋아해서 실제로 한 번만 호출되더라도 전용 함수를 작성하기도 합니다.

필자는 다른 문맥이나 코드의 일부에서 여러 번 호출될 경우에만 함수를 작성하는 것을 선호합니다. 하지만 코드의 주인은 여러분이며, 코딩 경험이 쌓이면 언제 함수를 만드는 것이 나은지 판단할 수 있습니다.

A.5.3 라이브러리

파이썬은 설치와 실행이 쉽고 빠르도록 설계되었습니다. 하지만 단점은 파이썬의 기본 설치 시 제공되는 내장 함수의 수가 적다는 것입니다.

따라서 개발자는 특정 주제에 초점을 맞춘 함수 모음을 만들며 이를 **라이브러리**library라고 합니다. 라이브러리를 가져오면 해당 라이브러리에서 제공되는 모든 함수, 변수 유형 및 메서드에 접근할 수 있습니다.

구글 검색에 따르면 파이썬 라이브러리는 13만 개가 넘습니다. 모든 라이브러리를 외울 필요는 없으니 걱정하지 마세요! 이 책에서는 수치 처리와 데이터 시각화를 위해 설계된 몇 가지 라이브러리만 사용하겠습니다. 선형대수학에서 가장 중요한 라이브러리는 '수치 해석을 위한 파이썬Numerical Python'의 합성어인 Numpy입니다.

파이썬 라이브러리는 기본 파이썬 설치와는 별개이므로 웹에서 다운로드한 다음 파이썬으로 가져와야 합니다. 그래야만 파이썬 내에서 사용할 수 있습니다. 한 번만 다운로드하면 되지만, 각 파이썬 세션마다 다시 임포트해야 합니다.[4]

4 아나콘다를 통해 파이썬을 설치했거나 구글의 코랩 환경을 사용하는 경우 이 책의 라이브러리를 다운로드할 필요는 없지만 임포트는 해야 합니다.

A.5.4 Numpy

파이썬으로 Numpy 라이브러리를 가져오려면 다음과 같이 입력합니다.

```
import numpy as np
```

라이브러리를 임포트하는 일반적인 공식이 있습니다. 즉 `import libraryname as abbreviation`입니다. 약어를 이용하면 편리하게 접근할 수 있습니다. 라이브러리의 약어, 마침표, 함수 이름을 입력하면 됩니다. 예를 들어 다음과 같습니다.

```
average = np.mean([1,2,3])
sorted1 = np.sort([2,1,3])
theRank = np.linalg.matrix_rank([[1,2],[1,3]])
```

세 번째 줄은 라이브러리 안에 하위 라이브러리 또는 **모듈**이 중첩되어 있을 수 있음을 보여 줍니다. 여기서는 Numpy 내부에는 많은 함수가 있고 선형대수학과 관련된 더 많은 함수가 포함된 `linalg`라는 라이브러리가 있다는 것을 알 수 있습니다.

게다가 Numpy에는 **Numpy 배열**이라는 자체적인 데이터 타입이 있습니다. 이는 정보의 집합을 저장한다는 점에서 리스트와 비슷해 보입니다. 하지만 Numpy 배열은 숫자만 저장하며 수학적 코딩에 유용한 속성을 가지고 있습니다. 다음 코드는 Numpy 배열을 만드는 방법입니다.

```
vector = np.array([ 9,8,1,2 ])
```

A.5.5 Numpy의 인덱싱과 슬라이싱

변수 내에서 단일 요소에 접근하는 것에 대한 논의로 돌아가겠습니다. 리스트의 인덱싱과 똑같이 Numpy 배열의 한 요소에 접근할 수 있습니다. 다음 코드 블록에서는 `np.arange` 함수를 사용하여 −4에서 4까지의 정수 배열을 만듭니다. **두 번째 입력 +5는 오타가 아닙니다.** 반환된 값은 4로 끝납니다. 파이썬은 종종 사용자가 지정한 상한은 포함하지 **않는 배타적** 상한을 사용합니다.

```
ary = np.arange(-4,5)
print(ary)
print(ary[5])
```

```
>> [-4 -3 -2 -1 0 1 2 3 4]
1
```

좋습니다. 그럼 처음 세 개의 요소에 접근하려면 어떻게 해야 할까요? 아니면 두 번째 요소마다 접근하려면 어떻게 해야 할까요? 이제 **인덱싱**에서 **슬라이싱**slicing으로 넘어갈 차례입니다.

슬라이싱은 간단합니다. 시작 인덱스와 끝 인덱스를 지정하고 그 사이에 콜론을 넣으면 됩니다. 파이썬 범위에는 배타적인 상한이 있다는 점만 기억하세요. 따라서 배열의 처음 세 요소를 얻으려면 인덱스 3 + 1 = 4까지 슬라이스하지만, 0 기반 인덱싱을 고려해야 하고 처음 세 요소의 인덱스의 0, 1, 2이므로 `0:3`을 사용하여 슬라이스합니다.

```
ary[0:3]
```

```
>> array([-4, -3, -2])
```

건너뛰기 연산자를 사용하여 두 번째 요소마다 인덱싱할 수 있습니다.

```
ary[0:5:2]
```

```
>> array([-4, -2, 0])
```

건너뛰기를 사용한 인덱싱의 공식은 `[start:stop:skip]`입니다. `ary[::-1]` 이렇게 −1씩 건너뛰면 전체 배열을 거꾸로 실행할 수 있습니다.

조금 혼란스러울 수 있습니다. 하지만 연습을 하다 보면 익숙해질 것입니다.

A.6 시각화

선형대수학과 대부분의 수학 영역의 많은 개념은 컴퓨터 화면에서 볼 때 가장 잘 이해할 수 있습니다.

파이썬의 데이터 시각화는 대부분 Matplotlib 라이브러리로 처리됩니다. 그래픽 디스플레이의 어떤 측면은 IDE에 따라 달라집니다. 그러나 이 책의 모든 코드는 구글 코랩, 클라우드 서버 또는 로컬 설치 등 모든 주피터 환경에서 그대로 작동합니다. 다른 IDE를 사용하는 경우 몇 가지 약간의 조정이 필요할 수 있습니다.

`matplotlib.pyplot`을 입력하는 것은 번거로울 수 있으므로 라이브러리를 `plt`로 약칭하는 것이 일반적입니다. 다음 코드 블록에서 이를 확인할 수 있습니다. 점과 선 그리기로 시작하겠습니다.

다음 코드가 [그림 A-2]에 어떻게 매핑되는지 이해해 보세요.

```
import matplotlib.pyplot as plt
import numpy as np

plt.plot(1,2,'ko') # 1) 검은 원 그리기
plt.plot([0,2],[0,4],'r--') # 2) 하나의 선 그리기
plt.xlim([-4,4]) # 3) x축의 범위 설정
plt.ylim([-4,4]) # 4) y축 범위 설정
plt.title('The graph title') # 5) 그래프 제목
```

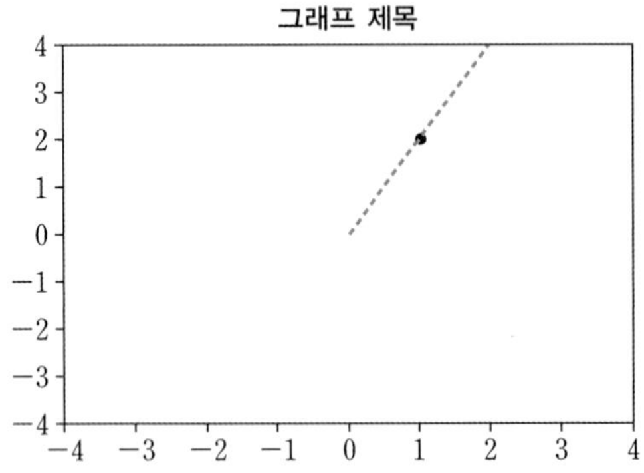

그림 A-2 데이터 시각화, 파트 1

코드를 잘 해석하셨나요? 1번 줄은 XY 좌표 1,2에 검은색 원(ko에서 k는 검은색, o는 원)을 그리라고 지시합니다. 2번 줄은 개별 숫자 대신 숫자 리스트를 지정합니다. 이는 XY 좌표(0, 0)에서 시작하여 좌표(2, 4)에서 끝나는 선을 지정합니다. r--은 빨간색 점선을 나타냅니다. 3번과 4번 줄은 X축과 Y축 범위를 설정하고, 5번 줄은 제목을 지정합니다.

계속 진행하기 전에 잠시 이 코드를 응용해 보시기 바랍니다. 점과 선을 추가로 그려보고, 다양한 표시자(힌트: 문자 o, s, p)와 다양한 색상(r, k, b, y, g, m)을 사용해 보세요.

다음 코드 블록에서는 하위 도표와 이미지를 도입합니다. **하위 도표**는 그래픽 영역(**그림**이라고 함)을 여러 개의 축으로 구성된 격자로 분할하여 다양하게 시각화할 수 있는 방법입니다. 이전 코드 블록과 마찬가지로 설명을 읽기 전에 이 코드가 [그림 A-3]을 어떻게 생성하는지 이해해 보시기 바랍니다.

```
_,axs = plt.subplots(1,2,figsize=(8,5)) # 1) 하위 도표 생성
axs[0].plot(np.random.randn(10,5)) # 2) 왼쪽에 선 도표
axs[1].imshow(np.random.randn(10,5)) # 3) 오른쪽에 그림
```

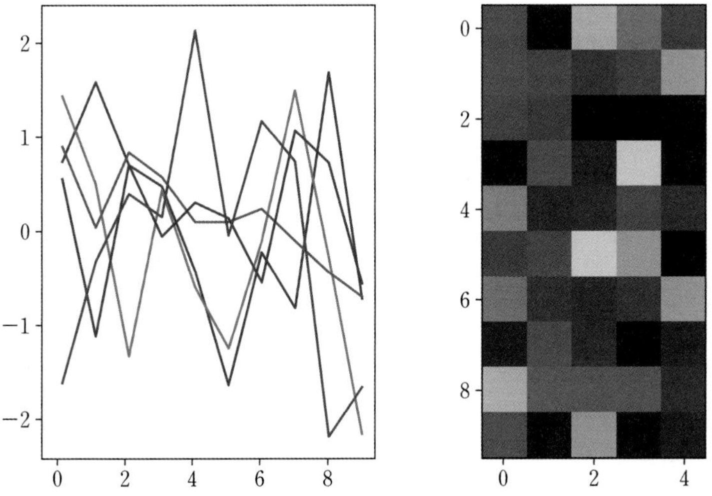

그림 A-3 데이터 시각화, 파트 2

코드의 1번 줄은 하위 도표를 만듭니다. `plt.subplots` 함수의 처음 두 입력은 격자 형상(이 경우 하위 도표 1×2 행렬, 즉 하나의 행과 두 개의 열, 즉 두 개의 도표가 서로 나란히 있음을 의미)을 지정합니다. 마지막 입력은 그림의 전체 크기를 지정하며, 해당 튜플의 두 요소는 너비와 높이(인치)에 해당합니다. 크기는 항상 너비, 높이로 나열됩니다. 순서를 기억하기 위한 연상 기호는 '백악관'을 나타내는 WH입니다. `plt.subplots` 함수는 두 가지를 반환합니다. 첫 번째는 전체 그림에 대한 핸들이지만, 여기서는 필요하지 않으므로 변수 이름 대신 밑줄을 사용했습니다. 두 번째 출력은 각 축에 대한 핸들을 포함하는 Numpy 배열입니다. **핸들**handle은 그림에서 객체를 가리키는 특수한 타입의 변수입니다.

이제 코드의 2번 줄을 살펴보겠습니다. 이전 코드 블록과 비슷하게 보일 것입니다. 두 가지 새로운 개념은 전체가 아닌 특정 축에 그리고(`plt.` 사용) 개별 숫자 대신 행렬을 입력하는 것입니다. 파이썬은 행렬의 각 열에 대해 별도의 선을 생성하므로 [그림 A-3]에서 5개의 선을 볼 수 있습니다.

마지막으로 3번 줄은 이미지를 생성하는 방법을 보여 줍니다. 4장에서 배운 것처럼 행렬은 종종 그림으로 시각화됩니다. 그림의 각 작은 블록의 색상은 행렬의 숫잣값에 매핑됩니다.

파이썬으로 그래픽을 만드는 것에 대해 언급할 내용은 **상당히** 많습니다. 하지만 이 책에서는 이 정도만 소개하겠습니다.

A.7 수식을 코드로 변환하기

수학 방정식을 파이썬 코드로 변환하는 것은 때론 간단하기도 하지만 어려울 때도 있습니다. 하지만 이는 중요한 기술이며 연습을 통해 향상될 수 있습니다. [식 A-1]의 간단한 예제로 시작해 보겠습니다.

식 A-1 방정식 예

$$y = x^2$$

다음 코드가 정상적으로 실행될 것이라고 생각할 수 있습니다.

```
y = x**2
```

하지만 오류 메시지가 표시됩니다(NameError: name x is not defined). 문제는 변수 x를 정의하기 전에 사용하려고 한 것입니다. 그렇다면 x는 어떻게 정의할까요? 사실 수학 방정식을 보면 x는 음의 무한대에서 양의 무한대로 변한다는 식으로 별다른 생각 없이 x를 정의합니다. 하지만 함수를 그렇게 끝까지 그리지 않습니다. 대신 −4에서 +4와 같이 제한된 범위를 선택해서 그립니다. 그래서 파이썬에서는 이러한 범위를 지정해야 합니다.

```
x = np.arange(-4,5)
y = x**2
```

[그림 A-4]는 plt.plot(x,y,'s-')을 사용하여 만든 함수의 그래프를 보여 줍니다.

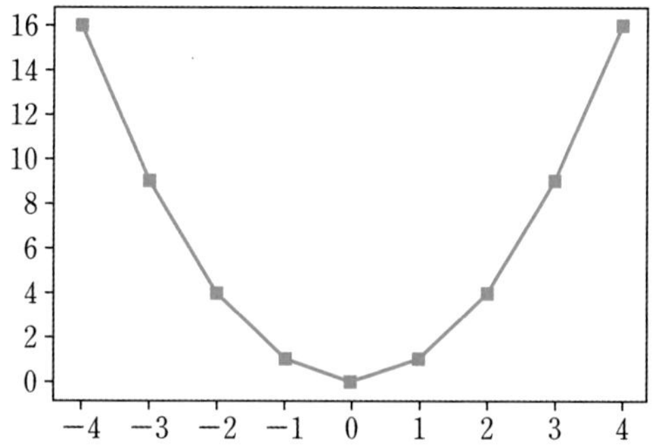

그림 A-4 데이터 시각화, 파트 3

괜찮아 보이지만 지나치게 끊어져 있는 것 같아서 선을 더 매끄럽게 처리하겠습니다. 해상도를 높이면 −4와 +4 사이에 더 많은 점을 넣을 수 있습니다. np.linspace() 함수를 사용합니다. 이 함수는 시작값, 종료값, 점의 개수를 입력으로 받습니다.

```
x = np.linspace(-4,4,42)
y = x**2
plt.plot(x,y,'s-')
```

이제 −4와 +4 사이에 42개의 점이 선형적으로 (균등하게) 배치되었습니다. 이렇게 하면 그래프가 더 매끄러워집니다(그림 A−5). `np.linspace`는 +4에서 끝나는 벡터를 출력한다는 점에 유의하세요. 이 함수는 경계를 포함합니다. 경계를 포함하는 함수도 있지만 포함하지 않는 함수도 있습니다. 약간 혼란스러울 수 있지만, 걱정하지 마세요. 곧 익숙해질 것입니다.

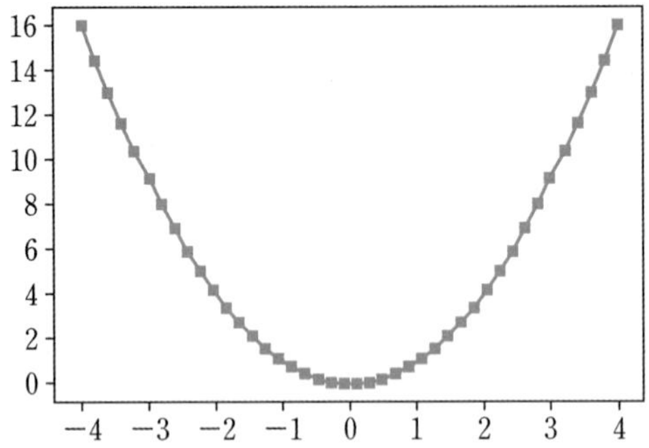

그림 A−5 데이터 시각화, 파트 4

다른 함수를 코드로 변환해 보겠습니다. 여기서는 변경할 수 있는 파라미터에 대한 변수를 만드는 개념인 **소프트 코딩**에 대해서도 소개하겠습니다.

다음 수학 함수를 코드로 변환하고 그래프를 생성한 다음 아래 코드를 살펴보시기 바랍니다.

$$
\begin{aligned}
f(x) &= \frac{\alpha}{1+e^{-\beta x}} \\
\alpha &= 1.4 \\
\beta &= 2
\end{aligned}
$$

이 함수를 **시그모이드**sigmoid라고 하며 딥러닝 모델에서 비선형 활성화 함수와 같이 응용수학에서 자주 사용됩니다. α와 β는 방정식의 매개변수입니다. 여기서는 특정값으로 설정했습니다. 하지만 먼저 코드가 올바르게 동작하는지 확인한 다음 매개변수를 변경하면서 결과 그래프에 어떠한 영향을 미치는지 살펴볼 수 있습니다. 필자의 겸손한 생각으로는[5] 사실 수학을 배우기 가장 좋은 방법은 코딩을 하는 것입니다.

5 '겸손한 생각으로'라는 표현은 밀레니얼 세대 용어라고 들었습니다.

이 함수를 코딩하는 두 가지 방법이 있습니다. 하나는 α와 β의 숫잣값을 함수 안에 직접 입력하는 것입니다. 이는 매개변숫값이 함수에 직접 구현되므로 **하드 코딩**입니다.

다른 방법은 파이썬 변수를 두 매개변수로 설정한 다음 수학 함수를 만들 때 해당 매개변수를 사용하는 것입니다. 이는 **소프트 코딩**이며 코드를 더 쉽게 읽고, 수정하고, 디버그할 수 있습니다.

```
x = np.linspace(-4,4,42)
alpha = 1.4
beta = 2

num = alpha # 분자
den = 1 + np.exp(-beta*x) # 분모
fx = num / den
plt.plot(x,fx,'s-');
```

함수를 만들 때 분자와 분모를 지정한 다음 그 비율을 지정하는 세 줄의 코드로 나눈 것을 보셨을 것입니다. 이렇게 하면 코드가 더 깔끔하고 읽기 쉬워집니다. 항상 코드를 읽기 쉽게 만들려고 노력하는 이유는 (1) 오류의 위험을 줄이고 (2) 디버깅을 용이하게 하기 때문입니다.

[그림 A-6]은 결과 시그모이드를 보여 줍니다. x 변수 한계와 해상도를 변경하고, alpha 및 beta 매개변숫값을 변경하고, 심지어 함수 자체를 변경하면서 코드를 탐구해 보세요. **수학은 아름답고, 파이썬은 화폭이며, 코드는 붓입니다!**

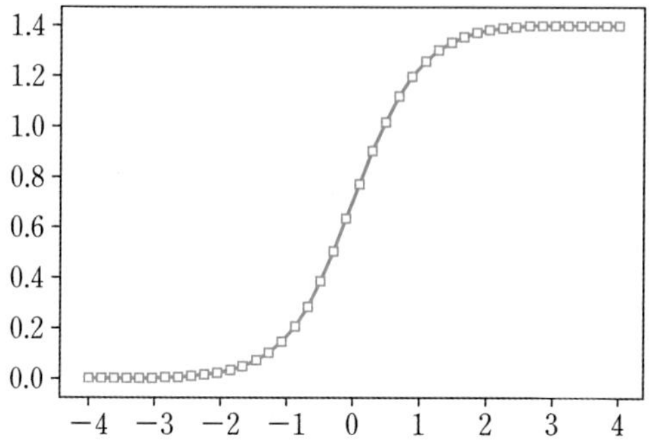

그림 A-6 데이터 시각화, 파트 5

A.8 출력 서식과 f-문자열

print() 함수를 사용하여 변수를 출력하는 방법을 배웠습니다. 하지만 이는 다른 문자열 없이 하나의 변수만 출력하는 것입니다. f-문자열을 사용하면 출력 형식을 더 세밀하게 제어할 수 있습니다. 아래 코드를 유심히 살펴보세요.

```
var1 = 10.54
print(f'The variable value is {var1}, which makes me happy.')
```

```
>> The variable value is 10.54, which makes me happy.
```

f-문자열의 두 가지 주요 특성이 있습니다. 첫 번째 따옴표 전에 f로 시작한다는 것과 변수의 값으로 대체되는 변수 이름을 둘러싸는 중괄호 {}입니다.

다음 코드 블록은 f-문자열의 유연성이 잘 드러납니다.

```
theList = ['Mike',7]
print(f'{theList[0]} eats {theList[1]*100} grams of chocolate each day.')
```

```
>> Mike eats 700 grams of chocolate each day.
```

이 예제에서 배울 수 있는 두 가지 핵심 사항은 (1) 실제로 필자가 초콜릿을 그렇게 많이 먹지는 않았다는 것과(매일 먹지는 않았습니다), (2) 중괄호 안에 인덱싱과 코드를 사용할 수 있으며 파이썬이 그 결과를 출력한다는 점입니다.

f-문자열 서식의 마지막 기능입니다.

```
pi = 22/7
print(f'{pi}, {pi:.3f}')
```

```
>> 3.142857142857143, 3.143
```

이 코드에 추가된 핵심 기능은 출력의 서식을 제어하는 :.3f입니다. 이 코드는 소수점 뒤에 숫자 3개를 출력하도록 파이썬에게 지시합니다. 3을 다른 정수로 변경하면 어떤 일이 발생하는지, 콜론 앞에 정수를 포함하면 어떤 일이 발생하는지 살펴보세요.

그 외에도 다양한 서식 지정 옵션과 유연하게 텍스트를 출력하는 다른 방법이 있지만, 이 책에서는 f-문자열의 기본 구현만 알아두면 됩니다.

A.9 제어 흐름

프로그래밍의 힘과 유연성은 특정 변수나 사용자 입력의 상태에 따라 코드의 동작을 조정할 수 있는 능력에서 비롯됩니다. 이러한 코드의 역동성은 **제어 흐름** 문으로부터 나옵니다.

A.9.1 비교 연산자

비교 연산자는 서로 다른 값을 비교할 수 있는 특수 문자입니다. 비교 연산자의 결과는 참 또는 거짓 중 하나의 값을 취하는 **불리언**boolean이라는 데이터 타입입니다. 다음은 몇 가지 예입니다.

```
print( 4<5 ) # 1
print( 4>5 ) # 2
print( 4==5 ) # 3
```

1번 줄의 출력은 True이고, 2번과 3번 줄의 출력은 False입니다.

세 번째 문에는 이중 등호 기호가 포함되어 있습니다. 이는 변수에 값을 할당하는 데 사용되는 단일 등호 기호와는 매우 다릅니다.

두 개의 비교 기호는 <=(보다 작거나 같음) 및 >=(보다 크거나 같음)입니다.

A.9.2 If 문

if 문은 일상적으로 사용하기 때문에 직관적입니다. 예를 들어 '**만약 피곤하다면 눈을 붙이세요**'가 있습니다.

기본 if 문은 if **키워드**, **조건문**, **코드 내용**의 세 부분으로 구성됩니다. 조건문은 콜론(:)으로 끝나는 참 또는 거짓으로 평가되는 코드 조각입니다. 조건문이 참이면 그 아래에 있는 모든 들여쓰기된 코드가 실행되고, 조건문이 거짓이면 들여쓰기된 코드가 실행되지 않고 건너뛴 다음 들여쓰기되지 않은 코드가 계속 실행됩니다.

다음은 그 예입니다.

```
var = 4
if var==4:
  print(f'{var} equals 4!')

print("I'm outside the +for+ loop.")
```

```
>> 4 equals 4!
I'm outside the +for+ loop.
```

또 다른 예입니다.

```
var = 4
if var==5:
  print(f'{var} equals 5!')

print("I'm outside the +for+ loop.")
```

```
>> I'm outside the +for+ loop.
```

4가 5와 같지 않으므로 첫 번째 메시지는 건너뜁니다. 즉 조건문이 거짓이므로 파이썬은 들여쓰기된 코드를 모두 무시합니다.

elif와 else

이 두 예는 기본적인 if 문 형식을 보여 줍니다. if 문에는 정교한 정보 흐름을 위해 조건문을 추가할 수 있습니다. 다음 코드에 대한 설명을 읽기 전에, 그리고 이 코드를 파이썬에 입력하기 전에 먼저 코드를 이해하고 어떤 메시지가 출력될지 예측해 보세요.

```
var = 4
if var==5:
```

```
  print('var is 5') # code 1
elif var>5:
  print('var > 5') # code 2
else:
  print('var < 5') # code 3

print('Outside the if-elif-else')
```

파이썬은 이와 같은 코드를 만나면 위에서 아래로 실행합니다. 따라서 `if` 뒤에 오는 첫 번째 조건문부터 시작합니다. 해당 조건이 참이면 코드 1을 실행하고 **다음 조건문을 모두 건너뜁니다**. 파이썬에서 참 조건을 만나자마자 아래에 들여쓰기된 코드만 실행되고 `if` 문이 종료됩니다. 다음 조건문이 참인지 여부는 중요하지 않습니다. 파이썬은 이를 확인하거나 들여쓰기된 코드를 실행하지 않습니다.

첫 번째 조건이 거짓이면 파이썬은 다음 조건인 `elif`('else if'의 줄임말)로 진행합니다. 다시 말해 조건이 참이면 파이썬은 들여쓰기된 코드를 실행하고 조건이 거짓이면 들여쓰기된 코드를 건너뜁니다. 이 코드 예제에서는 하나의 `elif` 문만 보여 주지만 여러 개의 `elif` 문이 존재할 수 있습니다.

마지막 `else` 문에는 조건문이 없습니다. 이는 `if` 문의 '차선책'과 같은 것으로, 이전 조건문이 모두 거짓인 경우 실행됩니다. 조건문 중 하나 이상이 참이면 `else` 코드는 평가되지 않습니다.

이 코드 예제의 출력은 다음과 같습니다.

```
var <5
Outside the if-elif-else
```

다중 조건

and 와 or를 사용하여 조건을 결합할 수 있습니다. 이는 '비가 온다. **그리고** 걸어야 한다면 우산을 가지고 와야 한다'와 비슷한 코딩 방식입니다. 다음은 몇 가지 예시입니다.

```
if 4==4 and 4<10:
  print('Code example 1.')
```

```
if 4==5 and 4<10:
  print('Code example 2.')

if 4==5 or 4<10:
  print('Code example 3.')
```

```
>> Code example 1.
Code example 3.
```

Code Example 2는 4와 5와 같지 않으므로 출력되지 않았습니다. 그러나 or을 사용하면 조건 중 **적어도 하나**만 참이면 되므로 이후 코드가 실행되었습니다.

A.9.3 for 루프

이제 여러분은 파이썬으로 숫자 1에서 10까지 출력할 수 있습니다. 다음과 같이 코드를 작성하면 됩니다.

```
print(1)
print(2)
print(3)
```

하지만 이는 확장 가능한 전략이 아닙니다. 만약 백만 개까지 숫자를 출력하라고 하면 어떻게 될까요?

파이썬에서 코드 반복은 **루프**를 통해 이루어집니다. 여기서 가장 중요한 루프는 **for 루프**입니다. for 루프를 만들려면 이터러블Iterable(**이터러블**은 해당 변수의 각 요소를 반복하는 데 사용되는 변수로, 리스트도 이터러블로 사용할 수 있습니다)을 지정한 다음 for 루프 내에서 실행할 코드를 몇 줄이든 지정하면 됩니다. 아주 간단한 예제로 시작한 다음 이를 기반으로 구축해 보겠습니다.

```
for i in range(0,10):
  print(i+1)
```

이 코드를 실행하면 0부터 10까지의 숫자가 출력됩니다. range() 함수는 반복이 가능한 자체 데이터 타입을 가진 이터러블 객체를 생성하며, 이 객체는 for 루프에서 자주 사용됩니다. 레인지 변수는 0부터 9까지의 정수를 포함합니다(상한은 제외됩니다! 또한 0부터 세기 시작한다면 첫 번째 입력이 필요하지 않습니다. 즉 range(10)은 range(0,10)과 동일합니다). 하지만 여기서 문제는 숫자 1부터 10까지를 출력하는 것이므로 print 함수 안에 1을 더해야 합니다. 이 예제는 또한 반복 변수를 일반 숫자 변수로 사용할 수 있다는 것을 강조합니다.

for 루프로 다른 데이터 타입도 반복할 수 있습니다. 다음 예제를 살펴보겠습니다.

```
theList = [ 2,'hello',np.linspace(0,1,14) ]
for item in theList:
  print(item)
```

이제 리스트를 반복하며 각 반복마다 리스트의 각 항목은 반복 변수인 item에 설정됩니다.

A.9.4 중첩된 제어문

제어문을 다른 제어문 안에 중첩하면 코드의 유연성을 한층 더 높일 수 있습니다. 코드가 무엇을 하는지 파악하고 출력을 예측해 보세요. 그런 다음 파이썬에 입력하고 예측한 결과를 테스트하세요.

```
powers = [0]*10

for i in range(len(powers)):
  if i%2==0 and i>0:
    print(f'{i} is an even number')

  if i>4:
    powers[i] = i**2

print(powers)
```

이제 `%` 연산자에 대해 설명하겠습니다. 이를 **나머지**modulus 연산자라고 하며 나누기를 한 후 나머지를 반환합니다. $7\%3=1$은 7을 3으로 두 번 나누고 남은 부분이 1이라는 뜻입니다. 마찬가지로 $6\%2=0$은 6을 2로 세 번 나누고 남은 부분이 0이라는 뜻입니다. 실제로 **모든** 짝수 k에 대해 $k\%2=0$이고 모든 홀수에 대해서는 $k\%2=1$입니다. 따라서 `i%2== 0`과 같은 문은 숫자 변수 `i`가 짝수인지 홀수인지 테스트하는 방법입니다.

A.10 실행 시간 측정

코드를 작성하고 평가할 때 컴퓨터가 특정 코드를 실행하는 데 걸리는 시간을 알고 싶을 때가 많습니다. 파이썬에서 경과 시간을 측정하는 방법에는 여러 가지가 있습니다. 여기에서는 시간 라이브러리를 사용하는 간단한 방법 한 가지를 보여드리겠습니다.

```
import time

clockStart = time.time()
# 몇 가지 코드...
compTime = time.time() - clockStart
```

코드나 함수를 실행하기 전과 실행 후 한 번씩 운영체제의 현지 시간을 두 번 조회하는 것입니다(이는 `time.time()` 함수의 출력입니다). 시간의 차이는 실행 시간입니다. 결과는 경과 시간(초)입니다. 결과를 밀리초(ms) 단위로 출력하려면 결과에 1,000을 곱하면 편리합니다.

A.11 추가 학습

'수학은 관람 스포츠가 아니다.'라는 말을 들어 보셨을 겁니다. 코딩도 마찬가지입니다. 코딩을 배우는 유일한 방법은 코딩하는 것입니다. 실수도 많이 하고, 원하는 대로 파이썬이 동작하도록 하는 방법을 알아내지 못해 좌절하고, 해독할 수 없는 수많은 오류와 경고 메시지를 보면서 짜증을 견뎌내야 합니다(어떤 뜻인지 아시겠죠?).

A.11.1 난감한 문제의 해결

네 명의 엔지니어가 차에 탔는데 차가 시동이 걸리지 않는다고 가정해 보겠습니다. 기계 엔지니어는 '타이밍 벨트에 문제가 있는 것 같습니다.'라고 말합니다. 화학 엔지니어는 '아니요, 가스/공기 혼합물에 문제가 있는 것 같아요.'라고 말합니다. 전기 엔지니어는 '점화 플러그에 결함이 있는 것 같습니다.'라고 말합니다. 마지막으로 소프트웨어 엔지니어가 '그냥 차에서 내렸다가 다시 타자'라고 말합니다.

이 이야기의 교훈은 코드에서 설명할 수 없는 문제가 발생하면 파이썬을 실행하는 엔진인 커널을 재시작해 볼 수 있다는 것입니다. 그렇다고 코딩 오류가 해결되지는 않지만 변수 덮어쓰기 또는 이름 변경, 메모리 과부하, 시스템 오류로 인한 오류는 해결할 수 있습니다. 주피터 노트북에서는 메뉴 옵션을 통해 커널을 재시작할 수 있습니다. 커널을 재시작하면 모든 변수와 환경 설정이 지워진다는 점에 유의하세요. 코드를 처음부터 다시 실행해야 할 수도 있습니다.

오류가 계속되면 인터넷에서 오류 메시지, 사용 중인 함수 이름 또는 해결하려는 문제에 대한 간단한 설명을 검색해 보세요. 파이썬은 거대한 국제 커뮤니티와 파이썬 코딩 문제와 논의사항을 토론하고 해결하는 수많은 온라인 포럼이 있습니다.

A.12 정리

파이썬과 같은 프로그래밍 언어를 마스터하려면 수년간의 헌신적인 학습과 연습이 필요합니다. 초보자 수준에 도달하는 데에도 몇 주에서 몇 달이 걸립니다. 이 장이 이 책을 학습하기에 충분한 내용을 담았기를 바랍니다. 하지만 앞부속에서 설명했듯이 수학은 이해하더라도 코드를 작성하는 데 어려움을 느낀다면 이 책을 내려놓고 파이썬 교육을 좀 더 받는 것이 좋습니다.

하지만 이 책이 마음에 든다면 코딩을 공부하며 선형대수학을 함께 배운다는 마음으로 이 책을 다시 한번 읽어보길 바랍니다. 분명 코딩 실력이 향상될 것입니다.

찾아보기